Axel Esser / Martin Wolmerath
Mobbing

Der Ratgeber für Betroffene und ihre Interessenvertretung

JOB AKTUELL

Axel Esser / Martin Wolmerath

Mobbing

Der Ratgeber für Betroffene und ihre Interessenvertretung

Sechste, aktualisierte Auflage

Bund-Verlag

Für Claudia und Rosi

Bibliografische Information Der Deutschen Bibliothek
Die Deutsche Bibliothek verzeichnet diese Publikation in der Deutschen Nationalbibliografie; detaillierte bibliografische Daten sind im Internet über http://dnb.ddb.de abrufbar.

6., aktualisierte Auflage 2005

Herstellung: Birgit Gast, Frankfurt am Main
Umschlag: Angelika Richter, Heidesheim
Umschlagabbildung: querformat, Frankfurt am Main
Satz: Satzbetrieb Schäper GmbH, Bonn
Druck: Bercker, Kevelaer
Printed in Germany 2005
ISBN 3-7663-3638-X

www.bund-verlag.de

Vorwort

Heinz Leymann hat vor mehr als zehn Jahren einen Begriff geprägt, der mancherorts zunächst belächelt und schlicht als Modewort abgetan wurde – von »Mobbing« war die Rede. Seitdem ist vieles geschehen. Niemand stellt die Existenz dieses Phänomens mehr in Abrede. Allenfalls wird geleugnet, dass es entsprechende Probleme im eigenen Betrieb oder der eigenen Dienststelle gibt.

Der Mobbing-Problematik haben sich Esser und Wolmerath bereits zu einer Zeit angenommen, als sie zwar von Arbeitspsychologen schon diskutiert, unter Juristen aber noch unentdecktes Territorium war. Nach einer Reihe von Seminaren zu Mobbing wurde Anfang 1997 die erste Auflage des vorliegenden Ratgebers veröffentlicht. Nach gut acht Jahren liegt er nunmehr bereits in der sechsten Auflage vor – ein ganz ungewöhnlicher Erfolg. In dieser Zeit haben die Autoren ihr Werk weiterentwickelt, neue Erkenntnisse eingearbeitet und vor allen Dingen die immer reichhaltiger werdende Rechtsprechung berücksichtigt. Auch die verwendeten Begrifflichkeiten haben mittlerweile schärfere Konturen erhalten.

Der Ratgeber enthält eine Fülle von Ratschlägen und praktischen Tipps, wie man in weniger schlimmen Fällen durch Gespräche und andere außerrechtliche Mittel eine Lösung finden kann. Aber auch für Situationen, in denen der Rückgriff auf geltendes Recht und vielleicht auch eine gerichtliche Auseinandersetzung unvermeidbar sind, bekommt der Leser umfassende Informationen, die in leicht zugänglicher Form präsentiert sind.

Das Werk wendet sich in gleicher Weise an Mobbing-Betroffene wie an betriebliche Akteure, die sich entweder mit einem akuten Konflikt beschäftigen müssen oder die präventiv gegen das Entstehen solcher Situationen vorgehen wollen.

Besonderes Interesse verdient die Musterbetriebs- bzw. Musterdienstvereinbarung. Diese orientiert sich an dem scheinbar so simplen Grundsatz: »Vorbeugen ist besser als heilen« und enthält zahlreiche Anregungen, wie die betriebliche Interessenvertretung unerträgliche Umgangsformen am Arbeitsplatz erfolgreich bekämpfen, insbesondere aber dafür sorgen kann, dass die Beschäftigten von Derartigem auch in Zukunft verschont bleiben. Da die Verhältnisse von Betrieb zu Betrieb und von Dienststelle zu Dienststelle unterschiedlich sind, werden keine Einheitsformulierungen, sondern flexible Bausteine angeboten, die sich je nach den konkreten Verhältnissen in unterschiedlicher Form einsetzen lassen.

Esser und Wolmerath geben den Betriebs- und Personalräten mit ihrem Buch die nötigen Instrumente an die Hand, mit denen diese erfolgreich und mit Augenmaß gegen Mobbing am Arbeitsplatz vorgehen können.

Auch der sechsten Auflage dieses Standardwerks ist eine weite Verbreitung zu wünschen.

Bremen, im Dezember 2004 Wolfgang Däubler

Inhaltsverzeichnis

Abkürzungsverzeichnis

a. a. O.	am angegebenen Ort
Abb.	Abbildung
Abs.	Absatz
AiB	Arbeitsrecht im Betrieb (Zeitschrift)
AOK	Allgemeine Ortskrankenkasse
ArbG	Arbeitsgericht
ArbSchG	Arbeitsschutzgesetz
Art.	Artikel
AuA	Arbeit und Arbeitsrecht (Zeitschrift)
Aufl.	Auflage
AuR	Arbeit und Recht (Zeitschrift)
BAG	Bundesarbeitsgericht
BBG	Bundesbeamtengesetz
BDG	Bundesdisziplinargesetz
ber.	berichtigt
BeschSchG	Beschäftigtenschutzgesetz
BetrVG	Betriebsverfassungsgesetz
BGB	Bürgerliches Gesetzbuch
BGBl.	Bundesgesetzblatt
BildScharbV	Bildschirmarbeitsverordnung
BPersVG	Bundespersonalvertretungsgesetz
bzw.	beziehungsweise
ca.	circa
DDR	Deutsche Demokratische Republik
d. h.	das heißt
DÖD	Der öffentliche Dienst (Zeitschrift)
etc.	et cetera
evtl.	eventuell
EzA	Entscheidungssammlung zum Arbeitsrecht
f., ff.	folgend(e)

GBR	Gesamtbetriebsrat
GG	Grundgesetz
h. M.	herrschende Meinung
Hrsg.	Herausgeber
i. V. m.	in Verbindung mit
kda	Kirchlicher Dienst in der Arbeitswelt
KSchG	Kündigungsschutzgesetz
LAG	Landesarbeitsgericht
MuSchG	Mutterschutzgesetz
m. w. N.	mit weiteren Nachweisen
Nr.	Nummer
NVwZ-RR	NVwZ-Rechtsprechungs-Report Verwaltungsrecht (Zeitschrift)
NZA	Neue Zeitschrift für Arbeitsrecht
ÖGB	Österreichischer Gewerkschaftsbund
PersR	Der Personalrat (Zeitschrift)
Rn.	Randnummer, Randnummern
S.	Seite
s./s.a.	siehe/siehe auch
SGB III	Sozialgesetzbuch III (Arbeitsförderung)
SGB X	Sozialgesetzbuch X (Verwaltungsverfahren ...)
sog.	so genannt, so genannte, so genanntes
StGB	Strafgesetzbuch
StPO	Strafprozessordnung
u.a.	und andere
usw.	und so weiter
vgl.	vergleiche
z.B.	zum Beispiel
ZPO	Zivilprozessordnung

Literaturverzeichnis

Altvater/Hamer/Ohnesorg/Peiseler; BPersVG: Bundespersonalvertretungsgesetz mit Wahlordnung und ergänzenden Vorschriften; 5. Aufl.; Frankfurt am Main, 2004 (zitiert: Altvater u. a.)

Brinkman/Kirschner; Dealing with people you can't stand; New York u. a., 1995

Däubler; BGB Kompakt. Systematische Darstellung des Zivilrechts; 2. Aufl.; München, 2003 (zitiert: Däubler, BGB)

Däubler; Zurückhaltung des Rechts; in: Leymann (Hrsg.), Der neue Mobbing-Bericht; Reinbek bei Hamburg, 1995

Däubler/Kittner/Klebe; Betriebsverfassungsgesetz; 9. Aufl.; Frankfurt am Main, 2004 (zitiert: DKK-Bearbeiter)

Eichhorn/Steinmann; Abmahnung – was tun? Der Ratgeber für Arbeitnehmer und deren Interessenvertretungen; 3. Aufl.; Frankfurt am Main, 2004

Fisher/Kopleman/Kupfer-Schneider; Jenseits von Machiavelli. Kleines Handbuch der Konfliktlösung; Frankfurt/Main, New York, 1995

Glasl; Konfliktmanagement; Bern, 1990

Groeblinghoff; Mobbing. Störungen am Arbeitsplatz – Ursachen und Lösungen; AuA 1999, 162

Haller/Koch; Mobbing – Rechtsschutz im Krieg am Arbeitsplatz; NZA 1995, 356

Heinemann; Mobbing – prupvald bland barn och vuxna; Natur och Kultur; Stockholm, 1972

Huber; Psychoterror am Arbeitsplatz – Mobbing; Niedernhausen/Taunus, 1993/1994

Izard; Die Emotionen des Menschen; Weinheim, Basel, 1981

Kittner/Pieper; Arbeitsschutzgesetz; 3. Aufl.; Frankfurt am Main, 2003

Kittner/Däubler/Zwanziger; Kündigungsschutzrecht; 6. Aufl.; Frankfurt am Main, 2004

Kollmer; Mobbing im Arbeitsverhältnis; Heidelberg, 1997

Kraushaar; Die Einigungsstelle; AiB 1996, 113 und 282
Leymann; Psychoterror am Arbeitsplatz und wie man sich dagegen wehren kann; Reinbek, 1993 (zitiert: Leymann 1993)
Leymann (Hrsg.); Der neue Mobbing-Bericht; Reinbek, 1995 (zitiert: Leymann 1995)
Lindemeier; Neue Arbeit – Neues Denken?; Psychosoziale Probleme: ihre Ursachen und Interventionsmöglichkeiten; Beruf und Gesundheit 2/96
Meschkutat/Stackelbeck/Langenhoff; Der Mobbing-Report: Repräsentativstudie für die Bundesrepublik Deutschland; Dortmund/Berlin, 2002
Meyer-Goßner; Strafprozessordnung; 47. Aufl.; München, 2004
Neuberger; Mobbing, Übel mitspielen in Organisationen; München und Mering, 1994 (zitiert: Neuberger 1994)
Neuberger; Mobbing, Übel mitspielen in Organisationen; München und Mering, 1995 (zitiert: Neuberger 1995)
Neuberger; Mobbing, Übel mitspielen in Organisationen; München und Mering, 1999 (zitiert: Neuberger 1999)
Niedl; Mobbing/Bullying am Arbeitsplatz, Mering, 1995
Palandt; Bürgerliches Gesetzbuch; 63. Aufl.; München, 2004
Rebmann/Säcker/Rixecker; Münchener Kommentar zum Bürgerlichen Gesetzbuch; Band 5, Schuldrecht Besonderer Teil (zitiert: MüKo-Bearbeiter); 4. Aufl.; München, 2004
Resch; Wenn Arbeit krank macht; Frankfurt/Main, Berlin, 1994
Roxin; Strafverfahrensrecht; 25. Aufl.; München, 1998
Schaub; Arbeitsrechtshandbuch; 11. Aufl.; München, 2004
Schauer; Mobbing; Wiesbaden, 1998
Schönke/Schröder; Strafgesetzbuch; 26. Aufl.; München, 2001 (zitiert: Schönke/Schröder-Bearbeiter)
Tröndle/Fischer; Strafgesetzbuch; 52. Aufl.; München, 2004
Wolmerath; Mobbing im Betrieb. Rechtsansprüche und ihre Durchsetzbarkeit; 2. Aufl.; Baden-Baden, 2004
Wolmerath/Esser; Mobbing: Ansätze für die Betriebsratsarbeit; AiB 2000, 388
Wolmerath/Esser; Mobbing: Ansätze für die Personalratsarbeit; PersR 2000, 446

Vorbemerkungen

Mobbing ist ein Problem, das nahezu in jedem Betrieb und in jeder Dienststelle anzutreffen ist. Wer zu Beginn der Berichterstattung über Mobbing Anfang der neunziger Jahre dachte, dass es sich bei diesem Phänomen um eine vorübergehende Modeerscheinung handelt, wurde inzwischen eines Besseren belehrt. Das Mobbingproblem scheint aus der bundesdeutschen Arbeitswelt nicht mehr wegzudenken zu sein. Wenngleich seine Existenz heute nur noch äußerst selten geleugnet wird, so herrscht vielerorts die Ohnmacht gegenüber dem Mobbing weiter fort. Mit diesem Buch wollen wir dazu beitragen, diese Ohnmacht zu beseitigen.

Mit unseren Ausführungen wenden wir uns insbesondere an die Betriebs- und Personalräte, da sie es neben der Arbeitgeberseite maßgeblich in der Hand haben, gegen Mobbing am Arbeitsplatz einzuschreiten bzw. präventiv gegen dieses Phänomen vorzugehen. Für sie ist es inzwischen unverzichtbar, sich über die Mobbingproblematik zu informieren und ihre zahlreichen tatsächlichen sowie rechtlichen Handlungsmöglichkeiten zu erfahren.

Daneben möchten wir mit unserem Buch alle die Personen ansprechen, die sich – aus welchen Gründen auch immer – mit der Mobbingproblematik auseinandersetzen müssen – sei es als Mobbingbetroffener, Arbeitskollege, Vorgesetzter, Mobbingbeauftragter bzw. -berater, Therapeut, Familienmitglied, Freund etc.

Wir haben uns bemüht, Ihnen das Lesen unseres Buches zu erleichtern, indem wir zum einen von dem »Mobber« sprechen – wohlwissend, dass Mobbing oftmals auch von mehreren Personen betrieben werden kann – und zum anderen die männliche Sprachform verwenden. Wir hoffen, dass die Leserinnen dieses Buches hierfür Verständnis haben. Wenngleich es sich bei diesem Buch um einen »Ratgeber« handelt, so kann und soll er nicht einen Ersatz für Rat und Hilfe fachkompetenter Personen (z. B. Arzt, Therapeut, Rechtsanwalt) darstellen. Mit der Mobbingproblematik vertraute Fachleute sollten stets hinzugezogen werden, wenn es gilt, einen Ausweg aus einer konkreten Mobbingsituation zu finden. Die Ausführungen im Anhang 2. »Anschriften zu Mobbing« sollen dem interessierten Leser die Suche geeigneter Ansprechpersonen erleichtern.

In der Hoffnung, dass wir mit unserem Buch, das nunmehr bereits in der sechsten Auflage vorliegt, einen Beitrag zur Bewältigung der anscheinend kein Ende nehmenden Mobbingproblematik in den Betrieben und Dienststellen leisten, sagen wir all jenen Dank, die mit ihren Anregungen, Fragen sowie eigenen Erfahrungen zur Verwirklichung dieses Buchprojektes beigetragen haben.

Guderhandviertel und Hamm
Dezember 2004

Axel Esser
Martin Wolmerath

A. Mobbing verstehen

Um sich mit der Mobbingproblematik auseinandersetzen zu können, ist es unerlässlich, Mobbing zu verstehen. Nur wer Mobbing begreift und seine Eigentümlichkeiten sowie die damit verbundenen Gefahren und Risiken kennt, kann geeignete Schritte zur Bewältigung einer akuten Mobbingsituation sowie zur Vorbeugung von Mobbingsituationen am Arbeitsplatz ergreifen. Hierzu dient dieser erste Teil des Buches, in dem insbesondere der Frage nachgegangen wird, was Mobbing ist, welche Ursachen Mobbing hervorrufen und welche Auswirkungen mit Mobbing verbunden sind.

1. Was ist Mobbing?

Das Wort »Mobbing« ist aus dem bundesdeutschen Sprachgebrauch nicht mehr wegzudenken. Leider hat dieser Begriff inzwischen eine höchst inflationäre Verwendung erfahren. Er wird oftmals nicht mehr in dem eigentlichen Sinn benutzt. Aus diesem Grunde ist es erforderlich, zunächst der Frage nachzugehen, was genau »Mobbing« ist.

1.1 Definition

Bei dem Wort Mobbing handelt es sich um ein Kunstwort, das dem englischen Verb »to mob« entlehnt ist und mit den Worten »über jemanden herfallen, anpöbeln, angreifen, attackieren« übersetzt werden kann. Zurückführen lässt sich der Begriff »Mobbing« letztendlich auf die lateinische Sprache – »mobile vulgus« bedeutet »wankelmütige Masse, aufgewiegelte Volksmenge«.

Wenngleich der Begriff »Mobbing« von dem Verhaltensforscher *Konrad Lorenz* (1903–1989) geprägt wurde (er bezeichnete mit ihm Gruppenangriffe von unterlegenen Tieren, um einen an sich überlegenen Gegner zu verscheuchen), hat er seine besondere Bedeutung erst durch *Heinz Leymann* (1932–1999) erfahren. Ausgehend von seiner Erkenntnis, dass die Ursachen für psychische Belastungen von Arbeitnehmern oftmals nicht in deren Persönlichkeit, sondern in den betrieblichen Umfeldbedingungen zu suchen sind, hat Leymann dieses Phänomen untersucht. Seine Ergebnisse haben die Diskussion über dieses Erscheinungsbild psychosozialer Belastungen am Arbeitsplatz geprägt.

So ist es auch nicht verwunderlich, dass die derzeit noch gebräuchlichste Definition von Mobbing auf *Leymann* beruht. Diese lautet wie folgt:

»Unter Mobbing wird eine konfliktbelastete Kommunikation am Arbeitsplatz unter Kollegen oder zwischen Vorgesetzten und Untergebenen verstanden, bei der die angegriffene Person unterlegen ist (1) und von einer oder einigen Personen systematisch, oft (2) und während längerer Zeit (3) mit dem Ziel und/oder dem Effekt des Ausstoßes aus dem Arbeitsverhältnis (4) direkt oder indirekt angegriffen wird und dies als Diskriminierung empfindet.« (Leymann 1995, S. 18).

Daneben gibt es weitere Begriffsbestimmungen, die belegen, dass die auf *Leymann* zurückgehende Definition nicht in dem Sinne einer abschließenden Festlegung dessen, was Mobbing ist, verstanden werden darf. Vielmehr handelt es sich hierbei um den Versuch, das Mobbingphänomen bei gleichzeitiger Abgrenzung von anderen Erscheinungsformen des sozialen Umgangs am Arbeitsplatz zu beschreiben (*Wolmerath*, S. 24). *Neuberger* beispielsweise, der sich mit den Untersuchungen von *Leymann* äußerst kritisch auseinandergesetzt hat, definiert Mobbing mit den Worten

»Jemand spielt einem übel mit und man spielt wohl oder übel mit« (Neuberger 1999, S. 18).

Lindemeier begreift Mobbing als

»bewusste oder unbewusste Handlungen einer Person oder mehreren Personen gegenüber einer oder mehreren Personen, die durch kontinuierliche Schikanen das Ziel verfolgen, den oder die anderen aus dem eigenen Wirkbereich zu entfernen« (Lindemeier, S. 4).

Beide Definition bedürfen der Interpretation und sind – ebenso wie die Definitionen von *Leymann* – nur schwer verständlich. In seiner Entscheidung vom 15.1.1997 (– 7 ABR 14/96 – BAGE 85, 56 [58]) hat das *Bundesarbeitsgericht* ebenfalls den Versuch einer Definition unternommen. Es versteht unter Mobbing

»das systematische Anfeinden, Schikanieren oder Diskriminieren von Arbeitnehmern untereinander oder durch Vorgesetzte«,

schließt mithin ein Mobbing gegen Vorgesetzte aus. Das *Thüringer LAG* hat in seinem Urteil vom 10.4.2001 (– 5 Sa 403/00 – AuR 2001, 274 = PersR 2001, 532) Mobbing in arbeitsrechtlicher Hinsicht definiert:

»Im arbeitsrechtlichen Verständnis erfasst der Begriff des ›Mobbing‹ fortgesetzte, aufeinander aufbauende oder ineinander übergreifende, der Anfeindung,

Schikane oder Diskriminierung dienende Verhaltensweisen, die nach Art und Ablauf im Regelfall einer übergeordneten, von der Rechtsordnung nicht gedeckten Zielsetzung förderlich sind und jedenfalls in ihrer Gesamtheit das allgemeine Persönlichkeitsrecht oder andere ebenso geschützte Rechte, wie die Ehre oder die Gesundheit des Betroffenen verletzen.«

Dieser Definition ist das *LAG Hamm* in seiner Entscheidung vom 25.6.2002 (– 18 (11) Sa 1295/01 – EzA-Schnelldienst 20/2002, S. 8) gefolgt, während sich das *LAG Schleswig-Holstein* in seinem Urteil vom 19.3.2002 (– 3 Sa 1/02 – EzA-Schnelldienst 10/2002, S. 9) sowie das *LAG Rheinland-Pfalz* in seinem Beschluss vom 19.2.2004 (EzA-Schnelldienst 12/2004, S. 15 = AuR 2004, 275) der Definition von *Leymann* anschließen. Daneben finden sich Autoren, die Mobbing stark vereinfacht mit »Psychoterror am Arbeitsplatz« umschreiben, wenngleich diese Begriffsbestimmung wegen der zahlreichen Interpretationsmöglichkeiten höchst ungenau ist (vgl. *Wolmerath*, S. 26 m. w. N.).

Die Notwendigkeit der Interpretation gilt auch für die auf *Leymann* zurückgehende Definition, wonach es im Zusammenhang mit Mobbing zu einem »Ausstoß aus dem Arbeitsverhältnis« kommt. Versteht man den »Ausstoß aus dem Arbeitsverhältnis« in einem juristischen Sinne, so würden hierunter nur solche Situationen fallen, die in einer Beendigung des Arbeitsverhältnisses münden. Versetzungen wären demnach ebenso ausgeschlossen, wie es ein Mobbing gegen Beamte nicht geben könnte. Schließlich befinden sich diese nicht in einem (privatrechtlichen) Arbeits-, sondern in einem (öffentlich-rechtlichen) Beamtenverhältnis.

Abb. 1: Definition des Begriffs »Mobbing«

Mobbing ist ein Geschehensprozess in der Arbeitswelt, in dem destruktive Handlungen unterschiedlicher Art wiederholt und über einen längeren Zeitraum gegen Einzelne vorgenommen werden, welche von den Betroffenen als eine Beeinträchtigung und Verletzung ihrer Person empfunden werden

und

dessen ungebremster Verlauf für die Betroffenen grundsätzlich dazu führt, dass ihre psychische Befindlichkeit und Gesundheit zunehmend beeinträchtigt werden, ihre Isolation und Ausgrenzung am Arbeitsplatz zunehmen, dagegen die Chancen auf eine zufriedenstellende Lösung schwinden und der regelmäßig im Verlust ihres bisherigen beruflichen Wirkbereichs endet.

Wegen der bislang unbefriedigenden Begriffsbestimmung haben wir versucht, eine Definition zu entwickeln, die zum einen den betrieblichen Bedürfnissen gerecht wird, zum anderen korrigierender Interpretationen nicht bedarf – mithin aus sich selbst heraus verständlich und (hoffentlich!) leichter zu verstehen ist, Missverständnisse ausschließt und keiner Interpretation bedarf. Unsere Begriffsbestimmung (vgl. *Wolmerath/Esser*, AiB 2000, 388 = PersR 2000, 447) lautet wie folgt (vgl. Abb. 1).

1.2 Die einzelnen Merkmale der Mobbingdefinition

Die von uns erarbeitete Mobbingdefinition lässt sich in einzelne Merkmale aufgliedern, deren genauere Betrachtung in besonderer Weise verdeutlicht, was das »Besondere« an Mobbing ist und warum das Mobbing fatale Auswirkungen bis hin zum Suizid des Mobbingbetroffenen haben kann.

1.2.1 Mobbing ist ein Geschehensprozess

Bei Mobbing handelt es sich um einen Geschehensprozess, der sich bildhaft mit einer Perlenkette vergleichen lässt: Ist die einzelne Perle relativ unbedeutend, so wächst ihre Wertigkeit mit der zunehmenden Zahl weiterer Perlen, die in ihrer Verbundenheit mittels eines Fadens eine Perlenkette ergeben. Was Mobbing kennzeichnet und charakterisiert, ist in entsprechender Weise die Verbundenheit einer Vielzahl von einzelnen Mobbinghandlungen, die für sich genommen und isoliert betrachtet nicht als Mobbing bezeichnet werden können.

Ermangelt es an einer prozesshaften Verbindung einzelner Mobbinghandlungen, kann nicht von Mobbing gesprochen werden. Dies ist etwa dann der Fall, wenn jemand von seinem Vorgesetzten einmal – und dann nicht wieder – ungerecht behandelt wird. Gleiches gilt, wenn eine harte unsoziale Behandlung nur kurzfristig zur Wirkung gelangt (z.B. Ausspruch einer objektiv nicht gerechtfertigten Abmahnung, unberechtigte Kritik an der Arbeit). Dagegen spricht viel für das Vorliegen eines Geschehensprozesses, wenn beispielsweise ein Krankenpfleger immer dann zum Wochenend- sowie Feiertagsdienst in eine personell unterbesetzte sowie seelisch und körperlich stark beanspruchende Station eingeteilt wird, sobald eine bestimmte Person den Schicht- und Einsatzplan erstellt. Gleiches gilt, wenn etwa eine Sachbearbeiterin einer Vielzahl unterschiedlichster Schikanen, Demütigungen und Diskriminierungen ihres Abteilungsleiters ausgesetzt ist.

Der Meinung, dass die Mobbinghandlungen »mindestens einmal pro Woche« erfolgen müssen, wie *Leymann* es zunächst gefordert hat (vgl. *Leymann* 1993, S. 22), können wir nicht folgen, da eine solche Bedingung zu viele Lücken schafft und Probleme bei der Bewältigung von Mobbingkonflikten aufwirft. Man denke beispielsweise an einen Außendienstmonteur, der nur alle 10 bis 14 Tage in den Betrieb kommt, dann aber von seinem Einsatzleiter immer wieder schikaniert wird. Es wäre nicht zu rechtfertigen, den Einsatzleiter nur wegen der nicht erfüllten Bedingung »mindestens einmal pro Woche« von einem Mobbing des Außendienstmonteurs freizusprechen (vgl. *Wolmerath*, S. 29 f.).

1.2.2 Die destruktiven Handlungen des Mobbing

Die Wirkung von Mobbing entfaltet sich – wie gesagt – in einem zusammenhängenden Geschehensprozess, nicht in einzelnen Taten bzw. Untaten. Dennoch kommt es nur dann zu Mobbing, wenn ein einzelner oder sogar viele Beteiligte Handlungen mit destruktivem Charakter gegenüber einem Dritten, dem Mobbingbetroffenen, ausführen. Die destruktiven Handlungen, zu denen ebenfalls gezielte Unterlassungen gehören, stellen demzufolge die »Bausteine« des Mobbing dar. Um solche Handlungen geht es in diesem Abschnitt. Was ist nun bei aller Vielfalt und Unterschiedlichkeit der Mobbinghandlungen – z. B. der Handlung »einen Arbeitsplatz im zugigen Flur anweisen« und der Handlung »keinen Kaffee mitbringen« – deren verbindendes Element? Wir fanden keinen besseren Ausdruck, als die Mobbinghandlungen übergreifend als »destruktiv« zu charakterisieren. Die Gemeinsamkeit aller Mobbinghandlungen liegt darin, dass sie persönlich verletzend, einschüchternd, ängstigend, entmutigend – mit anderen Worten zerstörerisch = destruktiv – sind. Die immer vorhandene Alternative einer konstruktiven, fairen, gerechten sowie nüchternen Veränderung und Verbesserung der Situation, wobei die Eigenheiten und Interessen aller Beteiligter angemessen berücksichtigt werden, wird bei Mobbing nicht gesehen und nicht angestrebt.

Wichtig:
Das gemeinsame Merkmal von Mobbinghandlungen ist, dass sie nicht aufbauend oder positiv verändernd, sondern schädigend auf den Betroffenen wirken sollen.

Leymann hat aufgrund der Auswertung von 300 Interviews mit Betroffenen eine Liste von 45 Mobbinghandlungen vorgelegt. Er war der Auffassung, dass er damit alle vorkommenden Mobbingangriffen umfassend und abschließend katalogisiert hätte. Diese Liste hat in den ersten Jahren der Mobbingdiskussion alle begleitet, die sich mit Mobbing beschäftigt haben. Sie hat eine weite Verbreitung in Broschüren und Büchern sowie in Betriebs- und Dienstvereinbarungen gefunden. So hilfreich diese Liste als konzentriertes Anschauungsmaterial gewesen ist, so problematisch war *Leymanns* Anspruch auf Vollständigkeit. Von anderen Autoren und von betrieblichen Praktikern wurde immer wieder kritisiert, dass die Liste unsystematisch sei, überflüssige Wiederholungen enthalte und vor allem, dass sie unvollständig sei. Bei der ohnehin schwierigen Beweisführung gegenüber seiner Geschäftsführung ist beispielsweise ein Betriebsrat deshalb in Argumentationsnot geraten, weil die beobachteten Vorkommnisse in *Leymanns* Liste nicht vorkamen. Sie versuchten sich damit zu behelfen, dass sie gewisse Handlungen und Vorkommnisse als »so ähnlich« wie in der Liste von *Leymann* bezeichneten. Obwohl sie damit folgerichtig vorgegangen sind, waren sie selbst nicht richtig überzeugt und konnten infolge dessen andere nicht überzeugen.

Insbesondere Berichte von Mobbingbetroffenen haben uns gezeigt, dass es eine wesentlich größere Bandbreite von Mobbinghandlungen gibt, als *Leymann* angenommen hatte. Dabei ist ein neuer Katalog mit weit mehr als 100 Mobbinghandlungen herausgekommen, den wir erstmals im August 2000 veröffentlicht haben (*Wolmerath/Esser*, AiB 2000, 389 = PersR 2000, 448). In wiederum leicht überarbeiteter Form ist er in Abb. 2 dargestellt.

Abb. 2: Katalog der 100+ ... Mobbinghandlungen

1. Angriffe gegen die Arbeitsleistung und das Leistungsvermögen

- Sabotage: Beschädigung, Diebstahl, Manipulation von Arbeitsmitteln
- »Unterschlagung« von Arbeitsergebnissen (z. B. Unterlagen, Dateien sind »weg«)
- Manipulation von Arbeitsergebnissen (z. B. gezielt Fehler einfügen)
- Erzeugen von Störungen (z. B. unsinnige Telefonate, Unterbrechungen)
- Vorenthalten und/oder Fälschen von arbeitsrelevanten Informationen
- Gezielte Unterdrückung von Informationen über Besprechungen, (End-)Terminen

- Anordnung von sinnlosen Tätigkeiten (z. B. ausgemusterte Ordner sortieren)
- Anordnung, keine Tätigkeit während der Arbeitszeit auszuüben
- Anordnung von systematisch überfordernden Tätigkeiten
- Gezielte und dauerhafte Zuweisung von Arbeiten, die der Betroffene nicht mag oder die ihm nicht »liegen«
- Zuweisung von objektiv zu viel Arbeit (»Zuschütten«)
- Willkürlich auf liegengebliebener Arbeit (z. B. wegen Urlaub, Betriebsratstätigkeit) sitzen lassen
- Ungünstige Lage des Arbeitsplatzes (z. B. laut, Störungen, ungeschützt, exponiert)
- Anordnung von systematisch unterfordernden Tätigkeiten
- Anordnungen so gestalten, dass unvermeidlich Fehler gemacht werden
- Manipulierte Arbeitszuweisung (z. B. nur unbeliebteste, schlechteste, schmutzigste)
- Kappen üblicher Informationskanäle (z. B. kein Telefon, kein Fax, keine E-Mail)
- Blockade von gemeinsamer Tätigkeit (»Mit dem nicht!«)
- Verweigerung von Hilfe, Unterstützung, Rat (obwohl es möglich wäre)
- Überraschendes Zurückziehen von verbindlich zugesagter Unterstützung
- Geistiger Diebstahl, Aneignung von Arbeitsergebnissen
- Beschneidung der Zuständigkeit (z. B. fachlich unberechtigt, willkürlich)
- Dienst nach Vorschrift (z. B. gezieltes Nicht-Mitdenken, gezielte Unflexibilität)
- Entscheidungen oder Kompetenzen werden permanent angezweifelt
- Anweisungen werden (offen oder verdeckt) nicht ausgeführt oder sabotiert
- Anweisungen werden wortwörtlich ausgeführt (offensichtliche Fehler einbezogen)
- Willkürlich erzeugter Zeitdruck
- Überraschungsangriffe (z. B. plötzliche Änderungen der Arbeitsaufträge, Termine)

2. Angriffe gegen den Bestand des Beschäftigungsverhältnisses

- Behaupten von Fehlverhalten (z. B. Urlaubsantrag »verschwindet«)
- Fehler und negative Vorfälle werden Betroffenem in die Schuhe geschoben
- Willkürliche Abmahnungen (d. h. die Gründe werden »an den Haaren« herbeigezogen)
- Willkürliche Umsetzung und/oder Versetzung (sowie Versuche dazu)
- Willkürliche Kündigung(en) (d. h. die Gründe werden »an den Haaren« herbeigezogen)
- Manipulation der Arbeitszeiterfassung
- Strafbare Handlungen werden unterstellt (z. B. Diebesgut wird untergeschoben)
- Berufliche Qualifikation wird ständig in Frage gestellt
- Willkürliches Zurückhalten von Entgelt (z. B. Urlaubsgeld, Spesen)
- Absichtlich schlechte berufliche Beurteilung; Behauptung von Schlechtleistungen
- Betrieblich übliche Beförderungen, angestrebte Position werden blockiert
- Fort- und Weiterbildungsvorhaben werden gezielt behindert

3. Destruktive Kritik

- Demütigende, unsachliche, überzogene, gnadenlose Kritik
- Aufbauschen einzelner Vorfälle oder Fehler (»Maus zum Elefanten machen«)
- Generalisierung von Fehlern; pauschale Kritik (z. B. »Sie machen alles falsch!«)
- Kritik von Fehlern, die durch Anweisungen des Mobbers provoziert wurden
- Ständige (harsche) Kritik oder Entmutigung
- Unterdrückung von Verbesserungsvorschlägen und -bemühungen
- Ausbremsen der Motivation (z. B. »Das schaffen Sie nie!«)
- Dauerkontrolle mit dem Ziel der Zermürbung

4. Angriffe gegen die soziale Integration am Arbeitsplatz
- Räumliche Isolation (z. B. abgelegener Arbeitsplatz)
- Unterdrückung von Meinungsäußerungen des Betroffenen (z. B. »Mund verbieten«)
- Gespräche hinter dem Rücken (z. B. Tuscheln, Tratschen)
- Anspielungen, zweideutige Bemerkungen
- Engagement des Betroffenen wird als getarnter Egoismus diffamiert
- Mögliche Bündnispartner, Freunde des Betroffenen werden eingeschüchtert
- Mögliche Bündnispartner, Freunde des Betroffenen werden versetzt
- Ausschließen aus der Alltagskommunikation (»Wie Luft behandeln«)
- Ausschließen aus informellen/geselligen Treffen (»Tür-Zu-Methode«)
- Ausschließen aus üblichen gegenseitigen Freundlichkeiten im Kollegenkreis (z. B. Brötchen oder Süßigkeiten mitbringen, Kaffee kochen, Blumen gießen)
- Demonstratives Schweigen im Beisein des Betroffenen
- Ignorieren von Fragen, Gesprächswünschen, Hilfeersuchen, Kooperationsangeboten
- Demonstrativ aus dem Weg gehen, nicht an einem Tisch sitzen, nicht in einem Raum aufhalten

5. Angriffe gegen das soziale Ansehen im Beruf
- Gezielte Verleumdung, Rufmord in der betrieblichen Öffentlichkeit
- Gerüchte verbreiten oder gezielt weiterleiten
- Dem Betroffenen wider besseren Wissens Böswilligkeit/Fahrlässigkeit unterstellen
- Provokation, um die emotionale Reaktion des Mobbingbetroffenen auszuschlachten
- Beleidigung und Demütigung im Beisein Dritter
- Verraten von persönlichen Informationen (»Geheimnisse« an Dritte)
- Lächerlich machen (z. B. verbal, mit Mimik, mit Gestik, durch Karikatur)
- In der betrieblichen Öffentlichkeit unglaubwürdig machen, blamieren, bloßstellen
- Gezielte negative Sonderbehandlung (d. h. nur der Mobbingbetroffene wird so behandelt)
- Demonstrative scheinbar positive Sonderbehandlung (z. B. »Tot-Loben«)
- Psychische Erkrankung wird unterstellt
- Beschwerden durch Dritte werden erfunden (z. B. gefälschte Briefe, Anrufe, E-Mails)
- (Fingierte) Schreiben des oder an den Betroffenen werden öffentlich gemacht

6. Angriffe gegen das Selbstwertgefühl
- Demütigung, Erniedrigung, Blamage, Häme, Abwertung (verbal und/oder nonverbal)
- Unterdrückung durch verbale Dominanz (z. B. Anschreien)
- Ruppige Redeweise mit dem Betroffenen
- Menschliche Qualifikation (»Charakter«) wird bestritten
- Unterstellung böser Absichten, Dummheit, Unehrenhaftigkeit
- Verunsicherung, Kränkung, Beleidigung, Schmähung
- Gezieltes Attackieren und Ausnutzen von persönlichen Unsicherheiten
- Persönliche Schwächen werden publik gemacht
- Aufbauschen von Fehlern und Unzulänglichkeiten (»Herumreiten«)
- Gezielte Ungleichbehandlung (z. B. negative Sonderrolle, Ungerechtigkeiten)
- Übertriebene Kontrolle, berufliche Entmündigung

7. Angst, Schreck und Ekel erzeugen

- Angst und Schrecken erzeugen (z. B. Einsperren des Betroffenen, Spinnen in den Schreibtisch legen, tote Tiere im Büro ablegen, elektrischen Kurzschluss herbeiführen)
- Ekel erzeugen (z. B. Stinkbomben, verdorbene Lebensmittel im Büro verstecken)
- Einschüchtern, Bedrohen, Nötigen (z. B. Drohen mit dem Arbeitsplatzverlust, Körperliche Gewaltandrohung)
- Anordnung, zum Arzt zu gehen, um die psychische Gesundheit prüfen zu lassen

8. Angriffe gegen die Privatsphäre

- (Nächtlicher) Telefonterror
- Ständige Anrufe oder Besuche zur Kontrolle
- Bedrängende Aufforderungen, aus dem Urlaub und/oder aus der krankheitsbedingten Arbeitsunfähigkeit zurück zu kommen
- Schlechtmachen des Betroffenen bei Familienangehörigen, Freunden etc.
- Familienangehörige ängstigen, angreifen, belästigen
- Sachbeschädigung an privaten oder beruflich genutzten Gegenständen, Kleidung etc.
- Gezielte Zuweisung schlechter Urlaubstermine
- Kurzfristige Zurücknahme zugesagten Urlaubs oder Freizeitausgleichs
- Unterschlagung von Anträgen (z. B. wegen Urlaub, Bildung)
- Ständiges Abwerten privater Vorlieben, Interessen und Tätigkeiten
- Ständiges Abwerten religiöser, politischer, weltanschaulicher Überzeugungen

9. Angriffe gegen die Gesundheit und körperliche Unversehrtheit

- Offene körperliche Übergriffe, Gewaltanwendung
- Als Zufall oder Missgeschick getarnte Verletzungen beifügen
- Gezielte Anordnung von gesundheitsschädlichen Tätigkeiten
- Sabotage von Sicherheitsmaßnahmen; Verschwinden lassen von Schutzmitteln
- Sexuelle Belästigung
- Heimliche Verabreichung von Medikamenten und/oder Suchtmitteln (z. B. Alkohol bei einem abstinenten Alkoholiker)
- Ungenießbarmachung oder Verunreinigung von Lebensmitteln
- Herbeiführen von gesundheitlichen Beeinträchtigungen (z. B. Zugluft, Kälte, Hitze, Lautstärke, Vibration, Tabakqualm, Sprays)
- Ausnutzen von gesundheitlichen Handikaps und Krankheiten gegen Betroffene
- Betroffenen zum Suizid auffordern

10. Versagen von Hilfe

- Ignorieren von Mobbingsituationen (z. B. Wegschauen, Weggehen)
- Verharmlosen, Lächerlichmachen von Beschwerden
- Vorwürfe, Schuldzuweisung gegenüber dem Betroffenen
- Dulden von Mobbingvorgängen
- Unterlassene Hilfeleistung

Wir wollten keinen immens erweiterten, aber ungeordneten Katalog von Mobbinghandlungen zusammenstellen, bloß weil sie irgendwann einmal vorgekommen sind. Bei der Suche nach Zusammenhängen der unterschiedlichen Mobbinghandlungen sind wir unter kritischer Mitwirkung von Betriebs- und Personalratsmitgliedern auf zehn Kategorien gekommen. Eine vollkommen logische Einteilung der Mobbinghandlungen war nicht herzustellen, weil es immer wieder zu Überschneidungen und Mehrfachzuordnungen kommt. So stellt Mobbing z. B. langfristig immer eine Gefährdung der Gesundheit dar; dennoch sind nur einige Mobbinghandlungen direkt auf eine gesundheitliche Beeinträchtigung des Mobbingbetroffenen ausgerichtet. Es macht allerdings wenig Sinn, alle Mobbinghandlungen ein zweites Mal in der Kategorie »Angriffe gegen die Gesundheit« aufzuführen. Die von uns gewählte Reihenfolge bringt keine Wertigkeit oder Häufigkeit zum Ausdruck. Es gibt nach unserem Verständnis zunächst einmal Angriffe auf die Arbeitsleistung und das Leistungsvermögen. Dabei wird durch viele Formen von Sabotage entweder die tatsächliche Arbeitsleistung, das herzustellende Produkt, die Dienstleistung oder generell das Leistungsvermögen der angegriffenen Person be- bzw. verhindert. Zweitens gibt es Angriffe, die ohne Umweg den Bestand des Beschäftigungsverhältnisses in Frage stellen, obwohl bei nüchterner Prüfung dafür kein Anlass bestehen würde, oder wo mit zweierlei Maß gemessen wird. Gerade diese beiden Bereiche offenbaren viele Mobbingangriffe, die nicht durch kommunikative Handlungen, sondern durch Taten zustande kommen. Eine dritte Kategorie bildet die Angriffsform »destruktive Kritik«, bei der es nicht wirklich um eine Verbesserung einer Schlechtleistung oder um die Abhilfe bei einem Missstand geht, sondern um die endgültige Schuldzuweisung. Die vierte Kategorie betrifft die Zerstörung der sozialen Integration (Einbindung), bei der fünften wird die Vernichtung des sozialen Ansehens angestrebt. Diese Kategorien hat bereits *Leymann* für wichtig erachtet. Als sechste Kategorie erschien es uns sinnvoll, die gezielten Angriffe auf das Selbstwertgefühl herauszuheben, ebenso wie siebtens die Versuche, Schreck, Angst und Ekel hervorzurufen, um die angegriffene Person zu schwächen oder in Panik zu versetzen. Achtens ließen sich viele Angriffe gegen die Privatsphäre entdecken sowie neuntens direkte Angriffe gegen die Gesundheit und Unversehrtheit ausmachen (ebenfalls eine Kategorie von *Leymann*). Schließlich haben wir es für nötig befunden, das mutwillige, desinteressierte sowie abfällige Versagen von Hilfe als eine eigenständige, zehnte Kategorie von Mobbinghandlungen darzustellen.

Der Katalog der Mobbinghandlungen ist vor allem als Werkzeug zur Analyse von Mobbing gedacht. Mobbingbetroffene, Mobbingberater und Unterstützer sollen dadurch in die Lage versetzt werden, die im konkreten Fall vorgebrachten feindseligen Handlungen und Unterlassungen systematisch zusammenstellen und von der Zielrichtung her einordnen zu können. Erst eine vollständige Aufstellung der Vorkommnisse bildet die Grundlage für die Überzeugungsarbeit gegenüber Kollegen, Betriebs- bzw. Personalrat, Vorgesetzten, Geschäftsleitung bzw. Dienststellenleitung oder unter Umständen auch Richtern, damit diese den Konflikt und den Handlungsbedarf erkennen. Vielleicht kann diese Aufstellung darüber hinaus zur Nachdenklichkeit führen, in wie vielen Bereichen unserer Arbeitswelt noch Umgangsformen toleriert oder als »normal« angesehen werden, die den Standards einer demokratischen Gesellschaft zuwider laufen.

Das Vorkommen einzelner Handlungen aus diesem Katalog ist jedoch noch kein Beweis für das Vorliegen von Mobbing, sondern zunächst nur ein Indiz dafür.

Wichtig:
Einzelne destruktive Mobbinghandlungen sind noch kein Beweis für Mobbing.

Schließlich gibt es in jedem Unternehmen und jeder Dienststelle kurzfristige Auseinandersetzungen, vermeidbare und unvermeidbare Konflikte sowie auch einzelne böswillige Gemeinheiten, ohne dass sofort von Mobbing als Geschehensprozess gesprochen werden muss. Es sollte bedacht werden, dass das Vorgehen der Parteien in einem »normalen« Konflikt gewisse Ähnlichkeiten mit den Verhaltensweisen bei Mobbing hat. Auch dabei wird z.B. die Kompetenz angezweifelt, abwertende Kritik geäußert, beleidigt oder werden Mitarbeiter unterschiedlich behandelt. Bei genauerem Hinsehen zeigt sich jedoch, dass beispielsweise in vielen Konflikten das gnadenlose, aufdringliche oder chronische Element fehlt oder dass die Gemeinheiten nach dem »Gießkannenprinzip« gleichmäßig verteilt werden und niemand einsam sowie wehrlos diese Attacken ausgeliefert bleibt, was jeweils für Mobbing typisch ist. Neben der Auflistung der Mobbinghandlungen ist demnach auch die Prüfung der anderen Kriterien (Definition, Ablauf) notwendig, um sicher sein zu können, dass Mobbing vorliegt.

In unserem Katalog wurden nur solche Handlungen aufgenommen, die ein gewisses Maß von negativer Zielgerichtetheit und »Vorsatz« erkennen lassen. Im Gesamtgeschehen von Mobbing können darüber hinaus viele andere Verhaltensweisen, Fehlverhalten und Unterlassungen eine Rolle spielen. Beispiel dafür wären etwa die ängstliche Zurückhaltung von nicht beteiligten Kollegen, unbedachte Äußerungen, falsche Ratschläge, unqualifizierte Ermutigung, Belastungen im Familienleben, Fehldiagnosen von Ärzten oder Therapeuten oder etwa ein wohlgemeinter Vorschlag einer Versetzung, welchen den Betroffenen jedoch der Verzweiflung nahe bringt. Obwohl solche Vorkommnisse das Erleben eines Betroffenen erheblich beeinträchtigen können, stellen sie nach unserer Auffassung keine Mobbinghandlungen dar, weil bei ihnen die aggressive Zielstellung fehlt.

Mit nahezu 120 Einzelposten ist unsere Aufstellung von möglichen Mobbinghandlungen umfangreich geworden. Wir weisen ausdrücklich darauf hin, dass dieser Katalog keinen Anspruch auf Vollständigkeit erhebt. Das hat zwei Gründe. Einerseits ist der Phantasie beim Erfinden möglicher Feindseligkeiten leider keine Grenze gesetzt. Andererseits ändern sich betriebliche Verhältnisse ständig, so dass immer wieder andere bzw. neue Mobbinghandlungen hervorgebracht werden. Sollte ein Betroffener feindseligen Handlungen ausgesetzt sein, die in dieser Aufstellung so nicht aufgelistet sind, so wäre zu prüfen, welchen anderen Mobbinghandlungen das spezielle Verhalten vergleichbar ist und vor allem, in welche Kategorie es eingeordnet werden kann.

1.2.3 Das Zeitmoment

Von Mobbing kann nur gesprochen werden, wenn sich der Geschehensprozess über einen längeren Zeitraum erstreckt, der in dem einen Fall einige wenige Wochen, in einem anderen Fall aber auch viele Jahre umfassen kann. Eine in 2001 mittels Telefon durchgeführte Befragung von Mobbing Betroffenen hat gezeigt, dass bei 35,5 % der Befragten der Geschehensprozess kürzer als sechs Monate war. Bei 50,7 % dauerte das Mobbing bis zu zwölf Monate. 12,2 % der Befragten gaben einen Zeitraum von drei und mehr Jahren an (*Meschkutat/Stackelbeck/Langenhoff*, S. 52). Die Festlegung eines Mindestzeitraums, wie es *Leymann* mit »über ein halbes Jahr oder länger« zunächst getan hat (vgl. *Leymann* 1993, S. 22 und 1995, S. 17 f.), halten wir für verfehlt. Schließlich haben Mobber unter Hinweis auf das von *Leymann* geforderte Zeitmoment versucht, sich von jeder Verantwortung für ihr Verhalten »freizusprechen«. Sie argumentierten, dass von Mobbing in ihrem Fall bereits deswegen keine Rede sein könne, da sie mit den angeblichen Mobbinghandlungen bereits nach weniger als sechs Monaten aufgehört hätten bzw. das angebliche Mobbingopfer bereits vor Ablauf der besagten sechs Monate aus dem Arbeitsverhältnis ausgeschieden oder auf einen anderen Arbeitsplatz versetzt worden sei (vgl. *Wolmerath*, S. 30).

1.2.4 Akteure und soziales Umfeld

Mobbing scheint bei einer ersten flüchtigen Betrachtung nur zwei Personen etwas anzugehen – den »Mobbingbetroffenen« (d.h. die Person, gegen die sich das Mobbing richtet) und den »Mobber« (d.h. die Person, die das Mobbing begeht).

In der Literatur wird, soweit es den Mobbingbetroffenen betrifft, nahezu ausschließlich vom »Opfer« bzw. »Mobbingopfer« und soweit es um den Mobber geht, oftmals von dem »Täter« bzw. »Mobbingtäter« gesprochen. Diese Begriffsbestimmung ist überzogen, weil sie den am Mobbinggeschehen beteiligten Personen von vornherein feste Rollen zuweist – ohne der Frage nachzugehen, ob derjenige, der sich beispielsweise bei seinem Vorgesetzten über einen Arbeitskollegen beschwert, tatsächlich Mobbing ausgesetzt ist. Schließlich ist nicht auszuschließen, dass sich der Mobber als Mobbingbetroffener darstellt, um die bezichtigte Person etwa aus der eigenen Abteilung herauszudrängen. Von dem »Opfer« und dem »Täter« sollte daher nur dort die Rede sein, wo es auch tatsächlich angezeigt ist.

Neben dem Mobbingbetroffenen und dem Mobber gibt es eine Reihe weiterer Personen, denen im Zusammenhang mit Mobbing eine höchst unterschiedliche Bedeutung zukommen kann. Zu nennen sind vor allem: Geschäftsführer bzw. Dienststellenleiter und Dienstherr, Vorgesetzte, Arbeitskollegen, Kunden, Familienangehörige sowie Freunde. Diese Personen können einem Mobbingbetroffenen hilfreich zur Seite stehen, sich aber auch gegen ihn wenden. So kann beispielsweise ein Geschäftsführer durchaus auf einen Mobber einwirken, das Mobbing zu unterlassen. Allerdings kann er auch genau entgegengesetzt das Mobbing fördern und den Mobber ermutigen, seine Handlungen fortzusetzen. Familienangehörige und Freunde können einem Mobbingbetroffenen den in einer Mobbingsituation erforderlichen Halt und Beistand geben, sich aber auch von ihm abwenden und ihn in seiner Lage alleine lassen. Arbeitskollegen und Vorgesetzte können in der gleichen Weise Beistand leisten und sich mit dem Mobbingbetroffenen solidarisieren, sich aber auch passiv verhalten. *Leymann* hat in diesem Zusammenhang die Bezeichnung »Möglichmacher« verwendet. Als »Möglichmacher« begreift er solche Personen, die zuschauen, sich nicht um die Mobbingsituation kümmern, den Geschehensprozess weiterlaufen lassen oder wegschauen (vgl. *Leymann* 1993, S. 61). Würden diese Personen in den Geschehensprozess eingreifen, dürfte der Mobber regelmäßig in seine Schranken gewiesen und das Mobbing in der Regel beendet werden. Indem die »Möglichmacher« das Mobbing durch ihr passives Verhalten ermöglichen, tragen sie häufig – wenn auch unbewusst – zu einer Isolierung des Mobbingbetroffenen bei. Zusätzlich wird ihr Verhalten von dem Mobber oftmals als Zeichen ihrer Solidarität verstanden, als ob es einen innerbetrieblichen »Konsens« dergestalt gibt, dass der Mobber denkt: »Die Belegschaft steht hinter meinen Aktivitäten«. Für den Mobbingbetroffenen verstärkt sich hingegen der Eindruck: »Alle sind gegen mich«. Daneben gibt es Mobbingfälle, in denen sich ein einzelner Mobber auch tatsächlich auf den negativen Konsens Anderer stützen kann (*Wolmerath*, S. 60).

1.3 Verlaufsformen von Mobbing

Eines ist sicher: In einem ungebremsten Mobbingkonflikt verschlechtert sich die soziale, psychische, gesundheitliche und nicht zuletzt die berufliche Situation eines in die Defensive geratenen Mobbingbetroffenen zusehends. *Leymann* hat seinerzeit Mobbing in fünf aufeinander folgende Phasen eingeteilt: Es begann nach seiner Auffassung mit Konflikten in der Organisation (1. Phase), was schließlich in die eigentliche Mobbingphase überging (2. Phase). Dem folgte eine Eskalation (3. Phase), wenn es zu »Rechtsbrüchen durch Über- und Fehlgriffe der Personalverwaltung« (*Leymann* 1993, S. 59) gekommen war. Eine weitere Verschlimmerung trat durch Fehldiagnosen von Ärzten, Therapeuten und anderen außenstehenden Helfern ein (4. Phase), durch die sich Mobbingbetroffene völlig unverstanden und isoliert fühlten. Schließlich war die Situation (5. Phase) durch mehrfache Versetzungen, Krankschreibungen, Verrentung und/oder Kündigung charakterisiert.

Es ist durchaus zu beobachten, dass sich die Situation eines Mobbingbetroffenen immer dann dramatisch verschlechtert, wenn solche Personen, die für eine Lösung des Konflikts an entscheidender Stelle sitzen, entweder versagen oder sich sogar auf die Seite des Mobbers schlagen.

Dabei kann es sich um einen Vorgesetzten handeln, der sich heraus hält, um einen gut meinenden Kollegen, der rät, alles nicht so ernst zu nehmen, oder um die Personalabteilung, die ohne genaue Prüfung des Sachverhalts eine Versetzung ausspricht. Nur gibt es offenbar keinen regelhaften zeitlichen Ablauf von Mobbing, in dem eine Phase der nächsten folgt. Allein durch die Popularisierung des Mobbingbegriffs hat sich einiges verändert. Beispielsweise dürften Ärzte und Therapeuten, denen Mobbing völlig unbekannt ist, eine Minderheit geworden sein. Die vierte Phase ist sozusagen gesellschaftlich auf dem Rückzug. Auch haben sich viele Mobbingfälle nicht aus vorherigen betrieblichen Konflikten entwickelt. In manchen Fällen hatte die Personalabteilung gar keine Kenntnis vom Mobbing, bis der Betroffene überraschend kündigte, d. h. Phase drei hat nicht stattgefunden. Andere Mobbingfälle wiederum haben genau mit einer personalpolitischen Fehlentscheidung begonnen.

In Abb. 3 stellen wir ein Schema vor, das den Ablauf eines Mobbinggeschehens in allgemeiner Form darstellt. Danach unterscheiden wir zwischen dem eigentlichen Mobbing sowie der Zeit davor (Vorlaufphase) und dem Zeitraum danach (Endphase). In der Mobbingphase selbst gibt es nach unseren Erfahrungen keine zeitliche Reihenfolge, da jeder Fall einer eigenen Dynamik folgt. In der Mobbingphase spielt sich ein Ringen unterschiedlicher Kräfte ab. Es gibt Feindseligkeit und Ausgrenzungsbestrebungen von Seiten des Mobbers, die sich konkret in Mobbinghandlungen zeigen. Auf der Seite des Mobbingbetroffenen wirken mehr oder weniger starke Gegenkräfte, die wir mit den Begriffen »persönliche Konfliktfähigkeit«, »sozialer und beruflicher Rückhalt im Betrieb«, »Konfliktkompetenz der Organisation« und »externe Unterstützung« belegt haben. In der Praxis bewahrheitet sich die Hoffnung, dass Mobbing keine naturbedingt abwärts gerichtete Einbahnstraße ist, sondern dass es Faktoren gibt, die Mobbing eindämmen oder beenden können. Das Risiko, dass ein Betroffener trotz Gegenwehr beruflich und menschlich unter die Räder kommt, ist allerdings immer gegeben.

> **Wichtig:**
> Für das Durchstehen eines Mobbingprozesses sind persönliche Konfliktfähigkeit, sozialer und beruflicher Rückhalt, Konfliktkompetenz der Organisation und externe Unterstützung wichtige Faktoren.

Mobbing kann sich aus unterschiedlichen Ausgangslagen (Vorlaufphase) heraus entwickeln. Dass sich beispielsweise ein gegebener Konflikt zu Mobbing ausweiten wird, ist dem Beginn nicht unbedingt an-

Abb. 3: Verlauf von Mobbing

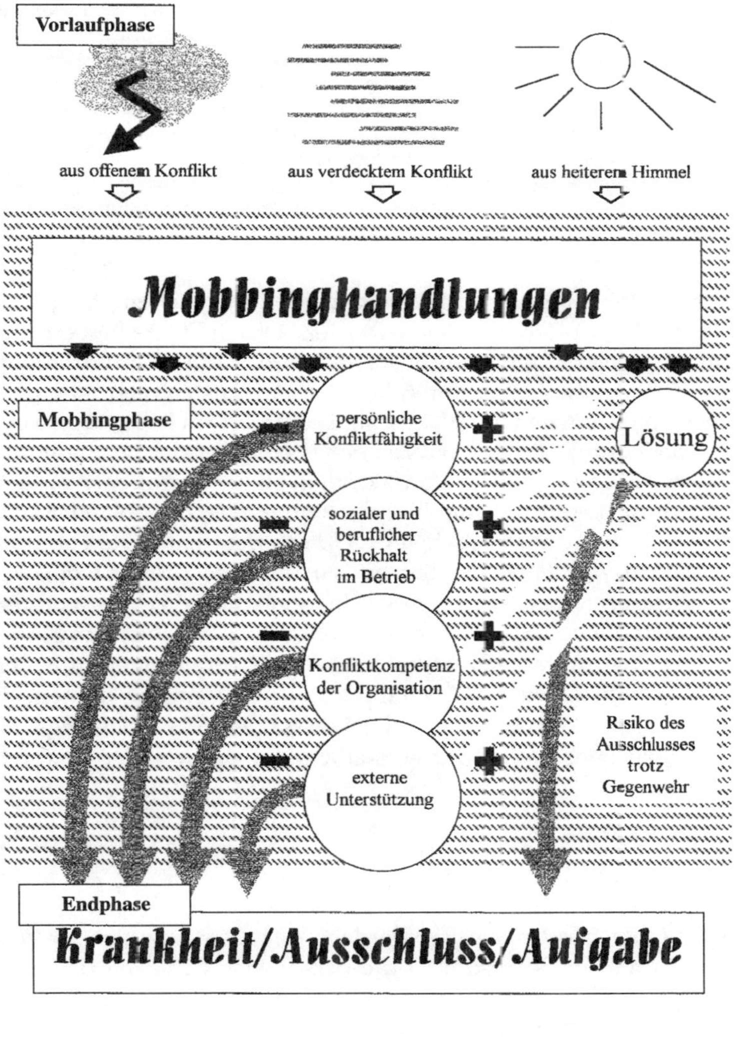

zusehen. Eine freundliche Atmosphäre ist wiederum keine Garantie für dauerhafte Mobbingfreiheit.

Hinweis: Mögliche Ausgangslagen für Mobbing

- Das Betriebsklima ist schlecht, Konflikte häufen sich und werden mit harten Bandagen ausgetragen, Schwächere haben das Nachsehen
- Durch größere Umstrukturierungen (z. B. Zusammenlegung, Unternehmensspaltung, Fusion, Modernisierung der Verwaltung, Privatisierung) werden viele Menschen völlig neu zusammengewürfelt und/oder mit neuen Aufgaben betraut
- Es gibt Konflikte und Spannungen, die jedoch völlig verleugnet oder oberflächlich unterdrückt wurden und nur unterschwellig wirken
- Es herrscht eine eher angenehme Stimmung und gute Arbeitsorganisation. Es gibt einzelne problematische Maßnahme (z. B. Umbesetzung, Höhergruppierung, Beförderung)
- Mobbing beginnt aus heiterem Himmel

Von der »Mobbingphase« sprechen wir, wenn Mobbinghandlungen gezielt und gehäuft vorgetragen werden. Ob ein Mobbingbetroffener die Situation letzten Endes durchstehen wird, kann nicht vorhergesagt werden. Die genannten Faktoren können zu Gunsten oder zu Ungunsten eines Betroffenen in die Waagschale kommen. Im Folgenden werden wir die Bedeutung dieser Faktoren etwas eingehender behandeln. Insbesondere die These von der Konfliktfähigkeit des Betroffenen als einem Überwindungsfaktor von Mobbing mag für einige, die sich oder andere als demoralisierte und ausgelieferte Opfer erlebt haben, abenteuerlich klingen. *Neuberger* (1999, S. 105) hat zu unserem Konzept ein wenig ironisch bemerkt, dass wir offenbar das »souveräne Opfer« voraussetzen. In gewissem Maße hat *Neuberger* Recht, denn mit unserem Ratgeber versuchen wir, umfassend Mittel und Wege aufzuzeigen, mit denen Mobbingbetroffene ihre Souveränität zurückerlangen können. Persönliche Stärke und Unerschrockenheit setzen wir allerdings nicht voraus, dazu kennen wir die persönliche Situation vieler Betroffener viel zu gut.

1.3.1 Konfliktfähigkeit

In der Situation des Angegriffenwerdens, der Ausgrenzung, der Verunsicherung und der Belastung ist die persönliche Fähigkeit und Bereitschaft, den Konflikt zu führen, ein wichtiger Faktor, den der Betroffene selbst mit einbringt. Glücklicherweise handelt es sich hierbei nicht um eine exklusive Eigenschaft, die man entweder »hat« oder »nicht hat«, sondern um eine solche, die sich – wie viele uns bekannte Mobbingbetroffene bewiesen haben – erlernen lässt. Beschäftigte, denen bereits vor dem Auftreten von Mobbing jede Form von Konflikt ein Gräuel war oder die sehr auf Harmonie ausgerichtet sind, haben es hier sehr schwer. Konfliktfähigkeit, wie sie bei der Überwindung von Mobbing erforderlich ist, zeigt sich nicht etwa in der Fähigkeit, laut zu argumentieren. Vielmehr kommt es auf ein strategisches Verhalten an, z. B. einen langen Atem zu entwickeln, sich emotional der Situation des Konfliktes zu stellen, nicht jeden verbalen Angriff persönlich zu nehmen, Bündnispartner zu gewinnen, aber auch, an entscheidenden Stellen Grenzen zu ziehen. Wichtig ist ferner, die Balance zwischen Abwarten, aktivem Tun und Rückzug zu finden.

1.3.2 Sozialer und beruflicher Rückhalt

Ein weiterer wesentlicher Faktor ist der soziale Rückhalt bei anderen Beschäftigten. In allen uns bekannten Fällen, in denen ein Mobbingbetroffener mit eigener Kraft die Situation zu den eigenen Gunsten beeinflussen konnte, standen ihm andere Menschen – offen oder verdeckt – zur Seite. Aber auch dort, wo Mobbing nicht zufriedenstellend beendet werden konnte, wo etwa eine Versetzung, der vorzeitige Ruhestand oder sogar die Beendigung des Beschäftigungsverhältnisses das Resultat war, wird immer von der immensen moralischen Bedeutung des sozialen Rückhalts durch zumindest einen Menschen berichtet. Der berufliche und soziale Rückhalt kann auf dem Ruf basieren, den man in den Jahren vor dem Auftreten des Mobbing erlangt hat. Es kann im Expertenwissen oder im praktischen Know-how verkörpert sein, der für den Betrieb und die Mitarbeiter wichtig ist. Aus spontan richtiger Einschätzung haben viele Betroffene quasi instinktiv versucht, trotz Mobbing gute bis exzellente Arbeitsleistung zu erbringen, keine Fehlzeiten aufzuweisen und möglichst keine Fehler zu machen.

1.3.3 Konfliktkompetenz der Organisation

Als dritter Faktor, der über die weitere Abwärtsentwicklung oder die Lösung einer Mobbingkonstellation entscheidet, ist die Organisation zu nennen. Auf »fahrlässige« bis böswillige Fehlverhalten und Fehlentscheidungen von Vorgesetzten und Personalabteilungen hat *Leymann* (1993, S. 62) zurecht hingewiesen. Wir sind darüber hinaus häufig auf Hilflosigkeit gestoßen (z. B. Vorgesetzte, die sich ihrerseits mit der Bewältigung von Mobbingkonflikten überfordert fühlten). Konfliktkompetenz kann sich in der Zivilcourage einzelner Beschäftigter sowie in der Entschlossenheit einzelner Vorgesetzter zeigen, die sich nicht passiv verhalten, sondern eingreifen. Konfliktkompetenz zeigt sich in allgemeinen Regeln, wie z. B. Leitlinien, wenn sie denn tatsächlich »gelebt« werden, Betriebs- oder Dienstvereinbarungen, aber auch allgemein beim Umgehen mit Beschwerden, Umgehen mit Fehlern der Mitarbeiter oder den existierenden Möglichkeiten zur Aussprache bei Unstimmigkeiten. Die Existenz einer Sozialbetreuungsstelle im Betrieb ist ebenfalls ein positiver Faktor.

1.3.4 Externe Unterstützung

Solange die innerbetrieblichen Strukturen und die persönliche Bereitschaft von Beschäftigten sowie Vorgesetzten fehlen, die Mobbing wirksam einschränken können, ist die Hilfe durch außerbetriebliche Institutionen von besonderer Bedeutung. Die große Zahl von Anfragen nach Selbsthilfegruppen und Beratungsstellen, Therapeuten und Rechtsanwälten sowie das ungebrochene Inanspruchnehmen von Mobbingtelefonen verdeutlicht den Bedarf. Die Berichterstattung in den Medien hat ebenfalls über diese Möglichkeit der Unterstützung berichtet. Es gibt kaum einen Mobbingbetroffenen in Deutschland, der nicht zu irgend einem Zeitpunkt dort Rat und Hilfe sucht. Das heutige Problem ist, dass es (noch) nicht in jeder Region uneigennützige und seriöse Angebote gibt, die sich in die betriebliche und persönliche Situation des Betroffenen einarbeiten und kompetent beraten können. Leider mussten wir in der Vergangenheit immer wieder feststellen, dass einzelne »Berater« sich darauf spezialisiert haben, aus der Not anderer ein Geschäft zu machen, indem sie etwa versuchen, Hilfe suchenden Personen eine Rechtsschutzversicherung zu verkaufen. Andere treiben Mobbingbetroffene leichtfertig in juristische Auseinandersetzungen, indem sie ihnen beispielsweise raten: »Erstens gegen den Geschäftsführer Strafanzeige erstatten, zweitens schriftlich abmahnen, drittens Schadensersatzklage erheben.« Positiv wirkt sich hingegen im konkreten Mobbingfall aus, wenn die Beratungsperson im Betrieb bzw.

in der Dienststelle bereits aus anderen Zusammenhängen bekannt und akzeptiert ist.

Zu beachten ist auch die Wechselwirkung dieser Faktoren. Jemandem, der zwar über genügend Konfliktbereitschaft verfügt, kann dennoch der mangelnde Rückhalt durch Kollegen und die Konfliktscheu der Organisation zur Aufgabe zwingen. Andererseits kann auch einem scheuen Mobbingbetroffenen geholfen werden, wenn beispielsweise aufgeschlossene Mitarbeiter in der Personalabteilung tätig sind oder es eine gut umgesetzte Betriebs- bzw. Dienstvereinbarung gibt, d.h. wenn die Konfliktkompetenz in der Organisation groß ist.

1.4 Was Mobbing nicht ist

Es macht aus unserer Sicht keinen Sinn, jede Intrige, jedes Vorenthalten von Informationen sowie jeden Gebrauch der Ellenbogen als Mobbing zu bezeichnen. Durch die breite Thematisierung der Mobbingproblematik vor allem in den Medien wird das Wort »Mobbing« inzwischen oftmals als ein Allerweltsbegriff für Konflikte und rücksichtslose sowie egoistische Verhaltensweisen benutzt. Eine Abgrenzung von anderen Verhaltensweisen, die ebenso wie Mobbing zu missbilligen sind, jedoch nicht als Mobbing bezeichnet werden dürfen, ist notwendig. Bei einer genaueren Betrachtung von Konflikten, die zunächst als »Mobbing« dargestellt werden, fällt auf, dass nicht alle Elemente der Mobbingdefinition vorliegen.

Beachte: Situationen, bei denen es sich nicht um Mobbing handelt

- Feindseligkeiten und Konflikte zwischen Gruppen mit einer gewissen Personenstärke (z.B Abteilung gegen Abteilung, Arbeiter und Angestellte gegen Beamte, Betriebsrat gegen Geschäftsleitung, Beschäftigte gegen Personalrat)
- einzelne Straftaten am Arbeitsplatz (z.B. Diebstahl unter Arbeitskollegen, die Beleidigung eines Vorgesetzten)
- persönliches Desinteresse sowie Antipathien gegenüber einer einzelnen Person, sofern diese nicht in einer feindseligen sowie gehässigen Art und Weise geäußert werden
- sozial zu missbilligende, aber hinzunehmende Verhaltensweisen (z.B. Versagung des Grußes, unhöfliches Verhalten)
- einzelne ungerechte sowie unsoziale Behandlungen, die nur kurzfristig zur Wirkung gelangen (z.B. nicht gerechtfertigte Rüge, Abmahnung, Versetzung, Kündigung des Arbeitsvertrages)

2. Ursachen für und Auswirkungen von Mobbing

Im Folgenden beleuchten wir einige allgemeine Zusammenhänge, die zu Mobbing führen bzw. Mobbing begünstigen. Zudem befassen wir uns mit den vielfältigen Auswirkungen von Mobbing, von denen sich einige erst auf den zweiten Blick offenbaren. Die jeweils spezifischen Ursachen und Auswirkungen auf den Einzelnen in einer konkreten Mobbingsituation sind hingegen Gegenstand des dritten Teils dieses Ratgebers.

2.1 Ursachen für Mobbing

Die Ursachen für Mobbing sind äußerst vielfältig, höchst individuell und reichen von Missgunst, Neid und Konkurrenzdenken über die Unsicherheit um die eigene Stellung am Arbeitsplatz bis hin zum geplanten Stellenabbau mittels Mobbing. Verallgemeinerungen sind fehl am Platz. Weiter ist zu bedenken, dass die Ursachen für Mobbing einem Wandel unterliegen. Ist beispielsweise in einem Betrieb die Sorge um den Verlust des eigenen Arbeitsplatzes der Auslöser einer Mobbingsituation, so könnte dies zu einem späteren Zeitpunkt die Überforderung eines Vorgesetzten mit neuen Managementmethoden sein.

Für Betriebs- und Personalratsmitglieder standen in den letzten Jahren insbesondere die folgenden Aspekte im Vordergrund, von denen sie uns auf Schulungs- und Bildungsveranstaltungen regelmäßig berichtet haben (vgl. *Wolmerath*, S. 50):

- In den Betrieben geht bereits seit einigen Jahren die Angst vor dem Verlust des Arbeitsplatzes um. Stellenabbau, Outsourcing, Verlagerung von Produktionsstätten ins Ausland, die »Standort Deutschland«-Debatte sowie Begriffe wie »Globalisierung« und »Shareholder value« haben sich in den Köpfen der Beschäftigten festgesetzt.

- Neue Management-Strategien und Arbeitsstrukturen (z. B. Trend zu kleinen Einheiten, Teamarbeit, Delegation von Verantwortung) überfordern viele – sowohl Vorgesetzte als auch die Beschäftigten.
- Der Abbau von Stellen führt, wenn sich der Arbeitsanfall nicht ebenfalls verringert, bei den verbleibenden Beschäftigten zu einer Arbeitsverdichtung, wobei die Arbeit bei unerwarteten Ausfällen von Arbeitskollegen (z. B. infolge krankheitsbedingter Arbeitsunfähigkeit) mangels vorhandener Vertretungskapazitäten weiter verdichtet wird.
- Vorgesetzten mangelt es oftmals an sozialer Kompetenz. Sie sind nicht oder nur unzureichend in der Lage, die von ihnen bekleidete Position auszufüllen. »Führungsunfähigkeit«, »Führungsschwäche«, »unzureichende soziale Kompetenz« und »fachlich ungeeignet« sind die Schlagworte, die auf den Seminaren am häufigsten zu vernehmen waren.
- Die Privatisierung öffentlicher Funktionen und Aufgaben verunsichert die betroffenen Beschäftigten und schürt oftmals Existenzängste, da sie regelmäßig nicht wissen, was in dem privatisierten Unternehmen auf sie zukommen wird. Für viele ist die Privatisierung der Vorbote eines Stellenabbaus, mithin der eigenen Arbeitslosigkeit.
- Die Arbeitswelt entwickelt sich entsprechend dem allgemeinen gesellschaftlichen Trend immer mehr zu einer Ellbogengesellschaft, in der nur die Starken überleben. Wer auf Andere Rücksicht nimmt, zeigt »Schwäche«.
- Aufgrund gesellschaftlicher Veränderungsprozesse steht das Individuum im Vordergrund. Wer nur an sich denkt, interessiert sich nicht für Andere und deren Belange. Die »Ich-Bezogenheit« führt dazu, dass Probleme und Konflikte oftmals nicht mehr angesprochen werden. Wer selbst Gemeinheiten und Ungerechtigkeiten am Arbeitsplatz erfahren hat, neigt eher dazu, sich ähnlich zu verhalten.

Leider ist nicht zu verkennen, dass es sich für einen Arbeitgeber im konkreten Einzelfall in finanzieller Hinsicht durchaus »rechnen« kann, eine Personalpolitik zu betreiben, die auf Mobbing fußt. So dürften Beschäftigte, deren man sich wegen der Geltung besonderer Schutzvorschriften nur äußerst schwer entledigen kann, vermehrt unter Mobbing zu leiden haben. Zu denken ist in dieser Hinsicht etwa an Betriebs- und Personalratsratsmitglieder, Schwangere, Beschäftigte in Elternzeit und Schwerbehinderte. Weiter dürfte zu Mobbing dann gegriffen werden, wenn es gilt, Personal kostengünstig abzubauen. Schließlich erhält in der Regel derjenige keine Sozialplanabfindung, der seinen Arbeitsplatz selbst räumt. In der gleichen Weise wird einem die Kündigung aussprechenden Beschäftigten die Möglichkeit genommen, sich gegen eine andernfalls arbeitgeberseitig erfolgende Kündigung mittels der Erhebung einer Kündigungsschutzklage zu wehren.

Wer die Ursachen für Mobbing ausschließlich der Arbeitgeberseite zuschreibt, macht es sich zu leicht. Auch wenn die Gründe, warum es Mobbing im Betrieb bzw. in der Dienststelle gibt, oftmals von ihr zu verantworten sind, so darf nicht übersehen werden, dass die Ursachen für Mobbing im Einzelfall beispielsweise auch in der Überforderung, in Selbstwertproblemen, in Krankheiten, in Leistungsproblemen und/oder in soziopathischen Persönlichkeitstrukturen Einzelner zu finden sind.

Um geeignete Maßnahmen zur Ursachenbewältigung ergreifen zu können, muss es das Anliegen eines jeden Betriebs- bzw. Personalrats und sollte es auch das Anliegen jedes Arbeitgebers sein, die konkreten Ursachen für Mobbing im Betrieb bzw. in der Dienststelle zu ermitteln. Wer weiß, warum es im eigenen Betrieb bzw. in der eigenen Dienststelle Mobbing gibt, kann diesem Phänomen besser gegensteuern.

2.2 Auswirkungen von Mobbing

Auf dem ersten Blick scheint Mobbing nur auf den Mobbingbetroffenen zu wirken: Der Mobbingbetroffene erscheint zunächst vielleicht gereizt, später depressiv verstimmt und fällt irgendwann durch Fehlzeiten auf. Schlussendlich wird er vielleicht versetzt oder scheidet aus dem Beschäftigungsverhältnis aus. Die mit Mobbing verbundenen Auswirkungen, die sich auch als »Konsequenzen und Gefahren« bezeichnen lassen, sind jedoch nicht auf den Mobbingbetroffenen beschränkt (vgl. *Wolmerath*, S. 54):

Hinweis: Reichweite der Auswirkungen zu Mobbing
- Auswirkungen auf den Mobbingbetroffenen
- Auswirkungen auf den Mobber
- Auswirkungen auf die Belegschaft
- Auswirkungen auf den Betrieb bzw. auf die Dienststelle
- Auswirkungen auf die Gesellschaft

2.2.1 Auswirkungen auf den Mobbingbetroffenen

Personen, die Mobbing ausgesetzt sind, verhalten sich in aller Regel zunächst aktiv im Rahmen ihrer Möglichkeiten. Sie wehren sich verbal, versuchen eine Aussprache oder der Situation auszuweichen, beschweren sich beim Betriebs- bzw. Personalrat oder bei ihrem Vorgesetzten etc. (Abb. 4; s. S. 44). Soweit dies erfolgreich ist, hört das Mobbing auf. Haben die Gegenmaßnahmen und Versöhnungsversuche hingegen keinen Erfolg, beginnt der »Leidensweg« des Mobbingbetroffenen. Er fühlt sich beispielsweise ständig angegriffen, bloßgestellt, gedemütigt sowie ungerecht behandelt. Da andere Personen eine derartige Behandlung nicht erfahren, stellt er sich regelmäßig die Frage: »*Warum ich?*«.

Die Handlungen des Mobbers verunsichern den Mobbingbetroffenen und verursachen Stress. In dieser Situation stellen sich oftmals Schlafstörungen, Albträume, Kopfschmerzen, Magen- und Darmbeschwerden, Niedergeschlagenheit, Gereiztheit sowie Appetitlosigkeit ein, wobei die feststellbaren psychosomatischen Störungen von Person zu Person höchst unterschiedlich sein können.

Aus leichteren, unspezifischen und abschnittsweisen Befindlichkeitsstörungen können sich manifeste Krankheitssymptome, komplexe psychosomatische bzw. psychiatrische Syndrome, im Sinne gravierender, chronifizierter und teils irreversibler Gesundheitsbeschädigungen entwickeln. Psychische und psychosomatische (und vermittelt darüber körperliche) Erkrankungen sind regelmäßig die Folge von Mobbing. Oftmals gesellt sich der Missbrauch von Medikamenten und Alkohol hinzu. Aber auch ein Herzinfarkt sowie eine Krebserkrankung können die Folge von Mobbing sein (vgl. *Resch*, S. 57 und S. 121). Manchmal bildet der Suizid bzw. Suizidversuch das letzte Glied in der Reihe möglicher Auswirkungen von Mobbing (*Wolmerath*, S. 55 m. w. N.).

Die Befindlichkeit von Personen, die eine lange Zeit Mobbing ausgesetzt waren, ist häufig mit dem Zustand von Personen vergleichbar, die extrem existenzbedrohenden sowie hilflos machenden Situationen (z. B. Seenot, Flugzeugabsturz, unter Trümmern verschüttet, Geiselhaft) ausgesetzt waren. Es entstehen psychische Überlebensängste, die der Betroffene nicht mehr ohne weiteres bewältigen kann. Das sich hierbei entwickelnde Krankheitsbild wird posttraumatisches Stresssyndrom, kurz PTSD (post-traumatic stress disorder) genannt (vgl. *Leymann* 1995, S. 42).

Abb. 4: Bewältigungsverhalten von Mobbingbetroffenen

Situation eines Mobbingbetroffenen

1. Spontane Reaktionen
- Überraschung, Verblüffung, Schreck, Sprachlosigkeit
- Wut, Ärger, Depression, Schuldgefühl, Unsicherheit (»Wieso ich?«, »Wie können Menschen nur so sein?«)

2. Unterschiedliche Formen von Bewältigungsverhalten
- Aktive Gegenwehr: Schimpfen, Angriffe zurückweisen
- Klärungs- und Versöhnungsversuche (»Warum machst du das?«, »Was habe ich Dir getan?«)
- Ausgleich außerhalb der Arbeit suchen
- Unterordnungsversuche (Kritik zuvorkommen, alles besonders gut machen)
- Ignorieren (»dickes Fell« zulegen)
- Vermeidungsverhalten (Mobber aus dem Weg gehen)
- Beschwerde beim Vorgesetzten und/oder beim Betriebs- bzw. Personalrat
- Suche nach Rückhalt und Bestätigung
- Verlassen der Situation

3. Beginnende Überforderung des Bewältigungsvermögens
- Dauerhaftes Durchspielen der Situation, im Kreise denken und fühlen
- Abbau der inneren und äußeren Ressourcen
- Hoffen auf externe Lösungen
- Schwanken zwischen Selbstbehauptungswillen, Selbstzweifel und Angst

4. Psychosomatische Auswirkungen und Erkrankungen
- Psychisches Unwohlsein
- Psychosomatische Beschwerde (Dauerstress)
- Depressionen oder Obsession
- Missbrauch von Medikamenten, Alkohol etc.
- Posttraumatisches Stresssyndrom
- Krankheitsbedingte Arbeitsunfähigkeit

Situation eines Mobbingopfers

Neben den gesundheitlichen Auswirkungen von Mobbing sind regelmäßig auch Konsequenzen und Gefahren für das soziale Umfeld des Mobbingbetroffenen sowie für seine berufliche Situation verbunden. Bekannte, Freunde und die eigene Familie werden ebenfalls stark belastet. Diese wenden sich nicht selten von dem Mobbingbetroffenen ab, weil sie beispielsweise die Schilderungen der Situation, ohne dass eine Änderung derselben bewirkt wird, nicht mehr hören können. Der Fortbestand des Beschäftigungs- bzw. Dienstverhältnisses erscheint für den

Mobbingbetroffenen als unmöglich oder die Versetzung in eine andere Abteilung als der einzige Ausweg, dem Mobbing zu entrinnen, so dass der bisherige Arbeitsplatz häufig – auch wenn damit im schlimmsten Fall eine dauerhafte Arbeitslosigkeit verbunden sein kann – aufgegeben wird.

2.2.2 Auswirkungen auf den Mobber

Der Mobber, der in sozialer Hinsicht nicht ausgegrenzt ist, sondern mit (stillschweigender) Billigung oder sogar mit Unterstützung Dritter (z. B. Geschäftsführer, Dienststellenleiter, Vorgesetzte, Arbeitskollegen) handelt, wird in sozialer sowie beruflicher Hinsicht grundsätzlich keine negativen Auswirkungen zu befürchten haben. Er kann allenfalls mit »dem Recht« in Konflikt geraten, worauf wir im vierten Teil dieses Ratgebers ausführlich zurückkommen werden. Gesundheitlichen Gefahren dürfte der Mobber nur ausgesetzt sein, wenn er quasi als »Angst-Mobber« gemäß dem Motto »Angriff ist die beste Verteidigung« oder »lieber mobben als gemobbt werden« handelt. In einer solchen Konstellation dürfte das Mobbing für ihn beachtlichen Stress mit erheblichen emotionalen Belastungen bedeuten und er kann in vergleichbarer Weise wie ein Mobbingbetroffener erkranken (vgl. *Zuschlag* 1997, S. 114).

2.2.3 Auswirkungen auf die Belegschaft

Unbestritten ist, dass Mobbing negative Auswirkungen auf das Betriebsklima sowie auf die Arbeitsmoral hat. Die Beschäftigten sind in ihrer psychosozialen Befindlichkeit verunsichert. Mit den Fehlzeiten des Mobbingbetroffenen gehen häufig Mehrbelastungen der Anderen einher. Das schlechte Betriebsklima bewirkt einen Rückzug der Beschäftigten auf eigene Belange. Dies alles mündet in eine Abnahme der Leistungsmotivation. Im Extremfall kann die Qualität und Quantität der Arbeitsergebnisse derart abfallen, dass eine Gefährdung der Arbeitsplätze eintritt. Das Schicksal der Belegschaft bzw. einzelner Belegschaftsmitglieder ist dann mit dem Schicksal des Betriebes bzw. der Dienststelle sowie einzelner Abteilungen stark verknüpft (*Wolmerath*, S. 57).

2.2.4 Auswirkungen auf Betrieb und Dienststelle

Mobbing führt zu einer Kostensteigerung, die im Einzelfall derart gravierend sein kann, dass eine Abteilung geschlossen werden muss oder im Extremfall sogar die weitere Existenz des Betriebes bzw. der Dienststelle auf dem Spiel steht. Der diesen Aspekt interessierende Leser mag einmal ausrechnen, welche Kosten entstehen würden, wenn es in seinem Betrieb bzw. in seiner Dienststelle einen Mobbingfall gäbe.

Hinweis: Mögliche Kostenfaktoren bei Mobbing

- Kosten infolge der Fehlzeiten des Mobbingbetroffenen am Arbeitsplatz (z. B. wegen Krankheit, Aufsuchen des Betriebs- bzw. Personalrats, Gespräche mit Vorgesetzten, Wahrnehmung von Arzt- und Gerichtsterminen)
- Kosten infolge der Versetzung des Mobbingbetroffenen bzw. des Mobbers an einen anderen Arbeitsplatz (z. B. geringere Leistung während der Einarbeitungsphase, Schulung der versetzten Person, Nachbesetzung der frei gewordenen Stelle)
- Kosten infolge der Kündigung des Mobbingbetroffenen bzw. des Mobbers (z. B. Zahlung einer Abfindung, Beratung durch einen Rechtsanwalt, Prozesskosten, Inserate für die Nachbesetzung der frei gewordenen Stelle, Personalauswahlgespräche, Schulung und Einarbeitung des neuen Mitarbeiters)
- Kosten infolge geringerer und/oder schlechterer Arbeitsergebnisse (z. B. hoher Ausschuss, Konventionalstrafen, Gewährleistungen, Kündigung von Verträgen durch Kunden)
- Kosten für die Inanspruchnahme von Dienstleistungen externer Personen (z. B. Unternehmensberater, Rechtsanwalt, Headhunter, soweit sie noch nicht an anderer Stelle berücksichtigt worden sind)
- Kosten der Personalabteilung sowie Kosten infolge der Beteiligung des Betriebs- bzw. des Personalrats

Leider wird kaum erkannt, dass mit Mobbing oftmals auch ein Imageverlust verbunden ist. Insbesondere ein schlechtes Betriebsklima sowie schlechte Arbeitsergebnisse wirken sich negativ auf das Ansehen des Betriebes bzw. der Dienststelle aus. Würden Sie beispielsweise Ihr Kind in einem Kindergarten anmelden, der den Ruf besitzt, von einer Leiterin geführt zu werden, die sowohl gegenüber dem Personal als auch gegenüber den zu betreuenden Kindern ein äußerst autoritäres und menschenverachtendes Verhalten an den Tag legt?

2.2.5 Auswirkungen auf die Gesellschaft

Obwohl Mobbing ein Problem in der Arbeitswelt ist, beinhaltet es negative Auswirkungen auf die Gesellschaft. In dem Maße, in dem sich

Mobbing ausbreitet, geht in der Gesellschaft die Fähigkeit zur offenen, fairen und konstruktiven Austragung von Konflikten verlustig, verbunden mit der Zunahme von verbaler sowie nonverbaler Gewaltbereitschaft und dem Verlust der Fähigkeit zur Kommunikation (vgl. *Wolmerath*, S. 59 f.).

Weiter sind die Leistungen zu erwähnen, die im Einzelfall im Zusammenhang mit einer Mobbingsituation seitens der Krankenkassen, der Rentenversicherung, der Berufsgenossenschaften, der Bundesagentur für Arbeit (d. h. Agentur für Arbeit) sowie aus allgemeinen Steuermitteln zu erbringen sind.

Groeblinghoff beispielsweise schätzt, dass die durch Mobbing bedingten Behandlungskosten ca. 51 000 € bis 66 000 € je Fall (bei einer Behandlungsdauer von drei bis vier Jahren) betragen (vgl. *Groeblinghoff*, S. 142). Gemäß einer Hochrechnung von *Resch* werden aufgrund Mobbing jährlich zwischen 12 000 und 25 000 Personen »frühverrentet«, wodurch Kosten zwischen rund eineinhalb und drei Milliarden € pro Jahr entstehen (*Resch*, S. 127).

3. Angreifen, Standhalten oder Flüchten? – Handlungsmöglichkeiten von Mobbingbetroffenen

Es gelingt nur selten, Mobbing im Alleingang zu bewältigen. Durch Mobbing wird das menschlich zentrale Bedürfnis nach sozialer Anerkennung, Sicherheit und Integration (Dazugehörigkeit) angegriffen. Deswegen besteht die allerwichtigste Gegenmaßnahme darin, soziale Unterstützung zu gewinnen.

Die größten moralischen Stützen für Mobbingbetroffene sollten Familienmitglieder und Freunde sein. Aber auch Bündnispartner im Betrieb bzw. in der Dienststelle sind von großem Wert. Das kann ein Mitglied des Betriebs- bzw. Personalrats sowie der Schwerbehindertenvertretung, der Mobbing- oder Konfliktbeauftragte und jeder wohlgesonnene Arbeitskollege und Vorgesetzte sein, selbst wenn diese beispielsweise in einer anderen Abteilung oder Niederlassung tätig sind. Das Gefühl, von jemandem verstanden und moralisch unterstützt zu werden, der die missliche Lage aus der Nähe kennt, hilft sehr.

Ein besonders wichtiger Partner für Mobbingbetroffene ist die betriebliche Interessenvertretung, weil sie den gesetzlichen sowie betriebspolitischen Auftrag hat, den Schutz eines jeden einzelnen Beschäftigten zu gewährleisten (vgl. z. B. § 75 Abs. 1 BetrVG, § 67 Abs. 1 BPersVG). Mobbing untergräbt ja nicht nur die soziale Lage des Betroffenen, sondern gefährdet zudem die wirtschaftliche Existenz des Einzelnen bzw. ganzer Familien. Angesichts hoher Arbeitslosigkeit kann niemand diese Bedrohung auf die leichte Schulter nehmen. Beim Schutz vor Arbeitsanweisungen mit Mobbingcharakter, vor ungerechtfertigten Abmahnungen, Versetzungen und Kündigung sowie für die Durchsetzung zufrieden stellender Arbeitsbedingungen gibt es für Mobbingbetroffene keine Alternative zu einer vertrauensvollen Zusammenarbeit mit dem Betriebs- bzw. Personalrat. Voraussetzung ist allerdings, dass die betriebliche Interessenvertretung der Mobbingproblematik gegenüber aufgeschlossen ist.

Der gute Wille des Betriebs- bzw. Personalrats allein genügt jedoch nicht. Viele Abschnitte dieses Buches richten sich deswegen direkt an die betriebliche Interessenvertretung, um die Kompetenz und das Selbstvertrauen ihrer Mitglieder im Umgang mit Mobbing zu vergrößern. Erst mit den betrieblichen Einflussmöglichkeiten und dem Engagement des Betriebs- bzw. Personalrats im Rücken, steigen die Chancen von Mobbingbetroffenen auf eine zufriedenstellende Lösung ihrer Situation.

Was kann ich als Mobbingbetroffener persönlich tun? Welche Maßnahmen helfen wirklich, welche schaden vielleicht mehr, als dass sie helfen? Die Abb. 5 (s. S. 50) gibt einen Überblick darüber, welche Handlungsmöglichkeiten einem Mobbingbetroffenen prinzipiell zur Verfügung stehen.

3.1 Geben Sie der Lösung des Mobbingproblems Priorität

Sie werden jetzt vielleicht sagen: »Was soll das? Dass Mobbing ein großes Problem in meinem Leben ist, das weiß ich doch selber!« Dass es Mobbingbetroffenen körperlich und seelisch schlecht geht, dass die berufliche Perspektive möglicherweise infrage gestellt und die Arbeits- sowie Lebensfreude mit Sicherheit getrübt ist, ist bekannt. Es ist kaum übertrieben zu sagen, dass Mobbingbetroffene vor einer der größten Bewährungsproben in ihrem Leben stehen. Vor der Arbeit, während der Arbeit und in der Freizeit spielt die Angst vor neuen Übergriffen oder deren innere Verarbeitung eine dominante Rolle im Leben von Betroffenen.

Dennoch glauben wir beobachten zu können, dass Mobbingbetroffene häufig aus ihrer belastenden und teilweise verzweifelten Situation nicht die volle Konsequenz ziehen. Viele versuchen, sich irgendwie mit der Situation zu arrangieren oder sie passiv auszuhalten. Dafür gibt es viele verständliche Gründe: Mobbingbetroffene fühlen sich gekränkt oder ungerecht behandelt und hoffen auf eine Entschuldigung oder Besserung, die aber nicht erfolgt. Sie wurden von der plötzlichen Feindseligkeit überrascht, sind fassungslos und wissen nicht recht, wie sie sich wehren sollen. Vielleicht halten Skrupel und Selbstzweifel von Gegenmaßnahmen ab. Oft schwingt die Hoffnung mit, dass sich das Mobbing irgendwie von selbst geben wird. Schließlich spielt eine Rolle, dass sich

Abb. 5: Handlungsmöglichkeiten eines Mobbingbetroffenen

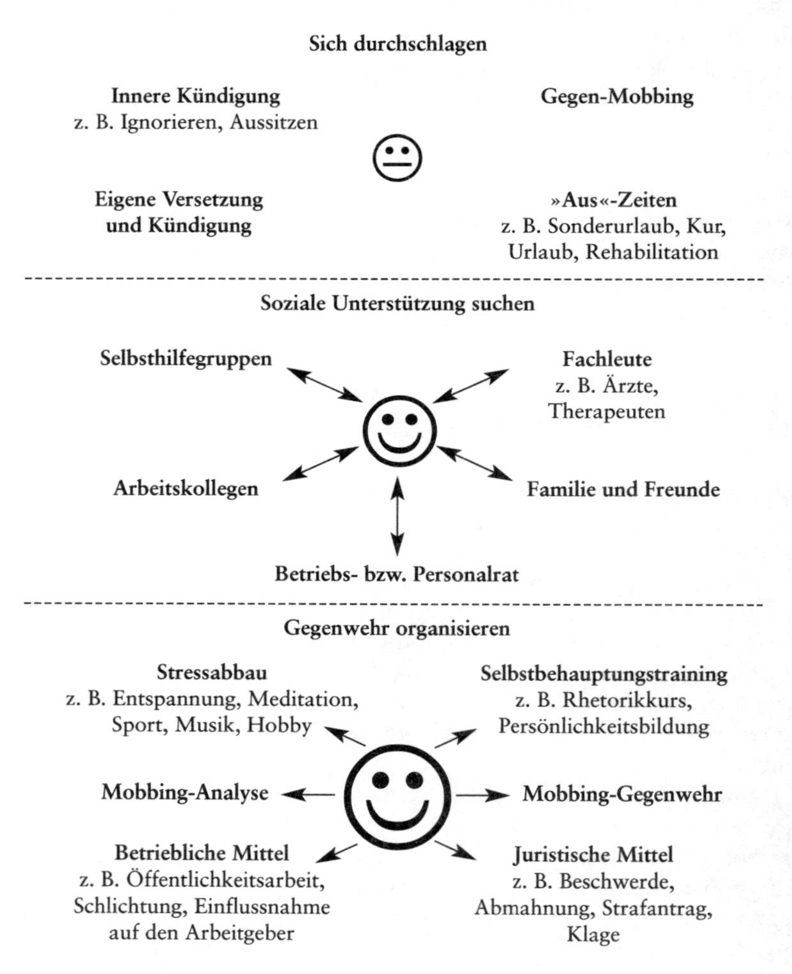

viele nicht bewusst machen, welche verheerenden psychischen, sozialen und körperlichen Folgen lange andauerndes Mobbing mit sich bringen kann. Deswegen redet man sich z. B. ein, dass es so schlimm nun wieder auch nicht ist. Vielleicht gibt es auch andere Tätigkeiten, die von der vollen Konzentration auf das Mobbingproblem abhalten.

Wenn Sie durch Mobbing angegriffen werden, sollten Sie der Lösung des Problems die erste Priorität all Ihrer Aktivitäten einräumen. Bedenken Sie, dass Ihre Gesundheit, Ihre berufliche Existenz, die Handlungsfreiheit und Ihre menschliche Würde bedroht sind. Sie sollten dabei nicht warten, bis das Mobbing unerträglich geworden ist. Es muss Sie ja nicht jeder lieben, aber ein respektvoller Umgang ist das Mindeste, was Sie von einem Jeden erwarten dürfen. Deshalb wehren Sie auch den Anfängen von Mobbing, denn kleine Gemeinheiten und Unverschämtheiten können sich auswachsen, wenn der Mobber keinen Widerstand spürt. Machen Sie sich klar: »Mobbing ist zur Zeit mein größtes Problem. Ich will alles tun, um dieses Problem bald zu lösen.«

3.2 Fassen Sie Mut: Sie können etwas gegen Mobbing tun

Das Gefühl, dass dem Mobber nicht beizukommen ist, entmutigt und lähmt. Dazu kommt das Unverständnis darüber, warum man überhaupt und auf eine solch widerwärtige Weise angegriffen wird. Wir hoffen, dass Sie beim Lesen unseres Ratgebers an Zuversicht gewinnen, dass Mobbing kein auswegloses Schicksal ist. So kränkend und ungerecht Sie es vielleicht auch empfinden, Sie dürfen nicht darauf hoffen, dass der Mobber freiwillig ein Einsehen hat und von selbst das Mobben aufgibt. Obwohl der Mobber die Situation verschuldet hat, ist es unumgänglich, dass Sie sich selbst aus der Defensive bringen: Machen Sie sich klar, dass Sie erfolgreich etwas gegen Mobbing tun können, aber dass Sie auch *handeln* müssen, wenn sich Ihre Lage bessern soll (siehe hierzu die Ausführungen in Abschnitt C).

3.3 Suchen Sie Gesprächs- und Bündnispartner

Sie brauchen für Ihr seelisches Gleichgewicht Menschen, mit denen Sie ausführlich über ihre Not sprechen können und die zu Ihnen halten. Es schadet Ihnen, wenn Sie sich in Ihrem Kummer vergraben, weil Sie anderen nicht zur Last fallen wollen oder weil Sie sich vielleicht schämen, ein Mobbingbetroffener zu sein. Wenn Sie augenblicklich in Ihrem privaten Umfeld nicht fündig werden, sollten Sie sich um Gleichgesinnte in einem Gesprächskreis oder einer Selbsthilfegruppe bemühen (s. hierzu den Anhang Nr. 2). Vielleicht lassen sich Kontakte zu (ehemaligen) Arbeitskollegen wiederbeleben, die eingeschlafen sind.

So wichtig es ist, Gesprächspartner für die Probleme zu haben, so notwendig ist auch eine gewisse Zurückhaltung. Man darf seine sozialen Bezugspersonen nicht grenzenlos mit den eigenen Problemen belasten. Wenn Sie nur noch über Ihre schrecklichen Erfahrungen bei der Arbeit reden, wird es dazu kommen, dass die anderen nichts mehr davon hören wollen und sich nach und nach abwenden. Solche Situationen kommen in Familien von Mobbingbetroffenen leider häufiger vor. Entlastend und sinnvoll wäre es, bestimmte Tage in der Woche festzulegen, in denen intensiv und zielgerichtet über die Mobbingprobleme gesprochen wird, während an den übrigen Wochentagen Mobbing »tabu« ist. Außerdem sollten Sie nicht vergessen »zu leben«, d.h. auch ganz normale Aktivitäten gemeinsam zu unternehmen. Wenn wir eingangs sagten, dass Sie der Lösung des Mobbingproblems erste Priorität einräumen sollen, dann ist damit nicht gemeint, dass darüber ununterbrochen geredet und gegrübelt werden sollte. Es liegt nicht am mangelnden guten Willen, dass die Aufnahmebereitschaft von Familie und Freunden geringer ist als der Wunsch des Mobbingbetroffenen, sein Leid mitzuteilen. Ständig mit dem Problem eines anderen konfrontiert zu sein, aber zugleich nichts Entscheidendes tun zu können, ist für jeden nach einer gewissen Zeit unerträglich.

Für das Aufsuchen eines Gesprächskreises oder einer Selbsthilfegruppe spricht ferner, dass hier ähnliche Interessen und Erfahrungen zusammentreffen. Neben der moralischen Unterstützung sollten die Gespräche stets auch dazu genutzt werden, praktische Abhilfe für die Mobbingsituation zu durchdenken, zu planen und zu leisten.

Zu geeigneten Bündnispartnern können im Übrigen auch wohlgesonnene Vorgesetzte sowie der Betriebs- bzw. Personalrat gehören.

3.4 Lernen Sie, mit guten Ratschlägen gut umzugehen

Gut gemeinte Ratschläge für zwischenmenschliche Konflikte sind ein Problem für sich. Zwar haben alle Mobbingfälle Gemeinsamkeiten, aber jeder konkrete Mobbingfall unterscheidet sich von allen anderen. Schließlich ist die jeweilige Situation eine andere und die beteiligten Personen sowie deren Motive sind verschieden. Somit tragen Ratschläge immer das Risiko, entweder haarscharf am konkreten Problem vorbeizugehen oder so allgemein und »immer richtig« zu sein, dass man mit ihnen nichts anfangen kann. Welche Ratschläge Ihnen auch immer gegeben werden, die Brauchbarkeit für Ihre konkrete Mobbingsituation können Sie nur selbst beurteilen. Dies gilt selbstverständlich auch für unsere Ratschläge. Im besten Fall werden Sie aus den Ratschlägen anderer Leute Ratschläge für sich selbst entwickeln können. Ratsamer wäre es noch, wenn Sie nicht nur allein darüber grübeln, was am besten zu tun ist, sondern Ihr Vorgehen mit vertrauten Personen diskutieren.

3.5 Nehmen Sie professionelle Hilfe in Anspruch

Scheuen Sie sich nicht, professionelle Hilfe in Anspruch zu nehmen. Schließlich sind die Belastungen für Mobbingbetroffene enorm. Gehen Sie unverzüglich zum Arzt, wenn Sie Beschwerden haben, um möglichen gesundheitlichen (Langzeit-)Schäden vorzubeugen. Ähnlich, wie sich Manager einen »Coach« leisten, um mit dem täglichen beruflichen Stress besser fertig zu werden, können Sie versuchen, einen Therapeuten, eine Selbsthilfegruppe oder eine Mobbingberatungsstelle zu finden, um sich in dieser für Sie schweren Zeit unterstützen zu lassen.

3.6 Nehmen Sie sich Zeit

Natürlich wünschen Sie sich, dass die Angriffe lieber heute als morgen vorbei sein sollen. Es ist aber realistischer, wenn Sie sich darauf einrichten, dass das Mobbing noch eine Weile weitergeht, bis Sie gute

Bündnispartner gefunden und auf der Basis einer gründlichen Analyse eine Erfolg versprechende Strategie zur Überwindung der Mobbingsituation entwickelt haben. Vielleicht ist eine Perspektive von drei oder vier Monaten angemessen. Hoffen Sie nicht auf eine schnelle Lösung. Stellen Sie sich auf eine gewisse Zeit ein, in der das Problem gelöst werden soll. Mit einer mittelfristigen Zeitplanung gelingt es Ihnen leichter, eine eigene Panikreaktion zu vermeiden. Mancher Mobbingbetroffene hatte in der Vergangenheit in einer spontanen Reaktion mit dem Ruf: »Ich halte das nicht mehr aus, ich gehe!« die Kündigung des eigenen Arbeitsvertrages ausgesprochen und damit eigene rechtliche, berufliche und finanzielle Möglichkeiten verschenkt. Seit dem 1. 5. 2000 sind Beschäftigte vor den Folgen derartiger »Kurzschlussreaktionen« geschützt. Der an diesem Tag in Kraft getretene § 623 BGB besagt, dass Kündigungen und Auflösungsverträge zu ihrer Wirksamkeit der Schriftform bedürfen. Mündlich erklärte Kündigungen sowie mündlich geschlossene Auflösungsverträge sind mithin ohne rechtliche Wirkung, können ein Arbeitsverhältnis nicht beenden.

3.7 Analysieren Sie das Problem gründlich

Vermeiden Sie den größten Fehler bei der Beurteilung von Mobbing. Dieser steckt in der Vorstellung, dass mit der moralischen Verurteilung des Mobbing und des Mobbers alles getan wäre und jede weitere Analyse überflüssig ist. Genauso wenig, wie sich Mobbing durch Lamentieren überwinden lässt, hilft bloße moralische Verurteilung oder blinder Aktionismus. Nehmen Sie sich Zeit, um das Geschehen sowie die Beteiligten vor Ihrem geistigen Auge zu betrachten und zu analysieren. In Teil C Kapitel 2. unterbreiten wir Vorschläge für die Art und Weise einer gründlichen Analyse von Mobbing. Ein wichtiges Hilfsmittel stellt nach unserer Vorstellung das Führen eines Mobbingtagebuchs dar. Zur Analyse gehört auch, dass Sie sich die Seite Ihrer »Gegner«, deren mögliche Motive und Zwänge genau anschauen. Ebenso unerlässlich ist es, eigene mögliche Schwachstellen zu analysieren sowie Verfahrenswege zur Überwindung des Mobbing zu entwerfen. Es reicht nicht, dass Sie sich wünschen, vom Mobber in Ruhe gelassen zu werden.

3.8 Pflegen Sie Körper und Seele

Als Mobbingbetroffener merken Sie deutlich, wie sich soziale Probleme negativ auf das psychische und körperliche Wohlbefinden auswirken. Es ist naheliegend, dass Sie alles versuchen, um die belastenden Angriffe abzustellen: »Wenn das Mobbing aufhört, geht es mir auch wieder gut.« Mobbing ist jedoch überwiegend nicht kurzfristig abzustellen. Sie sollten daher jede Möglichkeit nutzen, Ihr beeinträchtigtes Wohlbefinden außerhalb der Arbeit zu verbessern. Lassen Sie sich etwa von einem Arzt beraten, welche natürlichen Mittel Sie gegen Schlafstörungen anwenden können. Versuchen Sie es z. B. mit Meditation, Yoga, autogenem Training, Sauna; gehen Sie angeln, besuchen Sie kulturelle Veranstaltungen, gehen Sie tanzen, schließen Sie sich einem Verein an. Das bringt Sie nicht nur auf andere Gedanken, sondern macht Freude, bringt Sie mit anderen Menschen zusammen, und Sie haben die Möglichkeit, Ihr lädiertes Selbstbewusstsein wieder aufzubauen. Regelmäßiger Sport kann Ihnen helfen, die überzähligen Stresshormone abzubauen. Manche warnen, dass man auf diese Weise nur dem eigentlichen Problem im Betrieb ausweicht, indem man Ablenkungen sucht. Es ist schon richtig, dass man sich nicht darum drücken darf, das Mobbingproblem zu lösen. Aber wenn Körper und Seele gestärkt wurden, wird das auch besser gelingen.

3.9 Verringern Sie Ihre Abhängigkeit vom Mobber

Solange Sie den Mobber davon überzeugen wollen, dass Sie ein guter Mensch sind, der die Angriffe gar nicht verdient hat, bleiben Sie von seinem Wohlwollen abhängig. Dasselbe gilt, je mehr sie versuchen, Ihre Handlungsweisen gegenüber dem Mobber ins rechte Licht zu rücken oder sich zu rechtfertigen. Auch wenn Sie darauf aus sind, dass sich der Angreifer entschuldigen soll oder bestraft wird, machen Sie Ihre innere Befindlichkeit stark von dessen Verhalten abhängig. Wollen Sie so lange unglücklich bleiben, bis der Mobber sich entschuldigt hat oder bestraft worden ist? Häufig gibt es auch den erfolglosen Versuch, den Mobber davon zu überzeugen, dass er schlecht gehandelt hat. Dahinter steht wohl die vage Hoffnung, dass er sich nach dieser Erkenntnis eines

Besseren besinnen wird. Wer auf Einsicht und Wohlwollen des Mobbers hofft, bleibt abhängig und manipulierbar. Dies ist eine wenig Erfolg versprechende Strategie. Bedenken Sie, dass ein Mobber sich das eigene Leben leicht zu machen versucht, indem er anderen das Leben schwer macht. Was ist die Alternative? Alle Anstrengungen sollten besser auf das pragmatische Ziel konzentriert werden, dass die Mobbinghandlungen unterbleiben. Eine Charakteränderung des Mobbers sollte nicht Ihr oberstes Ziel sein.

3.10 Entwickeln Sie Ihre eigene Strategie

Der Appell an den Mobber: »Lass mich doch endlich in Ruhe«, hilft erfahrungsgemäß nicht. Sie kommen nicht umhin, eine Strategie zu entwickeln, die der Situation und Ihnen selbst als Person angemessen ist. Wenn Sie ein strategisches Vorgehen entwickelt haben, werden Sie merken, dass sich Ihr Verhalten und Erleben deutlich von Ihren spontanen Reaktionen unterscheiden. Hatten Sie bei Beginn des Mobbing z. B. versucht, Ihrem Peiniger möglichst aus dem Weg zu gehen (Vermeidungsverhalten), so kann es nun dazu kommen, dass Sie der Begegnung eher erwartungsvoll entgegensehen, um die Vorkommnisse in Ihr Mobbingtagebuch einzutragen.

Es kann sich im Einzelfall auch als gute Strategie herausstellen, die Mobbingangriffe zu ignorieren bzw. auszusitzen. Voraussetzung ist, dass Sie nach gründlicher Analyse der Mobbingsituation und Einschätzung der eigenen Standfestigkeit innerlich von der Richtigkeit und Wirksamkeit überzeugt sein müssen. Der Mobber muss ernsthaft spüren, dass er hier nichts mehr bewirken kann. Andere Strategien sind darauf gerichtet, das Sanktionsrisiko für den Mobber zu erhöhen, die soziale Basis des Mobbing (heimliche Befürworter) auszutrocknen oder sein Vorgehen in der Betriebsöffentlichkeit bloßzustellen.

In ausweglosen Situationen kann die beste Strategie auch in einer Aufgabe des Beschäftigungsverhältnisses (z. B. Kündigung des Arbeitsvertrags) bestehen. Dieser Schritt sollte jedoch sehr sorgfältig abgewogen werden. Bevor ein Mobbingbetroffener eine Panikentscheidung in einer Stresssituation trifft (»Ich halte das nicht mehr aus, ich lass alles stehen und liegen und schreibe meine Kündigung«), sollte er eine »Auszeit« (z. B. Resturlaub) nehmen und gründlich mit anderen überlegen, was zu tun ist. Oftmals wird die Flinte zu früh ins Korn geworfen: Viele Mobbingsituationen sehen unlösbar aus, es fehlt jedoch tatsächlich nur ein genaues Verstehen und ein entschiedenes Zugreifen an der richtigen Stelle. Wer sich entschließt zu gehen, sollte diesen Schritt erhobenen Hauptes tun und nicht wie ein geprügelter Hund verschwinden. Man sollte auch nicht leichtfertig und voreilig rechtliche Positionen aufgeben. Dass die Mobber mit ihrem üblen Vorgehen den Sieg davontragen, ist für jeden Betroffenen und alle gerecht denkenden Beobachter eine bittere Pille. Hier standzuhalten ist ehrenvoll, kann aber auch die eigenen Kräfte vollends überfordern. Auch dies ist eine Abwägungsfrage.

Manche der zur Verfügung stehenden Abwehrmöglichkeiten wollen Mobbingbetroffene aus Angst, aus dem Gefühl der persönlichen Überforderung, aus moralischen Gründen oder aus Selbstachtung nicht nutzen. Viele der Handlungsmöglichkeiten haben eine widersprüchliche Seite. Stets ist es vom konkreten Einzelfall abhängig, was unternommen werden sollte. Von einer gründlichen Analyse und vom betrieblichen Kräfteverhältnis hängt letztlich ab, ob Sie angreifen, standhalten oder lieber »das Weite« suchen sollten.

4. Sicherheit bei der Beurteilung von Mobbing gewinnen

Durch die große Aufmerksamkeit, die der Mobbingproblematik in den Medien zuteil geworden ist, glaubt nahezu jedermann »irgendwie« zu wissen, was Mobbing ist. Wer sich jedoch das erste Mal intensiver mit der Theorie und den unterschiedlichen Erscheinungsformen von Mobbing befasst, hat regelmäßig Schwierigkeiten, Mobbing auf der einen Seite sowie Streit und Konflikte auf der anderen Seite auseinanderzuhalten. Dazu kommt in der betrieblichen Praxis das Problem, dass es kaum emotionslose und neutral-objektive Berichte über die Vorkommnisse in einem Mobbingfall gibt, sondern dass sich jede beteiligte Person (z.B. ein Betriebs- bzw. Personalratsmitglied) erst durchfinden und zu eigenen Schlussfolgerungen gelangen muss. Wie lässt sich hier eine größere Sicherheit in der Beurteilung von Mobbing gewinnen?

4.1 Das Dilemma von Beratern: Auch die Mobber sagen, sie würden gemobbt

Da Sie als Berater handlungsfähig sein wollen und handeln müssen, bevor Sie alle erforderlichen Informationen zusammengetragen haben (ein Dilemma, in dem Sie bei Mobbing nahezu immer stecken), schlagen wir Ihnen in diesem Abschnitt ein »Schnellverfahren« für die persönliche Orientierung und Beurteilung von möglichen Mobbingkonflikten vor. Zunächst jedoch einige grundsätzliche Überlegungen.

Wenn Sie als Beschwerde-Instanz, als Schlichter oder als erster Ansprechpartner mit einem Mobbingproblem konfrontiert werden, haben sie nicht selten die Schwierigkeit, sich zügig ein eigenes fundiertes Urteil zu bilden. Es werden verwirrende Details geliefert. Zudem gibt es oftmals Berichte über »unglaubliche« Vorkommnisse, die sich nicht selten als wahrhaftig geschehen herausstellen. Es ist eine emotionale

Beteiligung des Berichterstatters zu vermerken und die Frage, ob alles so gewesen ist, wie es geschildert wurde und wie die Vorkommnisse wohl von der Gegenseite sowie von neutralen Beobachtern wahrgenommen wurden, drängt sich auf. Sie werden sich oftmals fragen: »Wie gelange ich zu einer angemessenen ersten Beurteilung der Sachlage?« – Doch Vorsicht, es darf bei Mobbing nicht allein um die Beurteilung der Sachlage gehen. Die persönlichen Notlagen dürfen keinesfalls außer Betracht bleiben.

Wichtig:
Der Berater kommt nicht umhin, jeden Fall selbst inhaltlich zu bewerten.

Offenbar gehen die meisten betrieblichen Praktiker (vor allem Betriebs- und Personalratsmitglieder) nach der Devise vor: »Erst beide Seite hören«. So ein Vorgehen ist zweifelsohne sinnvoll. Doch selbst bei einem solchen Vorgehen ist das oben skizzierte Dilemma nicht ausgeschlossen. Schließlich wissen sich die Mobber nicht selten mit durchaus glaubwürdigen Schilderungen zu verteidigen, in denen sie sich selbst als »Opfer« des von ihnen attackierten Mobbingbetroffenen darstellen. Wem ist zu glauben, wenn der Mobber berichtet, er würde selbst gemobbt?

Jeder Berater tut gut daran, seine neutrale Stellung zu wahren und nichts ohne eigene Prüfung für bare Münze zu nehmen. Denn er muss sich unter anderem mit akuten oder unterschwelligen Konflikten befassen, die sich erst zu Mobbing auswachsen können, aber nicht müssen. Bei ihm werden Beschwerden vorgetragen, deren Berechtigung erst noch zu prüfen ist. Schließlich ist nicht jede Beschwerde berechtigt und wahrheitsgemäß. Er hat mit Konflikten zu tun, bei denen von beiden Seiten kräftig gemobbt wird. Eventuell haben beide Seiten berechtigte Beschwerdegründe. Der Berater kann auch aufgefordert sein, Mobbingbetroffene zu unterstützen, die sich in der Vergangenheit alles andere als kollegial verhalten und sich deswegen im Betrieb bzw. in der Dienststelle unbeliebt gemacht haben. In manchen Konflikten liegt »vorsätzliche« Feindseligkeit vor, in anderen Fällen ist die Feindseligkeit das Ergebnis von Missverständnissen. Außenstehende wollten hilfreich eingreifen, machten aber das Falsche und stehen nun als Mobbingbeteiligte da. Mit diesen Beispielen sei angedeutet, dass sich ein Berater nicht auf eine schematische Einteilung der Beteiligten in »Opfer« und »Täter« einlassen sollte.

Abb. 6: Probleme mit der Glaubwürdigkeit
▪ Es lässt sich nicht sicher beurteilen, ob tatsächlich Mobbing stattfindet ▪ Es besteht eine Unsicherheit, ob bestimmte Umgangsformen schon Mobbing sind ▪ Gegenseitiges Mobben ist zu beobachten, aber keiner äußert ein Problem ▪ Es wird zwar gemobbt, aber niemand ist unterlegen ▪ Die Mobber fühlen sich selbst gemobbt ▪ Die Angaben des Mobbingbetroffenen klingen unglaubwürdig ▪ Der Mobbingbetroffene ist im Umgang auch für die Berater »schwierig« ▪ Der Berater kann nicht glauben, dass es so schlimm sein soll ▪ Es kommen Zweifel auf, weil die Mobber glaubhafte Gegenbeweise liefern

Es darf nicht sein, dass der, der sich zuerst beschwert und klagt, automatisch als schützenswertes Mobbingopfer eingestuft wird, während die andere Seite damit schon vorverurteilt ist.

Wenn der Berater die Geschichte und die Begleitumstände eines Mobbingkonflikts unbeachtet lässt, kann er nicht nur die Lösung des Konflikts und die Hilfe für die Betroffenen untergraben, sondern seine eigene Glaubwürdigkeit in den Augen der Belegschaft zerstören.

Wir glauben, dass ein engagierter Berater nicht umhin kommt, sich in jedem einzelnen Mobbingfall ein eigenes inhaltliches Urteil zu bilden. Es reicht zur Bewältigung betrieblicher Mobbingsituationen nicht aus, zu wissen, wer das »Opfer« ist.

Nicht jeder Konflikt ist Mobbing. Wir sind der Auffassung, dass Mobbing am Arbeitsplatz nur bewältigt werden kann, wenn Mobbing als eine besondere Form der Austragung von Konflikten am Arbeitsplatz betrachtet wird. Das bedeutet, dass allen beteiligten Seiten der Status einer Konfliktpartei einzuräumen ist, unabhängig davon, welche Seite die Grausamkeiten verübt hat. Die Aufgabe des außenstehenden Dritten ist es, den Sachverhalt genau zu prüfen und beim Eingreifen die Verhältnismäßigkeit der Mittel zu wahren.

> **Wichtig:**
> Es reicht zur Bewältigung von Mobbing nicht aus zu wissen, wer das »Opfer« ist.

In einem unserer Mobbingseminare berichtete ein Betriebsratsmitglied, dass er und zwei weitere Arbeitskollegen in den letzten beiden Jahren ihren gemeinsamen Vorgesetzten »zum Alkoholiker gemobbt« hätten. Über Jahre habe der Vorgesetzte seine Untergebenen jeweils einzeln traktiert, regelrechten Psycho- und Arbeitsterror ausgeübt. Dann habe er versucht, sich gegen eine zunehmende Solidarisierung durchzusetzen. Schließlich hätten die angegriffenen Untergebenen den Spieß umgedreht. Die Handlungen des Vorgesetzten seien haarsträubend gewesen. Dennoch sei nun die Tatsache nicht aus der Welt zu räumen, dass sich die drei Kollegen des Mobbing schuldig gemacht hätten. Das Betriebsratsmitglied rang nach diesem Geständnis sichtlich mit der Fassung. Nach einigen Minuten Bedenkzeit sprach er dann sein abschließendes Urteil: »Er hat sich schweinisch benommen, es geschah ihm recht!«

Wir empfehlen allen innerbetrieblichen Beratern, eine akzeptierende, aufgeschlossene sowie hilfsbereite Haltung den Ratsuchenden (z. B. Mobbingbetroffenen) gegenüber einzunehmen. Ferner ist es wichtig, eine prüfende, Abstand wahrende Haltung gegenüber dem bestehenden Problem bzw. Konflikt zu wahren. Der Rat zur Neutralität und Distanz zum Konflikt darf jedoch nicht dahingehend missverstanden werden, dass es zu einer »coolen« Distanz gegenüber den Ratsuchenden führt. Ohne menschliche Anteilnahme und Engagement ist kein Konflikt beizulegen. Professionelle Distanziertheit würden die Beteiligten als Desinteresse interpretieren. Soweit darf einen die Furcht, als parteilich zu gelten oder gelegentlich den Angaben einer Partei zeitweise »auf den Leim zu gehen«, nicht führen (weiteres zur Beratung erfahren Sie in Abschnitt C 1.).

Nun zurück zu dem angekündigten »Schnellverfahren« für die Beurteilung von möglichen Mobbingkonflikten. Die Kurzanalyse ist in der Abb. 7 (s. S. 62) dargestellt. Wir trennen bei der Kurzanalyse die Beurteilung des Sachverhalts (»Liegt tatsächlich Mobbing vor?«) von der Beurteilung der Lage der Personen (»Ist jemand schutzbedürftig?«) sowie von der Einschätzung, wie ein zugrunde liegender Konflikt angegangen werden kann (»Welcher Konflikt ist wie zu lösen?«).

Die Urteilsfindung wird in drei Schritten vorgenommen. Dabei ist jeder Schritt unabhängig von den anderen zu sehen.

Im ersten Schritt ist zu prüfen, ob Mobbinghandlungen einer gewissen Intensität, Dauer und Zielgerichtetheit vorliegen. Sie können ermitteln, inwieweit beide Seiten mobben und ob eine Seite bereits die Oberhand gewonnen hat oder wahrscheinlich gewinnen dürfte. Sie können dabei zu einem eindeutigen Urteil kommen, ohne Rücksicht darauf, ob Sie mit einigen bzw. allen Beteiligten befreundet oder verfeindet sind und ob Sie für das Vorgehen Verständnis aufbringen oder Ihnen der Hintergrund eine gewisse Rechtfertigung für die Feindseligkeit nahelegt. Die »Werkzeuge« für die Beurteilung, ob es sich wirklich um einen Mobbingkonflikt handelt, haben wir im Abschnitt A 1.1 dargestellt. Es handelt sich hierbei um die Mobbingdefinition (vgl. S. 22), den Katalog der Mobbinghandlungen (vgl. S. 25 ff.) und in einem orientierenden Sinne auch das Ablaufschema (vgl. S. 35).

Im zweiten Schritt prüfen Sie, ob eine Person in die unterlegene Position geraten ist und/oder persönlich stark unter der Auseinandersetzung zu leiden hat. Dann sollten Sie versuchen, alle Möglichkeiten der persönlichen Unterstützung zu mobilisieren (z. B. Freunde, Beratung, Gespräche, Selbsthilfe, medizinische und therapeutische Hilfe). Dabei ist die Frage der möglichen »Mitschuld« oder der unterlassenen Chancen unbedeutend. Diese Hilfe ist elementar und sollte von keinerlei Bedingungen abhängig gemacht werden. Das Gewähren dieser Unterstützung darf den Willen, den dahinterliegenden Konflikt sachlich und gerecht lösen zu wollen, nicht untergraben.

Abb. 7: Kurzanalyse eines Mobbingfalles

1. Schritt: Liegt tatsächlich Mobbing vor?
Prüfung von Beschwerden und Beobachtungen anhand folgender drei Kriterien:
- Ist die Mobbingdefinition im Wesentlichen erfüllt?
- Sind regelrechte Mobbinghandlungen erkennbar?
- Ist deutliche Feindseligkeit oder Ausgrenzung bemerkbar?

Es geht bei dieser Prüfung nur um die formale Feststellung, ob der sichtbare Konflikt als Mobbingkonflikt abläuft. Anlässe, Gründe, Ursachen sowie Schuldfragen spielen für diese Beurteilung noch keine Rolle. Handelt es sich um keinen Mobbingkonflikt, so sind andere geeignete Maßnahmen zur Behebung des Problems zu ergreifen.

2. Schritt: Ist jemand schutzbedürftig, benötigt er Hilfe?
Prüfung, ob eine individuelle Notlage vorliegt nach den folgenden Kriterien:
- Ist eine Konfliktpartei deutlich unterlegen?
- Werden wehrlosmachende Methoden eingesetzt?
- Ist das Bewältigungsvermögen überfordert?

Der Leidensdruck und die persönliche Not einer Person sind ausreichender Grund für eine persönliche Anteilnahme und Unterstützung. Diese Fürsorge bedeutet keine Vorverurteilung der anderen Konfliktpartei. Das Angebot von Schutz und Unterstützung soll auch dann gewährt werden, wenn der Schutzbedürftige eine »Mitschuld« am Konflikt hat.

3. Schritt: Welcher Konflikt ist wie zu lösen?
Prüfung der Konfliktthemen sowie der möglichen Ursachen und Hintergründe:
- Gibt es (auch) einen sachlichen Konfliktstoff?
- Welche gegenseitigen Erwartungen gibt es?
- Gibt es Ansätze für Vermittlung und Schlichtung?
- Gibt es unversöhnliche Gegensätze und Interessen?
- Welche Lösungsansätze sind zu erkennen?

Im dritten Schritt kommt es darauf an, mit kühlem Verstand die zugrunde liegenden Interessen herauszuarbeiten, abzuwägen und verschiedene Lösungsvarianten zu erarbeiten. Auch bei diametral entgegengesetzten Interessen oder Positionen muss ein Verfahren der Klärung vorbereitet werden. Nach sorgfältiger Prüfung kann sich herausstellen, dass nur ein Machteingriff wirkungsvoll ist. Wer aber Mobbing immer durch Machteingriff unterdrücken will, übersieht, dass die zugrundeliegenden Interessengegensätze oft nicht bereinigt werden: Die Methoden werden subtiler, der Konflikt wird zu einem »Schwelbrand«.

4.2 Sicherheit gewinnen – Die Übung an einem Fallbeispiel

Wenn Sie bei der Beurteilung von Mobbingfällen sicherer werden wollen, kann Ihnen das Durcharbeiten des folgenden Fallbeispiels helfen. Lesen Sie dazu zunächst die Beschreibung sorgfältig durch und beantworten Sie anschließend die nachfolgenden fünf Fragen möglichst in schriftlicher Form. Die von uns formulierten Fragen helfen Ihnen, eine eigenständige Analyse und Beurteilung des Fallbeispiels vorzunehmen. Abschließend können Sie die von Ihnen erarbeiteten Antworten mit unserer Einschätzung der Situation von Frau Lempert vergleichen.

Die »Werkzeuge« für die Beurteilung, ob es sich tatsächlich um eine Mobbingsituation handelt, haben wir im ersten Kapitel dargestellt: Es sind die Mobbingdefinition (vgl. S. 22), der Katalog der Mobbinghandlungen (S. 25 ff.) sowie das Ablaufschema (S. 35). Lassen Sie sich von den *-Zeichen im nachfolgenden Text nicht verwirren; die dienen lediglich der Gliederung in zeitlicher Hinsicht.

4.2.1 Fallbeispiel Frau Lempert: »Vom Regen in die Traufe«

1. Schritt: Lesen Sie zunächst den Fall »Frau Lempert« aufmerksam durch.

(*1) Frau Lempert arbeitet als Sachbearbeiterin in der Verwaltung einer großen Institution im Bereich des Gesundheitswesens. Sie arbeitet dort bereits seit einigen Jahren in einem Großraumbüro mit ca. 15 weiteren Mitarbeitern, mit denen sie einen relativ oberflächlichen, aber freundlichen Umgang pflegt. Es gibt allerdings immer wieder Unstimmigkeiten wegen des Rauchens. Frau Lempert raucht selbst schon längere Zeit nicht mehr und würde es begrüßen, wenn während der Arbeit nicht geraucht würde. Dies ist ihr besonders wichtig, seitdem sie weiß, dass sie an einer multiplen Sklerose erkrankt ist. Bei der multiplen Sklerose handelt es sich um eine chronische Nervenkrankheit, bei der es zu einer schubweisen Rückbildung der Muskelnerven und langfristig zu Lähmungen kommt. Durch ihre Ärztin hat sie erfahren, dass durch besondere körperliche sowie seelische Belastungen eine Verschlimmerung der Krankheit (Schub) ausgelöst werden kann. Zu den vermuteten Risikofaktoren gehöre auch das Passivrauchen. Dadurch aufgeschreckt, versucht sie stärker als bisher, eine Reduktion des Rauchens im Büro zu erreichen. Das stößt jedoch auf wenig Gegenliebe. Es gibt immer wieder Gespräche über das Rauchen und die Kollegen machen sogar mehrmals unverbindliche Zusagen, das Rauchen einzuschränken. Doch es bleibt bei der Erklärung von guten Absichten.

(*2) Es gibt manchmal genervte Blicke, wenn Frau Lempert darum bittet, weniger zu rauchen. »Luise, du siehst das einfach zu eng und machst uns unnötig ein schlechtes Gewissen«, wird ihr beispielsweise vorgehalten. »Du hast doch selber früher geraucht!«, heißt es ebenfalls. Oder ihr wird scherzhaft empfohlen, einen anderen Arbeitsplatz in der Verwaltung zu suchen, wo sie endlich »rauchfrei leben« könne. Weil es sonst arbeitsmäßig und kollegial keine Probleme gibt, zögert Frau Lempert längere Zeit, in einer konsequenteren Art und Weise nach Abhilfe zu suchen.

(*3) Schließlich bittet sie den Hauptabteilungsleiter, Herrn Otto, um ein Gespräch und schildert ihm ihr Problem. Dieser ist als entschlossener Mensch bekannt und enttäuscht diesbezüglich die Hoffnungen von Frau Lempert nicht. Er schlägt eine kurzfristige Versetzung (d. h. innerhalb einer Woche) in die Buchhaltung vor. Dort wird seines Wissens nach zwar ebenfalls geraucht, aber es gäbe eine Terrasse, auf die sich in dieser Abteilung traditionsgemäß alle Raucher zurückziehen würden, wenn sie eine Rauchpause einlegen. Frau Lempert ist einverstanden und wird von Herrn Otto sogleich dem neuen Kollegenkreis kurz vorgestellt.

(*4) Die Arbeitskollegen verhalten sich untereinander freundlich und zuvorkommend. Aber in Bezug auf Frau Lempert geben sie sich von Beginn an diplomatisch und distanziert. Frau Lempert hofft jedoch, dass sich dies nach einer gewissen Einarbeitungszeit geben wird. Es gibt versteckte Blicke in Richtung ihres im Durchgang platzierten Arbeitsplatzes, es scheint getuschelt zu werden. Am Austausch gegenseitiger Freundlichkeiten – z. B. eine Tasse Kaffee mitbringen – wird sie nicht beteiligt.

(*5) In der Kantine ist kein Platz für sie am gemeinsamen Tisch der Abteilung. Da Frau Lempert sich nicht demonstrativ zu den ehemaligen Arbeitskollegen setzen will, sitzt sie nun häufig allein, während sie ihr Mittagessen zu sich nimmt. Beim Durchqueren eines Flures hört sie zufällig die abfälligen Klagen einer ihrer neuen Arbeitskollegen beim Abteilungsleiter, Herrn Wolters: »Was sollen wir denn mit der? Die kann doch gar nichts, ist viel zu langsam. Da kannst du die Arbeit gleich selber machen. Und überhaupt; wir brauchen niemanden, wir sind ein eingespieltes Team.« Frau Lempert ist schockiert. Sie versucht es sich nicht anmerken zu lassen und das Beste daraus zu machen. Sie versucht, die Arbeit so gut wie möglich zu erledigen, freundlich zu sein und sonst nicht aufzufallen. Dem positiven Umstand, dass nicht geraucht wird, steht nun die negative Entwicklung entgegen, dass sie offenbar niemand hier haben möchte.

(*6) Mit Frau Lempert wird nur noch das Nötigste geredet. Das Tuscheln hat ein Ende. Stattdessen rufen sich die Arbeitskollegen relativ offen abfällige Bemerkungen zu, wie: »Lass sie lieber die einfachen Vorgänge machen, die schafft das ja sowieso nicht.« Oder sie hört mit an, wie ein Arbeitskollege sagt: »Da hat uns der Otto ja ein dickes Ei ins Nest gelegt. Ich verstehe sowieso nicht, wieso wir die Probleme anderer Abteilungen lösen sollen.«

(*7) Die Wochen vergehen, ohne dass sich die Situation positiv wendet. Frau Lempert bemerkt, dass die Arbeitskollegen immer häufiger am Arbeitsplatz rauchen. Schließlich wird die »Terrassenregelung« nicht mehr angewendet. Ihr kommt es vor, als wenn mehr als früher geraucht wird. Das Büro wirkt vernebelt. Schließlich laufen die Arbeitskollegen ungeniert an ihrem Arbeitsplatz vorbei und blasen ihr den Zigarettenqualm ins Gesicht. Ständig wird ihr verbal sowie ohne Worte deutlich gemacht, dass sie nicht willkommen ist und dass man von ihrem Können nichts hält. Fragt sie um Rat oder Hilfe, wird sie abgewiesen.

(*8) Frau Lempert bekommt gesundheitliche Probleme. Ihr wird öfter übel, ihr wird schwindelig, sie kann nicht schlafen und verbringt viele Wochenenden mit Migräneanfällen. Schließlich fasst sie sich ein Herz und geht zu ihrem neuen Abteilungsleiter, Herrn Wolters. Dieser erklärt ihr, dass er sich nicht zuständig fühle und sie sich direkt an Herrn Otto wenden sollte. Schließlich habe dieser die Versetzung zu verantworten. In einem späteren Gespräch mit Herrn Otto kommt sie gar nicht dazu, ihre neue Lage zu schildern. Stattdessen wird sie mit Vorwürfen überhäuft. Sie würde in der neuen Abteilung ohne Engagement arbeiten. Es hätte diverse Beschwerden der Arbeitskollegen sowie des Abteilungsleiters gegeben. Sie wäre zu langsam, unkollegial und man könne offenbar nicht mit ihr zusammenarbeiten. Das gipfelt in der Aussage: »Wissen Sie, überall, wo sie hinkommen, gibt es Probleme. Welche Folgen das für sie haben kann, wissen Sie hoffentlich!«

(*9) Wenige Tage nach diesem Vorfall verschlechtert sich der allgemeine Gesundheitszustand von Frau Lempert stark. Ihr Arzt schreibt sie arbeitsunfähig krank und sorgt dafür, dass sie innerhalb kurzer Zeit in eine psychosomatische Kurklinik aufgenommen wird. Krankheitsbedingt bleibt sie sechs Monate der Arbeit fern. Der Versuch des Hausarztes, im Auftrag von Frau Lempert mit dem Hauptabteilungsleiter eine Verbesserung der zukünftigen Arbeitssituation auszuhandeln und ihr einen neuen Anfang zu ermöglichen, scheitert. Herr Otto sieht keinen weiteren Handlungsbedarf, da Frau Lempert infolge ihrer Anspruchshaltung und Unkollegialität an der Situation schuld sei.

Nachdem Sie das Fallbeispiel gelesen haben, können Sie anhand der folgenden fünf Fragen vorgehen. Sie können natürlich auch unter Verzicht auf die Anleitung der Frage nachgehen, ob es sich bei Frau Lempert um einen Mobbingfall handelt oder nicht. Mit welchen Argumenten würden Sie Ihre Einschätzung begründen?

2. Schritt: Arbeiten Sie nun – möglichst in schriftlicher Form – die folgenden Fragen durch.

Frage 1: Welche der geschilderten Handlungen, Vorkommnisse sowie Unterlassungen würden Sie als destruktive Mobbinghandlungen bezeichnen? Vergleichen Sie dazu den Katalog der Mobbinghandlungen auf den Seiten 25 ff.

Frage 2: Welche Personen üben Mobbinghandlungen aus, wer duldet diese, wer lässt die Situation laufen, ohne direkt Mobbing zu betreiben?

Frage 3: Wenn Sie das Gelesene anhand der Mobbingdefinition (vgl. S. 22) beurteilen: Sind die Kriterien der Definition erfüllt, liegt ein Fall von Mobbing vor? Begründen Sie bitte Ihre Einschätzung.

Frage 4: Wie beurteilen Sie den Verlauf des Geschehens (vgl. S. 35), in welcher Phase befindet

sich der Prozess, wie sieht das Kräfteverhältnis entsprechend der Faktoren »Konfliktfähigkeit«, »sozialer und beruflicher Rückhalt« sowie »Konfliktkompetenz der Organisation« aus?
Frage 5: Ab welchem Zeitpunkt handelt es sich nach Ihrer Einschätzung um Mobbing – ab sofort, ab (*1), ab (*2), ab (*3), ab (*4), ab (*5), ab (*6), ab (*7), ab (*8), ab (*9), gar nicht? (Abhängig von der Beantwortung der Frage 5: Wie würden Sie das Geschehen in den Zeiträumen nennen, in denen Sie kein Mobbing feststellen, z. B. Konflikt, Nebeneinanderher, unbeabsichtigte Verletzung, Ignoranz?)

3. Schritt: Vergleichen Sie Ihre eigene Einschätzung mit unseren Schlussfolgerungen. Nutzen Sie die Gelegenheit, eine eigene Wertung vorzunehmen, bevor Sie weiterlesen.

4.2.2 Bewertung des Fallbeispiels und Schlussfolgerungen

Zu Frage 1: Es kommen eine Reihe von Handlungen vor, die sicherlich nicht im Interesse von Frau Lempert sind. Da ist zunächst das Rauchen der Kollegen in der Abteilung und deren Unwillen, das Rauchen einzuschränken. Unbefriedigend sind auch die Erklärungen, dass man das Rauchen reduzieren wolle sowie die darauf folgende Inkonsequenz. Ärgerlich sind vielleicht die Argumente, dass sie früher selbst einmal geraucht hat und deswegen eher Verständnis für die Raucher haben sollte, als dass sie eine Änderung der Rauchgewohnheiten erwarten könne. Mobbinghandlungen sind dies alles keinesfalls. Der gelegentliche Hinweis, dass sie sich doch einen rauchfreien Arbeitsplatz suchen könne, wenn es ihr denn so wichtig sei, bewegt sich bereits auf die Grenze von Mobbing zu. Aber hier kommt es auf den Ton und auf die Intention der Aussage an. Es ist durchaus üblich, dass Menschen, bei denen die »Chemie« nicht stimmt oder die unterschiedliche Interessen haben, ihre Gegensätze dadurch konfliktfrei austragen, indem sie getrennter Wege gehen. »Wenn es Dir nicht passt, dann geh doch«, heißt es nicht selten. Normalerweise und bei Berücksichtigung der allgemein doch problemlosen Stimmung in dieser Abteilung handelt es sich nicht um Mobbing. Die Lösung des Problems im »Schnellschuss-Verfahren« durch den Hauptabteilungsleiter, Herr Otto, ist im Nachhinein betrachtet der Auslöser für die Mobbingentwicklung. Eine gut gemeinte Fehlentscheidung ist jedoch ebenfalls kein Mobbing. Immerhin hat Herr Otto den Umstand berücksichtigt, dass in der anderen Abteilung nicht im Büro geraucht wird. Sollte Herr Otto jedoch bei dem ersten Gespräch mit Frau Lempert bereits insgeheim gedacht haben: »Der Lempert werde ich das Beschweren schon austreiben; sie soll sich nicht so anstellen!«, dann wäre es als eine destruktive Mobbinghandlung zu bewerten. Solange wir jedoch über keine Informationen über die Hintergründe verfügen, sollten wir »zu Gunsten des Angeklagten« urteilen – keine Mobbinghandlung.

Bei der Beurteilung der folgenden Handlungen ist zu berücksichtigen, dass sie in einem anderen betrieblichen Zusammenhang und jeweils einzeln betrachtet noch kein Mobbing sein müssen. Im Fall Lempert wirken sie zusammen und formen den Geschehensprozess Mobbing. Chronologisch betrachtet kommen folgende Mobbinghandlungen vor: Die persönliche Distanz durch die Kollegen der Buchhaltungsabteilung lässt nichts Gutes ahnen. Allerdings ist es normal, dass sich Menschen, die neu zusammengewürfelt werden, zunächst mit Vorsicht begegnen. Die ungünstige Platzierung des Arbeitsplatzes spricht zumindest für ein Desinteresse an der neuen Kollegin. Blicke und Bemerkungen grenzen sie aus. Von zwischenmenschlich positiven Gesten bleibt sie ausgeschlossen. Die Kollegen organisieren nichts, um sie zu integrieren. Auch am Kantinentisch bleiben sie unter sich. Es gibt heimliche, abfällige Beschwerden. Die Kollegen reden nur das Nötigste mit ihr, wobei durch die offene Äußerung von Abwertungen langsam die Phase der Unverschämtheiten erreicht wird. Die nächste Eskalationsstufe ist der Übergang zu Taten, indem demonstrativ im Raum geraucht und schließlich Rauch der Frau Lempert ins Gesicht geblasen wird. Das verantwortungslose Handeln der Vorgesetzten Wolters und Otto sowie die völlig ungerechtfertigte Schuldzuweisung seitens des Herrn Otto müssen als sehr destruktive Verhaltensweisen gewertet werden. Die abschließende Weigerung von Herrn Otto, die verzweifelte Situation von Frau Lempert in irgendeiner Form konstruktiv anzugehen, muss als bewusster Schritt zur endgültigen Ausgrenzung und Abschiebung von Frau Lempert betrachtet werden – Mobbing »pur«.

Systematisch betrachtet können die vorkommenden Handlungen folgenden Kategorien des Katalogs der Mobbinghandlungen zugeordnet werden, wobei nur wenige Kategorien ausgelassen wurden:

- Angriffe gegen die Arbeitsleistung und das Leistungsvermögen
  - im Durchgang platzierter Schreibtisch
  - keine Einarbeitung
  - Kritik über die Arbeitsleistung von Frau Lempert hinter ihrem Rücken beim Vorgesetzten
  - Fragen um Rat und Hilfe werden abgewiesen

- Angriffe gegen den Bestand des Beschäftigungsverhältnisses
  - voreilige Versetzung ohne Einarbeitung, ohne soziale Begleitung
  - Drohung von Herrn Otto über »Folgen«, wenn sie weiter Probleme bereitet
  - Ablehnung eines Handlungsbedarfs hinsichtlich einer Wiedereingliederung nach erfolgter Genesung
- Destruktive Kritik
  - vernichtende Kritik der Kollegen hinter dem Rücken von Frau Lempert
  - abfällige Bemerkungen im Beisein aller
  - Schuldzuweisung durch Herrn Otto
- Angriffe gegen die soziale Integration am Arbeitsplatz
  - demonstrativ ungünstiger Arbeitsplatz
  - in der Kantine allein sitzen lassen
  - von kollegialen »Nettigkeiten« und Gespräche ausschließen
  - bezeichnende Blicke und Tuscheln
- Angriffe gegen das soziale Ansehen im Beruf
  - Anschwärzen und Schlechtmachen beim Abteilungsleiter: »Langsam, kann nichts«
- Angriffe gegen die Gesundheit und körperliche Unversehrtheit
  - allgemeine Ignoranz der Raucher gegenüber der Gefährdung durch Passivrauchen
  - demonstratives Rauchen im Büro, obwohl bekannt ist, dass Frau Lempert genau deswegen in die neue Abteilung versetzt wurde und dies ihr ein sehr wichtiges Anliegen ist
  - Zigarettenqualm absichtlich ins Gesicht blasen
- Versagen von Hilfe
  - Abteilungsleiter Wolters erklärt sich für unzuständig, obwohl er der direkte Vorgesetzte ist und durchaus über die Missstimmung Bescheid weiß sowie Klagen über Frau Lempert gehört hat
  - Hauptabteilungsleiter erklärt Frau Lempert als schuldig an allen Problemen und weigert sich trotz seiner Machtfülle, weitere konstruktive Schritte zu unternehmen

Zu Frage 2: Die Hauptbeteiligten am Mobbing sind die Arbeitskollegen in der Buchhaltung. Ihnen passt es offensichtlich nicht, dass Frau Lempert in ihre Abteilung versetzt worden ist. Sie unterlassen alles, was Frau Lempert eine fachliche sowie persönliche Integration ermöglichen und fördern könnte. Sie lassen nichts unversucht, um ihr deutlich zu machen, dass sie nicht willkommen ist. Des Weiteren sind beide Vorgesetzten aktive Akteure im Geschehen. Herr Wolters duldet das Vorgehen seiner Untergebenen, ohne selbst aktiv oder aggressiv gegen Frau Lempert vorzugehen. Herr Otto ist sich nicht zu schade, Frau Lempert in direkter Form zu demütigen, hilflos zu machen und Schuld zuzuweisen. Die Arbeitskollegen der ursprünglichen Abteilung haben keinen Anteil am Mobbinggeschehen. Sie akzeptieren zum Beispiel, dass sich Frau Lempert in der Kantine zu ihnen an den Tisch setzt.

Zu Frage 3: Anhand der Definition handelt es sich eindeutig um Mobbing. Es kommen unterschiedliche destruktive Handlungsweisen zum Tragen. Das Geschehen ist weder zufällig noch zeitlich begrenzt, ein Ende ist nicht abzusehen. Die Vorkommnisse sind gegen eine einzelne Person gerichtet. Frau Lempert ist auf verschiedene Weise verletzt und beeinträchtigt. Ihre Gesundheit gerät in Schieflage, die Isolation sowie Ausgrenzung haben stark zugenommen und es ist abzusehen, dass ihr gekündigt wird oder sie selbst »das Handtuch werfen wird«.

Zu Frage 4: Diese Frage wäre selbstverständlich einfacher zu beantworten, wenn die Fakten für das gesamte betriebliche Umfeld vorhanden wären. Diese Details zu liefern verbietet uns der Schutz von Frau Lempert. Die Vorlaufphase endet mit dem Übergang in die Buchhaltung. Das ursprüngliche Problem (Bitte weniger rauchen!) hat sich zu einem massiven Mobbingkonflikt ausgeweitet (Frau Lempert wollen wir hier nicht!). Die persönliche Konfliktfähigkeit von Frau Lempert ist gegeben, wenngleich sie eher zurückhaltend und vorsichtig agiert. Ihre Strategie besteht zunächst darin, Kollegen mit Appellen zu einvernehmlichen Lösungen zu bewegen, später darin, Lösungen durch Vorschläge von Vorgesetzten zu erhalten. Der soziale Rückhalt ist schwach. Er war eher in der ersten Abteilung gegeben, mit deren Beschäftigten sie jedoch wegen des Passivrauchens im (moderaten) Konflikt war. Diese Arbeitskollegen greifen Frau Lempert nicht an, halten lockeren Kontakt mit ihr, aber stellen sich nicht demonstrativ auf ihre Seite. Frau Lempert scheut sich ihrerseits, diese Arbeitskollegen für sich einzuspannen, weil sie selbst es war, die sie wegen des Rauchens kritisiert hat und schließlich die Versetzung organisierte. Der berufliche Rückhalt ist ebenfalls gering, weil sie sich erst völlig neu in die Aufgabenstellung einarbeiten muss und den erfahrenen Arbeitskollegen in der Buchhaltung zunächst einmal Mehrarbeit aufbürdet. Die Konfliktkompetenz der Organisation ist verheerend. Zur externen Unterstützung lässt sich aus der Fallbeschreibung nichts entnehmen.

Zu Frage 5: Nach unserer Einschätzung beginnt der Übergang vom

Konflikt zu Mobbing genau beim Wechsel der Abteilungen. Das Nichtmitbringen von Kaffee ist – im Zusammenhang erkennbar – kein Versehen, sondern die erste explizite Mobbinghandlung. Der Beginn von Mobbing liegt also bei **(*4)**. Wer in Arbeitsbereichen arbeitet, in denen »harte Bandagen« für alle Beteiligten normal sind, wird vielleicht denken, dass hier zu strenge Maßstäbe angesetzt werden. Spätestens bei (*7) sollten jedoch auch »hartgesottene« Betrachter einsehen, dass es sich um keine normale Konfliktführung handelt, sondern Mobbing vorliegt.

5. Was unterscheidet Mobbing von anderen Konflikten am Arbeitsplatz?

Die meisten Autoren, die sich mit Mobbing befasst haben, sind sich in der Annahme einig, dass jedem Mobbingfall ein Konflikt vorausgeht. Die betriebliche Realität scheint aber oft dagegen zu sprechen: In den Betrieben und Dienststellen werden zwar zwischenmenschliche Gemeinheiten beobachtet, aber ein nachvollziehbarer Konfliktstoff ist kaum oder überhaupt nicht zu erkennen. *Leymann* vermutete deswegen auch, dass der ursprüngliche Konflikt im Laufe des Mobbing oft schon längst in Vergessenheit geraten ist.

Wir glauben dies nicht. Wir sind überzeugt, dass Mobbing eine besondere Art und Weise ist, Konflikte auszutragen. In Mobbingkonflikten ist nichts vergessen und es gibt für die Mobber »lebenswichtigen« Konfliktstoff. Dieser Konfliktstoff liegt jedoch in aller Regel nicht offen zutage. Wir werden im Folgenden der Frage nachgehen, was den Unterschied zwischen akuten Konflikten ausmacht, in denen gemobbt wird, und solchen, in denen dies nicht passiert. Mit diesem Verständnis wird die Bewältigung von akutem Mobbing erleichtert.

5.1 Was ist ein Konflikt?

Ein Konflikt entsteht, wenn widerstreitende Interessen und Bedürfnisse aufeinanderstoßen. Mit dem Wort »Konflikt« kann der Widerstreit von Bedürfnissen und Interessen innerhalb eines Menschen oder zwischen Menschen bezeichnet werden. Wenn es bei einem Menschen innerlich zu widerstreitenden Ideen und Bedürfnissen kommt, sprechen wir von einem intrapsychischen Konflikt (d.h. jemand kommt in Konflikt mit sich selber, z.B. in Form von Gewissensbissen oder Entscheidungsnotstand). Bei Interessengegensätzen zwischen Personen wird von einem sozialen Konflikt gesprochen.

5.1.1 Der offene Konflikt

Die widerstreitenden Interessen eines Konflikts können klar artikuliert sein. Jeder Beteiligte und viele Außenstehende wissen im Prinzip, worum es geht. Es kann bereits zum offenem Streit und Schlagabtausch gekommen sein oder es sind übergeordnete Stellen angerufen worden. Das wäre z. B. bei Kompetenzstreitigkeiten, Konkurrenz, Kampf um verbleibende Arbeitsplätze bei Rationalisierungen denkbar. Es hat auf den ersten Blick den Anschein, als wenn es sich bei Mobbing um Konflikte dieser Art handelte. Mobbingkonflikte wären demzufolge Konflikte, die zunächst »normal« als Streit verlaufen, die dann aber eskalieren, weil niemand aufgeben will. Schließlich würden Mobbinghandlungen von einer oder beiden Seiten eingesetzt, um eine Entscheidung zu erzwingen. Auf diese eskalierende Weise verlaufen einige, jedoch nicht die Mehrzahl der Mobbingkonflikte.

5.1.2 Der verdeckte Konflikt

Beiden Seiten ist klar, dass sie widerstreitende Interessen haben; aber aus unterschiedlichen Gründen wird ein offener Austausch darüber, d. h. ein Kampf oder die Suche nach einem Kompromiss, vermieden. Wenn die Sache, um die es geht, für die eine oder beide Seite(n) persönlich bedeutend ist, wird der Konflikt verdeckt weiter ausgetragen. Hier werden Bündnisse geschmiedet, Intrigen gesponnen, immer wieder Angriffe vorgebracht, der Gegner zurückgewiesen usw., ohne dass es die ganz große (klärende) Auseinandersetzung gibt. Ein solcher Ablauf dürfte bei Mobbing häufiger anzutreffen sein. Jede Seite weiß, worum es im Prinzip geht, und wundert sich über das feindselige Vorgehen der anderen Seite nicht.

5.1.3 Das Konfliktempfinden nur auf einer Seite

Viele Konflikte scheinen jedoch zunächst ausschließlich im Kopf eines der beteiligten Personen, nämlich des späteren Mobbers, zu schwelen. Ohne Vorwarnung, ohne offenen Streit brechen sie unvermittelt aus und werden mit viel Engagement und Ausdauer ausgetragen. Der Mobbingbetroffene ahnt oft zunächst gar nicht, dass er demnächst heftigen

Attacken ausgesetzt sein wird, er kann sich dann gar keinen Reim darauf machen, warum er überhaupt mit dieser Heftigkeit und dauerhaft angegriffen wird. Zusätzlich verwirrend ist, dass Zeiten der Attacken mit relativ friedlichen, desinteressierten, ja sogar freundlichen Phasen abwechseln können. Auf eine typische Frage des Mobbingbetroffenen: »Sagen Sie doch mal, was eigentlich los ist oder was ich Ihnen getan habe?«, geben die Mobber keine klare Antwort. Diese Form scheint uns relativ typisch für Mobbingkonflikte zu sein.

Mobbingbetroffene können sich hierauf häufig keinen Reim machen, wie die folgende Aussage zeigt: »Aber du schwankst immer wieder zwischen Wut, Verständnislosigkeit und Verzweiflung – weil du auch nicht kapierst, warum sie immer und immer wieder versucht, dich anzugreifen oder extra alles anders macht – nur um dich zu provozieren.« (aus dem Fall »Britta«; *Huber*, S. 84).

Betrachten wir den Unterschied zwischen einem »normalen« Streit und einem Streit innerhalb eines Mobbingkonflikts etwas genauer:

5.1.4 Der Streit

Beim Streit steht die Auseinandersetzung um die strittige Sache im Vordergrund. Es gibt einen Konfliktstoff. Es werden, obwohl jede Seite möglicherweise ihre ganze Macht in die Waagschale wirft, um die eigenen Interessen durchzusetzen, dennoch bestimmte Verfahrensregeln eingehalten. Vor allem wird die Integrität der anderen Seite und deren soziale Beziehungen nicht grundsätzlich in Frage gestellt.

5.1.5 Der Mobbingkonflikt

Bei Mobbing steht die Auseinandersetzung mit der strittigen Person im Vordergrund. Das für Außenstehende nicht klar erkennbare Problem ist aus der Sicht des Mobbers gravierend genug, um Unterdrückung, Schikane, Rufmord und Ausgrenzung zu rechtfertigen. Die Schwächung des Gegners wird zum Hauptziel. Die (scheinbare) Hartnäckigkeit des Mobbingbetroffenen, der Arbeitsplatz und Selbstwertgefühl bewahren will, legitimiert aus der Sicht des Mobbers die weitere Eskalation und Willkür bei der Wahl der Methoden.

Bei der Entwicklung des Mobbingfalls Lempert, der in Kapitel A 4.2 behandelt wurde, lässt sich der Unterschied deutlich zeigen. In der ersten Abteilung war das strittige Thema das Rauchen. Frau Lempert wollte erreichen, dass weniger geraucht wird, die Kollegen wollten sich nicht einschränken lassen. Es gab keine lauten Worte, dennoch haben beide Seiten des Konflikts bestimmte Handlungsweisen und Argumente eingebracht, um ihre Interessen durchzusetzen. Frau Lempert versuchte mit unterschiedlichen Appellen, Einsicht und Einlenken der Raucher zu bewirken. Die Raucher ihrerseits setzten ihr Interesse durch unverbindliche Absichtserklärungen und praktische Tat um: sie rauchten einfach weiter. Das Thema, um das es geht, ist beiden Seiten klar. Verschiedene Formen eines Kompromisses wären in diesem Konflikt denkbar, ohne dass die berufliche und persönliche Existenz einer der beiden Konfliktparteien grundsätzlich angegriffen worden wäre.

Nach dem Wechsel in die Buchhaltung wechselt der Konflikt seinen Inhalt vollständig. Rauchen ist nicht mehr das Thema. Erst später wird es von den neuen Kollegen als gezieltes »Kampfmittel« eingesetzt. Vielmehr geht es um Frau Lempert als Person. Sie ist nicht erwünscht. Sie wird als unzumutbar empfunden und entsprechend behandelt. Es wird seitens der neuen Arbeitskollegen alles unternommen, um Frau Lempert das Leben unangenehm und schwer zu machen. Man will sie dazu zwingen, weg zu bleiben. Hier ist kein Kompromiss abzusehen, in dem beide Seiten Konzessionen machen und dafür teilweise die eigenen Interessen verwirklichen können. Es gibt nur ein »entweder wir – oder die«; Frau Lempert soll weg.

> **Wichtig:**
> Bei Mobbingkonflikten bleibt das zugrunde liegende Problem meist im Hintergrund, während die angegriffene Person als »das Problem« in den Vordergrund gerückt wird.

5.2 Wer mobbt, betreibt feindselige Ausgrenzung

Was unterscheidet Mobbingangriffe (das eigentliche Mobben) von anderen Streitereien, Unverschämtheiten und Konflikten am deutlichsten? Unseres Erachtens ist es die feindselige Aufdringlichkeit und das deutliche Bestreben nach Herabsetzung und Ausgrenzung der angegriffenen Person, die Mobbing kennzeichnen. Ein Mobber will Schaden zufügen.

> **Wichtig:**
> Der Kern von Mobbing ist feindselige Ausgrenzung.

Wer von anderen gemobbt wird, spürt die Feindseligkeit unmittelbar und sofort. Dazu ist es nicht nötig, dass die Angriffe schon über längere Zeit erfolgt sind. Man muss auch längst nicht unterlegen und isoliert sein, um sich vor der Zukunft zu fürchten. Die Erwartung, immer wieder – unerwartet und überrascht – angegriffen zu werden, und die Furcht, dass das soziale Sicherungsnetz unzuverlässig wird, sind allein schon sehr bedrohlich.

Einem »Feind« gegenüber fühlen wir die innere Berechtigung, ihm in jeder Hinsicht und mit allen uns zur Verfügung stehenden Mitteln zu schaden und/oder ihn zu vernichten. Unsere Haltung ist hier wesentlich radikaler und kompromissloser als gegenüber einem, den wir nur als »Gegner« ansehen. Das liegt daran, dass wir dem Feind zutrauen, uns in lebenswichtigen Belangen schaden zu können und dies auch zu wollen. Möglicherweise haben wir bereits die Erfahrung machen müssen, dass der andere uns derart geschadet hat. Unsere Gefühlslage gegenüber einem Feind ist von Zorn, Hass, Ekel und Geringschätzung geprägt.

Zorn, Hass und in abgeschwächter Form Ärger treten als Gefühle dann auf, wenn wir in unserem Handeln und Wollen, bei der Verwirklichung unserer Ziele oder beim Genuss angenehmer Dinge behindert werden. Es reicht, wenn wir uns einbilden, dass der andere uns in unserer Freiheit behindert oder dass wir fürchten, dass dessen Handlungsweise uns in Zukunft beeinträchtigen könnte, um jemanden innerlich zum Feind zu erklären. Hass und Ärger treten auch auf, wenn wir beleidigt, gedemütigt, übervorteilt oder unter Zwang gestellt worden sind.

Die Gefühle der Geringschätzung und des Ekels gegenüber einem Feind machen es uns wiederum oft erst möglich, die moralischen Grenzen und die eigene Furcht vor dem Anderen zu überwinden und zu aggressiven Handlungen überzugehen. Jemand, der innerlich noch als »Kollege« angesehen wird, wird nicht so leicht mit Mobbingangriffen überzogen werden, als jemand, der bereits als »Untermensch«, »Idiot«, »Dreckschwein« etc. tituliert wird.

»Die Empfindung von Geringschätzung einem Menschen gegenüber tendiert dazu, (...) dass die Person als ›Untermensch‹ betrachtet wird« (Izard, S. 380).

Feindseligkeit kann sich in aggressiven Handlungen äußern, die den

Betroffenen direkt schädigen sollen. Oft wird bei Mobbing jedoch nicht so direkt schädigend vorgegangen, vielmehr werden indirekt Situationen herbeigeführt, die dem Angegriffenen schaden sollen. Jeder Schaden für den Angegriffenen wird billigend in Kauf genommen. Diese »zurückhaltende« Vorgehensweise hat mit dem Selbstschutz der Mobber zu tun.

Es ist wichtig festzuhalten, dass bei Mobbing offenbar nicht z. B. die Unterwerfung einer Person angestrebt wird, sondern deren Ausgrenzung. Wäre die Unterwerfung des Mobbingbetroffenen das Ziel, dann wäre aus den Äußerungen des Mobbers in irgendeiner Form abzulesen, was er von seinem »Opfer« eigentlich erwartet. Die Erfahrung lehrt das Gegenteil: Unabhängig davon, ob sich Mobbingbetroffene auflehnen, anbiedern, verstecken oder ob sie Anpassungsversuche unternehmen, geht das Mobbing unvermindert weiter.

Wichtig:
Das Bestreben bei Mobbing ist nicht Unterwerfung, sondern Ausgrenzung.

Nach unserer Auffassung ist die Ausgrenzung der Kern von Mobbing. Ausgegrenzt zu werden ist die alltägliche Erfahrung von Mobbingbetroffenen. Egal welche Mobbinghandlungen konkret durchgeführt werden – das Bestreben der Mobber geht immer in dieselbe Richtung: Weg mit der Person!

Leymann hatte fünf Kategorien von Mobbingangriffen herausgearbeitet: Es handelte sich um Angriffe gegen die Möglichkeit, sich mitzuteilen (1), auf die sozialen Beziehungen (2), auf das soziale Ansehen (3), auf die Berufs- und Lebenssituation (4) und auf die Gesundheit (5). Wir haben zehn Kategorien von Mobbinghandlungen formuliert (vgl. Abb. 2, S. 25 ff.). Der ausgrenzende Charakter von Mobbing wird noch deutlicher, wenn wir die beiden Hauptzielrichtungen aller Mobbinghandlungen in aller Deutlichkeit herausstellen (s. a. Abb. 8, S. 78):

Hinweis: Hauptzielrichtungen aller Mobbinghandlungen
- **Angriffe gegen die Person**
  (z. B. Selbstwertgefühl, Entfaltung, Sicherheit)
- **Angriffe gegen das soziale Gefüge**
  (z. B. Anerkennung, Ansehen, Teilhabe)

Bei den Angriffen gegen das soziale Ansehen (z. B. durch öffentliche Demütigung, durch Verleumdung und erfolgreichen Rufmord) ist leicht nachvollziehbar, dass eine soziale Ausgrenzung angestrebt wird. Hier ist der Mobber offensichtlich bestrebt, seinem Kontrahenten das »soziale Wasser« abzugraben.

Auch die Angriffe, die direkt gegen die Person gerichtet sind (z.B. Demütigung, Kritik, Herablassung und Nicht-Grüßen), stellen nach unserer Auffassung eine Form von Ausgrenzung dar. Jemanden auszugrenzen bedeutet, dass der Mobber dem Mobbingbetroffenen kontinuierlich signalisiert: »Du bist es nicht wert, dass ich Dir den Minimalstandard mitmenschlichen Umgangs zubillige. Du bist nichts wert. Du bist eine Unperson, ein Untermensch«.

Wir müssen uns verdeutlichen, dass Mobbingbetroffenen sozusagen die Geschäftsgrundlage des üblichen menschlichen Miteinanders entzogen wird. Diese Geschäftsgrundlage besteht darin, dass wir üblicherweise mit einer gewissen Rücksicht, Höflichkeit, einer Vermeidung von harscher Kritik, einer Bereitschaft zuzuhören, einer (minimalen) Bereitschaft zur Unterstützung, also mit Respekt rechnen können und im Alltag auch damit rechnen. Beim Mobbing ist aber das Gegenteil der Fall; die Betroffenen müssen ständig vor unliebsamen Überraschungen auf der Hut sein. Einen Menschen, dem das allgemein Übliche, der Minimalstandard menschlichen Umgangs nicht zugebilligt wird, den grenzt man aus. Für den Mobber gehört der Mobbingbetroffene nicht in den Kreis von Menschen, denen solches zusteht.

Wichtig:
Ausgrenzung umfasst die soziale Isolierung des Mobbingbetroffenen und die Aufkündigung des Respekts ihm gegenüber. Mobbingbetroffenen wird die Geschäftsgrundlage des üblichen zwischenmenschlichen Miteinanders entzogen.

Der Kern von Mobbing ist die Ausgrenzung des Mobbingbetroffenen mit den möglichen Eskalationsstufen Verdrängung und Vertreibung und als letzter Stufe die Billigung der Vernichtung. Gleichgültigkeit, Herablassung, Verachtung oder kalter Hass sind als gefühlsmäßige Grundlage nötig. Damit lässt sich Mobbing nun auch gut von anderen unerfreulichen Handlungen wie Belästigung, ungerechte Behandlung, Meckerei sowie Ignoranz unterscheiden.

Wichtig:
Bei Mobbingkonflikten wird kein Kompromiss gesucht.

Eine Besonderheit des Mobbingkonflikts besteht darin, dass er normalerweise nicht durch einen Kompromiss zu lösen ist. Zwischen dem Streben der Mobber nach Ausgrenzung und dem Wunsch des Mobbingbetroffenen nach (aus seiner Sicht) problemlosen Arbeits- und Sozialbeziehungen gibt es keinen Mittelweg und keinen Interessenausgleich.

Abb. 8 Direkte und indirekte Angriffsziele bei Mobbing

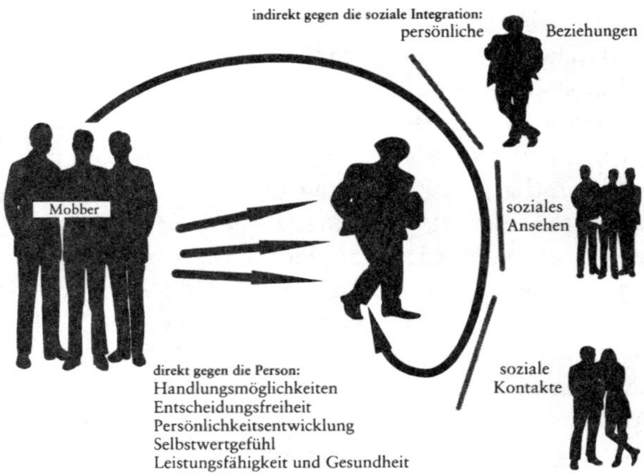

Methoden des direkten Mobbing gegen die Person

- **Kritik:** permanent, destruktiv, verletzend, ohne Alternativen, ohne Berücksichtigung der Umstände, ohne Rücksicht auf den Leistungsstand, Vertuschung wahrer Ursachen, ohne Prüfung des wirklichen Sachverhalts, ohne Möglichkeit der Erläuterung und Rechtfertigung, pauschal, ohne Wohlwollen, ohne Mut zu machen, schuldzuweisend
- **Sanktionen:** häufig, destruktiv, öffentlich ohne Wiedergutmachungsmöglichkeiten, ungerechtfertigt, aus Machtmissbrauch
- **Herabsetzung:** Beleidigungen, verbales und nonverbales Herabsetzen und Schmähen der Person, Verachtung deutlich machen, Entwicklungsbehinderung, (sexuelle) Übergriffe, in die Defensive drängen

Methoden des indirekten Mobbing über das soziale Umfeld

- **Kooperationsbeziehungen untergraben:** Arbeitszusammenhänge unterbinden, persönliche Unterstützung erschweren, der Mobbingbetroffene wird »verbannt«, Solidarisierung wird zum Risiko, öffentliche Demütigung, Blamage, Gerüchte und Lügen verbreiten, Rufmord, Fehler aufblähen
- **Manipulation** der Arbeit, Sabotage, Intrigen, gezielte Unter- bzw. Überforderung

5.3 Die persönlichen Voraussetzungen für Mobbing

Nicht jeder Konflikt führt zu Mobbing. Warum ein Mobber einen spezifischen Konflikt nicht als Beschwerde, als Streitgespräch oder in Form einer einmaligen Machtprobe austrägt, ist eine interessante Frage. Mobbing aus reiner Boshaftigkeit, pathologischem Hass oder purer Langeweile halten wir eher für eine seltene Erscheinung. Wir fanden fünf Voraussetzungen dafür, dass Mobbing einsetzt. Keine dieser Voraussetzungen ist allein genommen die »Ursache« von Mobbing (s. Abb. 9).

Abb. 9: Persönliche Voraussetzungen für Mobbing

- Mobber fühlt sich beeinträchtigt
- Offene und faire Konfliktaustragung wird vom Mobber als Risiko empfunden
- Eigeninteresse ist größer als moralische Bedenken
- Personalisierende Problemsicht: Die Person ist das Problem mit der Folgerung: »Ist der andere weg, habe ich kein Problem mehr«
- Herbeiführung eines billigen Triumphs

5.3.1 Der Mobber fühlt sich beeinträchtigt

Die erste, quasi »natürliche« Voraussetzung für Mobbing ist darin zu sehen, dass Mobber sich in irgendeiner Form beeinträchtigt, behindert, beschädigt fühlen und/oder ihre Zukunft gefährdet sehen. Der Grund der Beeinträchtigung kann für Außenstehende sowohl verborgen sein, als auch offen zutage treten. Dies zeigt das folgende Beispiel, das der Ratgeberseite einer Illustrierten entstammt:

Beispiel:
»Nun bin ich (57) fast 25 Jahre in derselben Firma. Alt bin ich geworden bei der vielen Arbeit. Und alt darf man heutzutage als Frau nicht werden! Besonders dann nicht, wenn ausschließlich Männer die Chefs sind. Die stehen nämlich auf sehr jung, langbeinig und andere Vorzüge. Mir ist doch jetzt ein junges Ding vor die Nase gesetzt worden. Wenig Berufserfahrung, aber eine große Klappe. Ihre hingeschmissenen Stenogramme kann sie kaum lesen. Dafür kocht sie dreimal am Tag Kaffee. Den bringt sie dann ins Chefzimmer – mit Hüftschwung und frischgeschminkten Lippen.
Nun soll sie mich »entlasten«. Und das heißt ja nichts weiter, als dass sie meinen Job kriegen soll. Gnadenbrot – das hab' ich nun von einem Vierteljahrhundert Firmentreue!«

Der vorstehende Leserbrief, im Jahr 1995 in der Zeitschrift »Das neue

Blatt« erschienen, ist ein Beispiel für ein massives Beeinträchtigungsgefühl. Die Sekretärin interpretiert die Neueinstellung in jeder Hinsicht als gegen sich gerichtet. Sie kann sich nur vorstellen, dass sie ausgebootet und »aufs Altenteil« abgeschoben werden soll. Dass es auch sinnvoll sein könnte, einen personellen Übergang langfristig anzulegen, kommt ihr nicht in den Sinn. Alle Äußerungen bezüglich der neuen Arbeitskollegin sind negativ und herablassend. Der Tenor lautet: »Die kann nichts und hat außer jungem Fleisch für den gemeinsamen Chef nichts zu bieten.« Es könnte ja auch sein, dass die Neue deswegen so viel Kaffee kocht, weil sie recht unsicher und nicht eingearbeitet ist. Der Unmut der Älteren ist so groß, dass sie sich mittels Leserbrief über ihre Situation beschwert. Wir wissen nicht, ob sich der geschilderte Sachverhalt zu einem Mobbingfall entwickelt hat – einige wichtige Voraussetzungen dafür wären schon erfüllt.

Häufig sind die Gründe für Mobbing verborgen. Auslöser können Ängste, Vorurteile und furchtsame Erwartungen des Mobbers sein. Der andere wird als Bedrohung der eigenen Interessen wahrgenommen. Inwieweit diese Befürchtungen tatsächlich berechtigt oder überzogen sind, wird nicht genau geprüft. Die einmal ausgelösten Ängste treiben Mobber dazu, den anderen lieber vorsorglich zu bekämpfen, als das Risiko einzugehen, irgendwann einmal in die Defensive zu geraten – nach dem Motto »Angriff ist die beste Verteidigung«.

Wichtig:
Die Handlungsgründe der Mobber haben rationale und vor allem emotionale Wurzeln.

Die tatsächliche oder befürchtete Beeinträchtigung muss für den Mobber persönlich gravierend sein, so gravierend, dass ihm Mobbing gerechtfertigt scheint. Für den Außenstehenden ist die emotionale Aufladung des Mobbers oft nicht gut nachzuvollziehen. Auch wenn sich ein Mobber cool oder zynisch-gelassen über sein Opfer hermacht, lässt die Hartnäckigkeit, mit der er den längst unterlegenen Gegner weiter attackiert, auf eine große emotionale Beteiligung des Mobbers schließen. Was bewegt den Mobber? Die Abb. 10 (S. 81) ist eine groteske Offenbarung. Es zeigt sich, dass die Mobber den Mobbingbetroffenen genau das absprechen und entziehen, was sie für sich selbst aggressiv verteidigen wollen: Ansehen, Sicherheit, Handlungsfreiheit.

So kann es z. B. sein, dass ein Vorgesetzter eine ältere Mitarbeiterin allein deshalb loswerden will, weil er fürchtet, dass diese Konstellation seinem Image als jung-dynamische Führungskraft abträglich sein könnte. Kollegen, die häufig krank sind, provozieren oftmals – ohne dies im Mindesten zu wollen – ihre Mitkollegen, weil diesen ihre eigene Gesundheitsgefährdung, der hohe Arbeitsdruck usw. bewusst wird. Frisch eingestellte oder neu eingearbeitete Mitarbeiter aus anderen Branchen können Mobbingbetroffene werden, weil die neuen Arbeitskollegen fürchten, ihre normale soziale Anerkennung einzubüßen oder Einkommensverluste hinnehmen zu müssen. Paradoxerweise wird dann viel Energie verbraucht, um den Neuen »fertigzumachen«, anstatt eine Verbesserung der Situation anzustreben.

Abb. 10: Die verborgenen Motive eines Mobbers

1. »Mein soziales Ansehen bzw. mein Status ist gefährdet!«
Beispiele:
- Ich werde unwichtiger, keiner achtet mehr auf mich
- Ich könnte mich lächerlich machen und blamieren
- Der andere läuft mir möglicherweise den Rang ab

2. »Mein Arbeitsplatz bzw. meine berufliche Position ist gefährdet.«
Beispiele:
- Ich könnte ausgebootet, umgesetzt, entlassen werden
- Ich kann meine Arbeitsleistung nicht erbringen (das hat Folgen)
- Ich kann die gewohnte Qualität meiner Arbeit nicht erbringen

3. »Meine Handlungs- und Entscheidungsfreiheit ist gefährdet.«
Beispiele:
- Der andere will neue Methoden einführen, die mir nicht liegen
- Es gibt »unnötigen« Aufwand zur Klärung
- Der andere könnte mir auf gewisse Schlichen kommen

4. »Ich will mich sicher und anerkannt fühlen.«
Beispiele:
- Ich bin in meiner Gruppe anerkannt; das soll auch so bleiben
- Ich kann mich (auf Kosten des anderen) ins rechte Licht rücken
- Lieber treten als getreten werden

Festzuhalten bleibt, dass das Mobbingproblem längst nicht gelöst ist, wenn wir lediglich die verachtenswerte Motivation des Mobbers wie Neid, Eifersucht, Eitelkeit und/oder Niedertracht festgestellt haben. Vielmehr kommt es darauf an, die Kenntnis der Motive des Mobbers – sei es Eifersucht oder Eitelkeit – für die Lösung nützlich zu verwerten (siehe dazu Kapitel 2.2).

Oftmals wird Neid als Motiv für Mobbing vermutetet. Beim Neid liegt die Beeinträchtigung für den Mobber darin, dass andere bessere Entwicklungs- und Lebensmöglichkeiten (Arbeitsplatz, Geld, Anerkennung, Zukunftsaussichten usw.) haben als er selbst. Diese Möglichkeiten scheinen ihm erstrebenswert und sind ihm zugleich gegenwärtig verschlossen. Er könnte die Sache auf sich beruhen lassen oder eigene Wege suchen, ebenfalls erfolgreich zu sein. Als Mobber versucht er, den Anderen zu bestrafen, zu erniedrigen, den Genuss seiner besseren Lage zu vergällen. Der Neid schlägt dabei in aktive Missgunst um. Im Schlichtungsverfahren ist es denkbar, dass der Schlichter mit dem Mobber die Thematik »Neid« ohne moralische Verurteilung anspricht und den Mobber auf alternative Handlungsmöglichkeiten aufmerksam macht, wie er die Ziele und Entwicklungsmöglichkeiten, auf die er neidisch war, ohne missgünstiges Mobbing verwirklichen könnte.

5.3.2 Offene und faire Auseinandersetzung als Risiko

Dies scheint uns der wichtigste psychologische Hintergrund für Mobbing zu sein: Eine offene und faire Austragung des Konflikts wird als persönliches Risiko eingeschätzt, welches der Mobber keinesfalls eingehen möchte. Das Risiko kann etwa darin bestehen, dass der Mobber einfach keine Mittel und Wege kennt, um Konflikte im beiderseitigen Einvernehmen zu bearbeiten und fürchtet, dass ihm alles aus den Händen gleiten wird. Vielleicht schätzt er die Wahrscheinlichkeit, die eigenen legitimen Interessen auf legalem Weg durchzusetzen, als gering ein. Eine offene Auseinandersetzung kann aus sehr unterschiedlichen Gründen gemieden werden.

Hinweis:
Beispielhafte Gründe für das Vermeiden einer offenen Auseinandersetzung
- Manche Mobber kennen und beherrschen einfach keine anderen Konfliktlösungsverfahren außer Kampf. Weil sie siegen wollen, sind ihnen auch unfaire Mittel recht.
- Dem Interesse des Mobbers (»Der andere soll weg!«) stehen gesetzliche Vorschriften, wie z. B. der Kündigungsschutz, im Weg. Der Mobber verfügt über keinerlei Macht und Einwirkungsrechte; er besitzt z. B. keine Weisungsbefugnis.
- Der Mobber weiß, dass seine Motive von seinem sozialen Umfeld oder von Vorgesetzten nicht akzeptiert würden, weil sie z. B. unmoralisch, egoistisch und/oder peinlich sind.
- Der Mobber möchte seine Interessen unbedingt zu 100% durchsetzen, aber in einer fairen Auseinandersetzung wären die Chancen für die eigenen Interessen zwischen den Konfliktparteien etwa gleich verteilt und das Ergebnis bleibt zunächst offen.

Mobbing ist als eine verdeckte Strategie zu verstehen, die gewählt wird, wenn die eigenen Interessen nur dann durchsetzbar scheinen, wenn die eigenen dahinterliegenden Motive nicht zu erkennen sind. Verdeckt ist nicht der Angriff, sondern die wirklichen Motive des Angriffs. Es wird versucht, die andere Person in Misskredit zu bringen, zu schwächen, zu manipulieren und dem übrigen sozialen Umfeld den Beweis zu liefern, dass diese Person das Problem darstellt.

Wenn man so will, ist es paradoxerweise gerade unser Rechtssystem, das Mobbing als eine verdeckte und gewissermaßen gebremste Form der Aggression fördert. Gäbe es die rechtlichen Schutzzäune nicht, würden die Aggressoren ihre Interessen unmittelbar in die Tat umsetzen und die Betreffenden nicht kaltstellen, sondern »kaltmachen«, d. h. wirklich körperlich angreifen, ihres Einkommens berauben oder davonjagen.

5.3.3 Das Eigeninteresse ist größer als moralische Bedenken

Die dritte Voraussetzung ist, dass die moralischen Bedenken geringer als das Eigeninteresse sind. Dies dürfte immer dann naheliegend sein, wenn die eigenen Interessen einem so (lebens-)wichtig vorkommen, dass sie unbedingt und unter allen Umständen durchgesetzt werden sollen. Diese Voraussetzung dürfte in den Betrieben bzw. Dienststellen, in denen das eigene berufliche Überleben auf der Tagesordnung steht, wo also »mit harten Bandagen gekämpft wird« und wo beispielsweise angesichts umfassenden Arbeitsplatzabbaus »jeder sehen muss, wo er bleibt«, nur allzu leicht erfüllt sein.

5.3.4 Personen machen Probleme: Person weg – Problem gelöst!

Die vierte Voraussetzung für Mobbing liegt in einer personalisierenden Sichtweise von Problemen. Viele Menschen machen stets andere Menschen für ihre Situation verantwortlich. Sie erklären sich Unstimmigkeiten und Unzulänglichkeiten des sozialen Lebens stets dadurch, dass bestimmte Personen jeweils »schuld« daran sind, wenn es nicht optimal läuft. Es wird nicht nach tiefergehenden oder übergreifenden Ursachen der Probleme gesucht. Ein Stau auf der Autobahn entsteht beispielsweise nach einer solchen Betrachtungsweise nicht durch eine Verkettung von Aktionen einer Vielzahl von Verkehrsteilnehmern bei hohem Verkehrsaufkommen, sondern immer dadurch, dass sich bestimmte Personen schuldhaft falsch verhalten haben (z. B. Autofahrer zu langsam gefahren sind, Bauarbeiter die Schilder falsch platziert haben, Verkehrsplaner die Baustelle zum falschen Zeitpunkt eingerichtet haben).

> **Wichtig:**
> Mobber sehen die Welt aus einer Er-oder-ich-Perspektive.

Die personalisierende Sicht blockiert häufig die Bereitschaft, in Konflikten nach sachlichen Lösungen oder Kompromissen zu suchen, bei denen alle gewinnen könnten. Das Motto heißt: Die Person macht Probleme! Das führt dann schnell zu dem Urteil: Die Person *ist* das Problem. Und im Umkehrschluss kommen die Mobber dann zu dem Ergebnis: Wenn die Person erst einmal weg ist, habe ich kein Problem mehr. Der Erfolg versprechende Weg, um die eigenen Interessen durchzusetzen, liegt für sie in der Ausschaltung und Vertreibung der anderen Person. *Entweder er oder ich!* Diese Sichtweise ist allerdings nicht nur bei Mobbern zu finden.

5.3.5 »Suchtfaktor«: billiger Triumph

Viele Beschäftigte leiden darunter, dass ihre Einflussmöglichkeiten auf Arbeitsbedingungen und betriebliche Entscheidungen gering sind. Auch nicht wenige Mobber sind damit unzufrieden, dass sie zu wenig Spielraum und Entscheidungsfreiheit bei der Bewältigung ihrer Arbeitsaufgaben haben. Dazu kommt das Gefühl der Behinderung und Beeinträchtigung, das sie zu Recht oder Unrecht an der Person des Mobbingbetroffenen festmachen. Mobber erleben also selbst durchaus viele Situationen des Ausgeliefertseins bzw. der Einflusslosigkeit. Das Gefühl der relativen Ohnmacht können sie durch erfolgreiche Feindseligkeiten zumindest vorübergehend und teilweise kompensieren.

Allerdings führt Mobbing nicht unmittelbar zum durchschlagenden Erfolg gegenüber dem Betroffenen (ansonsten würde es ja nicht über längere Zeit ausgeübt). Die kleinen Gemeinheiten, Attacken oder Situationen – in denen der Mobber »die Lacher auf seiner Seite« hat – wirken für den Mobber als Beweis, dass er Einfluss und Macht besitzt. Jede Situation, in welcher der Mobbingbetroffene schlecht dasteht und dessen Verletztheit für Außenstehende offenkundig wird, kann für den Mobber einen »kleinen Triumph« darstellen.

Dieser Faktor könnte auch erklären, warum es in manchen Mobbingfällen zu einem »Spiel ohne Ende« (vgl. *Neuberger* 1999) kommt. Zwar wird einerseits für den Mobbingbetroffenen eine Situation erzeugt, die nicht auszuhalten und zum Weglaufen ist. Andererseits ist das Gefühl der Macht, das durch jede erfolgreiche Attacke erzeugt werden kann, für den Mobber so berauschend, dass er versucht, ein endgültiges Ausscheiden des Mobbingbetroffenen jeweils im letzten Augenblick zu verhindern. In der Praxis kann es geschehen, dass sich die Situation immer dann scheinbar entspannt und alle Vorkommnisse als Missverständnisse heruntergespielt werden, wenn eine Versetzung des Betroffenen in Aussicht steht. Auch sind uns Mobbingfälle berichtet worden, in denen kurz nach Ausscheiden eines Betroffenen die nächste Person in die Rolle des Mobbingbetroffenen geraten ist. Solche wiederholten Mobbingprobleme mit unterschiedlichen Betroffenen deuten entweder auf gravierende strukturelle Probleme in dem Betrieb bzw. in der Dienststelle hin oder auf eine gravierende Mobbingbereitschaft aus persönlichen Beweggründen.

B. Mobbing-Prävention – Handlungsmöglichkeiten der betrieblichen Interessenvertretung

Auf die oftmals resigniert gestellte Frage »Was kann die betriebliche Interessenvertretung schon gegen Mobbing tun?«, gibt es eine knappe, klare und unmissverständliche Antwort: »Viel!« Die sich einem Betriebs- bzw. Personalrat im Zusammenhang mit Mobbing regelmäßig stellende Frage lautet daher eher: »Wie, auf welchem Weg und mit welchen Mitteln, kann es der Betriebs- bzw. Personalrat erreichen, dass es Mobbing in dem eigenen Betrieb bzw. in der eigenen Dienststelle nicht (mehr) gibt?«

Im Zusammenhang mit Mobbing kann der Betriebs- bzw. Personalrat kurzfristige und längerfristige sowie reagierende und agierende Maßnahmen ergreifen. Während die kurzfristigen Handlungsmöglichkeiten regelmäßig in Reaktionen auf einzelne Situationen und Problemlagen bestehen, haben die längerfristigen Handlungsmöglichkeiten agierende Maßnahmen der betrieblichen Interessenvertretung zum Gegenstand. Der Betriebs- bzw. Personalrat, der agierend tätig wird, kann unter anderem gestaltenden Einfluss auf das Betriebsklima sowie auf das soziale Verhalten aller in dem Betrieb bzw. in der Dienststelle nehmen. Mithin kann er Maßnahmen zur Mobbingprävention ergreifen. Diese sind Gegenstand dieses Kapitels.

1. »No-Mobbing«: Ein Motto für die Betriebs- und Personalratsarbeit

Dass es Mobbing gibt, wird heute kaum noch von der Arbeitgeberseite in Abrede gestellt. Insoweit hat die verstärkte Berichterstattung in den Medien bewirkt, dass die früher regelmäßig zu vernehmenden Floskeln »Mobbing – alles Quatsch!« sowie »Mobbing gibt es nicht!« heute nur noch höchst selten zu hören sind. Allenfalls Redewendungen wie »Bei uns aber nicht!« sind zu vernehmen. In dem Maße, in dem die Arbeitgeberseite erkennt, dass es sich bei Mobbing um einen nicht zu unterschätzenden Kostenfaktor mit beträchtlichem Gefährdungspotential handelt, wächst bei ihr die Bereitschaft, sich der Mobbingproblematik anzunehmen. Zudem hat sich auch hier die Erkenntnis durchgesetzt, dass Führungskräfte vor Mobbing nicht gefeit sind. So ist es heute kein Einzelfall mehr, wenn Vorgesetzte – teilweise gemeinsam mit Betriebs- bzw. Personalratsmitgliedern – Seminare zur Bewältigung und Vermeidung von Mobbing besuchen. Trotz dieser Trendwende bleibt es aber dabei, dass das Motto »No-Mobbing« eine äußerst wichtige Themenstellung für die Betriebs- und Personalratsarbeit ist. Schließlich hat es die betriebliche Interessenvertretung auf Grund ihrer betriebspolitischen sowie rechtlichen Handlungsmöglichkeiten in der Hand, gestaltenden Einfluss auf das Betriebsklima zu nehmen und zu bewirken, dass es in ihrem Betrieb bzw. in ihrer Dienststelle ein Mobbing ausschließendes Betriebsklima gibt.

Allerdings ist hierbei Folgendes zu bedenken: Wer gegen Mobbing vorbeugen will, muss bereit sein, sich auf Mobbingkonflikte, Mobbingbetroffene und -opfer einzulassen. Prävention bedeutet Vorsorge, Verhütung, Vorbeugung sowie Risikominderung. Was kann nun der Betriebs- bzw. Personalrat zur Vorbeugung von Mobbing tun? Wir wollen zunächst einige allgemeine Gedanken durchspielen und dann die praktischen Möglichkeiten der Mobbingprävention darstellen. Es gibt zwei grundsätzlich verschiedene Herangehensweisen in der Prävention. Der erste Ansatz geht dahin, durch Aufklärung und direktes Ansprechen der Menschen diese zu einem besseren Verhalten zu motivieren (**Verhaltensprävention**). Beim zweiten Ansatz wird versucht, diejenigen Bedingungen und Umstände zu verändern, die negative Verhaltensweisen der Menschen fördern (**Verhältnisprävention**).

1.1 Beschäftigte aufklären oder Arbeitsbedingungen ändern?

Alle, die mit Mobbing befasst sind, stoßen auf grundlegende Probleme der Arbeitswelt insgesamt (Konkurrenzdenken, Karrierestreben, Angst um den Arbeitsplatz etc.) oder auf konkrete Probleme am Arbeitsplatz (z. B. Managementfehler, widersprüchliche Arbeitsaufträge, Hetze, Fehlplanungen, schlechtes Betriebsklima). Da ist es naheliegend, durch Veränderung und Humanisierung dieser Bedingungen zu versuchen, Mobbing jede Grundlage zu entziehen. Einige dieser Bedingungen sind jedoch mit betrieblichen Mitteln gar nicht oder zumindest kurzfristig nicht zu ändern. Man kann es drehen, wie man will, es gibt keine Arbeitsbedingungen, die das Auftauchen von Mobbing am Arbeitsplatz vollständig verhindern könnten.

Außerdem findet sich Mobbing auch an äußerlich unproblematischen Arbeitsplätzen. Hier scheint es vor allem am Bewusstsein, an der moralischen Einstellung, an der Konfliktfähigkeit oder an der Zivilcourage der Beteiligten zu mangeln. Es ist naheliegend, die Einstellungen und das Verhalten der Einzelnen beeinflussen zu wollen. Es bieten sich Aufklärung über Mobbing und moralische Erziehung an. Aber auch dieser Ansatz stößt an Grenzen. Unter extremen Arbeitsbedingungen oder bei einem schlechten Betriebsklima ist es für alle Beteiligten auch bei gutem Willen schwer, moralisch hochstehende Erwartungen zu erfüllen.

Jedes einseitige Vorgehen hat deutliche Nachteile: Wenn man ausschließlich versucht, Mobbing fördernde Bedingungen auszuschalten, werden die Menschen aus ihrer persönlichen Verantwortung entlassen. Eine Humanisierung der Arbeitswelt voranzutreiben, ohne das eigentliche Motiv des Handelns – nämlich die Zurückdrängung von Mobbing – zu nennen, wäre Prävention hinter dem Rücken der Beteiligten. Das ist widersinnig. Wenn auf der anderen Seite nur versucht wird, die moralische Seite bzw. das Verhalten zu verändern, wird man den Menschen ebenfalls nicht gerecht, da man die widersprüchlichen Anforderungen ignoriert, unter denen sie arbeiten.

Uns scheint es deswegen am sinnvollsten, beide Seiten miteinander zu verbinden. Einerseits kann man von Menschen auch unter schwierigen Umständen verlangen, moralischen Anstand und Mitmenschlichkeit zu bewahren und nicht zu Niedertracht sowie Feindseligkeit überzugehen. Andererseits legen problematische Arbeitsbedingungen den Beschäftigten nahe, mitmenschliche Standards fallenzulassen, um irgendwie über die Runden zu kommen. Vielfach sind in den Arbeitsbedingungen entsolidarisierende Zwänge und Vorgaben in scheinbar sachlicher Form eingebettet. So fördert das Prämiensystem beispielsweise das Konkurrenzdenken der Beschäftigten untereinander. Zur Verringerung des allgemeinen Mobbingrisikos im Betrieb bzw. in der Dienststelle sollten wir uns deswegen bemühen, die Bedingungen der Arbeit zu humanisieren.

Einige Betriebs- sowie Personalratsmitglieder fürchten, in zwischenmenschliche Konflikte hineingezogen und zur persönlichen Stellungnahme gezwungen zu werden; sie konzentrieren sich deswegen auf Forderungen nach Veränderung der Arbeitsbedingungen. Zwar ist es erfreulich, dass es überhaupt zu einem Engagement gegen Mobbing kommt, andererseits wird es aber sehr problematisch, sobald der erste Mobbingbetroffene an die Tür der Interessenvertretung klopft und um Hilfe bittet.

Mancher Betriebs- bzw. Personalrat hofft wiederum, dass ein aufgedeckter Mobbingfall direkt gegen die Arbeitgeberseite verwendet werden kann, um von dort aus mehr Engagement etwa für ein besseres Betriebsklima und bessere Arbeitsbedingungen zu erreichen. Mobbingprävention wird in diesem Fall als Druckmittel für andere Interessen eingesetzt. Dabei muss bedacht werden, dass dann möglicherweise der Mobbingbetroffene für ein allgemeines Problem instrumentalisiert und zur Erreichung fremder Interessen missbraucht wird.

Was also tun? Wir denken, dass die betriebliche Interessenvertretung zunächst mit den Beschäftigten ins Gespräch kommen und sie über das Phänomen Mobbing aufklären sollte. Gemeinsam können die Schwierigkeiten analysiert werden, die einerseits Mobbing nahelegen und andererseits Mitmenschlichkeit und Rücksichtnahme zurückdrängen. Schließlich kann über positive betriebliche Bedingungen nachgedacht werden, die weniger unproduktive zwischenmenschliche Konflikte hervorbringen.

1.2 Einzelne Risikoabteilungen oder alle Bereiche ansprechen?

Es ist vorstellbar, Informationen zu Mobbing nur in solchen Abteilungen zu verbreiten, die besonders gefährdet sind oder in denen Mobbing bereits aufgetreten ist. Das ist ökonomisch gedacht, da der (Zeit-)Aufwand auf die relevanten Bereiche beschränkt bleibt.

Man kann sich aber auch das Ziel setzen, die Mobbingaufklärung im gesamten Betrieb bzw. in der gesamten Dienststelle zu betreiben. Zwar ist dies mit einem höherem Aufwand verbunden, jedoch ist aus der Gesundheitsforschung bekannt, dass der Nutzeffekt einer breiten Prävention größer ist. Das hat mehrere Gründe: Einmal kommt für den Betrieb bzw. für die Dienststelle einfach mehr dabei heraus, wenn alle Beschäftigten ein »bisschen weniger mobben«, als wenn in einer ausgewählten Abteilung einige wenige Beschäftigte viel weniger mobben. Zweitens dürfte ein bereits eskalierter Konflikt in einer Mobbingabteilung kaum durch allgemeine Aufklärung, sondern nur durch konkrete konfliktlösende Maßnahmen befriedet werden können. Ein weiterer Vorteil der allgemeinen Aufklärung liegt darin, dass die Geschäfts- bzw. Dienststellenleitung sensibilisiert wird und sich möglicherweise das Betriebsklima verbessert (s. Abb. 11, S. 92).

Wenn es dem Betriebs- bzw. Personalrat mit Mobbing ernst ist, sollte er über einen etwas längeren Zeitraum und mit verschiedenen Mitteln versuchen, wirklich alle Betriebsangehörigen zu erreichen. Hierzu zählen insbesondere die Betriebs- bzw. Personalversammlungen. Ferner kommen alle der Interessenvertretung zugänglichen Informations- und Kommunikationsmöglichkeiten in Betracht.

Bei einer Konzentration auf die kritischen Bereiche im Betrieb bzw. in der Dienststelle ist unter Umständen sogleich eine Verstrickung in betriebliche Konflikte zu erwarten, und es muss Stellung bezogen werden. Bei einer allgemeinen Aufklärung mittels Medien (z. B. über das Betriebsratsinfo, auf dem »Schwarzen Brett«, im Intranet, auf der Homepage der betrieblichen Interessenvertretung sowie auf einer Betriebs- bzw. Personalversammlung) ist der Stressfaktor für die Aufklärer geringer.

Abb. 11: Kosten und Nutzen verschiedener Aufklärungswege

Zielgruppe / *Kosten/Nutzen*	**Problemabteilung**	**alle Bereiche**
Aufwand	gering	relativ hoch
Informationseffekt	wenige Beschäftigte werden stark informiert	viele Beschäftigte sind ein wenig informiert
Stressfaktor für die Aufklärer	hoch, wenn starke Konflikte	gering
Effekt auf das Betriebsklima	gering	eventuell hoch
Sensibilisierung der Arbeitgeberseite	eher gering	hoch (z. B. Betriebs- bzw. Personalversammlung)

1.3 Was bewirkt die Aufklärung über Mobbing?

Die Aufklärung erreicht möglicherweise alle Ohren, aber sicher nicht alle Herzen. Es ist ein Irrtum zu glauben, dass Prävention das Problem Mobbing für alle Zeiten vom Tisch schaffen könnte. Sie hoffen vielleicht, dass (potentielle) Mobber in sich gehen und sagen: »Oh, wenn ich gewusst hätte, welche langfristigen, bösen Folgen mein Verhalten hat!« Das mag im Einzelfall so geschehen. Aber die Interessen, die hinter Mobbing stehen, sind im Allgemeinen für die Mobber zu elementar und wichtig, als dass sie auf das Mobbing verzichten wollten. Und es ist nicht nur eine Frage der individuellen Moral. Ein gutes Betriebsklima kann wie ein Kartenhaus zusammenbrechen, wenn beispielsweise die Schließung einer bestimmten Abteilung angekündigt wird.

Mit Mobbingaufklärung werden weniger die Mobber, sondern mit größter Wahrscheinlichkeit Mobbingbetroffene erreicht. Ihnen kann am ehesten verdeutlicht werden, dass sie sich in einem abwärts gerichteten Strudel befinden und dass sie sich zum Selbstschutz dringend Unterstützung suchen müssen. Aufklärung kann zu einer breiten Sensibilisierung beitragen, so dass Mobbingkonflikte eher registriert und gemeldet werden. Betriebs- bzw. Personalräte können durch Aufklärung eine größere Bereitschaft erzeugen, sich auf den Schutz von Betroffenen, auf Konfliktbearbeitung und Schlichtung einzulassen. Mobbingprävention ist dann besonders sinnvoll, wenn es zusätzlich gelingt, in Übereinkunft mit der Geschäfts- bzw. Dienststellenleitung allgemeine Strukturen zur Konfliktbewältigung zu etablieren.

1.4 Mobbingaufklärung wird »schlafende Hunde« wecken

Wer das Thema Mobbing anspricht, weckt konkrete Erwartungen und muss damit rechnen, dass Betroffene kommen und persönlichen Beistand suchen. Es ist zu erwarten, dass schwelende Konflikte aufflammen und dass Stellung bezogen werden muss. Mitglieder der Interessenvertretung, die lieber fachlich-sachlich arbeiten und persönliche Konflikte und Querelen meiden, sollten sich nicht überfordern (wobei jeder mit seinen Aufgaben wachsen kann!). Mobbingaufklärung zu betreiben, heißt »schlafende Hunde« wecken. Es macht keinen Sinn, über Mobbing aufklären zu wollen und hinterher keine Kapazität für Hilfesuchende zu haben.

Es ist deswegen sinnvoll, bevor beispielsweise ein Referent zu einer Betriebs- bzw. Personalversammlung eingeladen wird, geeignete Maßnahmen zu treffen, um mögliche Anfragen aus der Belegschaft aufzufangen. Der dafür notwendige Aufwand ist überschaubar. Da im Voraus ohnehin nicht abzuschätzen ist, wie viele Anfragen und Hilfeersuchen auf den Betriebs- bzw. Personalrat zukommen, sollte man ökonomisch vorgehen und zunächst nur eine minimale Mobbinginfrastruktur bereit stellen. Ein wenig zu tun ist besser als nichts zu unternehmen. Was die minimale Infrastruktur umfassen sollte, zeigt die Abb. 12 (S. 94).

Abb. 12: Grundausstattung für die Mobbing-Prävention

- Der Betriebs- bzw. Personalrat sollte einige Bücher und Broschüren zu Mobbing zur Ausleihe bereithalten (z. B. Mobbingbroschüren von Gewerkschaften, Krankenkassen sowie kirchlichen Einrichtungen).
- Eine stets aktuelle Adressenliste von mit der Mobbingproblematik vertrauten Ansprechpartnern aus dem nahen Umfeld (z. B. Selbsthilfegruppen, Beratungsstellen, Ärzte, Therapeuten, Rechtsanwälte) sollte weitergereicht werden können.
- Angebot einer Mobbingsprechstunde bzw. Einplanung eines festen Zeitbudgets für zu erwartende Mobbinganfragen und Hilfeersuchen.
- Pflege von Kontakten und Vernetzung mit kompetenten externen Partnern.

Die wichtigste Voraussetzung für eine Erfolg versprechende Prävention ist die innere Bereitschaft der Interessenvertretung, sich mit Mobbing auseinanderzusetzen. Außerdem muss genügend Zeit für die Beratung von Mobbingbetroffenen und die mögliche anschließende Konfliktbearbeitung eingeplant werden. Das Angebot einer »Mobbingsprechstunde« sollte von jedem Betriebs- bzw. Personalrat geprüft werden. Die Einrichtung einer solchen Sprechstunde bietet sich vor allem dann an, wenn es eine betriebliche Anlaufstelle für Mobbingbetroffene bzw. einen Mobbingbeauftragten in dem Betrieb bzw. in der Dienststelle (noch) nicht gibt. Der Betriebs- bzw. Personalrat kann dabei auf das Wort »Mobbing« in seinem Beratungsangebot verzichten, wenn er der Auffassung ist, dass die Anonymität der Ratsuchenden im Betrieb bzw. in der Dienststelle geschützt werden muss oder er einen anderen Begriff für die Benennung dieser Einrichtung findet (z. B. Konfliktberatung, Fairness-Club, Forum Gesundes Betriebsklima).

Die zunächst beschaffte Mobbingliteratur sollte freigiebig an Ratsuchende ausgeliehen werden. Viele Betroffene schätzen es, wenn sie sich zu Hause in Ruhe mit der Mobbingliteratur auseinandersetzen können. Für den mit Mobbing noch unerfahrenen Betriebs- bzw. Personalrat stellt die verfügbare Literatur bei der Beratung ebenfalls eine Stütze dar, auf die immer wieder zurückgegriffen werden kann.

Sehr wichtig ist eine auf die Region zugeschnittene Adressenliste. Da die Zahl der in der näheren und weiteren Umgebung als Ansprechpersonen zur Verfügung stehenden Selbsthilfegruppen, Beratungsstellen, Telefone, Ärzte, Rechtsanwälte etc. einem ständigen Wechsel unterzogen ist, sollte der Betriebs- bzw. Personalrat selbst die Liste erstellen und auf dem Laufenden halten. Auch ist es sinnvoll, mit Vertretern der Ansprechstellen Gespräche zu führen, um unseriöse Institutionen, Personen etc. herausfiltern zu können. Schließlich möchten die Mobbingbetroffenen, die sich an den Betriebs- bzw. Personalrat wenden, darauf vertrauen dürfen, dass die von der Interessenvertretung recherchierten Adressen seriös sind. Regional bieten sich als Ansprechpartner regelmäßig Krankenkassen, Gesundheitsämter, regionale Gesundheitsorganisationen, die Gewerkschaften, der Kirchliche Dienst in der Arbeitswelt sowie die regionale Presse an. Wenn diese vielleicht selbst nicht aktiv gegen Mobbing tätig sind, so können sie doch häufig weitere Ansprechpartner nennen. Die Kunst der Mobbingberatung besteht auch darin, weitergehende Hilfsangebote zu kennen, wenn man selbst nicht weiter weiß.

1.5 Möglichkeiten und Methoden der Vorbeugung von Mobbing

Es gibt viele unterschiedliche Möglichkeiten, präventiv gegen Mobbing vorzugehen (s. Abb. 13).

Abb. 13: Handlungsmöglichkeiten des Betriebs- bzw. Personalrats zur Mobbingvorbeugung (beispielhafte Aufzählung)

1. Informationen an die Belegschaft geben (Allgemeine Aufklärung)
- Vortrag auf einer Betriebs- bzw. Personalversammlung halten (lassen)
- Einen Infoabend für Interessierte organisieren
- Videofilme zur Mobbingproblematik vorführen und diskutieren
- Beiträge im Betriebs- bzw. Personalratsinfo veröffentlichen
- Broschüren im Betrieb bzw. in der Dienststelle auslegen
- Mobbing im Einzelgespräch ansprechen

2. Informationen aus der Belegschaft sammeln (Offenes Ohr)
- Umfrage zum Betriebsklima allgemein oder direkt zu Mobbing durchführen
- Allgemeine Beschwerden auf »Mobbing« prüfen
- Ein offenes Ohr für Mobbing in der Sprechstunde haben
- Krankheitsfälle auf »Mobbing« prüfen

3. Informationen an Entscheidungsträger geben (Qualifizierung)
- Schulung/Qualifizierung der Betriebs- bzw. Personalratsmitglieder organisieren
- Sachverständige Personen zur Betriebs- bzw. Personalratssitzung einladen
- Bücher, Broschüren und weiteres Informationsmaterial besorgen und verteilen
- Gespräch mit den Personalverantwortlichen führen

4. Betriebliche Strukturen gegen Mobbing (Nägel mit Köpfen machen)
- Qualitätszirkel »Betriebsklima« einrichten
- Gemeinsames Anti-Mobbingprogramm mit der Arbeitgeberseite entwickeln
- Beschwerdewesen verbessern
- Konfliktkommission einrichten
- Betriebs- bzw. Dienstvereinbarung vereinbaren
- Ethische Grundsätze formulieren (soziale Corporate Identity)
- Betriebliche Anlaufstelle für Mobbingbetroffene einrichten bzw. »Mobbingbeauftragten« ernennen
- Vorschläge zur Verbesserung einzelner betrieblicher Abläufe unterbreiten

1.5.1 Aufklärung

Die bekannteste und bewährteste Form der Prävention ist die Aufklärung, also das Bereitstellen von Grundinformationen über ein Problem. Die Informationen können sowohl mündlich als auch schriftlich erfolgen. Für den Einsatz von schriftlichem Aufklärungsmaterial sowie einem Video spricht, dass der Betriebs- bzw. Personalrat mit vergleichsweise geringem Aufwand wichtige Informationen verbreiten kann. Eine mündliche Aufklärung, verbunden mit der Möglichkeit zur Aussprache, ist bei Mobbing weit wirkungsvoller als das bloße Verteilen von schriftlichen Informationen (z. B. Broschüren, Flugblätter). Der Nachteil ist, dass man keinen Einfluss darauf hat, ob die zu Papier gebrachten Informationen auch gelesen werden. Außerdem besteht Mobbing weitgehend aus aggressiver und abwertender Kommunikation, die lähmt und mundtot macht. Indem den Beschäftigten durch mündliche Aufklärung die Gelegenheit geboten wird, Fragen zu stellen, Argumente auszutauschen, über eigene Mobbingerfahrungen zu berichten sowie über Methoden der Gegenwehr zu sprechen, wird bereits ein wichtiger praktischer Schritt gegen die Sprachlosigkeit (und die darin verborgene Ohnmacht) unternommen. Zudem lässt sich die Isolierung von Mobbingbetroffenen besser durchbrechen, wenn viele gemeinsam über Mobbing reden, als wenn jeder für sich »in seinem Kämmerlein« etwas über Mobbing liest.

Wichtig:
Über Mobbing reden ist wirkungsvoller als gegen Mobbing anschreiben.

Soll Mobbing vor einem größeren Zuhörerkreis angesprochen werden, so empfiehlt es sich, visuelle Medien einzusetzen (z. B. Folien, Plakate, Videofilme). Die Einladung eines externen Referenten erspart dem Betriebs- bzw. Personalrat eine eigene inhaltliche Vorbereitung und erhöht die Glaubwürdigkeit. Betriebs- bzw. Personalrat und Referent sollten sich jedoch im Vorfeld zusammensetzen, um die Eckpunkte des Vortrags mit den Zielen des Betriebs- bzw. Personalrats abzustimmen. Man kann im Eingangsbereich des Versammlungsraums eine Wandtafel aufstellen, auf der z. B. eine »Befragung zum Betriebsklima« vorbereitet ist. Auf der Tafel sind die Interessenvertretung interessierende Fragen aufgelistet, welche von den Teilnehmern im Vorübergehen durch Ankreuzen mittels dicker Filzstifte oder durch Aufkleben von Haftpunkten beantwortet werden können. Die Fragen müssen so formuliert werden, dass sie leicht mit »Ja« oder »Nein« oder durch übersichtliche Bewertung (z. B. sehr, etwas, kaum, gar nicht) zu beantworten sind. Das Ergebnis einer solchen Befragung, das vor Ort in äußerst kurzer Zeit und auf einfachste Weise ermittelt werden kann, wirkt bereits während der Zusammenkunft wie ein Stimmungsbarometer.

Es ist wenig empfehlenswert, Mobbingbetroffene aus dem eigenen Betrieb bzw. aus der eigenen Dienststelle vortragen zu lassen. Nachdem sie sich so deutlich exponiert haben, sind sie noch stärker vom guten Willen des Umfeldes abhängig als jemals zuvor. Beispiele aus dem eigenen Betrieb bzw. aus der eigenen Dienststelle vorzustellen, ist ebenfalls nicht anzuraten, es sei denn, sie konnten konstruktiv abgeschlossen werden. Aber auch in derartigen Fällen ist eine Anonymisierung empfehlenswert. Fälle aus den eigenen Reihen tragen bei Versammlungen eher zu einer Polarisierung bei. Auch ist nicht zu erwarten, dass bei hundert und mehr Beteiligten einer Betriebs- bzw. Personalversammlung positive Impulse für eine Lösung entwickelt werden – hier ist eher diplomatisches »Know-how« gefragt. Die Verwendung von betrieblichen Beispielen setzt im Übrigen das Einverständnis des bzw. der Mobbingbetroffenen voraus. Vom Betriebs- bzw. Personalrat müssen alle Beschäftigten Sorgfalt und Verschwiegenheit erwarten können, wenn es um wichtige persönliche Belange geht.

1.5.2 Ein offenes Ohr haben

Die betriebliche Interessenvertretung kann auch den umgekehrten Weg gehen und zunächst Informationen aus der Belegschaft sammeln. Das kann über eine Umfrage im Betrieb bzw. in der Dienststelle geschehen. Etwas weniger öffentlich können zunächst Beschwerden ausgewertet werden, die an den Betriebs- bzw. Personalrat gerichtet wurden. Ein Anruf oder Besuch bei Arbeitskollegen, die schon länger arbeitsunfähig krank geschrieben sind oder häufiger krankheitsbedingt fehlen, könnte auf die Spur von Mobbing führen. Im Anhang Nr. 1 ist ein Fragebogen zu Mobbing zu finden, der bei Bedarf vervielfältigt und sodann ausgegeben werden kann.

Ebenso ist es möglich, im Rahmen der Sprechstunde des Betriebs- bzw. Personalrats direkt oder indirekt etwas über Mobbing am Arbeitsplatz zu erfahren. Es wäre noch besser, betriebsöffentlich darauf hinzuweisen, dass die Interessenvertretung in ihrer Sprechstunde ab sofort ein offenes Ohr für Mobbing hat.

1.6 Einbeziehung der Arbeitgeberseite

Beabsichtigt der Betriebs- bzw. Personalrat, mit der Arbeitgeberseite Gespräche sowie Verhandlungen zur Verbesserung des allgemeinen Betriebsklimas zu führen, wäre es verhandlungstaktisch unklug, mit Vorwürfen über bisherige Versäumnisse einzusteigen. Wenn der Arbeitgeber bzw. Dienststellenleiter selbst mittels Mobbing reagiert oder Mobbing billigend in Kauf nimmt, hat die Interessenvertretung zunächst sowieso keine Chance zu einer gemeinsamen Strategie. Ihm wird eine massive Abwehrhaltung entgegenstehen. Die erforderlichen Maßnahmen müssen dann im Alleingang, unter Ausnutzung aller rechtlichen Möglichkeiten, geplant werden. Bei der Umsetzung solcher Maßnahmen (z.B. »Mobbingbüro«) sollte der Arbeitgeber bzw. Dienststellenleiter stets informiert werden und ihm jederzeit die Möglichkeit offenstehen, auf den »fahrenden Zug« aufzuspringen. Der Betriebs- bzw. Personalrat muss hierbei abwägen, ob er wirkungsvoll gegen Mobbing vorgehen will oder ob es in erster Linie darum geht, die Arbeitgeberseite vorzuführen.

Besser ist es, an den Eigeninteressen der Arbeitgeberseite anzuknüpfen. Das sind im Wesentlichen: Qualität, Tempo, Image, Flexibilität, Kosten und Rentabilität. Im Zusammenhang mit Mobbing wurde in der Vergangenheit vereinzelt mit großen Zahlen hantiert, in welcher Höhe sowohl dem einzelnen Betrieb bzw. der einzelnen Dienststelle als auch der gesamten Volkswirtschaft durch Mobbing verursachte Kosten entstehen. Diese Rechnungen sind für die betriebliche Überzeugungsarbeit ungeeignet. Es handelt sich es hierbei um Hochrechnungen, mithin um reine Spekulationen. Niemand kann mit absoluter Gewissheit sagen, wieviele Mobbingfälle mit Krankheitswert in Deutschland jährlich auftreten und welche Kosten dadurch in welcher Höhe entstehen. Außerdem lassen allgemeine Zahlen keine Rückschlüsse auf den einzelnen Betrieb bzw. auf die einzelne Dienststelle zu. Schauen Sie sich vielmehr den eigenen Betrieb bzw. die eigene Dienststelle an und kalkulieren Sie, welche Folgeprobleme (z.B. Fehlzeiten, Fehlentscheidungen) und welche Kosten (z.B. Kosten wegen Kündigung, Neueinstellung und Einarbeitung) durch Mobbing bereits entstanden sind bzw. verursacht werden können.

Wichtig:
Legen Sie Ihrem Arbeitgeber bzw. Dienststellenleiter eine auf den eigenen Betrieb bzw. auf die eigene Dienststelle bezogene Kostenrechnung »Mobbing« vor.

1.7 »Wissen ist Macht, Nichtwissen schafft Ohnmacht« – Die Grundvoraussetzungen einer erfolgreichen Betriebs- bzw. Personalratsarbeit

Wer sich als Betriebs- bzw. Personalrat der Mobbingproblematik annehmen möchte, muss sich zunächst informieren. Das *Bundesarbeitsgericht* hat in seinem Beschluss vom 15.1.1997 (7 ABR 14/96 – AiB 1997, 410 mit einer Anmerkung von *Wolmerath*) festgestellt, dass die sachgerechte Behandlung von Beschwerden Kenntnisse über Ursachen und Verläufe von Mobbinggeschehen und das Wissen um konkrete Abhilfemöglichkeiten verlangt. Neben der Lektüre von Büchern und Artikeln in (Fach-)Zeitschriften, dem Gespräch mit in die Mobbingthematik eingearbeiteten Gewerkschaftssekretären, Beratern, Selbsthilfegruppen etc. bietet sich für die Mitglieder der betrieblichen Interessenvertretung vor allem der Besuch von Schulungs- und Bildungsveranstaltungen zu Mobbing an. Da das diesbezügliche Seminarangebot äußerst umfangreich ist, besteht das Problem eher darin, den »richtigen« Seminaranbieter zu finden. Schauen Sie sich die Ihnen vorliegenden Seminarausschreibungen und Seminarabläufe genau an, befragen Sie den Veranstalter nach der Person des Referenten und dessen Qualifikationen, unterhalten Sie sich mit einem Betriebs- bzw. Personalratsmitglied, das bereits ein Mobbingseminar besucht hat. Seien Sie kritisch. Leider gibt es vereinzelt zwielichtige Seminaranbieter, mit der Mobbingproblematik unzureichend vertraute Referenten sowie unseriöse Selbsthilfegruppen.

Ist der passende Seminaranbieter gefunden, stellen sich regelmäßig zwei Fragen: Hat mich mein Arbeitgeber bzw. Dienststellenleiter zum Zwecke der Seminarteilnahme von der Arbeit freizustellen und wer trägt die durch die Seminarteilnahme entstehenden Kosten?

Gemäß § 37 Abs. 6 Satz 1 i. V. m. Abs. 2 BetrVG sind Betriebsratsmitglieder von ihrer beruflichen Tätigkeit ohne Minderung des Arbeitsentgelts für die Teilnahme an Schulungs- und Bildungsveranstaltungen zu befreien, soweit diese Kenntnisse vermitteln, die für die Arbeit des Betriebsrats erforderlich sind. Entsprechendes gilt – wobei bei den nachfolgenden Ausführungen lediglich eine Bezugnahme auf die Vorschriften des Bundespersonalvertretungsgesetzes erfolgt – für Personalratsmitglieder nach § 46 Abs. 6 BPersVG: Die Mitglieder des Personalrats sind unter Fortzahlung der Bezüge für die Teilnahme an Schulungs- und Bildungsveranstaltungen vom Dienst freizustellen, soweit diese Kenntnisse vermitteln, die für die Tätigkeit im Personalrat erforderlich sind. Sofern die Erforderlichkeit einer Schulungsteilnahme vorliegt, hat der Arbeitgeber bzw. Dienststellenleiter das betreffende Betriebs- bzw. Personalratsmitglied zum Zwecke der Seminarteilnahme von der Arbeit freizustellen und die durch die Seminarteilnahme entstehenden Kosten (z. B. Seminargebühr, Reisekosten, Übernachtungskosten) gemäß § 40 Abs. 1 BetrVG bzw. § 44 Abs. 1 BPersVG zu tragen (zu den Einzelheiten vgl. *DKK-Wedde,* § 37 Rn. 91 ff. und § 40 Rn. 56 ff.; *Altvater u.a.,* § 46 Rn. 84 ff. und § 44 Rn. 36 ff.).

Um den Nachweis der Erforderlichkeit einer Schulungsteilnahme zur Mobbingproblematik erbringen zu können, muss der Betriebs- bzw. Personalrat nach einer Entscheidung des *BAG* aus dem Jahre 1997 eine betriebliche Konfliktlage darlegen, aus der sich ein Schulungsbedarf für ihn ergibt und zu dessen Erledigung das auf dem Seminar vermittelte Wissen notwendig ist (*BAG,* Beschluss vom 15. 1. 1997 – 7 ABR 14/96 – AiB 1997, 410 mit einer Anmerkung von *Wolmerath*). Hierfür sei ausreichend, wenn der Betriebs- bzw. Personalrat vorträgt, dass er aufgrund der ihm bekannt gewordenen Konflikte initiativ werden wolle, um etwa durch Verhandlungen mit dem Arbeitgeber bzw. Dienststellenleiter über den Abschluss einer Betriebs- bzw. Dienstvereinbarung weiteren Mobbingfällen im Betrieb bzw. in der Dienststelle entgegenzuwirken. Ebenfalls müsste es nach dieser Entscheidung genügen, wenn der Betriebs- bzw. Personalrat im Bedarfsfall gegenüber dem Arbeitgeber bzw. Dienststellenleiter darlegt, dass sich Beschäftigte bei ihm beschwert bzw. einen Sachverhalt geschildert haben, wonach Mobbing im Betrieb bzw. in der Dienststelle existiert bzw. existieren kann (s.a. *ArbG Kiel*, Beschluss vom 27.2.1997 – H 5d BV 41/96 – AiB 1997, 410). Diesbezüglich ist zu beachten, dass der Betriebs- bzw. Personalrat nicht verpflichtet ist, die Namen der Beschwerdeführer zu nennen – was er im Übrigen auch im Interesse der Betroffenen nicht tun sollte.

Unter Bezugnahme auf den Gedanken der Prävention, dem gerade im Zusammenhang mit der Mobbingproblematik eine besonders große Bedeutung zukommt, lässt es das *ArbG Bremen* für die Erforderlichkeit einer Seminarteilnahme genügen, wenn der Betriebsrat den Beschluss fasst, sich inhaltlich mit der Problematik auseinandersetzen zu wollen. Der Betriebsrat könne nicht darauf verwiesen werden, das Eintreten entsprechender Mobbingfälle abzuwarten (*ArbG Bremen*, Beschluss vom 17.12.2003 – 9 BV 81/03 – NZA 2004, 538).

In diesem Zusammenhang ist ebenfalls zu beachten, dass der Arbeitgeber bzw. Dienststellenleiter die Teilnahme an einer Schulungsveranstaltung nicht mittels eines Verweises auf das Studium von Mobbingliteratur verhindern kann (vgl. *ArbG Frankfurt/Main*, Beschluss vom 31. 1. 1996 – 7 BV 298/95 – AiB 1996, 557).

Wichtig:
Nur der Betriebs- bzw. Personalrat, der sich umfassend über die Mobbingproblematik informiert, kann gestaltenden Einfluss auf Konfliktsituationen im Betrieb nehmen.

1.8 Wer Änderungen anstrebt, muss handeln

Nach erfolgter Rückkehr von einem Seminar zur Mobbingproblematik stellt sich für das betreffende Betriebs- bzw. Personalratsmitglied nicht selten die Notwendigkeit, die übrigen Mitglieder des Betriebs- bzw. Personalrats von der Erforderlichkeit eines Handelns zu überzeugen. Ein Bericht über die auf dem Seminar erfahrenen Erkenntnisse, die Schilderung der Erfahrungen anderer Seminarteilnehmer, das Aufzeigen von Erfolgen anderer Betriebs- und Personalräte sowie das Herumreichen der Seminarunterlagen tragen in der Regel dazu bei, die erforderliche Sensibilität zu erzielen.

Sobald die erforderliche Sensibilität der übrigen Betriebs- bzw. Personalratsmitglieder für die Mobbingproblematik geweckt ist, geht es um die Beantwortung der Frage: »Will der Betriebs- bzw. Personalrat vorbeugend vor Mobbing aktiv werden?« Um diese Frage beantworten zu können, ist es sinnvoll, mit einer Bestandsaufnahme zum Thema »Mobbing« zu beginnen. Diese Bestandsaufnahme kann unter anderem mittels Beantwortung der in der Abb. 14 aufgeführten Fragen erfolgen.

Abb. 14: Mögliche Fragen für eine Bestandsaufnahme zu Mobbing

- Gab es in der jüngsten Vergangenheit Beschwerden über Mobbinghandlungen am Arbeitsplatz?
- Gibt es Anzeichen im Betrieb bzw. in der Dienststelle, die auf Mobbing hinweisen können (z. B. Ansteigen des Krankenstandes in einzelnen Abteilungen, erhöhte Fluktuation)?
- Gibt es betriebliche Situationen, die Mobbing fördern sowie entstehen lassen können (z. B. bevorstehende Privatisierung, anstehender Personalabbau, Einführung neuer Managementmethoden)?
- Gibt es Auffälligkeiten im Verhalten einzelner Beschäftigten, die auf eine Mobbingbetroffenheit hinweisen (z.B. Gereiztheit, Anstieg der Fehlzeiten)?
- War ich Zeuge von Mobbinghandlungen?
- Ist mir in der jüngsten Vergangenheit von Mobbinghandlungen berichtet worden?
- Welche Rückschlüsse lässt die Gefährdungsbeurteilung gemäß § 5 ArbSchG im Zusammenhang mit der Mobbingproblematik zu?
- Wie ist das Betriebsklima zu beurteilen?

Abhängig vom Ausgang der Bestandsaufnahme muss der Betriebs- bzw. Personalrat entscheiden, ob er Missstände abstellen sowie möglichen Gefahren begegnen möchte und welches Ziel er mit seinen Aktivitäten verfolgt. Bei der Zielbestimmung geht es zunächst um die Festlegung eines recht groben, noch in weiter Ferne liegenden Ziels. Dies kann insbesondere die Einrichtung einer betrieblichen Anlaufstelle für Mobbingbetroffene (vgl. zu den Einzelheiten Kapitel 2.) und/oder der Abschluss einer Betriebs- bzw. Dienstvereinbarung zu Mobbing (zu den Einzelheiten vgl. Kapitel 3.) sein. Um dieses »Fernziel« erreichen zu können, bedarf es der Bestimmung einzelner »Etappenziele«. Hierbei handelt es sich um einzelne Handlungen, Maßnahmen, Vorhaben etc., die abgeschlossen werden müssen, um das sich selbst gesteckte »Fernziel« erreichen zu können (vgl. Abb. 15, S. 103).

Hinsichtlich der denkbaren Maßnahmen, Aktionen etc. ist anzumerken, dass diese von der Phantasie des Betriebs- bzw. Personalrats abhängen. Je mehr Phantasie er entwickelt, desto vielfältiger, interessanter und abwechslungsreicher kann der Weg zum Erreichen des »Fernziels« (z. B. der Abschluss einer Betriebs- bzw. Dienstvereinbarung zu Mobbing) gestaltet werden. Der Betriebs- bzw. Personalrat, der sein »Fernziel« gut vorbereitet verfolgt, verlässt den Bereich des bloßen Reagierens auf einzelne Probleme, Beschwerden etc. und erreicht die »hohe Schule« der Betriebs- bzw. Personalratsarbeit. Er kann – unter Nutzung sowohl seiner betriebspolitischen Handlungsmöglichkeiten als auch seiner betriebsverfassungs- bzw. personalvertretungsrechtlich verbrieften Rechte (vgl. die Ausführungen in Abschnitt D) gestaltenden Einfluss auf das Betriebsklima sowie auf den Schutz der Beschäftigten vor Gesundheitsgefährdungen am Arbeitsplatz nehmen.

Bei all seinen Aktionen hat der Betriebs- bzw. Personalrat darauf zu achten, dass er zum einen die sich selbst gesteckten Ziele nicht aus den Augen verliert, zum anderen seine bisherigen Erfolge, seine weiteren Ziele und die einzelnen Maßnahmen einer kritischen Bewertung unterzieht. Von der Beantwortung einzelner Fragen, wie »Was hat uns die letzte Aktion gebracht?«, »Wie hat der Arbeitgeber bzw. Dienststellenleiter auf ... reagiert?«, »Befinden wir uns (noch) auf dem richtigen Weg?«, hängt die Festlegung der weiteren Schritte ab. Notfalls müssen einzelne »Etappenziele« korrigiert, zusätzliche Maßnahmen ergriffen und neue Strategien zur Erreichung des »Fernziels« geplant werden. Insoweit lässt sich die Betriebs- bzw. Personalratsarbeit durchaus mit dem Zusammensetzen eines durchaus recht schwierigen Puzzles vergleichen.

Abb. 15: Mögliche Etappenziele für den Abschluss einer Betriebs- bzw. Dienstvereinbarung zu Mobbing

- Sensibilisierung der Beschäftigten
- Sensibilisierung von Vorgesetzten sowie der Geschäfts- bzw. Dienststellenleitung
- Umfrage bei den Beschäftigten zum Betriebsklima, zum Führungsverhalten der Vorgesetzten, zur Arbeitszufriedenheit
- Auswertung der Gefährdungsbeurteilung gemäß § 5 ArbSchG zu den psychischen Belastungen am Arbeitsplatz
- Veranstaltung einer Ausstellung zum Thema »Mobbing«
  (z.B. in der Kantine, im Pausenraum)
- Veranstaltung einer Gesprächsrunde zum Thema »Mobbing«
  (z.B. mit der Teilnahme eines Arztes, eines Therapeuten, von Mitgliedern einer Selbsthilfegruppe, eines Vertreters einer Krankenkasse und/oder der Berufsgenossenschaft)

- Veröffentlichung von Beiträgen, Informationen etc. zum Thema »Mobbing« in der Betriebszeitung, dem Infoblatt des Betriebs- bzw. Personalrats, an der Aushangstafel des Betriebs- bzw. Personalrats, auf der Homepage des Betriebs- bzw. Personalrats, im Intranet des Betriebs bzw. der Dienststelle etc.
- Referat auf einer Betriebs- bzw. Personalversammlung zum Thema »Mobbing«
- Bildung eines Arbeitskreises »Mobbing«, »Betriebsklima«, »Gesundheit« etc.
- Einrichtung einer kleinen »Bibliothek« zum Thema »Mobbing«, bestehend aus einer Anschriftenliste (Ansprechpersonen im Betrieb bzw. in der Dienststelle, in der Region erreichbare Selbsthilfegruppen sowie Ärzte, Therapeuten, Rechtsanwälte etc., Broschüren, Faltblätter und einge Bücher zum Thema)

Selbst gesteckte Ziele kann man – egal ob als Mobbingbetroffener oder als Betriebs- bzw. Personalrat(smitglied) – häufig nur dann verwirklichen, wenn man diese stets vor Augen hat. Hierzu ist es hilfreich, in regelmäßigen Abständen sowohl eine Bestandsaufnahme (s. a. Abb. 16), als auch eine Erfolgskontrolle (s. a. Abb. 17) durchzuführen. Gemäß der von uns gemachten Erfahrungen bedarf es hierfür regelmäßig nur wenig Zeit.

Abb. 16: Bestandsaufnahme zu Mobbing im Betrieb bzw. in der Dienststelle

Problembeschreibung	Ursachen des Problems	bisheriger Umgang mit dem Problem	Konsequenzen für den weiteren Umgang (meine nächsten Schritte)
			1.
			2.
			3.

Abb. 17: Erfolgskontrolle zu Mobbing im Betrieb bzw. in der Dienststelle

Ziel: Kontrolle am: (z. B. nach vier Wochen)

Meine geplanten Schritte	erledigt	angegangen und noch nicht erledigt (warum?)	nicht angegangen (warum?)	Konsequenzen für das weitere Vorgehen
1.				
2.				
3.				

1.9 Und plötzlich ist alles Mobbing

Wird Mobbing innerhalb eines Betriebes oder einer Dienststelle thematisiert, so ist nicht auszuschließen, dass dies in kürzester Zeit in einigen Bereichen bzw. Abteilungen intensiv diskutiert wird. Viele Gemeinheiten, Kränkungen und Konflikte werden angesprochen, die vorher eher passiv hingenommen wurden. Dabei kann es geschehen, dass der Begriff »Mobbing« überstrapaziert wird und als Sinnbild für jede Form von Auseinandersetzung herhalten muss – plötzlich ist alles Mobbing.

Betriebs- bzw. Personalräte fürchten sich teilweise vor einer solchen Entwicklung, weil sie erwarten, mit Bagatellen und geringfügigen Problemen überschwemmt zu werden. Die Arbeitgeberseite fürchtet ihrerseits, dass ihr möglicherweise jede Form der Disziplin aus der Hand genommen wird, weil jegliches Vorgesetztenverhalten (z.B. Kritik, Ermahnung oder Anweisungen) als Mobbing denunziert werden könnte.

Wir halten diese Befürchtungen für nicht gerechtfertigt und schätzen diese Entwicklung, überall Mobbing zu vermuten und zu sehen, als ein vorübergehendes sowie unproblematisches Phänomen ein. Es ist sogar sinnvoll und erforderlich, dass innerhalb der Belegschaft über Mobbing (kontrovers) diskutiert wird, wenn ein weitreichender Konsens darüber geschaffen werden soll. Die Sensibilität für Konflikte und Unstimmigkeiten soll schließlich durch präventive Maßnahmen gestärkt werden. Die Erfahrungen zahlreicher Betriebs- und Personalräte haben gezeigt, dass weniger schwere Fälle von Mobbing öffentlich wurden, als dies zunächst befürchtet wurde. Die in der überwiegenden Zahl der Fälle bekannt gewordenen Konfliktsituationen sind jedoch genau die, um die es bei der Verhütung von Mobbing gehen soll.

2. Einrichtung einer betrieblichen Anlaufstelle für Mobbingbetroffene

Um Mobbing am Arbeitsplatz auf Dauer wirksam in den Griff bekommen zu können, kann es ratsam und notwendig sein, eine betriebliche Anlaufstelle für Mobbingbetroffene einzurichten.

> **Hinweis:**
> **Alternativen für die Einrichtung einer betrieblichen Anlaufstelle**
> 1. Jemand, der nicht Mitglied des Betriebs- bzw. Personalrats ist, wird mit dieser Aufgabe betraut (**der betriebs- bzw. personalratsexterne Mobbingbeauftragte**).
> 2. Einem Mitglied des Betriebs- bzw. Personalrats wird diese Tätigkeit übertragen (**der betriebs- bzw. personalratsinterne Mobbingbeauftragte**).

Für welche Alternative man sich entscheidet, ist eine Abwägungssache. In beiden Fällen wird jemand als Ansprechpartner für Mobbingbetroffene benannt. Beide Alternativen beinhalten sowohl Vorteile als auch Nachteile.

Wird einer dem Betriebs- bzw. Personalrat nicht angehörenden Person (z. B. Arzt) die Aufgabe des Mobbingbeauftragten übertragen (z. B. im Wege eines Dienstvertrages, im Wege einer befristeten oder unbefristeten Einstellung), so kann sich diese Person – von den allgemeinen Betriebs- bzw. Personalratsaufgaben unbelastet – auf ihre Aufgaben konzentrieren. Allerdings handelt es sich bei dieser Person eben nicht um ein Mitglied des Betriebs- bzw. Personalrats. Eine Teilnahme an Schulungs- und Bildungsveranstaltungen gemäß § 37 Abs. 6, Abs. 7 BetrVG bzw. § 46 Abs. 6, Abs. 7 BPersVG ist ebenso ausgeschlossen wie der besondere Schutz von Betriebs- bzw. Personalratsmitgliedern vor Benachteiligungen und Kündigungen (vgl. §§ 37 Abs. 2, Abs. 3, Abs. 4, 78, 103 BetrVG; §§ 46 Abs. 2, Abs. 3, Abs. 4, 47 BPersVG; § 15 KSchG).

Mobbingbeauftragte, die Mitglied der betrieblichen Interessenvertretung sind, besitzen hingegen den besonderen Schutz, den jedes Betriebs- bzw. Personalratsmitglied genießt (z. B. Befreiung von der beruflichen Tätigkeit für erforderliche Amtshandlungen ohne Minderung des Arbeitsentgelts, Schutz vor willkürlichen Kündigungen, vgl. §§ 37 Abs. 2, Abs. 3, Abs. 4, 78, 103 BetrVG; §§ 46 Abs. 2, Abs. 3, Abs. 4, 47 BPersVG; § 15 KSchG). Als Mitglied des Betriebsrats können sie im Rahmen des § 37 Abs. 6, Abs. 7 i. V. m. § 40 BetrVG auf Kosten des Arbeitgebers unter Fortzahlung ihres Entgeltes an speziellen Schulungs- und Bildungsmaßnahmen zu Mobbing teilnehmen. Entsprechendes gilt für Personalratsmitglieder gemäß § 46 Abs. 6, Abs. 7 i. V. m. § 44 Abs. 1 BPersVG. Dies ist spätestens seit dem Beschluss des *BAG* vom 15. 1. 1997 – 7 ABR 14/96 – AiB 1997, 410 (mit einer Anmerkung von *Wolmerath*) anerkannt (s. a. S. 100). Der Betriebsrat kann sachkundige Arbeitnehmer (vgl. § 80 Abs. 2 BetrVG) sowie Sachverständige (vgl. § 80 Abs. 3 BetrVG) hinzuziehen. Für erforderliche Sachmittel (z. B. Fachliteratur zu Mobbing, Mobbingtelefon) hat der Arbeitgeber bzw. Dienststellenleiter die Kosten zu tragen (vgl. § 40 BetrVG; § 44 BPersVG).

Da der Betriebs- bzw. Personalrat über die erforderliche Nähe zur Belegschaft verfügt und über betriebliche Gegebenheiten wie kein anderer informiert ist, verfügt er über Grundlagen und Hintergrundwissen, die sich ein Dritter nur schwerlich verschaffen kann. Dafür ist der Mobbingbeauftragte, der Mitglied des Betriebs- bzw. Personalrats ist, neben der Mobbingproblematik mit allen übrigen betrieblichen Problemen belastet, mit denen sich jede Interessenvertretung auseinanderzusetzen hat.

Aus den dargelegten Gründen – weitere ließen sich anfügen – scheint uns der Mittelweg der praktikabelste zu sein. Ziel des Betriebs- bzw. Personalrats sollte es sein, einen speziellen Mobbingbeauftragten mit der Wahrnehmung der Tätigkeiten zu beauftragen, der allerdings (quasi als Beschäftigter der Interessenvertretung) ausschließlich dem Betriebsbzw. Personalrat untersteht und über die gleichen Rechte verfügen sollte, wie sie Betriebs- bzw. Personalratsmitglieder haben (z. B. Anspruch auf Schulung und Bildung, Einschaltung von Sachverständigen, Einholung von Auskünften externer Stellen). Voraussetzung ist hierfür – soweit es die Privatwirtschaft betrifft – der Abschluss einer Betriebsvereinbarung, in der sich der Arbeitgeber verpflichtet, dem Betriebsrat die benötigten »Freiräume« zu schaffen (s. hierzu die Anlagen Nr. 3 und Nr. 4). Entsprechendes gilt für den Abschluss einer Dienstvereinbarung, wobei allerdings den oftmals engeren personalvertretungsrechtlichen Möglichkeiten Rechnung getragen werden muss.

> **Wichtig:**
> Der Betriebs- bzw. Personalrat muss sorgfältig abwägen, wo die betriebliche Anlaufstelle für Mobbingbetroffene (der »Mobbingbeauftragte«) in rechtlicher Hinsicht angesiedelt sein soll.

Da wir die betriebliche Realität kennen, wissen wir, dass der Mobbingbeauftragte der zuvor beschriebenen Art nicht in jedem Betrieb und nicht in jeder Dienststelle durchgesetzt werden kann. Die Größe des Betriebes, seine wirtschaftliche Situation und die sich daraus ergebenden finanziellen Möglichkeiten sowie die Einsichtsfähigkeit des Arbeitgebers sind Aspekte, die nicht übersehen werden dürfen. Vergleichbares gilt für die einzelne Dienststelle. Trotzdem sollte zunächst versucht werden, das Maximum durchzusetzen. Abstriche können immer noch vorgenommen und Kompromisse eingegangen werden. Wer – weil nicht realisierbar – auf einen Mobbingbeauftragten der zuletzt beschriebenen Art verzichtet, bekommt vielleicht eine (zusätzliche) Freistellung für ein Betriebs- bzw. Personalratsmitglied zugestanden, das die Aufgabe des Mobbingbeauftragten übernimmt.

Um Rechtsstreitigkeiten vorzubeugen, sollten in der abzuschließenden Betriebs- bzw. Dienstvereinbarung auf jeden Fall die Stellung und die Rechte des Mobbingbeauftragten verankert sein. Gemäß dem Motto »neue Besen kehren gut« könnte es ansonsten geschehen, dass z. B. ein Wechsel in der Geschäftsführung bzw. der Dienststellenleitung dazu führt, dass die Arbeit des Mobbingbeauftragten erschwert oder untergraben wird.

> **Wichtig:**
> Stellung und Rechte des Mobbingbeauftragten sollten in einer Betriebs- bzw. Dienstvereinbarung festgeschrieben werden, um Rechtsstreitigkeiten vorzubeugen.

Der Begriff »Mobbingbeauftragter« kann insbesondere bei Mobbingbetroffenen Ängste schüren sowie Hemmschwellen und Vorurteile aufbauen. Wer sich an den Mobbingbeauftragten wendet, könnte hierdurch vielleicht Dritten zu verstehen geben, dass er mit Mobbing konfrontiert wird oder Mobbingangriffen ausgesetzt ist.

Um dieser Gefahr vorzubeugen, schlagen wir vor, einen Terminus zu wählen, der nicht missverstanden werden kann und in dem die Wortwahl positiv besetzt ist. Dies dürfte unter anderem für die Begriffe »Betriebsklimabeauftragter«, »Fairnessbeauftragter« und »Betriebliche Anlaufstelle für die Verbesserung des Betriebsklimas« gelten. Ganz bestimmt werden Sie den für Ihren Betrieb bzw. für Ihre Dienststelle

»richtigen« Begriff finden. Animieren Sie Ihre Arbeitskollegen, Ihnen geeignete Vorschläge zu unterbreiten. Schließlich macht sich die Einbeziehung der Beschäftigten immer bezahlt.

3. Abschluss einer Betriebs- bzw. Dienstvereinbarung zu Mobbing

Sowohl unter der Betriebs- als auch unter der Dienstvereinbarung wird ein privatrechtlicher Normenvertrag verstanden (vgl. DKK-*Berg*, § 77 Rn. 8; *Altvater* u. a., § 73 Rn. 1), der von Betriebsrat und Arbeitgeber bzw. Personalrat und Dienststellenleiter gemeinsam geschlossen und schriftlich niedergelegt wird. Betriebs- und Dienstvereinbarungen gelten unmittelbar und zwingend (vgl. § 77 Abs. 4 Satz 1 BetrVG; *Altvater* u. a., § 73 Rn. 10 a). Räumlich gilt die Betriebsvereinbarung nur für den oder die Betriebe, für die sie abgeschlossen wurde. Sie erfasst – mit Ausnahme der in § 5 Abs. 2 und Abs. 3 BetrVG genannten Personenkreise und soweit sie nicht im persönlichen Geltungsbereich beschränkt ist – alle Arbeitnehmer des Betriebes (zu den Einzelheiten vgl. DKK-*Berg*, § 77 Rn. 1 ff.). Der Geltungsbereich einer Dienstvereinbarung ergibt sich aus ihrem Inhalt, wobei allerdings zu bedenken ist, dass sie nicht über den Geschäftsbereich der Dienststelle hinausgehen kann, deren Leiter die Dienstvereinbarung geschlossen hat (*Altvater* u. a., § 73 Rn. 15).

Ansatzpunkt für den Abschluss einer Betriebsvereinbarung »Mobbing« ist zunächst § 87 Abs. 1 Nr. 1 BetrVG. Danach hat der Betriebsrat – soweit eine gesetzliche oder tarifliche Regelung nicht besteht – bei Fragen der Ordnung des Betriebes und des Verhaltens der Arbeitnehmer im Betrieb mitzubestimmen. Mit der betrieblichen Ordnung ist in diesem Sinne die Sicherung eines ungestörten Arbeitsablaufes und des reibungslosen Zusammenlebens/Zusammenwirkens der Arbeitnehmer im Betrieb gemeint (DKK-*Klebe*, § 87 Rn. 42). Das Arbeitnehmerverhalten im Sinne dieser Vorschrift bezieht sich auf das Verhalten des einzelnen Arbeitnehmers selbst sowie das Verhalten des Arbeitnehmers gegenüber seinen Arbeitskollegen und seinem Arbeitgeber (*Schaub*, § 235 Rn. 31). Entsprechendes gilt für die Personalvertretung. Gemäß § 75 Abs. 3 Nr. 15 BPersVG hat der Personalrat – soweit eine gesetzliche oder tarifliche Regelung nicht besteht – gegebenenfalls durch Abschluss einer Dienstvereinbarung mitzubestimmen über die

Regelung der Ordnung in der Dienststelle und des Verhaltens der Beschäftigten.

Dass Mobbing die betriebliche Ordnung und das Verhalten der Arbeitnehmer im Betrieb bzw. der Beschäftigten in der Dienststelle betrifft, ist nicht zu bestreiten (s.a. *Arbeitsgericht Köln* vom 21.11.2000, AiB 2002, 374). Gesetzliche Regelungen zu Mobbing gibt es nicht, tarifvertragliche Regelungen zu Mobbing existieren ebenfalls keine.

Ansatzpunkt für den Abschluss einer Betriebs- bzw. Dienstvereinbarung »Mobbing« ist ferner das Arbeitsschutzgesetz nebst seinen Verordnungen. Bei ihnen handelt es sich um Rahmenvorschriften im Sinne des § 87 Abs. 1 Nr. 7 BetrVG, so dass dem Betriebsrat bei Maßnahmen des Arbeitsschutzes ein recht umfangreiches Mitbestimmungsrecht zusteht. Zugleich besteht allerdings auch die Verpflichtung des Betriebsrats gemäß § 80 Abs. 1 Nr. 1 BetrVG, über die Einhaltung von Vorschriften des Arbeitsschutzes zu wachen (vgl. *Kittner/Pieper,* 1. Aufl. 1997, GdA Rn. 102f.). Wichtig ist in diesem Zusammenhang und insbesondere für eine Aufarbeitung von Mobbing zu wissen, dass der Arbeitsschutz gemäß seinem heutigen Verständnis auch den Schutz der Beschäftigten vor psychischen Belastungen umfasst (vgl. *Kittner/Pieper,* Einleitung Rn. 9).

Entsprechendes gilt für den Personalrat gemäß § 75 Abs. 3 Nr. 11 BPersVG, wobei zu vermerken ist, dass diese personalvertretungsrechtliche Vorschrift weitreichender ist als die betriebsverfassungsrechtliche Norm des § 87 Abs. 1 Nr. 7 BetrVG. Das Mitbestimmungsrecht der Personalvertretung umfasst – soweit eine gesetzliche oder tarifliche Regelung nicht besteht – alle Maßnahmen zur Verhütung von Dienst- und Arbeitsunfällen und sonstigen Gesundheitsschädigungen (zu alledem vgl. *Wolmerath,* S. 315ff.).

Da dem Betriebsrat in allen sich aus § 87 Abs. 1 BetrVG ergebenden mitbestimmungspflichtigen Angelegenheiten ein uneingeschränktes Initiativrecht eingeräumt ist (vgl. DKK-*Klebe,* § 87 Rn. 19), kann er von sich aus die Initiative ergreifen und vom Arbeitgeber den Abschluss einer Betriebsvereinbarung »Mobbing« sowohl gemäß § 87 Abs. 1 Nr. 1 BetrVG als auch gemäß § 87 Abs. 1 Nr. 7 BetrVG verlangen. Sollte der Arbeitgeber hierzu nicht bereit sein, kann der Betriebsrat das Zustandekommen der Betriebsvereinbarung im Wege des Einigungsstellenverfahrens erzwingen (vgl. § 87 Abs. 2 BetrVG). Geregelt ist das Einigungsstellenverfahren in § 76 BetrVG. Zu beachten ist, dass der Arbeitgeber sämtliche Kosten der Einigungsstelle gemäß

§ 76a Abs. 1 BetrVG zu tragen hat (zu den Einzelheiten vgl. DKK-*Berg*, § 76 Rn. 1ff. u. § 76a Rn. 1ff.; s.a. *Kraushaar*, 113ff. u. 282ff.).

Vergleichbares gilt für den Bereich der Personalvertretung gemäß §§ 69ff. BPersVG (vgl. *Altvater* u.a., § 70 Rn. 1ff.).

Wichtig:
Der Betriebs- bzw. Personalrat hat ein Initiativrecht zum Abschluss einer Betriebs- bzw. Dienstvereinbarung zu Mobbing. Ihren Abschluss kann der Betriebs- bzw. Personalrat notfalls mit Hilfe der Einigungsstelle »erzwingen«.

Obwohl sich der Abschluss einer Betriebs- bzw. Dienstvereinbarung zu Mobbing im Einzelfall als kompliziert erweisen kann – das gilt unter anderem dann, wenn sich der Arbeitgeber bzw. Dienststellenleiter mit Händen und Füßen wehrt, eine solche Vereinbarung abzuschließen und der Interessenvertretung alle möglichen Steine in den Weg legt –, liegen die Probleme letztendlich in der Beantwortung der Frage, was Inhalt einer Betriebs- bzw. Dienstvereinbarung zu Mobbing sein sollte. Eine Betriebs- bzw. Dienstvereinbarung ist umso besser, je eher sie den konkreten betrieblichen Bedürfnissen gerecht wird. Pauschalierungen oder unumstößliche Verallgemeinerungen sind daher fehl am Platz. Wer es sich leicht macht und die Betriebsvereinbarung eines anderen Betriebes oder die Dienstvereinbarung einer anderen Dienststelle abschreibt, wird nicht das Optimale erreichen. Eher dürfte von einer »Verschlimmbesserung« auszugehen sein.

Es gibt einige Aspekte, die Bestandteil einer jeden Betriebs- bzw. Dienstvereinbarung sein sollten. Andere Punkte sind dagegen individuell auszugestalten, lassen Verallgemeinerungen wegen der konkreten betrieblichen Situation nicht zu. Ferner ist zu bedenken, dass die Ausgangslagen für die Verhandlungen sowie für den Abschluss einer Vereinbarung zu Mobbing sehr unterschiedlich sind. So kann es sein, dass der Betriebsrat des Betriebes A wegen der ablehnenden Haltung des Arbeitgebers nur minimale, der Betriebsrat des Betriebes B wegen der Aufgeschlossenheit und des Problembewusstseins seines Vertragspartners hingegen maximale Forderungen durchsetzen kann. Gleiches gilt für den Bereich der Personalvertretung. Demgemäß sind die folgenden Eckpunkte einer Betriebs- bzw. Dienstvereinbarung zur Mobbingproblematik lediglich als Anhaltspunkte sowie Orientierungshilfen zu begreifen. Eine erläuterte Mustervereinbarung ist in der Anlage Nr. 4 enthalten.

Eckpunkte für eine Betriebs- bzw. Dienstvereinbarung zur Mobbingproblematik:

Überschrift:
- z. B. »Betriebsvereinbarung zu sozialem Umgang im Betrieb« oder »Dienstvereinbarung für ein partnerschaftliches Verhalten am Arbeitsplatz«

Präambel:
- Grund für den Abschluss der Betriebs- bzw. Dienstvereinbarung
- Absichten und Ziele

Geltungsbereich:
- Räumlich: für welche(n) Betrieb(e), Abteilung(en) ...
- Persönlich: für welchen Personenkreis
- Zeitlich: sofern die Geltungsdauer der Betriebsvereinbarung (z. B. aus Gründen ihrer Erprobung) befristet sein soll

Begriffserklärung und Reichweite:
- Definition von Mobbing
- Aufzählung von Mobbinghandlungen: Nicht abschließender Katalog, der bei Bedarf ergänzt werden kann
- Abgrenzung von Verhaltensweisen, die nicht Mobbing sind
- Einbeziehung von Verhaltensweisen, die nicht Mobbing sind, allerdings wie Mobbing betrachtet werden (z. B. Diskriminierung)

Verhaltenskodex:
- Aufzählung von einzelnen Verhaltensanforderungen
- Verbot unerwünschter Verhaltensweisen
- Umgang mit Problemen sowie Konfliktsituationen im Betrieb bzw. in der Dienststelle

Betriebsklima:
- Festschreibung von Maßnahmen zur Verbesserung des Betriebsklimas
- Zeitpunkt, Ort und Art der Maßnahmen
- Freistellung für die Teilnahme an den Maßnahmen
- Kostentragung

Konfliktlösungsverfahren:
- Regelung das Verfahrens zur Bewältigung von Konfliktsituationen
- Maßnahmenkatalog/Stufenplan
- Einschaltung externer Personen (z. B. Selbsthilfegruppe, Arzt, Psychologe)

Hilfe für Mobbingbetroffene:
- Angebot von (therapeutischen) Maßnahmen und Hilfen (z. B. Gespräche, Vertrauen schaffen, Ängste abbauen)
- Zeitpunkt, Ort und Art der angebotenen Maßnahmen
- Freistellung für die Teilnahme an den Maßnahmen
- Kostentragung

Sanktionen (falls gewünscht):
- Aufzeigen der Sanktionsmittel (z. B. Ermahnung, Abmahnung, Geldbuße, Versetzung, Kündigung)
- Welche Sanktionsmittel kommen wann in Betracht
- Regelung des Verfahrens der Sanktionierung (z. B. Beteiligung des Betriebs- bzw. Personalrats, Anhörung des Betroffenen, Aufklärung des Sachverhalts, Anrufung der Schlichtungsstelle bei Meinungsverschiedenheiten)

Mobbingbeauftragter bzw. Betriebliche Anlaufstelle für Mobbingbetroffene:
- Funktion und Aufgabe
- Stellung (z. B. Mitglied des Betriebs- bzw. Personalrats, externe Person)
- Ausstattung (z. B. Büro, Bücher, PC, Schreibkraft)
- Hinzuziehung von Experten (z. B. Rechtsanwälte, Ärzte, Sachverständige)
- Schulung und Bildung
- Kostentragung

Sensibilisierung und Qualifizierung:
- Maßnahmen zur Sensibilisierung und Qualifizierung von Vorgesetzten und Beschäftigten (z. B. Vorträge, Seminare)
- Zeitpunkt, Ort und Art der Durchführung der Maßnahmen
- Freistellung für die Teilnahme an den Maßnahmen
- Kostentragung

Schlichtungsstelle:
- Zuständigkeit: Bei Meinungsverschiedenheiten zwischen Betriebs- bzw. Personalrat und Arbeitgeber bzw. Dienststellenleiter, die sich aus der Anwendung der Betriebs- bzw. Dienstvereinbarung ergeben
- Besetzung
- Verfahren
- Hinzuziehung von Sachverständigen
- Kostentragung

Schlussbestimmungen:
- Information (z. B. Verteilung der Betriebs- bzw. Dienstvereinbarung an den Adressatenkreis, Aushang am Schwarzen Brett, Erläuterung der Betriebs- bzw. Dienstvereinbarung auf einer Betriebs- bzw. Personalversammlung)
- Salvatorische Klausel
- Pflicht zur Fortschreibung der Betriebs- bzw. Dienstvereinbarung im Bedarfsfall
- Inkrafttreten (einer unbefristeten Betriebsvereinbarung; s. a. den Eckpunkt »zeitlicher Geltungsbereich«), Kündigung und Nachwirkung der Betriebs- bzw. Dienstvereinbarung

In der Vergangenheit ist es vereinzelt vorgekommen, dass Betriebs- sowie Dienstvereinbarungen mit Formulierungen wie »Mobbinghandlungen erfüllen strafrechtliche Tatbestände« versehen waren. Da weder die betriebliche Interessenvertretung noch die Arbeitgeberseite derartige Feststellungen rechtsverbindlich treffen können und es auch nicht deren Aufgabe ist, solche Wertungen abzugeben, sollte auf derartige Formulierungen verzichtet werden. Sinnvoller und passender ist eher der Hinweis: »Mobbinghandlungen *können* strafrechtliche Tatbestände erfüllen.«

Wichtig ist zu bedenken, dass die Arbeit des Betriebs- bzw. Personalrats mit dem Abschluss der Betriebs- bzw. Dienstvereinbarung nicht beendet sein darf. Die Realität zeigt immer wieder, dass Betriebs- und Personalräte verbissen um den Abschluss einer Betriebs- bzw. Dienstvereinbarung kämpfen, diese dann im Betrieb bzw. in der Dienststelle nicht weiter beachten, ihre Umsetzung nicht verfolgen. So meinen manche Betriebs- und Personalräte, dass es z. B. Alkoholprobleme von Beschäftigten nicht mehr gibt, sobald sie eine Betriebs- bzw. Dienstvereinbarung »Sucht« abgeschlossen haben. Vergleichbares gilt für die Arbeitgeberseite. Wenn sie der Betriebs- bzw. Personalrat nicht drängt, »vergessen« sie leicht, ihrer sich aus § 77 Abs. 1 Satz 1 BetrVG bzw. § 74 Abs. 1 BPersVG ergebenden Pflicht nachzukommen und die Betriebs- bzw. Dienstvereinbarung durchzuführen.

Wichtig:
Mit dem Abschluss der Betriebs- bzw. Dienstvereinbarung ist das Problem Mobbing nicht gelöst. Der Betriebs- bzw. Personalrat muss die Umsetzung der Betriebs- bzw. Dienstvereinbarung verfolgen und diese bei Bedarf fortschreiben bzw. korrigieren.

C. Das Vorgehen im konkreten Mobbingfall

In den folgenden vier Kapiteln geht es um theoretisches und praktisches Wissen für ein möglichst erfolgreiches Vorgehen, wenn ein Mobbingkonflikt bereits ausgebrochen ist. Wir haben hierbei wiederum die Perspektive eines Personal- bzw. Betriebsratsmitglieds gewählt, das einem Betroffenen Hilfe, Auskunft oder Unterstützung geben möchte bzw. darum ersucht wird. Die Probleme, um die es hier geht, lauten etwa: »Was ist für den Mobbingberater am sinnvollsten zu tun?«, »In welcher Reihenfolge sollte er vorgehen?«, »Was sollte lieber vermieden werden?«

Wenn dieser Teil auch so etwas wie ein »Ratgeber für Ratgeber« ist, so können natürlich auch Mobbingbetroffene selber daraus Anregungen ziehen, wie sie möglicherweise aus eigener Kraft in ihrem eigenen Mobbingproblem Verbesserungen erzielen können.

Aus der Reihenfolge der folgenden Abschnitte ist bereits ersichtlich, dass wir ein ganz bestimmtes Vorgehen für die Bewältigung eines Mobbingkonflikts für sinnvoll halten. Der Anfang besteht aus intensiven, vertrauensvollen Gesprächen, in denen die gesamte Problematik angesprochen wird und in denen auch die mitmenschliche Seite nicht zu kurz kommen darf. Dem gut gemeinten, aber häufig vorschnellen Eingreifen stellen wir dann eine systematische und gründliche Analyse des Mobbing »in den Weg«. Unsere Devise lautet: Erst kommt das Begreifen des Konflikts – dann das Eingreifen. Genau genommen muss nach unserer Einschätzung vor dem Eingreifen noch die strategische Planung des Eingreifens kommen. Kreatives Entwerfen von Methoden, Abwägen der Risiken sowie Entwickeln eines Notfallplans sind Teile davon. Erst danach sollten die Gespräche mit dem Mobber, den Vorgesetzten oder sonstigen Beteiligten erfolgen.

In den Betrieben und Dienststellen, in denen es bereits eine Betriebs- bzw. Dienstvereinbarung zur Mobbingproblematik gibt, existieren häufig festgelegte Verfahren, welche Gespräche wann geführt werden und wer jeweils die zu beteiligenden Gesprächspartner sein sollen. Auf die sich hierbei ergebenden besonderen Bedingungen können wir an dieser Stelle aus Platzmangel nicht eingehen. Wir wollen unsere Überlegungen zur Lösung von Mobbingkonflikten auch nicht als »Allheilmittel« anpreisen. Viele Mobbingfälle sind bereits so verfahren, die Beteiligten haben so viele »Leichen im Keller«, es liegen verdeckte Interessen vor etc., dass der Wunsch nach einfachen Lösungen zwar verständlich, jedoch unrealistisch ist. Lesen Sie sich ein und schauen Sie, was sich für Sie als nützlich erweist.

1. Die Mobbing-Beratung

Dieses Kapitel enthält Überlegungen und Hinweise für Betriebs- bzw. Personalratsmitglieder, die im Rahmen der üblichen Sprechstunde oder beispielsweise ausdrücklich als Mobbingbeauftragte mit Betroffenen Gespräche führen wollen. Nur wenige Betriebs- sowie Personalratsmitglieder verfügen über systematische Kenntnisse der Gesprächsführung, weshalb uns dieses Kapitel notwendig und sinnvoll erscheint. Damit Sie sich besser in die Beratungssituation hineinversetzen können, werden Sie häufig direkt in der Rolle des Beraters angesprochen.

Mit dem Begriff »Mobbingsprechstunde« ist die Folge von Beratungssitzungen gemeint, in der sich der Mobbingberater und der Mobbingbetroffene austauschen und – falls gewünscht – gemeinsam Pläne und Strategien zur Überwindung des Mobbing entwerfen. Mögliche Abläufe von Mobbingberatungen sind in der Abb. 18 (S. 121) dargestellt.

Eine Mobbingberatung wird in den meisten Fällen damit beginnen, dass Sie von einem Arbeitskollegen angerufen und/oder aufgesucht werden und dieser direkt oder über Umwege auf das Thema Mobbing zu sprechen kommt. Dies ist das *Erstgespräch*. Es ist dabei nicht ausgeschlossen, dass sich ein Ratsuchender so vorsichtig an das Thema herantastet, dass auch der zweite Gesprächstermin nochmals wie ein Erstgespräch abläuft. Je nachdem, was im Verlauf dieses Gesprächs herauskommt, wird man den weiteren Verlauf und das Ziel der Beratung gemeinsam festlegen können.

Welchen Weg die Mobbingberatung mit einer bestimmten ratsuchenden Person nehmen wird, lässt sich nicht vorhersagen. Das muss gemeinsam im Verlauf der Gespräche ausgehandelt werden. Möglicherweise möchte der Ratsuchende nur einige Grundinformationen zu Mobbing und kommt dann nicht wieder. Es kann sein, dass nur eine regelmäßige »moralische« Unterstützung vereinbart wird. Dies können beispielsweise Treffen sein, bei denen der Mobbingbetroffene sich aussprechen kann, aber keine weiteren Maßnahmen erfolgen sollen (das wäre z. B. denkbar, wenn sich der Betroffene kurz vor der Pensionierung befindet und nur noch »irgendwie durchkommen« möchte). Es kann auch sein, dass nur Interesse nach Adressen für externe Institutionen und Personen besteht. Externe Unterstützung kann allerdings auch ergänzend einbezogen werden, um die betriebliche Beratung und Konfliktbearbeitung zu verstärken.

Es sollte unbedingt respektiert werden, wenn ein Mobbingbetroffener keine weitergehende Konfliktbearbeitung in Zusammenarbeit mit der Interessenvertretung möchte. Stets muss sich der Betriebs- bzw. Personalrat bzw. der Berater in einer solchen Situation fragen, wie viel Kapazität er für bloßen Trost aufzubringen vermag und inwiefern eine externe Betreuung sinnvoller wäre. Die Interessenvertretung ist natürlich an dauerhaften Verbesserungen der sozialen Arbeitsbedingungen in dem Betrieb bzw. in der Dienststelle interessiert. Dieses Interesse darf jedoch nicht über den Kopf des Mobbingbetroffenen hinweg umgesetzt werden. Sie würden den Mobbingbetroffenen missbrauchen, wenn Sie ihn aus allgemeinen betriebspolitischen Interessen heraus in Konflikte treiben, die er nicht will und die er vielleicht nicht aushält. Nur wenn sich der Ratgeber und der Ratsuchende einig werden, macht es Sinn, die Beratung zu intensivieren und in eine zielgerichtete Bearbeitung des Konflikts überzuleiten.

1.1 Parteilichkeit, Neutralität und Objektivität

Sie mögen befürchten, dass Sie im Zusammenhang mit der Beratung von Mobbingbetroffenen eventuell einmal vor den »falschen Wagen gespannt« werden und sich dadurch im Betrieb bzw. in der Dienststelle lächerlich oder unglaubwürdig machen könnten. Als Sicherheit könnte Ihnen vorschweben, dass Sie stets distanziert und objektiv mit den Ratsuchenden umgehen, damit Ihnen dies nicht passiert. Eine distanzierte Haltung gegenüber Mobbingbetroffenen wird Sie jedoch in keiner Weise davor schützen, dass Ihnen von bösen Zungen Parteilichkeit und mangelnde Objektivität vorgeworfen werden. In der Beratung bleibt Ihnen gar nichts anderes übrig, als sich auf den Menschen einzulassen, der zu Ihnen kommt. Sonst wird die Mobbingberatung zur Mogelpackung. Wer Unterstützung anbietet, sollte sein Versprechen auch halten und nicht nachträglich wieder versuchen, eine neutrale Position einzunehmen.

Abb. 18: Ablauf einer Mobbing-Beratung

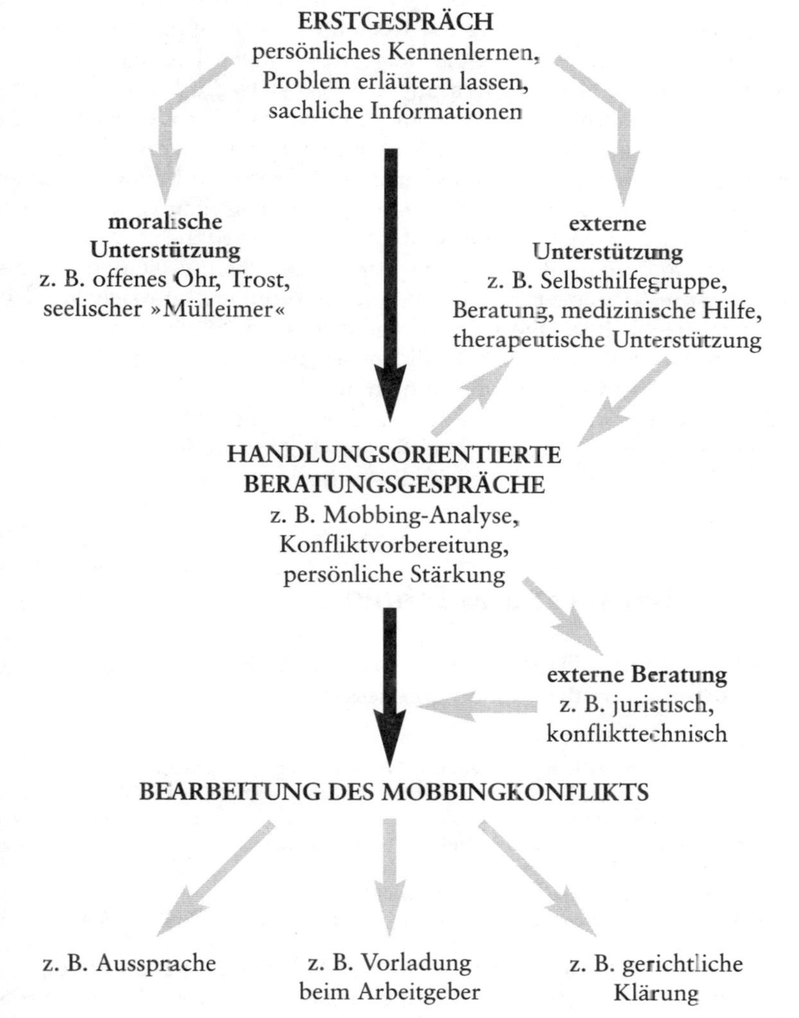

Wir geben zu bedenken, dass jemand, der sich als Mobbingbetroffener empfindet, einen hohen Leidensdruck hat. Es wird ihm übel mitgespielt, er leidet, ist krank, ihm drohen betriebliche Sanktionen. Egal, wie viel Schuld am Entstehen des Mobbingkonflikts und wie viele versäumte Gelegenheiten zur Befriedung auf Kosten des Mobbingbetroffenen gehen, so ist dennoch uneingeschränkte menschliche Unterstützung erforderlich. In die Mobbingberatung werden stets die Menschen kommen, denen die Probleme über den Kopf wachsen, die es nicht mehr aushalten, die keine oder geringe Ressourcen haben oder die besonders sensibel sind. Sich dieser Menschen anzunehmen und sich mit ihnen verbunden zu fühlen, schließt keineswegs aus, dass man versucht, auch der Gegenseite im Mobbingkonflikt gerecht zu werden.

Dass jemand seine Betroffenheit nur vortäuscht und seinerseits die Mobbingsprechstunde missbraucht und manipuliert, um sich Vorteile in innerbetrieblichen Querelen zu verschaffen, ist nicht völlig auszuschließen. Es ist aber ein umständlicher sowie riskanter Weg. Wir glauben nicht, dass ein solcher Missbrauch der Beratung allzu lange unentdeckt bleibt. Auch ist kein Schaden für das Ansehen zu erwarten, wenn der Mobbingberater im Normalfall dem Ratsuchenden vertraut und dabei schon einmal – für kurze Zeit – getäuscht wird.

1.2 Loyalität und Schuld

Es gibt einige Konstellationen, bei denen ein Berater auf eine Beteiligung an der Bereinigung des Mobbingprozesses verzichten sollte.

Hinweis:
Beispielhafte Situationen, in denen auf eine Beteiligung verzichtet werden sollte

- Man ist mit dem Mobber befreundet oder näher bekannt. Schließlich ist es sehr problematisch, später vor die Alternative gestellt zu werden, entweder um der Gerechtigkeit willen die Freundschaft zu riskieren oder umgekehrt wegen der Freundschaft die Gerechtigkeit zu beugen
- Es besteht eine starke Abhängigkeit vom Mobber
- Man ist der Auffassung, dem Mobbingbetroffenen werde zu Recht übel mitgespielt

Es gibt andere Konstellationen, die hohe Anforderungen an die eigene Glaubwürdigkeit, Gerechtigkeit und Ehrlichkeit stellen, bei denen es aber nicht notwendig ist, die Aufgabe des Mobbingbeauftragten an eine andere Person zu delegieren.

Hinweis:
Beispielhafte Situationen, in denen eine Delegation sinnvoll, aber nicht zwingend ist

- Der Mobbingbetroffene hat die Situation verschuldet
- Der Mobbingbetroffene ist schon eindeutig in die Defensive und Hilflosigkeit geraten, aber beide Seiten kämpfen mit unfairen Mitteln (Anmerkung: Für die Schlichtung ist diese Konstellation sogar einfacher, weil nicht nur eine Seite nachgeben muss und zu befürchten hat, dass sie allein das Gesicht verlieren könnte)
- Man ist mit dem Mobbingbetroffenen befreundet oder näher bekannt (Anmerkung: Diese Konstellation erleichtert einerseits die Unterstützung des Betroffenen, kann aber im Umgang mit dem Mobber problematisch werden, weil einem von dieser Seite »Befangenheit« und »Vorurteile« vorgeworfen werden können. Es ist aber nicht notwendig, sich deswegen in die völlig neutrale Rolle eines Richters zu begeben. Es genügt, wenn der anderen Seite eine faire Chance gegeben wird, ihre Sichtweise der Dinge und ihre berechtigten Interessen darzulegen)

Die Furcht von Beratern, den Anforderungen und Erwartungen nicht gerecht zu werden, lässt sich nicht verbal ausräumen. Eigene Unzulänglichkeiten und äußere Unwägbarkeiten mindern die Handlungsfähigkeit des Beraters in Mobbingkonflikten (s. Abb. 19). Zur Erhöhung der Handlungsfähigkeit und der sozialen Kompetenz bieten sich vertiefende Schulungsmaßnahmen zum Thema »Mobbing«, »Konfliktmanagement« sowie »Mediation« an. Des Weiteren könnten Seminare mit dem thematischen Schwerpunkt »Gesprächsführung« bzw. »Grundlagen der Kommunikation« hilfreich sein. Eine wirkungsvolle Unterstützung kann der in Mobbingangelegenheiten engagierte Berater durch eine externe Supervision erhalten. Darüber hinaus dürfte der kontinuierliche Kontakt mit anderen Stellen, die mit Mobbing befasst sind, den Horizont und die Kompetenz erweitern.

Abb. 19: Einschränkungen der Handlungsfähigkeit des Beraters

- Furcht, dass einem der Prozess aus den Händen gleiten wird
- Besorgnis, dass alles nur noch schlimmer wird
- Keine vernünftigen Lösungswege in Sicht (»Reden allein nützt doch nicht«)
- Der Arbeitgeber bzw. Dienststellenleiter und / oder der Betriebs- bzw. Personalrat spielen nicht mit
- Der Mobbingbetroffene leidet zwar, will aber kein Aufsehen erregen
- Eigene Unsicherheit im Umgang und Gespräch mit Mobbingbetroffenen
- Eigene Unsicherheit im Umgang mit Mobbern
- Überforderung bei Gesprächen am »runden Tisch«

Ein echtes Dilemma kann die Situation darstellen, dass der Mobbingbetroffene zwar stark unter seiner Situation leidet, er sich aber gegen jede Aktivität Dritter wendet. In die Rolle des hilflosen Helfers gestellt, besteht die Gefahr, dass der Helfer selbst wütend gegenüber dem Mobbingbetroffenen reagiert oder resigniert. Hier ist vor allem Geduld gefordert und Respekt vor den Beweggründen des Mobbingbetroffenen nötig, auch wenn man die Gründe für dessen Handlungsunfähigkeit nicht nachvollziehen kann. Insbesondere der Berater kann zu dem Entschluss gelangen, dass ein Eingreifen gegen Mobbing im Allgemeininteresse der Belegschaft liegt. Dann muss er vollständig in eigener Verantwortung vorgehen und darf den Mobbingbetroffenen nicht als Galionsfigur seiner Maßnahmen missbrauchen.

1.3 Anforderungen an den Berater

Man muss kein psychologischer Experte sein, um Mobbingbetroffene beraten zu können. Wenn der Berater einige typische Fehler vermeidet, die im Alltag beim Verteilen von guten Ratschlägen oft gemacht werden, kann nahezu jeder diese Aufgabe bewältigen. Nur in extremen Fällen sind Mobbingbetroffene so belastet, dass ausschließlich oder überwiegend externe medizinische oder therapeutische Hilfe angezeigt ist. Dann sollte eine Beratung durch den Mobbingbeauftragten im Hinblick auf arbeits- bzw. dienstrechtliche und arbeitsplatzbezogene Fragen erst zu einem späteren Zeitpunkt (wieder) aufgenommen werden. Hilfreich wäre in solchen Fällen stets, dass der Berater diese Hilfsbereitschaft eindeutig signalisiert.

Das Wichtigste ist ohnehin passiert, wenn sich jemand die Zeit nimmt und vorurteilsfrei den Schilderungen des Mobbingbetroffenen zuhört. Es ist stets hilfreich, wenn Sie sich in Gesprächsführung, Kommunikationstechniken usw. fortbilden, sofern Ihnen die Möglichkeiten dazu gegeben sind. Es spricht auch vieles für die Einbeziehung von externen Moderatoren und Konfliktberatern, wenn ein Problem eskaliert. Leider ist es oftmals nicht einfach, den Arbeitgeber bzw. Dienststellenleiter von der Finanzierung externer Mobbingexperten zu überzeugen, zumal solche Experten oft nicht sofort zur Verfügung stehen, wenn sie gebraucht werden. Haben Sie Mut und werden Sie »Experte in eigener Sache«.

Immer wieder werden Menschen, die sich auf ein Gespräch mit Mobbingbetroffenen einlassen, mit dem Satz konfrontiert: »Sie sind der Erste, der mir wirklich zuhört und das ernst nimmt, was ich sage.« Dies spiegelt einen Teil des Leidenswegs der Mobbingbetroffenen wider. Keiner hat sich wirklich Zeit genommen, vielfach wurden die Schwierigkeiten, sich gegen die Mobber zu wehren, als persönliches Unvermögen abgewertet. Es wurden halbherzige Ratschläge und wenig einfühlsamer Trost gespendet. Diese Fehler sollten sich in der Beratung nicht wiederholen.

Das erste Gespräch, das zwischen Ihnen und einem Mobbingbetroffenen stattfindet, legt den Grundstein für eine vertrauensvolle Beratung. Bei zu wenig Einfühlungsvermögen gibt es dagegen von vornherein Risse im Fundament. Aber die Beratung besteht nicht nur aus einem Erstgespräch, sondern es soll ein Arbeitsbündnis gebildet werden, um das Mobbingproblem möglichst zu lösen. Was kann der Berater zur Bildung dieses grundsätzlichen Vertrauens beitragen?

Wichtig:
Wer beraten will, muss nicht auf alles einen Rat wissen.

Die Mobbingberatung besteht nicht darin, dass Sie für alle Problemlagen fertige Lösungen parat haben. Dazu sind die Konflikte, die im Betrieb bzw. in der Dienststelle möglicherweise auftauchen, zu unterschiedlich. Sie brauchen ein Grundwissen zu Mobbing. Einfühlungsvermögen für die Situation des Betroffenen ist unerlässlich. Ferner sollten Sie Freude daran haben, passende Konzepte für die Lösung des jeweils vorliegenden Mobbingproblems zu entwickeln. Ob diese Ideen erfolgreich umgesetzt werden können, entscheiden Sie ohnehin nicht allein.

Allgemein lässt sich empfehlen, glaubwürdig und vertrauenswürdig zu sein. Sie müssen nicht alles sagen, was Sie denken. Manchmal ist es sogar ratsam, etwas zurückzuhalten und lieber zu anderer Zeit vorzubringen. Aber alles, was Sie sagen, muss ehrlich sein. Legen Sie offen, was Sie sich zutrauen und wo Sie Probleme bei der Unterstützung sehen. Wenn Sie selbst im Augenblick nicht weiterwissen, dann überspielen Sie das nicht. Wecken Sie keine falschen Hoffnungen. Tun Sie aber unbedingt das, was Sie versprochen haben zu tun. Vermeiden Sie jegliches Doppelspiel: Entrüsten Sie sich beispielsweise nicht im Beisein des Mobbingbetroffenen heftig über den untätigen Arbeitgeber und streichen Sie dem Arbeitgeber im Beisein des Betroffenen dann gezielt Honig um den Bart, um etwas für den Betroffenen rauszuschlagen. Der Betroffene wird dies möglicherweise nicht als taktisch klugen Schachzug Ihrerseits werten, sondern vermuten, dass Sie möglicherweise auch hinter seinem Rücken schlecht über ihn reden.

Hinweis:
Persönliche Anforderungen an den Berater
- Glaubwürdig und vertrauenswürdig sein
- Eigene Grenzen akzeptieren und nennen
- Handlungsfreudig und zurückhaltend sein können
- Gefühlsmäßig beteiligt, aber nicht mitgerissen sein, d.h. Nähe zur Person, aber Abstand zum Sachverhalt haben
- Ausreichend Zeit mitbringen

Für das Vertrauensverhältnis ist es wichtig, sowohl die persönlichen Möglichkeiten als auch die eigenen Grenzen mitzuteilen. Sind Sie ein eher zurückhaltender Typ, dann wird es Ihnen vielleicht nicht leicht fallen, mit dem Mobber ein hartes Wortgefecht zu führen. Sprechen Sie offen mit dem Mobbingbetroffenen darüber, welche Erwartungen Sie erfüllen können und wollen.

Ein Mobbingbetroffener ist in die Defensive geraten und braucht offensive Unterstützung. Wir denken, dass Mobbingberater sowohl handlungsfreudig als auch zurückhaltend sein müssen, um ihrer Aufgabe gerecht zu werden. Wie das funktionieren soll? In bestimmten Situationen, die sich aus der Beratung ergeben, müssen Sie entschlossen handeln, beispielsweise in der Konfrontation mit direkten Vorgesetzten, dem Arbeitgeber bzw. Dienstherrn oder dem Mobber. Hier kann es erforderlich sein, dass Sie die Interessen des Mobbingbetroffenen ganz entschieden vertreten. Andererseits ist auch immer wieder Zurückhaltung angesagt. Vor allem dürfen Sie nicht ungefragt stellvertretend für den Mobbingbetroffenen handeln oder ihn zu Entscheidungen treiben. Aber auch beim Umgang mit Mobbern und Vorgesetzten kann diplomatisches Geschick von größerer Wirkung sein als ein moralischer »Eisenbesen«. Es ist nicht zu vermeiden, dass Sie gelegentlich Fehler machen. Versuchen Sie besonnen und reflektiert vorzugehen.

Wichtig ist, sich auf die Schilderungen des Mobbingbetroffenen einzulassen und mitzufühlen, wie es einem in dieser scheußlichen Situation ergehen kann. Aber lassen Sie sich nicht mitreißen. Es genügt völlig, dass der Ratsuchende nahezu handlungsunfähig ist. Ihr Mitgefühl müssen Sie nicht in der Weise ausdrücken, dass es Ihnen ebenso geht wie dem Mobbingbetroffenen. Versuchen Sie, innerlich *Abstand zu den Vorgängen* zu halten bei gleichzeitiger *Nähe zur Person.*

Sicherlich ist Ihr Zeitkonto nicht unbegrenzt. Aber vor allem für das erste Gespräch gilt: Nehmen Sie sich ausreichend Zeit. Wenn Sie spontan Sympathie für den Betroffenen haben, dann verbergen Sie das nicht aus »Neutralitätsgründen«. Wenn Sie hingegen Antipathie verspüren, sollten Sie zumindest versuchen, dem Betreffenden gegenüber fair zu handeln.

1.4 Das Erstgespräch mit einem Mobbingbetroffenen

Das erste Gespräch gehört dem Mobbingbetroffenen als Person. Erst die weiteren Gespräche gehören der Problemlösung. Viele Gedanken und Gefühle müssen erst einmal heraus. Manchmal erscheint der Mobbingbetroffene völlig aufgelöst, weil er kurz zuvor eine extreme Mobbingsituation erlebt hat. Oft hatten Mobbingbetroffene bisher keine oder nur wenig Möglichkeiten, ihr Problem einmal als Ganzes darzustellen. Bieten Sie als Beratungsperson diese Gelegenheit.

Hinweis:
Zuhören – Nachfragen – Zuhören
- Situation des anderen wirklich verstehen wollen
- Problem und Problemsicht des Betroffenen ernst nehmen
- Realistische Zuversicht vermitteln
- Keine voreiligen Ratschläge geben, Ruhe bewahren

Manches, was der Mobbingbetroffene vorbringt, mag nicht völlig durchdacht sowie widersprüchlich sein. Das ist zu erwarten, wenn ein Betroffener endlich einmal Vertrauen schöpft und darüber sprechen kann, was ihn bedrückt. Fassen Sie sich in Geduld. Hören Sie aufmerksam zu und versuchen Sie, so viel wie möglich zu verstehen. Fragen Sie nach, wenn Sie etwas nicht genau verstanden haben. Aber heben Sie sich Ihre Warum-Fragen für die spätere Mobbinganalyse auf (vgl. Kapitel C 2.). Belasten Sie das Gespräch auch nicht mit voreiligen Ratschlägen. Zugespitzt ausgedrückt, sind in dieser Beratungsphase eigentlich alle Ratschläge voreilig. Für den Ratsuchenden sind eventuell sachliche Informationen zu Mobbing, Entstehung und Verlauf des Konflikts von Interesse.

Mancher Ratsuchende wird nach kurzer Zeit nur so »sprudeln«. Andere werden sich nur sehr zögerlich äußern und ihre Situation unscharf oder mit allgemeinen Redewendungen darlegen. Lassen Sie sich hier nicht entmutigen. Das Wichtigste im Erstgespräch ist ohnehin nicht, ob Sie das Problem vollständig verstanden und schon Lösungen parat haben, sondern ob zwischen dem Mobbingbetroffenen und Ihnen Vertrauen zu wachsen beginnt.

1.5 Festlegung des Beratungsziels

Zum Ende des ersten (oder zweiten) Gesprächs sollten Sie gemeinsam die Ziele der Beratung feststecken. Finden Sie gemeinsam heraus, welchen Verlauf die Beratung nehmen soll: Möchte der Betroffene nur moralische Unterstützung, allgemeine Beratung oder soll der Mobbingkonflikt analysiert und beeinflusst werden? Im Verlauf der weiteren Gespräche können Sie nochmals überprüfen, ob die ursprüngliche Zielsetzung noch gilt oder verändert werden soll. Dies schafft Klarheit zwischen den Beteiligten und gibt der Beratung eine klare Linie sowie Verbindlichkeit. Es hilft, spätere Enttäuschungen wegen unausgesprochener Erwartungen zu vermeiden.

> **Wichtig:**
> Es gibt bei Mobbing keine ganz schnellen Lösungen.

Geben Sie dem Ratsuchenden ein klares Bild darüber, was Sie zu tun in der Lage sind, wieviel Zeit Sie investieren können und welche Eingriffsmöglichkeiten Sie zunächst einmal sehen. Verweisen Sie von vornherein darauf , dass es keine schnellen Lösungen geben wird, sondern dass mit Bedacht vorgegangen werden muss.

1.6 Wenn der Mobbingbetroffene im Affekt ist

Betriebs- sowie Personalratsmitglieder und Mobbingbeauftragte äußern uns gegenüber immer wieder die Befürchtung, dass Mobbingbetroffene in einer Beratung »außer sich geraten« könnten und sie dann nicht weiter wüssten. Im Großen und Ganzen ist diese Furcht unbegründet, weil sich Mobbingbetroffene in existentieller Not sicherlich dorthin wenden, wo sie professionelle Hilfe erwarten können, nämlich bei einem Arzt, einer Klinik, einem Therapeuten sowie der Telefonseelsorge.

Manchmal – wenn auch sehr selten – kann es geschehen, dass ein Mobbingbetroffener in extremer Wut, Panik oder Verzweiflung in die Beratungssitzung kommt und die Gefahr besteht, dass er sich im Affekt zu unüberlegten Handlungen hinreißen lässt. Er droht beispielsweise, sofort fristlos zu kündigen, das Büro seines Peinigers zu zertrümmern oder mit Suizid. Die meisten Leser werden mit solchen Situationen wahrscheinlich nie konfrontiert werden. Jedoch halten wir es für besser, wenn Sie sich einmal gedanklich mit solchen Extremsituationen auseinandersetzen, um dann im Ernstfall handlungsfähig zu bleiben.

Was Sie in einer solchen Situation tun können? Versuchen Sie, selber ruhig zu bleiben. Das heißt vor allem, dass Sie den »roten Faden« der Beratung nicht aus den Händen gleiten lassen dürfen. Im Affekt bricht die ganze Not des Betroffenen durch. Der Hilferuf nach außen ist dramatisch, damit den Außenstehenden die Ernsthaftigkeit des Anliegens deutlich wird.

Bringen Sie Ruhe ins Gespräch. Das erreichen Sie, indem Sie sich die Vorfälle ausgiebig schildern lassen. Enthalten Sie sich dabei jeder negativen Bewertung, hören Sie zu, fragen Sie nach. Versuchen Sie nicht, sofort gegen die unüberlegten Handlungen zu argumentieren. Es hilft mehr, wenn Sie Verständnis zeigen können: »Das Ganze ist für Sie also so schlimm, dass Sie nun schon daran denken ...« Kommen Sie im weiteren Verlauf des Gesprächs auf die Unterstützungsmöglichkeiten und Auswege, die es gibt. Als Außenstehender haben Sie einen gefühlsmäßigen Abstand zum Problem und können sachlicher abwägen, welche Möglichkeiten einem Mobbingbetroffenen heute, morgen und nächste Woche zur Verfügung stehen. Das ist es, was der Mobbingbetroffene im Affekt von Ihnen benötigt.

Was Sie unternehmen können, wenn Sie als Berater akut überfordert sind? Rufen Sie eine Klinik, einen Arzt oder Therapeuten, die Telefonseelsorge oder den sozialpsychiatrischen Dienst an. Diese kennen sich mit akuten seelischen Krisen aus. Vielleicht hat der Mobbingbetroffene schon Kontakte? – fragen Sie ihn. Rufen Sie im Einverständnis mit dem Mobbingbetroffenen eine dieser Stellen an. Erklären Sie am Telefon, dass Sie die entstandene Situation nicht allein bewältigen können und daher kompetente Hilfe benötigen. Übergeben Sie das Gespräch gegebenenfalls an den Mobbingbetroffenen. Lassen Sie einen Arzt kommen oder fahren Sie notfalls gemeinsam zu einer Einrichtung, die Krisenintervention durchführt. Telefonnummern dieser Dienste können leicht über die Gelben Seiten, das Gesundheitsamt oder die Telefonauskunft ermittelt werden.

1.7 Vermittlung von realistischer Zuversicht

Inzwischen ist in den Medien viel über das Thema Mobbing berichtet worden. Es wurden unter anderem Spielfilme und Hörspiele darüber gesendet. Wahrscheinlich hat Ihr Gegenüber schon einige Informationen gesammelt. Aber sicher ist das nicht und möglicherweise ist der sachliche Informationsstand (z. B. aufgrund der seelischen Belastung) nicht so gut. Auf jeden Fall macht es Sinn, sachliche Informationen über Mobbing zu vermitteln oder dem Betroffenen etwas aus dem vorhandenen Literaturvorrat zum Lesen mit nach Hause zu geben. Für die Betroffenen ist es immer eine Entlastung, wenn sie konkret erfahren, dass es auch anderen so ergangen ist wie ihnen.

Sachliche Zuversicht vermitteln Sie dadurch, dass Sie sachliche Informationen über Ursachen, Verlauf und Folgen von Mobbing, aber auch über die Möglichkeiten zur Gegenwehr aufzeigen. Geben Sie dem Betroffenen dieses oder ein anderes Buch über Mobbing in die Hand. Überlassen Sie ihm eine Kopie der Mobbingdefinition sowie der Mobbinghandlungen und kommen Sie darüber mit dem Mobbingbetroffenen beim nächsten Treffen ins Gespräch.

Wichtig:
Soziale Unterstützung ist das wichtigste Mittel gegen Mobbing.

Die soziale Unterstützung durch Familienmitglieder, Freunde, Verwandte, ehemalige und gegenwärtige Arbeitskollegen sowie durch professionelle Helfer ist das allerwichtigste Mittel gegen Mobbing. Freundschaft und Verständnis schützen davor, psychisch ins Abseits zu geraten. Wenn wir auch permanent vor voreiligen und ungebetenen Ratschlägen warnen, so geben wir selbst hier den eindringlichen Rat: Führen Sie dem Mobbingbetroffenen immer wieder die Bedeutung sozialer Unterstützung für sein seelisches Überleben vor Augen. Helfen Sie ihm dabei, soziale Kontakte und Unterstützung zu finden bzw. zu bewahren. Da Mobbing der davon betroffenen Person gerade dadurch den Boden unter den Füßen wegzieht, dass die soziale Integration, das Ansehen sowie die Wertschätzung untergraben werden, besteht die wirksamste Gegenwehr im Aufbau und in der Pflege unterstützender Beziehungen.

Hinweis:
Sachliche Informationen vermitteln
- Ursachen, Verlauf und Folgen von Mobbing
- Bedeutung von sozialen Bündnispartnern und Unterstützern
- Widerstands- und Handlungsmöglichkeiten
- Mobbingliteratur
- Adressen für weitere Beratungen, von Selbsthilfegruppen etc.

Mobbingbetroffene kommen häufig mit dem Gefühl zur Beratung, dass die eigenen subjektiven Möglichkeiten ausgeschöpft sind. Eine sachliche Information über die rechtlichen und außerrechtlichen Handlungsmöglichkeiten ist deswegen wichtig. Im Erstgespräch sollten hiervon besser nur einige Aspekte angesprochen werden, weil ansonsten zunächst eher Verwirrung gestiftet wird. Mit fortdauernder Beratung muss über alle Handlungs- und Widerstandsmöglichkeiten beraten werden. Jede Form der Gegenwehr sollte inhaltlich daraufhin überprüft werden, ob sie im konkreten Fall zu einer Lösung führen kann. Zur sachlichen Information gehört unbedingt die bereitliegende Mobbingliteratur und die Adressen von außerbetrieblichen Ansprechpersonen.

1.8 Keinen »billigen Trost« spenden und keine »Heldengeschichten« erzählen

Bei den positiven Empfehlungen für eine sinnvolle Mobbingberatung haben wir den Wert der »sozialen Beziehungen« herausgestellt. Bei den Empfehlungen, was besser zu unterlassen ist, wollen wir uns auf die »pauschalen Tröstungen« beschränken. Sie sind oft gut gemeint, bewirken aber nichts Gutes und machen oft alles nur noch schlimmer.

Appelle der Art »Nimm es doch nicht so schwer!« oder »Mach dir einfach nichts daraus!« sind geradezu beleidigend. Denn das Problem für den Mobbingbetroffenen besteht doch gerade darin, dass es so schwer für ihn ist und dass er es deswegen so schwer nimmt. Dies ist unbedingt zu respektieren. Anderenfalls nützt die Beratung nichts, weil sich der Ratsuchende zu Recht nicht ernst genommen oder sogar abgewertet fühlt. Als Außenstehender hat man da leicht reden; wären wir selbst in der Situation, würde uns die Souveränität möglicherweise auch schnell ausgehen.

Fallbeispiel »Harald«:
Der kleinwüchsige Harald wurde jahrelang von seinen Kollegen als »unser Zwerg« tituliert. Er hatte immer gute Miene zum bösen Spiel gemacht, war innerlich jedoch sehr gekränkt und fühlte sich ausgegrenzt. Irgendwann fasste er sich endlich ein Herz und sprach seinen besten Freund darauf an. Dieser wusste zunächst gar nichts anderes darauf zu antworten als: »Ach, das musst du doch einfach nicht so ernst nehmen, das meinen wir alle doch nicht so.« Dieser als Trost gemeinte Satz war jedoch eine herbe Enttäuschung für Harald. Seinem Freund ließ das Gespräch jedoch keine Ruhe. Zum ersten Mal war ihm bewusst geworden, dass Harald offensichtlich an dieser gedankenlosen Unverschämtheit sehr zu leiden hatte und dass sein »Trost«, dass es niemand so ernst meinte, kein Trost sein konnte. Er ging erneut auf Harald zu und versprach ihm, diese herablassende Bemerkung nie wieder auszusprechen.

Tröstungen wie »Denk lieber an etwas anderes« sind immer noch populär. Aber wir sollten nicht vergessen, dass die Mobbingberatung die Funktion haben sollte, Probleme zu bewältigen, und nicht die, dem Betroffenen die Probleme auszureden. Auch tröstende Ermutigungen der Art »Es wird schon wieder« kann man sich getrost sparen, denn sie ermutigen nicht. Diese Art von Trost versucht vom Leid »wegzutrösten«.

Warum wird in dieser Weise getröstet, wenn es doch eher das Gegenteil bewirkt? Es ist vielleicht nur eine traditionelle Art und Weise, so wie kleine Kinder getröstet werden, indem man sie ablenkt. Und gedankenlos setzen wir das uns bekannte Trost-Verfahren auch für Erwachsene ein – für sie aber ein leicht durchschaubares Ablenkungsmanöver.

Empfehlung:
Keinen billigen Trost spenden

- Keine pauschalen Tröstungen (z. B.: »Wird schon wieder«)
- Keine Verharmlosung (z. B.: »Nimm's doch nicht so schwer«)
- Keine Entmündigung (z. B.: »Das machen wir schon«)
- Keine eigenen Heldengeschichten (z. B.: »Bei mir war es so ...«)

Am ehrlichsten können Sie Trost spenden, indem Sie schlicht und einfach ihr Mitgefühl ausdrücken: »Ja, das ist eine sehr bedrückende Situation für Sie!« oder »Das ist ja so eine Gemeinheit, die Sie da jede Woche durchmachen. Überkommt Sie da nicht manchmal eine fürchterliche Wut?« Diese Art von Mitgefühl geht nicht vom bedrohlichen Thema weg, sondern lässt sich darauf ein. Ein weiterer Trost für den Ratsuchenden ist es, wenn es Ihnen gelingt, eine Vertrauensbasis aufzubauen. Eine andere beliebte, aber uneffektive Form der Beratung besteht darin, dass eigene ehemalige Probleme berichtet und anschließend die erfolgreichen Lösungswege geschildert werden. Beliebt ist leider teilweise, spontan in der eigenen Phantasie auszumalen, wie man selber in der Situation des Betroffenen handeln würde und diese spontanen Einfälle dann als Ratschlag weiterzugeben. Das sind die eigenen »Heldengeschichten«. Sie sind meistens wirklich gut gemeint, doch haben sie eine paradoxe Wirkung. Das Gute daran ist, dass der Ratgebende versucht, sich auf die gleiche Ebene wie der Ratsuchende zu begeben: »Sieh, ich war auch schon mal in so einer schwierigen Situation. Ich bin also wie du, nicht besser und nicht schlechter. Du kannst mir vertrauen, ich stehe zu dir.« Zweitens sollen die Heldengeschichten die Zuversicht vermitteln, dass es doch noch Auswege und Lösungen gibt.

Die paradoxe Wirkung von Heldengeschichten besteht jedoch darin, dass beim Ratsuchenden häufig unterschwellig eine gegenteilige Botschaft ankommt, die in etwa lautet: »Es ist doch ganz einfach, mit der Situation fertig zu werden, du müsstest dich nur besser anstellen.« Mobbingbetroffene haben ohnehin mit ihrem Selbstwertgefühl zu kämpfen. Nun begegnen sie jemandem, dem Lösungen so leicht über die Lippen kommen und der selbst scheinbar alles im Griff hat. Das wirkt zusätzlich erniedrigend. Als Mobbingbetroffener wird man auch Zweifel bekommen, ob sich der Berater auf die Probleme wirklich einlassen will.

Natürlich darf der Berater auch eigene Erlebnisse, eigene Problemlösungsideen in die Beratung einfließen lassen. Es kommt auf den Zeitpunkt an. Bleiben Sie sich der paradoxen Wirkung bewusst und lassen Sie ihre »Heldengeschichten« so einfließen, dass Sie dabei nicht »besser dastehen«, sondern dass der Mobbingbetroffene darin tatsächlich Beispiele gelungener Konfliktbearbeitung erkennen kann, die ihm aber genügend Spielraum lassen, seinen eigenen Weg zu gehen.

1.9 Problemorientierte Vorgehensweise

In jeder Beratung werden Ratschläge erwartet und auch gegeben. Aber, wie bereits gesagt, seien Sie mit guten Ratschlägen zurückhaltend. Der »Weg zur Hölle« ist mit guten Vorsätzen und Ratschlägen gepflastert. Die Beratungssituation enthält eine verdeckte Hierarchie (Ratgeber oben – Ratsuchender unten), durch die das Vertrauen untergraben werden kann.

Wichtig:
Behandeln Sie die Bewältigung des Mobbingproblems als gemeinsame Aufgabe.

Wenn Sie Ratschläge an den Mobbingbetroffenen geben, dann betrachten Sie diese als »Vorschläge zum Nachdenken«. Viele gute Ratschläge lassen sich in der konkreten Situation eines Mobbingbetroffenen nur schwer umsetzen. Oder der Ratsuchende hat große Furcht, zur Tat zu schreiten. Bezähmen Sie Ihre Ungeduld. Der Mobbingbetroffene ist nicht gekommen, um als lebender Beweis Ihrer Beratungskünste zu dienen.

Empfehlung:
Problem- und handlungsorientiert vorgehen

- Problemlösung suchen, keine »Psychotherapie« versuchen
- Ratschläge als Vorschläge zum Nachdenken erteilen und Geduld bei deren Umsetzung zeigen
- Mobbinganalyse durchführen
- Schwachstellen verstehen
- Selbstbehauptung des Mobbingbetroffenen fördern
- Konfliktbewältigung vorbereiten
- Konfliktbewältigung durchführen

Versuchen Sie keine wie auch immer geartete »Psychotherapie«, d. h., versuchen Sie nicht, die Person zum Besseren zu ändern. Betrachten Sie den Mobbingkonflikt als das gemeinsame Problem, das es zu entschärfen oder sogar zu lösen gilt. Setzen Sie sich mit dem Mobbingbetroffenen »auf dieselbe Seite des Tisches«, um das Problem zu begreifen und wirkungsvoll einzugreifen. Bei dieser Herangehensweise vermeiden Sie auch die Beratungshierarchie.

1.10 Die »Ja, aber …«-Falle und andere Schwierigkeiten

Wir wünschen Ihnen sehr, dass Sie mit unseren Ratschlägen bei der Beratung von Mobbingbetroffenen gute Fortschritte machen. Es gibt natürlich immer wieder Situationen, in denen das Gegenteil von dem herauskommt, was Sie als Ziel angesteuert haben. Manche Schwierigkeiten lassen sich vermeiden, wenn sie bekannt sind. Wir stellen fünf verschiedene »Fallen« vor, in die Sie bei Beratungssituationen unvorhergesehen geraten können.

Beachte:
»Fallen« bei der Beratung
- Die »Ja, aber ...«-Falle
- Die »Mülleimer«-Falle
- Die »Antipathie«-Falle
- Die »Drehtür«-Falle
- Die »Drama«-Falle

1.10.1 Die »Ja, aber ...«-Falle

In die »Ja, aber ...«-Falle tappen Sie, wenn Sie zu früh, zu häufig, zu heftig Ratschläge erteilen oder wenn Sie die Ängste des Ratsuchenden nicht wahrnehmen.

Beispiel einer »Ja, aber ...«-Falle:
Berater: Das beste Mittel gegen den Mobber wäre ein Mobbingtagebuch.
Ratsuchender: Nun, das habe ich schon mal versucht, aber das bringt ja doch nichts.
Berater: Wieso, in einem anderem Fall hatte es guten Erfolg. Sie müssen es nur machen!
Ratsuchender: Gut und schön, aber was mach ich letzten Endes damit? Bewiesen ist dann doch trotzdem nichts.
Berater: Sie müssen einfach Zeugen und andere Beweismittel dazu bekommen. Fragen Sie doch mal einen Arbeitskollegen, der dabei war, ob er das bezeugt.
Ratsuchender: Aber mit mir will doch keiner mehr was zu tun haben.
Berater: Haben Sie denn schon einmal wirklich versucht, einen zu fragen?
Ratsuchender: Nein, aber das würde ich auch nicht versuchen. Das wäre ein gefundenes Fressen.
Berater (langsam ärgerlich): Was wollen Sie nun eigentlich. Soll ich Ihnen nun helfen oder was? Jeden Ratschlag, den ich hier vorbringe, machen Sie zunichte.

In diesem Beispiel geht der Berater nicht mit offenen Ohren in das Gespräch. Hinter den abwehrenden Bemerkungen des Ratsuchenden, die den Berater schließlich wütend machen, zeigen sich jeweils ernst zu nehmende Aspekte des Problems. Der Berater möchte hier eigentlich nur seinen eigenen Tipp, das Mobbingtagebuch, an den Mann bringen und wischt alle Bedenken vom Tisch. Am Ende einer »Ja, aber ...«-Falle droht fast immer ein Zerwürfnis. Der Berater wird ärgerlich, weil er sich in eine Falle gelockt fühlt: Einerseits ist er um Rat gebeten worden, andererseits wird jeder Rat mit einem »Aber« in Frage gestellt. Der Ratsuchende fühlt sich nicht respektiert und nicht wirklich gehört. Er wird seinerseits ärgerlich oder enttäuscht.

Eine »Ja, aber ...«-Falle kann auch zuschnappen, ohne dass der Berater Fehler macht. Dies ist dann der Fall, wenn der Ratsuchende überfordert, wankelmütig, seiner Ziele und Erfolgschancen unsicher ist. Um praktische Experimente zu vermeiden, die Risiken bergen und Angst heraufbeschwören, wird erst einmal alles in Frage gestellt und zerredet. Das ist bei Mobbingbetroffenen sicherlich nicht selten der Fall. Diese Falle kann aber auch zuschnappen, wenn der Mobbingbetroffene eigentlich gar nicht aktiv werden will, wenn er insgeheim hofft, dass Sie die Probleme stellvertretend für ihn in die Hand nehmen. Die »Ja, aber...«-Falle ist nicht unbedingt auf das Wörtchen »aber« angewiesen. Man kann auch auf andere Weise Einwände formulieren. Das Gefühl, in dieser Falle zu sitzen, kann Sie auch dann überkommen, wenn Sie nun schon mehrere Sitzungen hatten und sich scheinbar weiter alles nur im Kreis dreht, obwohl Sie schon viele Ansätze von Lösungen vorgebracht haben.

Hinweis:
Drei mögliche Ursachen für die »Ja, aber ...«-Falle

- Die mit den guten Vorschlägen verbundenen Schwierigkeiten und Risiken werden nicht genau analysiert und nicht fundiert ausgeräumt (rationaler Engpass)
- Die Ängste vor dem Handeln und die Erwartungsängste vor negativen Konsequenzen sind sehr groß (emotionaler Engpass)
- Der Ratsuchende will, dass der Ratgeber stellvertretend handelt, oder er will gar nicht, dass etwas getan werden soll (motivationaler Engpass)

Egal, welche Gründe hinter der Falle stecken, Sie können sich in drei Schritten wieder selbst aus dieser befreien. Der erste Schritt besteht darin, dass Sie offen ansprechen, dass Sie das Gefühl haben, in einer »Ja, aber...«-Falle zu sitzen. Fragen Sie den Mobbingbetroffenen, ob er das auch so sieht. Wenn ja, dann gehen Sie zum zweiten Schritt über. Wenn nicht, versuchen Sie in Erfahrung zu bringen, welchen praktischen Nutzen die Gespräche aus der Sicht des Mobbingbetroffenen hatten. Der zweite Schritt besteht darin, dass Sie etwa fragen: »Wie müsste der Rat beschaffen sein, der Ihnen helfen könnte?« Sie kommen damit dem persönlichen Zerwürfnis (Enttäuschung/Ärger) zuvor und geben beiden Seiten eine neue Chance, das Mobbingproblem sachlich und von derselben Seite des Tisches zu betrachten. Geben Sie dem Ratsuchenden ausreichend Zeit, darüber nachzudenken, welche Aspekte und Bedingungen ein »guter Ratschlag« haben müsste. Mit ziemlicher Sicherheit werden dem Betroffenen einige einfallen und Sie können dann gemeinsam weiter an Lösungen arbeiten.

Wichtig:
Eine hilfreiche Frage, wenn die Beratung nicht weiterkommt, lautet: »Wie müsste der Rat beschaffen sein, der Ihnen helfen könnte?«

Die Frage: »Wie müsste der Rat beschaffen sein, der Ihnen helfen könnte?«, muss mit Bedacht eingesetzt werden, weil sie sich ansonsten verschleißt. Versuchen Sie, in einem dritten Schritt herauszufinden, welche tieferen Ursachen dahinter liegen, dass Sie beide in die Falle geraten sind. Wurde nicht genug nachgedacht, lag ein rationaler (gedanklicher) Engpass vor. Wurden die Ängste, Erwartungen und Befürchtungen nicht genügend berücksichtigt, dann sind Sie auf einen emotionalen Engpass gestoßen. Möglicherweise haben Sie versäumt, sich genau über die Ziele der Beratung zu verständigen, so dass zum Beispiel die Motive von Ratgeber (»Etwas gegen den mobbenden Vorgesetzten unternehmen!«) und Ratsuchendem (»Mal alles loswerden können«) nicht übereinstimmen.

1.10.2 Die »Mülleimer«-Falle

Der Mobbingbetroffene kommt immer und immer wieder in die Beratung, aber offensichtlich gibt es keinerlei Bewegung in der Situation und keinerlei Versuche seitens des Betroffenen, seine Probleme in neuer Weise anzugehen. Sie stellen fest, dass der Ratsuchende lediglich kommt, um seinen Kummer loszuwerden, um Trost und Zuspruch zu erhalten. Sie fühlen sich als »seelischer Mülleimer« benutzt, weil Sie Ihre Aufgabe als eher ergebnisorientiert sehen.

Zunächst ein Wort zum Ausdruck »seelischer Mülleimer«. Wir wissen nicht, wer diesen abwertenden Begriff in die Welt gesetzt hat; es muss ein Zyniker gewesen sein. Sich beim anderen ausweinen oder anlehnen zu dürfen ohne sofortige Gegenleistung und ohne sofortigen Anspruch auf eine handfeste Lösung von Problemen, dürfte zu den menschlichen Grundbedürfnissen gehören.

> **Wichtig:**
> Es gibt keine seelischen Mülleimer.

Wenn Sie aber beispielsweise nach der dritten Sitzung das Gefühl bekommen, es geht nur darum, Dampf und Frust abzulassen und zu klagen, dann dürfen Sie schon fragen, ob die Geschäftsgrundlage der Gespräche mit den Aufgaben des Beraters vereinbar ist. Ob und wann dieser Punkt erreicht ist, müssen Sie entscheiden. Es hängt von Ihrer freibleibenden Kapazität und von Ihrer persönlichen Geduld ab. Mobbingbetroffene, die psychisch am Ende sind, brauchen sicherlich sehr viel Zuwendung und Unterstützung, welche Sie weder fachlich noch zeitlich und vielleicht auch nicht persönlich leisten können. Jetzt wäre es an der Zeit, die gemeinsamen Ziele zu prüfen und zu überlegen, welche externe Hilfe aktiviert werden könnte.

1.10.3 Die »Antipathie«-Falle

Was tun, wenn Sie Ihren Gesprächspartner nicht leiden können, wenn Sie vom Ratsuchenden schon Schlechtes gehört haben und das Vorurteil sich zu bestätigen scheint? Geben Sie sachliche Informationen zu Mobbing, geben Sie die Ihnen bekannten Adressen weiter und legen Sie fairerweise offen, dass Sie aus persönlichen Gründen eine Zusammenarbeit ablehnen. Es sollte klar sein, dass die eigene Sympathie jemandem nicht automatisch deswegen zufällt, weil er Mobbingbetroffener ist. Auch Sympathie kann zur Falle werden, wenn es Ihnen z. B. zunehmend wichtig wird, dass Sie mit dem Ratsuchenden in jeder Frage übereinstimmen.

1.10.4 Die »Drehtür«-Falle

Es scheint, als ob sich der Mobbingbetroffene in einer Drehtür zwischen dem Beratungszimmer und dem Betrieb bzw. der Dienststelle befindet. Es gibt zwar erfolgreiche Eingriffe, aber mit großer Regelmäßigkeit steht der Mobbingbetroffene wieder bei Ihnen, und es muss nachgebessert oder wieder ganz von vorne begonnen werden. Langsam zweifeln Sie an den eigenen Fähigkeiten oder am Ratsuchenden. Das Risiko in der »Drehtür«-Falle besteht wiederum in einem Zerwürfnis zwischen dem Berater und dem Ratsuchendem, weil der Berater zunehmend an der Bereitschaft oder Fähigkeit des Ratsuchenden, ernsthaft an der Lösung der Probleme zu arbeiten, zweifelt. Zu bedenken ist hier stets, dass manche betrieblichen Konstellationen tatsächlich so verstrickt und problemgeladen sind, dass nicht mehr als vorübergehende Reparaturen möglich sind. In anderen Fällen waren die bisherigen Lösungen nicht optimal, und es musste nachgebessert werden. Sie sollten daran denken, eine externe Beratung (Supervision) in Anspruch zu nehmen.

1.10.5 Die »Drama«-Falle

Es kann sein, dass Ihnen die Schilderungen des Mobbingbetroffenen weitaus überzogen oder unglaubwürdig vorkommen. In der Situation des Erstgesprächs sollten Sie dies einfach hinnehmen und keinesfalls kommentieren. Sie wissen, es ist ein großes Problem für Mobbingbetroffene, dass ihnen niemand glaubt und viele es für »halb so schlimm« halten, was vorgeht. Außerdem sollten Sie bedenken, dass viele feindselige Mobbinghandlungen im wahrsten Sinne des Wortes »unglaublich« sind.

Vielleicht verdichtet sich aber Ihre Skepsis im Verlauf der Beratung zu der Gewissheit, dass sich nicht alles so dramatisch zugetragen hat wie der Mobbingbetroffene es schildert. Dann besteht die Gefahr der inneren Distanzierung. Die Beratung wird gefährdet. Solche Dramatisierungen können einfach zum Redestil der Person gehören, sicherlich sollen sie dazu dienen, andere auf die Schwere des Problems aufmerksam zu machen. Wenn Sie sich dadurch gestört fühlen oder wenn Sie glauben, dass sich der Ratsuchende nur selbst damit schadet, sprechen Sie das Problem unbedingt an. Machen Sie auf die negativen Konsequenzen von Übertreibungen aufmerksam und zeigen Sie auf, inwiefern die Bewältigung der Mobbingsituation auch ohne Dramatisierungen vorangebracht werden kann.

1.11 Übereilte Aussprachen vermeiden

Mobbingbetroffene können sich durch das Beratungsgespräch so weit ermutigt fühlen, dass sie unmittelbar zur Tat schreiten und selbst eine Aussprache im Kreis der Arbeitskollegen herbeiführen wollen. Aus Rücksichtnahme auf die Arbeitskollegen verzichten sie womöglich darauf, ein Betriebs- bzw. Personalratsmitglied oder jemand anderen als Beistand mitzunehmen. Es ist uns mehrfach von Betroffenen berichtet worden, dass eine solche gut gemeinte, aber schlecht vorbereitete Aussprache in ein regelrechtes Tribunal gegen den Mobbingbetroffenen umgeschlagen ist. Statt einer Verbesserung der Situation trat in diesen Fällen eine deutliche Verschlimmerung ein. Als Berater sollten Sie den Betroffenen natürlich darin unterstützen, aktiv zu werden. Vor dem möglichen Risiko, dass eine spontane Aussprache in einen »Hexenprozess« umschlagen kann, sollten Sie den Ratsuchenden allerdings warnen. Die mögliche Alternative besteht in einer gründlichen Vorbereitung sowie einem strategischen Vorgehen, wie wir es in den folgenden Kapiteln darstellen.

1.12 Checkliste für handlungsorientierte Beratungsgespräche

Jedes Beratungsgespräch mit einem Mobbingbetroffenen hat seine Besonderheit. Je nach der Situation und den Beteiligten werden sich Gespräche verschieden entwickeln. Deswegen wäre es irreführend, wenn wir ein allgemein verbindliches Ablaufschema für solche Gespräche erstellen wollten. Aus Gesprächen mit Betriebs- und Personalratsmitgliedern, die solche Gespräche führen, hörten wir dennoch den Bedarf nach einer orientierenden Checkliste heraus. Diesem Wunsch kommen wir hiermit nach (vgl. Abb. 20). Sie soll es Ihnen als Berater ermöglichen, auch im »Eifer des Gefechts« einigermaßen den Überblick zu behalten. Beispielsweise könnte es zu Unstimmigkeiten kommen, wenn Sie vergessen, den Ratsuchenden nach seinem Einverständnis hinsichtlich der Anfertigung von Notizen zu fragen. Andererseits könnten Sie sich beim Überfliegen der Checkliste daran erinnern, dass es angesichts der zu erwartenden Menge an Informationen und deren Unübersichtlichkeit sinnvoll wäre, Notizen zu machen.

Abb. 20: Checkliste für das Beratungsgespräch

1. Vor dem Gespräch
- Kurze eigene Einstimmung auf das bevorstehende Gespräch
- Störquellen möglichst ausschalten
- Angenehme Gesprächssituation schaffen
- Sitzordnung weder zu distanziert noch zu vertraulich

2. Begrüßung
- Wenige einleitende Worte (»Türöffner«)
- Getränk anbieten, soweit vorhanden
- Frage: »Darf ich Notizen machen?«
- Zeitraum gemeinsam festlegen (nicht länger als 60 Minuten)
- Absolute Vertraulichkeit zusichern

3. Zielsetzung für dieses Beratungsgespräch erfragen
- Frage: »Was ist für Sie das Ziel dieses Gesprächs?« oder »Welchen Wunsch haben Sie (heute) an mich?«

4. Schilderung des Problems
- Ratsuchenden frei aussprechen lassen; hören Sie zu, was ihn bewegt
- Ratsuchenden als Person »annehmen«; keine Wertungen abgeben
- Mit Worten und Gesten zeigen, dass Sie zuhören; Ablenkungen vermeiden
- Nachfragen, um die Gefühle und Erlebnisse besser nachempfinden zu können
- Nachfragen, um den Sachverhalt und die Zusammenhänge besser verstehen zu können
- Abschließende Zusammenfassung des Problems

5. Mögliche Lösungen prüfen
- Ziele, Erwartungen des Ratsuchenden erfragen: »Was möchten Sie erreichen?«
- Lösungsvorstellungen des Ratsuchenden erfragen: »Welcher Weg schwebt Ihnen vor?«
- Mögliche Lösungen und Unterstützung aus der Sicht des Beraters einbringen
- Keine Lösungen aufdrängen, nicht auf Vorschlägen beharren
- Gemeinsame Beratung möglicher Wege zur Verbesserung der Situation

6. Schwierigkeiten einkalkulieren
- Nicht gegen unrealistische Ziele des Ratsuchenden argumentieren; stattdessen gemeinsam eine Pro-/Kontra-Liste der möglichen Folgen erstellen
- Keine oberflächliche Ermutigung bei Angst und Zurückhaltung des Ratsuchenden; stattdessen vorsichtig die Konsequenzen des Nichthandelns besprechen
- Nicht in Unruhe kommen, wenn Sie als Berater ebenfalls keine Lösung wissen; stattdessen beiderseitige Bedenkzeit vereinbaren

7. Auf Lösungen hinarbeiten, nicht bei Problemen stagnieren
- Lassen Sie sich nicht auf Dauer mit den Problemen im Kreis drehen
- Auf einen »ersten (nächsten) Schritt« hinarbeiten
- Vereinbarungen treffen, was als Erstes getan werden soll

8. Bündnis eingehen
- Gemeinsam festlegen, was getan werden soll
- Arbeitsteilung zwischen Betroffenem und Berater vereinbaren
- Offen für spätere Gespräche bleiben, wenn der Ratsuchende nichts tun will

9. Verbindlichkeit schaffen
- Folgetermin verbindlich absprechen
- Weiteres Vorgehen vereinbaren
- Gegenseitiges Informieren über Veränderungen absprechen
- Später: Erfolgskontrolle der eingeleiteten Maßnahmen

10. Nach dem Gespräch
- Notizen nachbereiten; Gespräch nachfühlen und überdenken
- Zusagen einhalten

2. Die Mobbing-Analyse

Eine Mobbinganalyse ist kein Selbstzweck. Mit ihrer Hilfe lässt sich ein effektives und sicheres Eingreifen in einen Mobbingkonflikt vorbereiten. Am Ende einer solchen Analyse werden Sie ein Denkmodell des Ihnen jeweils vorliegenden Mobbingfalls gewonnen haben. Erst anhand eines solchen Denkmodells wird es möglich sein, langfristig zielgerichtet (strategisch und taktisch) einzugreifen.

Möglicherweise erscheint Ihnen die Mühe für eine aufwendige Analyse als zu groß. Wenn Sie gewohnt sind, unverzüglich und entschieden einzugreifen und bisher dabei Erfolg hatten, wollen wir Sie nicht von Ihrer Vorgehensweise abhalten. Mobbingfälle sind jedoch häufig komplizierte soziale Konflikte mit den verschiedensten Beteiligten, die jeweils von anderen Interessen und Sorgen motiviert sind. Einfach strukturierte Eingriffe wie das »Machtwort«, die »Ermahnung unter vier Augen« oder das »Mutzusprechen« haben bei Mobbing sehr oft nicht die Wirkung, die man sich von ihnen verspricht. Gescheiterte Lösungsversuche erschweren wiederum die Lösung eines Mobbingkonflikts.

> **Wichtig:**
> Bevor Sie in Mobbing eingreifen, sollten Sie versuchen, es zu begreifen.

Unseres Erachtens lohnt sich die Mühe. Nicht von ungefähr schenken wir der Analyse von Mobbingfällen große Beachtung. Mobbingberater, Betriebs- bzw. Personalrat und Betroffener sind mit diesem Kapitel gleichermaßen angesprochen.

Die hier vorgestellten Analyseschritte sind eine Art geistige Werkzeugsammlung, mit deren Hilfe Sie sich selbst Wege zur Lösung Ihrer konkreten Mobbingprobleme erarbeiten können. Das erscheint uns sinnvoller, als eine Anzahl von »Patentrezepten« zu präsentieren. Natürlich können Sie Ihr Analyseverfahren auch anhand anderer Fragen und in anderer Reihenfolge strukturieren, als wir das hier vorstellen. Unser System der Analyseschritte scheint sich offenbar in der betrieblichen Praxis zu bewähren, wie wir durch Rückmeldungen erfahren haben.

Wenn Sie sich als Berater in ein neues Mobbingproblem einarbeiten, werden Sie regelmäßig nicht alles erfahren, was Sie gerne wissen möchten. Als Mobbingberater sollten Sie daran denken, dass Sie nicht als Staatsanwalt wirken müssen, der dem Richter eine lückenlose Indizienkette vorlegen muss, um die Verurteilung eines Angeklagten erwirken zu können. Die Aufgabe des Mobbingberaters liegt nicht in der Überführung eines Straftäters, sondern in der Unterstützung von Mobbingbetroffenen und im Auffinden von Konfliktlösungen. Machen Sie sich deshalb stets unbefangen ein eigenes Bild des Geschehens. Auch wenn das Bild zunächst unscharf ist, werden sich die entscheidenden Konturen schon bald zu erkennen geben. Es kommt bei der Analyse eines Mobbingfalls nicht darauf an, alles zu erfahren, sondern strategisch wichtiges Wissen zu erlangen, das zu einer Veränderung der festgefahrenen Situation genutzt werden kann.

Wir haben die Analyse in drei Abschnitte unterteilt, zu denen jeweils drei Analyseschritte gehören (s. Abb. 21, S. 145). Wir bezeichnen unser Verfahren als »Die 3 × 3 Schritte der Mobbing-Analyse«. Zunächst einmal müssen Beobachtungen zusammengetragen werden: Was passiert denn hier genau? Sodann muss versucht werden, etwas über die Beweggründe des Mobbers herauszufinden und die Bedingungen auszuloten, unter denen der Mobber seine Feindseligkeiten einstellen könnte. Schließlich wird versucht, das Kräftespiel zwischen dem Mobbingbetroffenem, dem Mobber und den »Möglichmachern« (ein treffender Begriff von *Leymann*) sowie die gesamte betriebliche Lage zu analysieren.

Der Mobbingbetroffene und der Mobbingberater sollten die Analyse gemeinsam durchführen, wobei eine Einbeziehung des Betriebs- bzw. Personalrats und/oder des Arbeitgebers bzw. Dienststellenleiters notwendig werden kann, wenn sich aus der Analyse ergibt, dass rechtliche Schritte angebracht sind. Die insgesamt neun Analyseschritte werden im Folgenden erläutert.

2.1 Ein klares Bild des Mobbingprozesses gewinnen

Zunächst werden ausreichend Informationen über die Mobbingvorkommnisse benötigt.

> **Hinweis:**
> **Informationsquellen über Mobbingvorkommnisse**
> - Ausführliche Schilderungen durch den Betroffenen
> - Eigene Beobachtungen
> - Berichte von Außenstehenden (z. B. Arbeitskollegen, Vorgesetzte)
> - Beweise und Indizien
> - Zunächst keine geeignete Quelle: der Mobber selbst

Wir raten Ihnen als Mobbingberater, auf eine direkte Befragung des Mobbers zunächst zu verzichten! Dadurch werden Ihnen zunächst einige Informationen entgehen. Aber Sie sollten diesen Verlust von Informationen in Kauf nehmen. Die Analysephase soll auf die Interessen des Mobbingbetroffenen, auf die Bewertung der Situation und auf den Entwurf eines zukünftigen Arbeitszusammenhangs gerichtet sein. Das muss in Ruhe geschehen. Wenn der Mobber in dieser Phase angesprochen wird, kann das für ihn den Charakter eines Angriffs haben und während der Informationsphase könnten Sie unmittelbar in die Mobbingauseinandersetzung geraten. Es kann sogar zu einer Eskalation der Situation kommen, auf die Sie noch gar nicht vorbereitet sind. Andererseits könnte sich in der Analyse auch herausstellen, dass es sich nicht um Mobbing handelt. Machen Sie als Mobbingberater »die Pferde« nicht vorzeitig scheu.

> **Wichtig:**
> Berater verzichten bei der Mobbinganalyse auf eine frühzeitige Befragung der Mobber, da sie ansonsten **unvorbereitet** mitten in die Auseinandersetzung geraten können.

Es ist von Vorteil, wenn der Betriebs- bzw. Personalrat selbst schon den einen oder anderen Mobbingvorfall mit eigenen Augen beobachten konnte. Solche Beobachtungen können zuweilen auch nachgeholt werden. Dazu kann beispielsweise mit dem Mobbingbetroffenen vereinbart werden, dass ein Betriebs- bzw. Personalratsmitglied zu bestimmten Zeiten oder Situationen, in denen bisher erfahrungsgemäß Mobbing aufgetreten ist, »zufällig« auf der Bildfläche erscheint.

Berichte von unbeteiligten Dritten sind sehr wertvoll. Dadurch wird die mögliche Unsicherheit des Beraters reduziert, inwieweit die Berichte des Mobbingbetroffenen zutreffen. Zum anderen lässt sich etwas zum

Kräfteverhältnis ermitteln: Bei welchen Arbeitskollegen besteht eine gewisse Sympathie oder Antipathie zu dem Mobbingbetroffenen, bei wem ist stillschweigende Zustimmung zu Mobbing gegeben usw. Allerdings sind Zeugen selbst mobbinggefährdet. Die Befragung von Zeugen oder Vorgesetzten hat möglicherweise den Nebeneffekt, dass der Mobber vorgewarnt und seinerseits aktiv wird. Dadurch würde die Zeit für die ruhige Entwicklung eines Konzepts verkürzt.

Abb. 21: Die 3 × 3 Schritte der Mobbing-Analyse

1. Ein klares Bild des Mobbingprozesses gewinnen

Fakten detailliert zusammentragen	*Vorkommnisse hinterfragen*	*Konkrete Erwartungen formulieren*
Mobbing-Tagebuch Mobbing-Landkarte Mobbinghandlungen	Kritische Prüfung der Beobachtungen und Schlussfolgerungen	Forderungen an den Mobber und an Entscheidungsträger

2. Die Beweggründe des Mobbers herausfinden

In die Haut des Mobbers schlüpfen	*Kosten / Nutzen-Rechnung des Mobbing*	*Beweggründe zur Einstellung der Mobbinghandlungen*
Die Welt mit den Augen des anderen sehen	Vorteile für die Fortsetzung des Mobbing	Zukünftige Handlungsalternativen des Mobbers

3. Das betriebliche Kräfteverhältnis ermitteln

Ohnmacht und Stärken des Betroffenen	*Macht und Schwachstellen des Mobbers*	*Betriebliche Hintergründe und Probleme*
Inneres Einverständnis Schwächen zu Stärken	Suche nach der Machtquelle Suche nach der Achillesferse	Strukurelle Probleme Öffentliche Meinung

> **Wichtig:**
> Achten Sie auf eine frühzeitige Sicherung von Beweismitteln, wie ärztliche Atteste, Zeugenaussagen und dergleichen.

Hilfreich sind alle Beweise, welche die Mobbingangriffe bestätigen. Dies können schriftliche Anweisungen, widersprüchliche mündliche Anordnungen, die vor Zeugen geäußert wurden, zerrissene Papiere usw. sein. Die Beschaffung solcher Beweise sollte Aufgabe des Mobbingbetroffenen sein.

2.1.1 Fakten detailliert zusammentragen (Erster Analyseschritt)

Berichte aus der Vergangenheit sind lückenhaft und unterliegen Erinnerungstäuschungen. Aus diesem Grund ist es in der Regel ratsam, Fakten detailliert zusammenzutragen und in eine Form zu bringen, die es erlaubt, diese auch noch in späterer Zeit verlässlich verwerten zu können. Hierbei handelt es sich um

- das Mobbing-Tagebuch,
- den Mobbing-Kalender,
- die Mobbing-Landkarte,
- den Katalog der Übergriffe (Mobbinghandlungen, Verfehlungen).

Die aussagekräftigste Form einer Bestandsaufnahme von Mobbingangriffen ist das Führen eines Mobbingtagebuchs. Damit lassen sich die aktuellen Vorkommnisse schnell und geschehensgetreu dokumentieren.

Ein **Mobbing-Tagebuch** ist nicht nur eine Dokumentation der Vorfälle und Begleitumstände zur Beweissicherung, sondern vor allem eine sehr geeignete Arbeitsgrundlage für die Mobbinganalyse. Um diesen Zweck zu erfüllen, müssten neben den eigentlichen Vorfällen auch die jeweiligen Begleitumstände und die Gefühlslage des Mobbingbetroffenen in der aktuellen Situation verzeichnet werden. Das Mobbing-Tagebuch unterscheidet sich von den altbekannten privaten Tagebüchern dadurch, dass über den Inhalt diskutiert und mit ihm systematisch gearbeitet wird.

Als Chronist seines eigenen Leidens, aber auch der Begleitumstände und der möglichen Motive der Gegenseite, kommt der Mobbingbetroffene aus der defensiven Haltung heraus. Wenn er zurzeit auch noch nichts gegen die Mobbingattacken tun kann, so kann er doch zumindest das Übel dokumentieren. Außerdem wird das Mobbinggeschehen versachlicht. Dadurch, dass die Mobbingvorfälle gedanklich bearbeitet und gemeinsam mit dem Mobbingberater oder weiteren Personen besprochen werden, kann der Mobbingbetroffene einen gewissen emotionalen Abstand zum Geschehen gewinnen. Wir stellen in der Abb. 22 die Musterseite eines Mobbing-Tagebuchs vor.

Abb. 22: Musterseite eines Mobbing-Tagebuchs

1. Was ist heute (Datum, Uhrzeit) genau vorgefallen?
2. Welche äußeren Bedingungen / Umstände lagen vor?
3. Was war der Zweck und das Ziel der Handlung (z. B. die Zusammenarbeit, meine Selbstachtung, mein Wohlbefinden, mein soziales Ansehen, meine Arbeit und Leistungsfähigkeit)?
4. Wurde ich als Person und / oder wurde mein soziales Ansehen angegriffen?
5. Ist ein bestimmter Anlass / eine tieferliegende Ursache zu erkennen?
6. Welche Gefühle wurden bei mir ausgelöst?
7. Wie habe ich auf den Vorfall reagiert?
8. Wer oder was hat mich unterstützt?
9. Gibt es Zeugen und / oder andere / weitere Beweise?

Obwohl das Mobbing-Tagebuch aus unserer Sicht ein sehr geeignetes Hilfsmittel ist, sollte nicht darauf bestanden werden, dass ein Mobbingbetroffener ein solches führt. Was auch immer die individuellen Gründe gegen ein Tagebuch sein mögen, man sollte mit dem Mobbingbetroffenen nicht deswegen in Streit geraten. Wichtig ist, dass überhaupt schriftliche Aufzeichnungen angefertigt werden. Die Vorgänge beim Mobbing sind zu komplex, als dass man sich nur auf das Gedächtnis verlassen könnte. Schriftliche Notizen während der Mobbingberatung sind eine weitere gute Möglichkeit. Diese können die Funktion eines Mobbing-Tagebuchs übernehmen.

Unabhängig davon, in welcher Form die Aufzeichnungen angefertigt werden, sollten Berater und Betroffener nach einer gewissen Zeit dazu übergehen, das Geschehen systematisch auszuwerten. Dazu bietet sich an, eine Chronologie der wichtigen Mobbingvorfälle bzw. einen **Mobbing-Kalender** zusammenzustellen. Der Mobbing-Kalender hat nicht dieselbe Funktion wie das Mobbing-Tagebuch. Beim Mobbing-Kalender gilt es, einen Überblick über den zeitlichen Verlauf des Mobbing, Schwankungen, Höhepunkte, Intensität, Steigerung sowie Abschwächung zu bekommen. Im Mobbing-Tagebuch geht es hingegen darum, das einzelne Ereignis festzuhalten und dazu vertiefende Fragen zu stellen.

Eine weitere Möglichkeit, das »Mobbingpuzzle« zusammenzusetzen, besteht in der Erstellung einer Mobbing-Landkarte. Dies ist vor allem dann sinnvoll, wenn mehrere Personen am Mobbing beteiligt sind, deren Rollen und Zusammenspiel nicht eindeutig zugeordnet werden können oder wenn z. B. nicht klar ist, von welchen Personen die zu beobachtenden Intrigen ausgehen. Auf übersichtliche Weise kann die Abhängigkeit, Beeinflussung und Kommunikation verschiedener Personen dargestellt werden.

Beispiel für eine Mobbing-Landkarte:

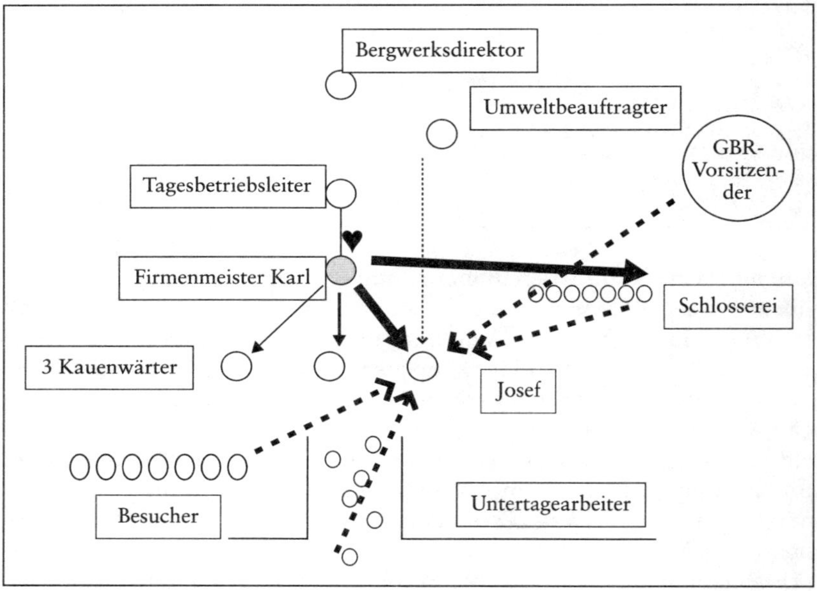

Neben den verschiedenen Fragen im Mobbing-Tagebuch kann es sinnvoll sein, jedes Mobbingproblem anhand eines feststehenden **Fragenkatalogs** durchzuarbeiten. Aus der Kreativitätsforschung weiß man, dass einem beim Versuch einer Problemlösung oftmals aktuell nicht die richtigen Fragen einfallen. Durch Verwendung einer Liste von Fragen kann dies überwunden werden. Es kann natürlich passieren, dass manche Frage nicht zu beantworten ist. Schließlich kann eine Zusammenstellung (Katalog) aller Mobbinghandlungen, die in dem konkreten Konflikt angewendet wurden, und deren Häufigkeit die Sachstandsermittlung abschließen.

Empfehlung:
Beispielhafte Aspekte für einen Fragenkatalog

- Welche äußeren Bedingungen / betrieblichen Hintergründe lassen sich feststellen?
- In welche Richtung (Person, soziales Umfeld, Arbeit usw.) gehen die Angriffe?
- Sind bestimmte Anlässe zu erkennen? Welche Motive / Ursachen sind zu vermuten?
- Welche Gefühle und Reaktionen wurden beim Mobbingbetroffenen ausgelöst?
- Welche Gegenmaßnahmen hat der Betroffene versucht? Mit welchem Erfolg?
- Welche Personen unterstützen den Mobbingbetroffenen? Wie nützlich und offen ist diese Unterstützung? Welche Personen unterstützen den Mobber und wodurch?
- Wie sieht das Kräfteverhältnis aus zwischen Mobber, Möglichmachern (z. B. untätige Vorgesetzte), Zuschauern sowie passiven und aktiven Unterstützern?
- Welche Beweise und verlässliche Zeugenaussagen liegen vor?

2.1.2 Vorkommnisse hinterfragen (Zweiter Analyseschritt)

Manchmal liegen die Taten und die Gründe für Mobbing offen zutage. Häufig tappen Betroffener und Berater allerdings auch im Dunkeln, was Motive und Hintergründe des Mobbing angeht. Teilweise versteht man die sozialen Wechselspiele nicht und kann nur schwer ermitteln, wer alles aus der Belegschaft und der Vorgesetztenriege aus welchen Gründen mit »im Spiel« ist.

Wenn es einem in einer solchen verwirrenden Situation nicht schnell genug gelingt, einen Informanten mit Insiderwissen ins Gespräch zu bringen, dann helfen Ihnen auch alle weiteren Versuche des Nachbohrens wenig. Diese Verwirrung kann darin liegen, dass von interessierter Seite zielgerichtet daran gearbeitet wird, dass die Manöver verdeckt laufen und weder der Mobbingbetroffene noch eine andere Person einen »Durchblick« haben. Es kann aber auch sein, dass die Verhältnisse für jedermann – Beteiligte wie Beobachter – zweideutig, widersprüchlich und undurchsichtig sind.

In dieser Lage hilft möglicherweise kein weiteres »Mehr« an Information, sondern nur ein kreatives Umgehen mit den bereits vorhandenen Informationen. Es geht darum, die bisher gewonnenen Informationen und Einschätzungen zu hinterfragen. Wir nennen diese Methode »Vorkommnisse hinterfragen«.

Hinweis:
Bedeutung der Methode »Vorkommnisse hinterfragen«

- Sie können Ihre Spürnase auf alles lenken, was zunächst für das Mobbing nicht so wichtig und bedeutsam ist, Ihnen aber doch irgendwie ungewöhnlich, seltsam oder verschroben vorkommt.
- Sie können sich fragen, welche Mobbingformen bzw. Mobbinghandlungen *nicht* eingesetzt worden sind. Warum nicht? Hat das möglicherweise einen speziellen Grund?
- Sie können herausfinden, zu welcher Zeit, an welchen Tagen, im Beisein oder in Abwesenheit welcher Personen das Mobbing stattgefunden hat. Auch daraus lassen sich im Einzelfall wichtige Rückschlüsse ziehen.
- Sie können sich das Verhalten der Außenstehenden einmal genauer vor das geistige Auge holen: Wer hat was (nicht) getan und gesagt? Was hätte getan werden können?
- Sie können sich als Berater auch fragen, welche Reaktionen/Emotionen beim Betroffenen nicht hervorgerufen wurden. Oder fragen Sie sich, welche Gegenmaßnahmen der Betroffene versucht hat und welche davon in welcher Weise wirksam waren.

In einem Mobbingfall blieb zunächst unbegreiflich, warum der Mitarbeiter C immer wieder mit vehementer Wut auf den Leiter L der Betriebsfeuerwehr losging und ihm das Leben schwer machte. Es war kein wirkliches Motiv zu entdecken. C äußerte sich kaum dazu, meinte lediglich, dass er L nicht leiden könne, weil dieser so autoritär wäre. Schließlich bemerkte ein Betriebsratsmitglied der Firma beiläufig, dass diese Wutausbrüche immer dann und nur dann auftraten, wenn C mit dem Mitarbeiter D gemeinsam Dienst hatte. Diese zunächst nebensächliche Beobachtung war schließlich der Schlüssel zum Verständnis des Mobbingproblems. Es stellte sich heraus, dass D die Hintergrundfigur des Mobbing war. Es war ihm gelungen, C Lügen über L zu erzählen, so dass dieser schließlich wutentbrannte Attacken gegen L fuhr. Das eigentliche Motiv war, dass D gern selbst die Leitung der Betriebsfeuerwehr übernommen hätte, welche die Geschäftsleitung jedoch ein Jahr zuvor dem erfahrenen, externen Bewerber L übertragen hatte.

2.1.3 Konkrete Erwartungen formulieren (Dritter Analyseschritt)

Der dritte Analyseschritt sollte auf jeden Fall durchgeführt werden. Es ist im Allgemeinen so, dass Mobbingbetroffene und auch die unterstützenden Personen die Erwartungen und Forderungen an den Mobber eher negativ und pauschal formulieren. Es wird erwartet, dass der

Mobber bestimmte Handlungen unterlässt: »Hört doch endlich auf mit dem Quatsch.« Eine derartig negativ formulierte Forderung an den Mobber hat einen deutlichen Nachteil. Es wird keine klare Richtung angegeben, was denn der Mobber stattdessen machen soll Die Alternativen bleiben letztlich wieder dem Mobber überlassen.

> **Wichtig:**
> Sagen Sie dem Mobber klar, was Sie von ihm wollen. Begnügen Sie sich nicht damit, nur das Abstellen des Mobbens einzufordern.

Wir empfehlen deswegen, die Erwartungen an den Mobber klar und positiv zu formulieren. So wäre im Fallbeispiel der Frau Lempert (siehe S. 63 ff.) denkbar, dass folgende positiv formulierte Forderungen vorgetragen würden: »Ich möchte fachlich angemessene Antworten, wenn ich eine fachliche Frage stelle. Ich möchte, dass auch mir Kaffee mitgebracht wird, wenn das für alle anderen erfolgt. Ich möchte kritische Anmerkungen an meiner Arbeit direkt hören, anstatt dass diese hinter meinem Rücken geäußert werden.«

Gewöhnlich betrachtet man Probleme aus der jeweils »heutigen« Sicht der gegebenen Situation. Wir möchten Ihnen empfehlen, sich den Mobbingkonflikt auch einmal aus der Zukunftsperspektive anzusehen, also vom Ende her. Versuchen Sie, sich einmal in der Phantasie die gewünschte betriebliche und persönliche Situation des Betroffenen, des Mobbers sowie des Umfeldes für die Zeit nach der Beendigung des Mobbing vorzustellen. Welche Forderungen des Mobbingbetroffenen sind zwingend, welche wünschenswert. Was ist realistisch umsetzbar? Aus dieser gedanklichen (und gefühlsmäßigen) Perspektive lassen sich dann Handlungsschritte für die Umsetzung dieser Zukunftsvision in der Gegenwart erarbeiten.

Es hat einen doppelten Vorteil, wenn der Mobbingbetroffene seine Erwartungen als positive Forderungen an die Beziehung formuliert. Erstens zeigt es an, dass er an Klarheit und Sicherheit gewonnen hat. Zweitens bringt eine klare verbale Vorgabe den Mobber eher in den Zugzwang, inhaltlich erklären zu müssen, wieso er zur Erfüllung der Forderungen nicht bereit ist. Dies gilt insbesondere, wenn später das Mobbingproblem offiziell in der Abteilung oder mit Vorgesetzten diskutiert wird. In dieser Phase der Mobbinganalyse wäre es allerdings noch zu früh, diese Forderungen bereits an den Mann bringen zu wollen. Es kommt zum jetzigen Zeitpunkt allein darauf an, sie klar zu formulieren.

2.2 Die Beweggründe des Mobbers herausfinden

Warum machen wir soviel Aufhebens um den Mobber? Wäre es nicht einfach angemessen, die Mobber zur Rechenschaft zu ziehen, anstatt sich noch mit ihren Motiven zu beschäftigen? Wir stimmen zu, die Handlungsweisen von Mobbern fordern unseren Gerechtigkeitssinn heraus. Vor allem in der Rolle des betrieblichen Mobbingberaters sollten Sie aber Folgendes bedenken:

Wenn Sie Machtmittel (Sanktionen, Strafe) einsetzen oder einfordern, müssen Sie von vornherein auch bereit sein, die Machtmittel notfalls bis zur letzten Konsequenz, d.h. bis zur Kündigung oder zur gerichtlichen Auseinandersetzung, auszureizen, falls keine Besserung eintritt. Durch leere Drohungen – das gilt hier wie anderswo – machen Sie sich lediglich lächerlich. Insbesondere als Betriebs- bzw. Personalratsmitglied sind Sie beim Einsatz von betrieblichen Machtmitteln darauf angewiesen, dass die Geschäfts- bzw. Dienststellenleitung mitspielt. Androhung und Verhängung von Strafen verhärten zumeist die Fronten. Selbst wenn es oberflächlich so aussieht, als bestünde Ruhe, droht der Konflikt stets wieder – eventuell in anderer Form – aufzubrechen.

Mobber handeln zwar nach außen aggressiv und gemein, aber nicht selten sind sie innerlich schwach und ihre Beweggründe sind oft defensiv. *Erich Fromm* hat den Satz geprägt: »Wer nicht leiden will, muss hassen.« Je besser Sie die (verborgenen) Motive des Mobbers kennen, desto größere Möglichkeiten stehen Ihnen zur Verfügung. Berücksichtigen Sie den Motivhintergrund des Mobbers, denn so steigen die Chancen, dass er einer einvernehmlichen Lösung zustimmt.

Der Mobber verteidigt seine Interessen aggressiv. Beim erfolgreichen Einsatz von Machtmitteln mag er unterliegen, aber seine Interpretation der Dinge, dass nur der Stärkere siegt, bleibt unangetastet. Er wird alles daran setzen, in der nächsten Lebenssituation wieder in die Rolle des Stärkeren zu gelangen. Bei einer erfolgreichen Schlichtung, in der auch ein Teil seiner Interessen zum Tragen kommen kann oder zumindest vermieden wird, dass er sein Gesicht verliert, könnte auch er bessere Möglichkeiten kennen lernen, wie man einen Interessenausgleich betreiben kann.

Es wäre ein strategisch gravierender Fehler, wenn man die Hintergründe, Stärken und Schwächen des Gegners in einem Mobbingkonflikt nicht kennt, sondern sich beispielsweise nur auf die eigene Betroffenheit und die moralische Beurteilung der Vorfälle konzentriert.

Wir haben ausgeführt, dass Mobbing eine Form der Austragung von Konflikten ist. Es muss Gründe dafür geben, warum gemobbt wird und keine anderen Verfahren der Interessenwahrnehmung benutzt werden: Der Mobber muss sich beeinträchtigt fühlen. Ihm ist oder scheint ein fairer Interessenausgleich verbaut. Sein Eigeninteresse ist größer als moralische Bedenken und er hofft, dass die Probleme mit der erfolgreichen Ausgrenzung der gemobbten Person verschwinden werden (vgl. Abb. 9, S. 79). Um die Mobberseite besser zu verstehen, schlagen wir die drei folgenden Analyseschritte vor:

1. In die Haut des Mobbers schlüpfen.
2. Eine Kosten/Nutzen-Rechnung des Mobbing aufstellen.
3. Mögliche Beweggründe zur Einstellung der Mobbinghandlungen suchen.

2.2.1 In die Haut des Mobbers schlüpfen (Vierter Analyseschritt)

Es mag auf den ersten Blick befremden, dass wir uns bei der Analyse des Mobbingkonflikts bemühen sollen, die Seite des Mobbers zu verstehen, da sich dieser doch moralisch ohnehin abqualifiziert hat. Schließlich empfinden wir seine Vorgehensweise als unmoralisch, kriminell, abstoßend oder beängstigend (oder alles zusammen).

Was die Hintergründe, Motive und Überlegungen unserer Gegner bzw. Feinde angeht, wollen wir es oft genug gar nicht so genau wissen. Wir lassen uns lieber in unserem Urteil bestätigen, dass der »Feind« ohnehin nur schlechte, hinterhältige und niederträchtige Absichten hat. Dahinter steckt auch für einen Mobbingberater möglicherweise die Angst, dass man dem Anderen auf den Leim gehen könnte oder die Furcht, später einen Irrtum zugeben zu müssen. Überwinden Sie einmal Bedenken und Widerwillen bei dem Gedanken, in die Haut eines Mobbers zu schlüpfen – denn Wissen ist Macht.

Es gibt prinzipiell zwei Wege für den Eingriff in Mobbingkonflikte: das Verhandlungs- bzw. Schlichtungsmodell und der Machteingriff. Der unschätzbare Vorteil eines tiefergehenden Verständnisses der Motive und Interessen des Mobbers liegt darin, dass wir dann wirklich über Mittel verfügen, um im Schlichtungsverfahren Einfluss auszuüben (wir vertiefen das im nächsten Kapitel). Zum Beispiel besteht die Möglichkeit, dem Mobber alternative Handlungsweisen zum Mobbing anzubieten, mit denen auch seine legitimen Interessen gewahrt bleiben.

> **Wichtig:**
> Es gibt zwei grundsätzliche Methoden, bei Mobbing einzuwirken: Machteingriff und Schlichtung/Verhandlung.

In die Haut des Mobbers zu schlüpfen bedeutet, sich so weit wie möglich in dessen Situation und in dessen Sicht der Dinge hineinzuversetzen. Was bekämpft er, wo reagiert er besonders heftig? Die wichtigste Frage ist die nach seinen tieferliegenden Interessen, welche er durch Mobbing verteidigt. Welche Befürchtungen könnte der Mobber im Hinblick auf die Zukunft haben? Mit der Berufstätigkeit ist ein Bündel von persönlichen Motiven verknüpft: Einkommen, gesellschaftliches Prestige, soziale Integration und Anerkennung, Herausforderung, Lebenssinn usw. Das gilt für Mobber wie für Mobbingbetroffene und alle anderen Beschäftigten.

> **Wichtig:**
> Sich in den Mobber einfühlen heißt nicht, sein Verhalten zu billigen und mit ihm übereinzustimmen.

In der Arbeitspsychologie wird die Unterscheidung gemacht zwischen Menschen, die in erster Linie aufgabenorientiert sind, und Menschen, die vornehmlich personenorientiert handeln. Zusätzlich kann danach unterschieden werden, ob diese Menschen eher offensiv oder defensiv vorgehen. Dies ist in der Abb. 23 (S. 155) dargestellt.

Diese Idee haben die amerikanischen Personaltrainer *Brinkman* und *Kirschner* entwickelt. Dabei haben sie vier grobe betriebliche Typen gebildet, die wir als »Macher«, »Meister«, »Kumpel« und »Helfer« übersetzt haben. Wahrscheinlich wird sich nun jeder irgendwo wiederfinden und gleichzeitig sagen, solche Typen in Reinkultur gibt es gar nicht. Das ist richtig. Die entstehenden »Typen« sind keine konkreten Personen. Vielmehr zeigen sie charakteristische Handlungstendenzen auf. Niemand ist absolut auf diese Rollen festgelegt.

Es gibt Mitarbeiter, deren wichtigstes Motiv die unmittelbar soziale Anerkennung und Absicherung ist. Wenn sie zusätzlich eher offensiv sind, wirken sie als Betriebsnudel, als Entertainer, als Kanzlerkandidat oder einfach als »Kumpel«. Sie sind in der Lage, andere zu inspirieren, für gute Stimmung zu sorgen. Ihnen kann die Freude an der Arbeit aber vergällt werden, wenn sie das von ihnen benötigte belebende Umfeld

Abb. 23: Vier betriebliche Typen

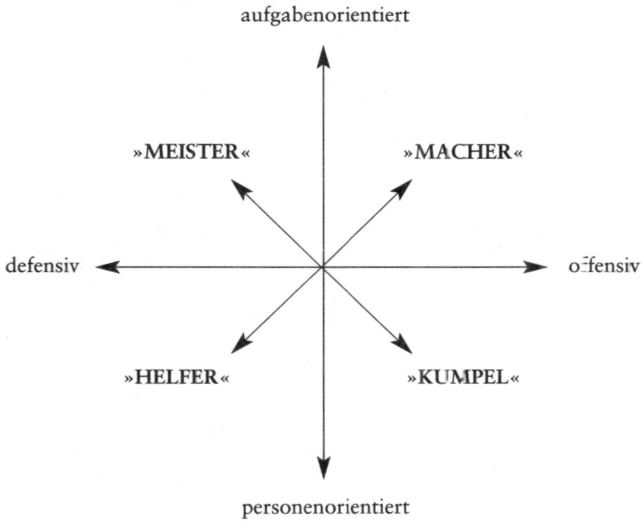

nicht haben können. Ihre Arbeitsleistung bleibt dann hinter ihren Möglichkeiten zurück. Wer ohnehin eher defensiv um soziale Kontakte bemüht ist, sich durch Anpassung oder durch den Versuch, es allen Recht zu machen, beliebt machen will, gehört zu den Mauerblümchen, stillen Wassern und Samaritern. Ihre Rolle haben wir mit dem Wort »Helfer« bezeichnet.

Andere sind ausgesprochen leistungs- und ergebnisorientiert. Die soziale Anerkennung, die auch sie brauchen und anstreben, holen sie sich über den Umweg der vollbrachten Leistung. Offensive Leistungserbringer stellen die Durchführung der Sache in den Vordergrund, es sind die »Macher«. Hier dürfen schon einmal Späne fliegen und der zügigen Erledigung muss auch schon einmal die Qualität im Detail geopfert werden. Die defensiven Leistungsorientierten versuchen dagegen, ihre Aufgaben perfekt, fehlerlos und unangreifbar zu erledigen: Sie sind die »Meister«.

Von den Autoren *Brinkman* und *Kirschner* kommt nun die erhellende Idee, dass ein Großteil der zwischenmenschlichen betrieblichen Auseinandersetzungen darauf zurückzuführen sei, dass Menschen in ihrer grundlegenden Werteorientierung behindert und frustriert sind und mit aller Macht versuchen, eine gefühlsmäßig zufriedenstellende Position zurückzugewinnen (s. Abb. 24).

Abb. 24: Die frustrierten betrieblichen Typen

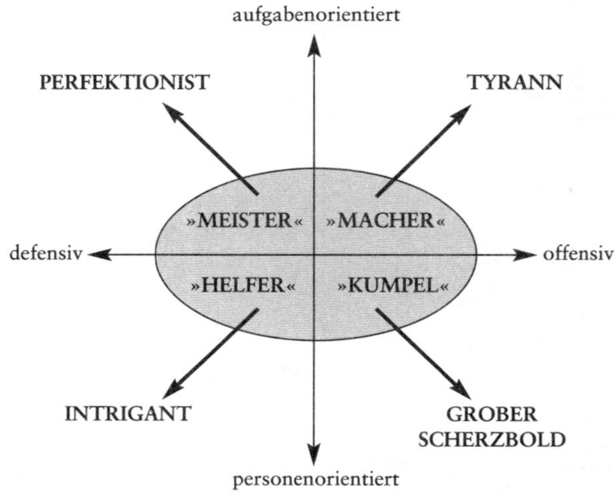

Der »Macher«, dessen Zielstellung gefährdet ist, dem zu viele Hindernisse im Weg liegen, wird zunehmend rücksichtslos. Auch die »Macher« suchen und wollen Anerkennung, aber nicht unbedingt bei Untergebenen und Gleichgestellten, sondern in höheren Sphären. Darum wird alles und jeder, der im Weg steht, angegriffen, attackiert, zu Höchstleistungen angetrieben oder ausgemustert. Der gefährdete »Macher« wird zum Tyrannen. Im Betrieb bzw. in der Dienststelle sind gerade solche Personen problematisch, an die der Anspruch des Machens groß ist oder die diesen Anspruch an sich selbst haben, denen aber keine ausreichenden betrieblichen und persönlichen Ressourcen zur Verfügung stehen (Führungsschwäche und Missmanagement). Hier finden sich vielfältige Ansätze zum Mobbing.

Der »Meister«, dem z. B. die Zeit für die abschließende Sicherung der eigenen Ergebnisse fehlt, wird ungerecht, perfektionistisch und pedantisch, kritisiert alle anderen, wird unzugänglich, blockiert die Zusammenarbeit. Der gefährdete Meister wird zum aggressiven Perfektionisten. Durch Pedanterie, bürokratische Maßnahmen, Rechthaberei oder als Heckenschütze usw. bietet dieser Handlungstyp vielfältige Ansatzpunkte für Mobbing.

Ein »Kumpel«, dem Anerkennung und Gefolgschaft schwinden, mag in Depressionen verfallen, was aber unwahrscheinlich ist. Zu erwarten sind eher verstärkte Bemühungen um Bekanntheit und Anerkennung. Er ist für seine groben, verletzenden Scherze bekannt und gefürchtet. Unter dem Mobbingaspekt könnten auch persönliche Angriffe gegen (vermeintliche) Konkurrenten von Bedeutung sein.

Der »Helfer« ist für alle da und will es jedem und allen Recht und angenehm machen. Dafür erhofft er seinerseits Respekt und Anerkennung. Betrieblich problematisch kann die Unzuverlässigkeit und geringe Entscheidungsfreude werden. Der gestresste »Helfer« kann zum Ankläger oder Intriganten werden. Er nimmt Rache für lange erduldete schlechte Behandlung. Offen feindselige Mobbinghandlungen sind von diesem Handlungstyp eher nicht zu erwarten. »Helfer« in Vorgesetztenposition werden nur schwerlich gegen Mobbing durchgreifen.

Wenn wir dem Mobber in die Haut schlüpfen, sollten wir prüfen, ob sich der Mobber in der Entfaltung seines Grundinteresses nach Leistung, fachlicher Brillianz, Beliebtheit, Anerkennung und Akzeptanz verletzt fühlt. Gerade in diesem Bereich sind die Reaktionen für den Außenstehenden vergleichsweise überzogen, stärker jedenfalls, als bei einem normalen Konflikt zu erwarten wäre. Haben wir Verständnis für die Motivationslage des Mobbers gewonnen, so können wir noch weitergehen und prüfen, welche dieser Interessen verständlich und nachvollziehbar erscheinen, welche sogar legitim sind, wenn auch die Art der Verteidigung dieser Interessen unmoralisch ist, welche Interessen auch bei genauerer Betrachtung unakzeptabel (unsozial, unmoralisch, egoistisch, kriminell, pervers) sind.

2.2.2 Kosten/Nutzen-Rechnung des Mobbing (Fünfter Analyseschritt)

Wir glauben nicht, dass sich ein Mobber irgendwann bewusst mit der Alternative auseinandersetzt: »Soll ich mobben oder nicht, wobei kommt mehr heraus?« Aus einem emotionalen Impuls heraus hat er sich für das Mobben entschieden – und er bleibt dabei. Über Alternativen braucht er nicht nachzudenken, solange sein Mobbing »erfolgreich« ist.

Wenn dagegen der Mobbingbetroffene wirkungsvolle Gegenmaßnahmen ergreift oder zunehmend von anderen unterstützt wird, kann sich die Kosten/Nutzen-Rechnung verschieben. Die Bilanz, die zugunsten von Mobbing sprach, bekommt für den Mobber ein negatives Vorzeichen, wenn

- der Mobbingbetroffene erfolgreiche Gegenwehr ausübt;
- die Mobbinghandlungen keine Wirkung mehr zeigen;
- das Mobbing öffentlich missbilligt wird und die öffentliche Meinung gegen den Mobber zurückschlägt;
- für den Mobber unangenehme Sanktionen einsetzen.

Häufig ist zu erleben, dass das Mobbing nach den ersten Schritten zur Eindämmung nicht aufhört oder nach kurzer Ruhephase wieder aufflammt. Woran kann das liegen? Vom Mobber wird die Einstellung aller Feindseligkeiten gefordert. Das ist moralisch völlig gerechtfertigt, jedoch strategisch oft zu kurz gedacht: Das bedingungslose Aufgeben bisheriger Verhaltensweisen ist dem Mobber aus verschiedenen Gründen häufig nicht möglich. Er müsste sich selbst und seine Interessen aufgeben, zumindest seiner Empfindung nach.

Wenn ein Mobber nach dem Machtwort des Vorgesetzten widerspruchslos mit dem Mobben aufhört, setzt er sich damit selbst nachträglich ins Unrecht. Die Erfahrung sagt uns aber, dass die meisten Menschen großen Wert darauf legen, die Selbstachtung zu erhalten und den anderen gegenüber das Gesicht zu wahren. Deswegen ist es recht unwahrscheinlich, dass Mobber ihre Feindseligkeit ohne Rückzugsgefechte einstellen, nur weil beispielsweise ein Vorgesetzter das Verhalten kritisiert hat. Die ultimative Forderung nach vollständiger Einstellung der Feindseligkeiten mag moralisch angemessen sein, paradoxerweise blockiert sie jedoch häufig eine Weiterentwicklung und Lösung des Problems.

> **Wichtig:**
> Das Mobben widerspruchslos aufzugeben bedeutet für den Mobber, sich nachträglich ins Unrecht zu setzen.

Wir fragen uns im fünften Analyseschritt stets, was der Mobber davon hätte, wenn er der Erwartung nach vollständiger Einstellung aller Feindseligkeit nachkommen würde. Die Idee für das hier vorgeschlagene Verfahren in den Analyseschritten fünf und sechs stammt aus dem sehr innovativen Buch über Konfliktlösungen von *Fisher, Kopelman, Kupfer-Schneider*. Wir haben sie für die spezielle Situation des Mobbingkonflikts umgearbeitet. Wenn wir einmal pauschal die »Rechnung« für den Mobber aufstellen, der sich überlegt, ob er das Mobbing einstellen soll, gelangen wir z. B. zu der Gegenüberstellung, wie sie in der Abb. 25 dargestellt ist.

Abb. 25: Aktuelle Kosten / Nutzen-Rechnung für den Mobber
»Was hätte ich davon, wenn ich das Mobbing vollständig einstellen würde?

☺ ☺ ☺	☹ ☹ ☹
Mögliche Vorteile für mich:	**Wahrscheinliche Nachteile:**
▪ Es gibt keine Klagen und Beschwerden (mehr)	▪ Ich habe meine eigenen Interessen verraten
▪ Ich muss keine rechtlichen sowie betrieblichen Sanktionen (mehr) befürchten	▪ Ich habe das Gesicht verloren
	▪ Ich habe mich ins Unrecht gesetzt
	▪ Ich schaffe meine Arbeit nicht
	▪ Ich habe berufliche Nachteile
	▪ Ich habe soziales Ansehen eingebüßt
	▪ Ich habe Macht und Freiheit eingebüßt
	▪ Ich habe zukünftige Möglichkeiten verbaut

Wie leicht zu erkennen ist, überwiegen sowohl quantitativ als auch qualitativ die Nachteile. Jeder Eingriff in Mobbingkonflikte sollte diesen Aspekt der Kosten/Nutzen-Bilanz für den Mobber berücksichtigen.

2.2.3 Beweggründe zur Einstellung der Mobbinghandlungen (Sechster Analyseschritt)

Im sechsten Schritt überlegen wir, wie die Kosten/Nutzen-Rechnung aussehen müsste, die es dem Mobber leichter machen würde, vom Mobbing abzulassen und andere Konfliktmethoden sowie Umgangsformen zu wählen. Wir erstellen also stellvertretend für den Mobber eine Bilanz, in der die Vorteile des Ablassens vom Mobbing eindeutig überwiegen (s. Abb. 26, S. 160).

Abb. 26: Zukünftige Kosten / Nutzen-Rechnung des Mobbers
Eine alternative Möglichkeit für den Mobber suchen

Zukünftige Vorteile für Mobber:	**Zukünftige Nachteile für Mobber:**
▪ Es gibt keine Klagen und Beschwerden (mehr) ▪ Ich habe keine rechtlichen sowie betrieblichen Sanktionen mehr zu befürchten ▪ Ich habe soziales Ansehen gewonnen ▪ Es gibt neue Handlungsmöglichkeiten ▪ Ich habe meine Interessen wahren können, wenn auch in anderer Form ▪ Ewige Querelen sind beendet	▪ Ich musste mir Kritik gefallen lassen ▪ Ich habe nachgegeben ▪ Ich muss mit meinem Feind zukünftig auskommen

Es ist wichtig, dass hierbei zunächst eine Menge *egoistischer* Vorteile zusammengetragen werden, die dem Mobber erleichtern würden, vom Mobbing abzulassen. Man muss sich also – trotz Bedenken – erneut in die Perspektive des Mobbers begeben. Man kommt in der Praxis häufig zu überraschenden Einsichten, wenn man dieses Verfahren durchführt. Wir möchten keineswegs, dass dem Mobber »rote Teppiche« ausgerollt werden. Es geht darum, einen begehbaren Weg als Alternative zur Konfliktspirale aufzuzeigen. Die Abb. 26 zeigt die Alternativen auf, vor die ein Mobber zukünftig gestellt sein sollte. Zu beachten ist, dass wir uns immer noch in der Phase der Mobbinganalyse befinden, d. h. mit dem Mobber ist bislang nicht über seine heutigen und/oder zukünftigen Motive gesprochen worden. Das Ergebnis des fünften und sechsten Analyseschritts kann insofern stets nur eine gute Näherung an dessen wirkliche Vorstellungen und Positionen sein. Sie werden jedoch erstaunt sein, wie nahe Sie den wahren Beweggründen kommen und welche konstruktiven Möglichkeiten aus einer solchen Analyse erwachsen können.

2.3 Das betriebliche Kräftespiel ermitteln

Mobbing ist gemein – es kann auch den Stärksten treffen an seiner schwächsten Stelle. Ein Mobbingbetroffener ist den Angriffen ohnmächtig ausgeliefert. Die Ohnmacht liegt darin, dass man Wohlwollen, Fairness und guten Willen nicht erzwingen kann. Einem geballten Willen nach Ausgrenzung kann sich letztlich niemand widersetzen.

Doch häufig ist die Situation gar nicht so aussichtslos, wie sie auf den ersten Blick erscheint. Auch der Mobber hat seine Schwachpunkte, und der Mobbingbetroffene hat Möglichkeiten, die eigene Ohnmacht zu überwinden. Auch der betriebliche Hintergrund kann Mobbing begünstigen oder im günstigen Fall verhindern helfen. Zur Analyse des betrieblichen Kräftespiels dienen die folgenden drei Schritte der Mobbinganalyse.

2.3.1 Ohnmacht und Stärken des Mobbingbetroffenen (Siebter Analyseschritt)

Es kann im Einzelfall sinnvoll sein, Fehler, Versäumnisse, aber auch unverschuldete Schwachstellen des Mobbingbetroffenen etwas genauer zu betrachten. Genauer hinsehen soll nicht heißen, dass ihm diese Schwachstellen vorgehalten werden. Vorwürfe und Ratschläge der Art: »Sei doch nicht so empfindlich!« und »Warum hast du nicht dies und das getan?« hat der Mobbingbetroffene wahrscheinlich schon öfter gehört. Geholfen haben sie nicht, solidarisch sind sie auch nicht.

Den folgenden Analyseschritt sollte niemand stellvertretend für den Mobbingbetroffenen tun. Der Betroffene muss selbst zu der Überzeugung gelangen, dass es sinnvoll ist, die Gründe für die eigene Ohnmacht etwas genauer unter die Lupe zu nehmen. Im besten Fall sollte dieser Analyseschritt von Mobbingbetroffenen und Mobbingbeauftragten gemeinsam durchgeführt werden. Ebenso sinnvoll ist es, dass der Mobbingbetroffene außerhalb der Beratung, z.B. mit einem Therapeuten, versucht, sich über eigene Schwachpunkte klar zu werden und das Ergebnis der Überlegungen wieder in die Mobbinganalyse mit dem Mobbingberater einbringt.

»Macht« ist nicht einfach etwas, was sich jemand ungefragt genommen hat, sondern auch etwas, was ihm von anderen gegeben oder zugebilligt wurde, wobei diese Macht ganz verschiedene Wurzeln haben kann.

Hinweis:
Mögliche Wurzeln der »Macht«
- Reale Macht (z.B. Weisungs- und Kündigungsrecht)
- Soziale Macht (z.B. ältere Rechte, Verankerung in sozialen Strukturen)
- Fachliche Macht (z.B. Erfahrung, Kompetenz, Informationsvorsprung)
- Psychologische Macht (z.B. Informationsprivilegien, persönliche Sicherheit, Autorität, Konfliktbereitschaft, Skrupellosigkeit, Gewaltbereitschaft)

Die Ohnmacht eines Mobbingbetroffenen kann einerseits Folge der Macht bzw. des Machtmissbrauchs des Mobbers sein. Es kann sich jedoch zugleich umgekehrt verhalten: Weil sich der Mobbingbetroffene ohnmächtig fühlt und entsprechend verhält, wächst dem Mobber die Macht überhaupt zu. Diesen Gedanken zu akzeptieren, fällt vielen Mobbingbetroffenen schwer. Sie sehen nur Übergriffe und Machtmissbrauch.

Wir wollen den letzten Aspekt vertiefen. Es ist immer wieder erstaunlich, allerdings nur, wenn man nicht selbst betroffen ist, welche verheerende Wirkung banale Alltagsäußerungen haben können. Ein Mobber macht z. B. regelmäßig abfällige Bemerkungen über die angebliche Faulheit und »Versoffenheit« in der ehemaligen DDR. Eine Arbeitskollegin wird im Laufe eines halben Jahres so mürbe, dass sie trotz breiter Unterstützung im Betrieb fluchtartig den Arbeitsplatz verlässt und kündigt. Der Leser ahnt es: Die Arbeitnehmerin ist zwar weder faul noch neigt sie dem Alkohol zu, aber sie stammt aus einem der östlichen Bundesländer.

Mit sicherem Gespür hatte der Mobber in kurzer Zeit einen Schwachpunkt gefunden, an dem die Feindseligkeit voll zur Wirkung kommen konnte. Die Macht des Mobbers über die Mobbingbetroffene konnte nur deswegen wachsen, weil sich die Mobbingbetroffene selbst in gewissem Maß »angriffswürdig« fühlte. Als Bürgerin der ehemaligen DDR teilt sie mit vielen anderen eine gewisse Unsicherheit gegenüber den historisch erfolgreichen »Wessis«. Sie ist sich nicht sicher, ob sie nicht letztlich doch als Person und Arbeitnehmerin an den Anforderungen des neuen Wirtschaftssystems scheitern könnte.

Mobber suchen, da sie ja nicht physisch, sondern psychisch angreifen, gewisse gefühlsmäßige Schwachpunkte der Mobbingbetroffenen. Viele Mobbingangriffe treffen auf innere Unsicherheit, Selbstzweifel und Ängste der Mobbingbetroffenen. Die angesprochenen Themen der Mobbingangriffe finden also ein ungewolltes »inneres Einverständnis« bei dem Betroffenen.

> **Wichtig:**
> Es gibt beim Mobbingbetroffenen häufig ein ungewolltes »inneres Einverständnis« mit dem Inhalt der Angriffe.

Zur Klarstellung sei hinzugefügt, dass wir damit keineswegs behaupten, dass Mobbingbetroffene gemobbt werden wollen, sondern dass sie einige der negativen Botschaften, die der Mobber vorbringt, nicht so einfach von der Hand weisen können. Das wiedergekäute Vorurteil, dass DDR-Bürger faul gewesen seien, kann nur einen ehemaligen DDR-Bürger verletzen. Ein Saarländer etwa wird sich über eine derartige Äußerung nicht aufregen, weil er persönlich nicht angesprochen ist.

Wichtig:
Es muss in uns eine Saite mitschwingen, um uns verletzlich zu machen. Angriffe, die uns persönlich nicht betreffen, treffen uns auch nicht.

Was haben Mobbingbetroffene und Berater davon, solche Überlegungen anzustellen? Wir denken, dass sich solche inneren Schwachpunkte nicht kurzfristig abstellen lassen. Vielleicht gelingt es aber dem Mobbingbetroffenen, einen gewissen Abstand zu seiner eigenen Verletzlichkeit zu finden. Der innere Abstand macht die Angriffe nicht friedlicher, aber kann den Betroffenen aus der Unterlegenheit und Defensive herausbringen.

Eine andere Form der Ohnmacht ist es, wenn der Mobbingbetroffene aus unterschiedlichen Gründen meint, er dürfe sich nicht wehren. Dies können moralische Gründe, Loyalitätsgründe sowie die Angst vor Missbilligung durch Dritte sein. Auch hier sollte einmal gründlicher geprüft werden. Zu den Schwachstellen des Mobbingbetroffenen kann auch der Umstand zählen, dass er unentwegt über die Gründe grübelt, warum ausgerechnet er zur Zielscheibe von Mobbing geworden ist. Immer wieder kommen dieselben Gedanken: »Ich bin doch ein guter Mensch, wieso gerade ich, ich habe doch niemandem etwas getan?« Nicht die Tatsache, dass sich der Betroffene wundert, ist das Problem, sondern dass er über den Zustand des Wunderns nicht hinauskommt und z. B. immer neue Anstrengungen unternimmt, dem Mobber zu zeigen, dass sich dieser völlig zu Unrecht an einem »guten Menschen« vergriffen hat. Gerade die positive Ausstrahlung eines Arbeitskollegen kann für andere eine ungeheure Provokation darstellen und zu Mobbing führen.

Eine weitere Gefahr besteht für Mobbingbetroffene, wenn sie ihr eigenes Wohlergehen zu stark von einer moralischen »Besserung« des Mobbers oder einer symbolischen Geste abhängig machen. Dies ist z. B. der Fall, wenn ein Mobbingbetroffener nur dann wieder an seinen Arbeitsplatz zurückkehren will, wenn sich der Mobber formell bei ihm entschuldigt. Solange sich der Mobber sperrt, bleibt der Mobbingbetroffene sozusagen freiwillig dessen Macht ausgeliefert.

Wichtig:
Je stärker der Mobbingbetroffene sein Wohlergehen davon abhängig macht, dass sich der Mobber ändert und bessert, desto stärker wird die Fremdbestimmung und die Abhängigkeit vom Wohlwollen der anderen Seite.

Zur Gegenmacht des Mobbingbetroffenen gehört in erster Linie die Mobilisierung sozialer Unterstützung am Arbeitsplatz und außerhalb des Betriebes bzw. der Dienststelle. Gegenmacht kann auch dadurch erwachsen, dass sich der Mobbingbetroffene der eigenen Schwäche deutlich bewusst wird und mit der eigenen Schwäche konstruktiv umzugehen lernt. Das kann heißen, dass er lernt, seine Schwäche durch gezielte Maßnahmen zu kompensieren. Zur Gegenmacht kann gehören, dass er beginnt, der Aggressivität und Unverschämtheit des Mobbers eine beharrliche und überzeugende Aufklärungsarbeit im Betrieb bzw. in der Dienststelle entgegenzusetzen, oder dass er den Angriffen des anderen zuvorkommt.

2.3.2 Macht und Schwachstellen des Mobbers (Achter Analyseschritt)

An dieser Stelle schreiben wir ausnahmsweise über *die* Mobber in der Mehrzahl, weil die Macht der Mobber vielfach in ihrer großen Zahl begründet liegt.

Als Einzelner direkt gegen eine Phalanx von entschlossenen Feinden anzukommen, ist so gut wie nie möglich. Dies ist auch nicht sinnvoll. Hier herrscht eine Gruppendynamik, die nur mit massiver Gegengewalt unterdrückt werden kann, und es fragt sich, ob der Sieg, den man eventuell erstreitet, den Preis wert ist, den der betreffende Mobbingbetroffene zahlen muss.

Ein juristischer Sieg kann beispielsweise in ein erneutes betriebliches Spießrutenlaufen münden, wenn der Mobbingbetroffene etwa in derselben Abteilung weiter arbeiten muss. In jedem konkreten Einzelfall müssen passende Entscheidungen gefällt werden. In Mobbingkonflikten wird sich öfter der Gegensatz zwischen dem Gebot der Klugheit und dem Wunsch nach Gerechtigkeit oder Genugtuung auftun. Das bloße Pochen auf Rechten, wie es *Leymann* empfohlen hatte, ist eine zu starre Haltung in diesen Konflikten.

Wichtig:
Bei Mobbing lässt sich der Wunsch nach Gerechtigkeit nicht immer durchsetzen. Das Gebot der Klugheit weist häufig andere Wege.

Wenn ein Mobbingbetroffener in seinem Betrieb bzw. in seiner Dienststelle durch unterschiedliche Personen angegriffen wird, ohne dass eine erkennbare Absprache oder Koordination der Mobber zu erkennen ist, dann ist anzunehmen, dass der Mobbingbetroffene sozusagen eine »allgemeine Provokation« für eine Reihe von Beschäftigten darstellt. Ursache kann beispielsweise eine – in den Augen vieler – unberechtigte Beförderung oder die Einstellung einer nicht von der Belegschaft favorisierten Person sein. Es kann sich aber ebenso um den Ausdruck von Fremden- bzw. Ausländerfeindlichkeit sowie anderer weit verbreiteter Ressentiments handeln.

Wie viel Standhaftigkeit man benötigt, um dem Mobbing einer ganzen Belegschaft zu trotzen, zeigt das folgende Beispiel von »Carola«. Juristische Schritte und moralische Belehrung der Belegschaft hätten sehr wahrscheinlich nichts genutzt, denn die Belegschaft fühlte sich moralisch im Recht. Carolas Trümpfe lagen in der richtigen Einschätzung der Lage, in ihrer Beharrlichkeit und in ihrem taktischen Geschick, im entscheidenden Augenblick das Richtige zu tun. Die Lösung des Mobbingkonflikts ist zwar nicht gerecht, Carola nimmt sogar eine finanzielle Einbuße hin, aber sie ist strategisch gelungen und dauerhaft.

Fallbeispiel »Carola«:

Carola wurde aus ungerechten disziplinarischen Gründen in das Amt B versetzt. Weil sie die Angriffe satt hatte, der sie als Personalratsmitglied ständig im Amt A ausgesetzt war, widersetzte sie sich dieser Maßnahme nicht. Das Amt B lag ganz in der Nähe ihres Wohnorts, was auch wegen ihres schwer kranken Mannes von Vorteil war. Es ergab sich aber das Problem, dass sie für die üblichen Tätigkeiten in Amt B unterqualifiziert und ohne Erfahrung war, aber aufgrund ihrer Dienstjahre und vorherigen Tätigkeit mehrere Gehaltstufen über den meisten Beschäftigten des Amtes B lag. Dies war der Anlass zu eineinhalb Jahre andauerndem Mobbing. Sehr viele Arbeitskollegen schnitten sie, gingen aus dem Zimmer, wenn sie kam, wechselten den Tisch in der Kantine usw. Man warf ihr Inkompetenz und Arroganz vor und leitete daraus das Recht ab, Carola in jeder Hinsicht schlecht zu behandeln. Carola hatte sich auf eine gewisse Durststrecke eingestellt, doch damit, dass es so lange dauern würde, hatte sie nicht gerechnet.
Juristisch war dem Verhalten der Arbeitskollegen nicht beizukommen. Carola hatte sich in weiser Voraussicht eine Gegenstrategie zurechtgelegt. Sie wollte jeweils offen zugeben, wenn sie etwas nicht konnte, und alle Möglichkeiten der Qualifikation nutzen, um dem Standard zu entsprechen. Zunächst war alles vergebens. Allein ihr Büronachbar erkannte den tatsächlich guten Willen von Carola und wandelte sich vom Feind zum heimlichen Verbündeten. Er unterstützte sie fortan moralisch, gab ihr fachliche Tipps und warnte sie vor Intrigen (Anmerkung: Hier zeigt sich die Bedeutung von menschlicher Unterstützung.). Der Umschwung kam erst rund 13 Monate später, als Carola auf eine (wegen des Dienstalters mögliche) Beförderung verzichtete. Erst hier »glaubten« viele der mobbenden Arbeitskollegen, dass sich Carola nicht einfach in dem Amt mit hohem Gehalt auf die faule Haut legen

wollte, wie es als niederträchtiges Gerücht herumgegangen war. Das Mobbing hörte mit diesem Tag auf.
Leider gab es nur eine einzige Arbeitskollegin, die sich bei Carola entschuldigte und zugab, dass sie sich anfangs in Carola geirrt und ihr zu Unrecht schlechte Motive unterstellt habe. Die anderen gingen ohne Kommentar zur Tagesordnung über – so, als sei nie etwas geschehen.

Zu den machtvollen Einflüssen beim Mobbing gehört die Gruppendynamik in einer Gruppe von Mobbern. Der Sündenbock entlastet von eigenen Sünden, lenkt durch das Bild eines äußeren Feindes von inneren Zwistigkeiten ab. Eine erfolgreiche Mobbingattacke hat jedesmal den Effekt einer inneren, gefühlsmäßigen Verstärkung und Bestätigung, sowohl für den einzelnen Angreifer als auch für die einverstandenen Zuschauer. Sie sorgt dafür, dass sich informelle Führungspositionen herausbilden. Die gemeinsam durchgeführten Gewaltakte führen dazu, dass niemand so leicht wieder aus der Gruppe aussteigen kann. Jetzt hat jeder »Dreck am Stecken«. Ein Nachgeben könnte den Status in der Gruppe gefährden. Ein Ausscheren aus dem Mobbing bringt für jeden einzelnen die Gefahr mit sich, selbst zur Zielscheibe zu werden. Dieses Risiko gehen z. B. auch Unbeteiligte ein, die als Zeugen für den Mobbingbetroffenen auftreten. Hier sind die Mobber nicht nur Täter, sondern zugleich Opfer der von ihnen losgetretenen, aber schwer selbst zu beeinflussenden Dynamik. Hier gezielt Einfluss zu nehmen, dürfte die Möglichkeiten eines Beraters übersteigen. Wenn sich eine solche Gruppe gebildet hat, kann man vielleicht auf den Faktor Zeit setzen (aber damit ist dem Mobbingbetroffenen nicht geholfen) oder es sollte überlegt werden, eine externe Stelle einzuschalten. Häufig müssen hier Machteingriffe und Sanktionen eingesetzt werden.

Merke:
Auch in einer Gruppe von Mobbern gilt: »Jeder ist sich selbst der Nächste«.

Jede Mobbinggruppe, jeder einzelne Mobber hat auch Schwachstellen. Es gibt keine Gruppe ohne feine Risse. Überlegen Sie, welche Rollen es in der Mobbingmeute geben könnte. Wir haben »Wortführer«, »Heckenschützen«, »graue Eminenzen« und »Mitläufer« gefunden. Wenn Sie die Beweggründe der Mobber herausfinden wollen, um eventuell hier einen Hebel anzusetzen, dann sollten Sie die zentrale Figur der Mobbinggruppe herausfinden und versuchen, dessen Motive zu ergründen. Die zentrale Figur ist aber nicht unbedingt die, die laut und spektakulär vorgeht. In manchen Mobbingkonflikten agiert eine graue Eminenz im Hintergrund (oder sollte lieber vom »Paten« gesprochen werden?). Er gönnt anderen den Platz auf der Bühne und verfolgt seine Interessen insgeheim. Manche Vorgesetzte gehen in dieser indirekten Weise gegen missliebige Mitarbeiter vor.

Eine Mobbergruppe ist keine Solidar-, sondern eine Zweckgemeinschaft. Wenn das einzelne Mitglied größeren Schaden als Nutzen daraus zieht, besteht zumindest die Tendenz, sich abzulösen und auszusteigen. Mittels Sanktionen und Öffentlichkeitsarbeit kann insbesondere der Betriebs- bzw. Personalrat dafür sorgen, dass sich die Kosten/Nutzen-Rechnung der Mobber zuungunsten des Mobbing ändert. Gezielte Gespräche sowie Maßnahmen können eingeleitet werden, um Einzelne aus dem Mobbingverbund herauszulösen. Hierbei ist zu bedenken, dass eine Mobbergruppe aus Loyalitäts- und Prestigegründen den gemeinsamen Weg in den Abgrund wählt, wobei sie dann möglichst viele Außenstehende mit ins Verderben reißen möchte.

Merke:
Jeder Mobber hat »Schwachstellen«!

Ein einzelner Mobber hat, auch wenn er Vorgesetzter ist, viele Schwachstellen. Man muss nur genau hinschauen. Eine Schwachstelle dürfte sein, dass es die Wenigsten kalt lässt, wenn sie mit einem staatsanwaltlichen Ermittlungsverfahren konfrontiert werden. Viele Mobber werden irgendwelche »Leichen im Keller« haben: Pflichtwidrigkeiten, mangelnde Arbeitsleistung usw. Es mag in vielen Fällen reichen, dass der Mobbingberater diese »Leichen« als Druckmittel ins Spiel bringt, damit das Mobbing eingestellt wird. Doch betreiben Sie keine Denunziation von privaten Dingen, es sei denn, der Mobber betreibt genau dasselbe mit dem Mobbingbetroffenen.

Wer sich die Schwachstellen des Mobbers zu Nutze macht, ist immer auch der Gefahr ausgesetzt, selbst Mobbing zu betreiben. Die Grenzen sind leider fließend. Sie dürfen keine Erpressung betreiben. Als Mobbingbeauftragter steht Ihre Glaubwürdigkeit im Rampenlicht: Sorgen Sie dafür, dass Sanktionen und Druckmittel zurückgenommen werden, sobald der Mobber glaubwürdig von seinem Tun ablässt.

2.3.3 Betriebliche Hintergründe und Probleme (Neunter Analyseschritt)

Dieser Analyseschritt ist ebenso wichtig wie die anderen acht. Wir begnügen uns hier allerdings mit wenigen Zeilen, weil weder aus juristischer noch aus psychologischer Sicht dazu Wesentliches beigetragen werden kann. Was die betrieblichen Hintergründe und Zusammenhänge angeht, sind Sie als Beschäftigter – dies gilt noch stärker für ein Betriebs- bzw. Personalratsmitglied – ein Experte. Schauen Sie sich Ihren Betrieb bzw. ihre Dienststelle, Ihre Organisation sowie deren Probleme von verschiedenen Seiten an und prüfen Sie deren mögliche Bedeutung für Mobbing.

> **Hinweis:**
> **Mögliche Ansatzpunkte für Mobbing**
> - Wirtschaftliche Situation
> - Konkurrenzsituation
> - Rationalisierung, Outsourcing, Privatisierung usw.
> - Mängel in der Arbeitsorganisation
> - Unterbesetzung, Überstunden
> - Termindruck, Arbeitshetze
> - Managementprobleme
> - Kompetenzgerangel
> - Fehler bei Einstellungen, Umsetzungen, Versetzungen

3. Eingreifen in den Mobbing-Konflikt

In der Beratung darüber, wie im konkreten Mobbingfall Abhilfe geschaffen werden soll, sind der Mobbingbetroffene und der Mobbingberater gleichberechtigte Partner. Gegen das ausdrückliche Veto eines Betroffenen soll und kann der Berater nicht handeln.

Wir setzen in der weiteren Darstellung voraus, dass bereits einige Beratungsgespräche stattgefunden haben, dass eine ergiebige Mobbinganalyse vorliegt und zwischen dem Mobbingbetroffenen und dem Mobbingberater ein Vertrauensverhältnis entstanden ist. Wir setzen weiter voraus, dass der Betriebs- bzw. Personalrat die erforderlichen Schritte mittragen wird.

Prinzipiell stehen bei Mobbing sechs Wege zur Konfliktbehandlung (Intervention) offen.

> **Hinweis:**
> **Sechs Wege der Konfliktbehandlung**
> - Konfliktbearbeitung bzw. Supervision durch externe Experten
> - Persönliche Gegenwehr des Mobbingbetroffenen
> - Schlichtungsversuch des Betriebs- bzw. Personalrats
> - Beeinflussung der betriebsöffentlichen Meinung im Umfeld des Mobbingbetroffenen in Richtung Ablehnung und Verurteilung von Mobbing
> - Konfliktbereinigung/Machteingriff durch Vorgesetzte
> - Juristische Maßnahmen

Wenn wir von »Mobbingintervention« sprechen, dann meinen wir damit unmittelbares Eingreifen in einen akuten Fall. Nicht gemeint sind: allgemeine Aufklärungsmaßnahmen, der Abschluss einer Betriebs- bzw. Dienstvereinbarung oder die Beratung und moralische Unterstützung eines Mobbingbetroffenen.

Auf die Möglichkeit der Konfliktbearbeitung und Supervision durch externe Experten gehen wir nicht weiter ein. Sie wären bei unübersichtlichen oder sehr verbitterten Auseinandersetzungen empfehlenswert, sind aber häufig nicht durchsetzbar. Zum Einsatz von externen Experten (z.B. Konfliktberater, Personalberater, Supervisoren) kommt es grundsätzlich nur, wenn die Arbeitgeberseite ein eigenes Interesse daran hat oder wenn sie dazu verpflichtet werden kann. Die ablehnende Haltung liegt zum Teil an den Kosten, zum Teil aber auch am Unwillen, einen Teil der eigenen Entscheidungsfreiheit in die Hände von Externen zu legen. Die übrigen Interventionsmöglichkeiten werden in den folgenden Abschnitten besprochen.

Beim Versuch, Mobbingkonflikte zu lösen, muss mit Überraschungen gerechnet werden. Denn:

»Gefühle wiegen in Konflikten meist schwerer als rationales Denken. Dies gilt vor allem dann, wenn es zu Gewalttätigkeiten gekommen ist«,

wie die amerikanischen Konfliktexperten *Fisher, Kopelman* und *Kupfer-Schneider* schreiben (*Fisher* u. a., S. 33). Dieser Hinweis gilt besonders für Mobbingkonflikte, in denen weniger physische, aber hinreichend psychische Gewalt ausgeübt wird. Es sind aber nicht nur unliebsame Überraschungen zu befürchten. Es können auch positive Situationen entstehen, wenn sich z. B. eine völlig verfahrene Situation plötzlich »in Luft auflöst« (ohne dass man genau sagen könnte, wie es dazu kam) oder ein leichter Durchbruch dort erreicht wird, wo mit massivem Widerstand zu rechnen war.

> **Wichtig:**
> Ein einmaliger Kraftakt hilft gegen Mobbing (meistens) nicht.

Das erfolgreiche Eingreifen in Mobbingprozesse beruht nur ausnahmsweise auf einmaligen Kraftakten (z. B. Machtwort, Androhung einer Kündigung, Versetzung, einmaliges klärendes Vier-Augen-Gespräch). Wird einem einzelnen uneinsichtigen Mobber gekündigt, ist das Mobbing mit großer Wahrscheinlichkeit erfolgreich beendet. Zugleich beinhaltet es eine überzeugende Warnung an eventuelle Nachahmer. Wird hingegen einem Mitglied einer Mobbergruppe gekündigt, kann eine Beendigung des Mobbing eintreten, weil keiner der Nächste sein will. Aber auch eine ungewollte Eskalation des Konflikts kann unter bestimmten Umständen das Ergebnis dieser Personalmaßnahme sein. Es sind uns Mobbingfälle bekannt geworden, in denen die einmalige gut gemeinte Intervention eines Vorgesetzten nur kurzfristig oder gar nicht hilfreich war.

3.1 Zielsetzung des Eingreifens

Menschen, die unter akuten Mobbingangriffen leiden, äußern bevorzugt die folgenden Wünsche:

- »Es« soll aufhören!
- Alle sollen sehen, was für ein schlechter Mensch der Mobber ist.
- Der Mobber soll »in der Hölle schmoren«.

Diese Wünsche haben allerdings nicht die Qualität konkreter Ziele. Das ist ein Ergebnis der psychischen Überlastung und Hilflosigkeit der Betroffenen. Zur Überwindung eines Mobbingkonflikts ist jedoch Klarheit des Denkens und des Handelns erforderlich, die im Zusammenspiel von Betroffenem und Berater entwickelt werden muss. Nur durch die Aufstellung klarer Handlungsziele lässt sich prüfen, ob diese erstens überhaupt realistisch sind und zweitens, welche konkreten Wege zur Verwirklichung dieser Ziele beschritten werden müssen. Schließlich lässt sich drittens eine Erfolgskontrolle nur anhand konkreter Ziele durchführen. Allzu häufig wird das Gefühl, moralisch auf der richtigen Seite zu stehen, als ausreichende Handlungsgrundlage angesehen. Das ist ein folgenschwerer Irrtum. Diffuse Wünsche, auch wenn sie menschlich sympathisch sind, werden auch nur zu diffusen Gegenmaßnahmen und diese dann letztlich zu unbefriedigenden Ergebnissen führen.

Abb. 27: Mögliche Ergebnisse einer erfolgreichen Mobbing-Intervention

Auflösung des Konflikts z. B. durch
- offene Einsicht des Mobbers, offizielle Entschuldigung
- verschämte Einsicht des Mobbers, Ende ohne offene Erklärungen
- erfolgreiche Schlichtung, gegenseitiges Verständnis und Respekt
- Aussöhnung, Ausräumen von Missverständnissen und Vorbehalten

Versachlichung des Konflikts z. B. durch
- Umwandlung des personenbezogenen Mobbing in einen Sachkonflikt

Veränderung des Kräfteverhältnisses z. B. durch
- einhellige Missbilligung von Mobbing im Betrieb
- wirkungsvolle persönliche Gegenwehr des Betroffenen
- »Immunisierung« des Betroffenen gegen die Angriffe
- offene Solidarisierung von Arbeitskollegen mit dem Betroffenen

Erfolgreiche Unterdrückung weiterer Mobbingangriffe z. B. durch
- Öffentlichkeitsarbeit (z. B. Bloßstellen der Mobbingangriffe)
- Kritik und Verwarnung durch Vorgesetzte oder Arbeitgeber

- Androhung und / oder Durchführung von betrieblichen Sanktionen
- Androhung und / oder Einleitung juristischer Maßnahmen

Trennung der Konfliktparteien z. B. durch
- Versetzung des Mobbers (bzw. »Rädelsführers« einer Gruppe)
- Versetzung (auch: Beförderung) des Mobbingbetroffenen
- das »Aus-dem-Schussfeld-Nehmen« des Mobbingbetroffenen
- Trennung durch Versetzung beider Konfliktparteien

Nachhaltige Bestrafung des Mobbers z. B. durch
- betriebliche Sanktionen (z. B. Betriebsbuße)
- erfolgreiche juristische Schritte
- soziale Verurteilung des Mobbers im Betrieb
- soziale Ausgrenzung des Mobbers im Betrieb (Vorsicht: Gegen-Mobbing!)

In der Abb. 27 sind verschiedene »Endergebnisse« von mehr oder weniger erfolgreichen Eingriffen in Mobbingkonflikte aus unterschiedlichen Betrieben und Dienststellen zusammengestellt. Wir möchten keine Empfehlungen aussprechen, sondern wollen Ihnen die Gelegenheit geben, sich durch die Vielfalt der Möglichkeiten inspirieren zu lassen. Diese Vorschläge schließen sich keineswegs gegenseitig aus, sondern können – je nach der betrieblichen und persönlichen Situation – kombiniert werden. Zu beachten ist allerdings, dass manche dieser angesprochenen Lösungen durchaus eine problematische Seite haben und nur für den speziellen Einzelfall geeignet sein können.

Wenn wir einerseits die Wichtigkeit von konkreter Zielbestimmung betonen, so möchten wir andererseits vor allzu starrer Fixierung auf ein einmal festgelegtes Ziel warnen! Die Kunst besteht auch hier in der Flexibilität (nicht zu verwechseln mit Beliebigkeit!) und in der Entwicklung von unterschiedlichen Alternativen.

Eine grundsätzliche Bemerkung zu den Möglichkeiten und Grenzen des Eingreifens in einen Mobbingkonflikt: Es lässt sich gut vorbereiten und planen, *wie* man eingreifen will. Ebenso hilfreich ist es zu wissen, was man letzten Endes will. Wir appellieren eindringlich, jeden Schritt gut vorzubereiten. Im Gegensatz zum spontanen, emotionsgeleiteten Vorgehen wird es sich langfristig für Sie auszahlen, wenn Sie den Sachverhalt gut durchschauen und wenn Sie konkrete Vorstellungen, Forderungen sowie Handlungsalternativen entwickelt haben.

Trotz guter Vorbereitung und klarer Ziele dürfen Sie jedoch nicht davon ausgehen, dass Sie dadurch bestimmen oder gar erzwingen könnten, *was* als konkretes Ergebnis ihres Eingreifens im Endeffekt *herauskommt.* Das liegt daran, dass die Gefühle, Motive, Gedanken und Taten der Beteiligten (insbesondere die der Mobber) grundsätzlich nicht vorherbestimmt werden können. Die Lösung von Mobbingkonflikten lässt sich eben nicht wie das Abschießen einer Kanonenkugel – zielen, schießen und (hoffentlich) treffen – bewerkstelligen. Zur Beschreibung des notwendigen Problemlösungsverhaltens ist vielmehr das Bild einer Weltraumsonde geeignet, deren Flugroute ständiger Kontrolle und Nachsteuerung bedarf, damit sie ihr Ziel erreichen kann. Je genauer Ihre Zielbestimmung und Analyse des Mobbingkonflikts ist, um so besser können Sie im Bedarfsfall jeweils nachsteuern. Nur so lässt sich verhindern, dass Sie nach dem Scheitern eines Plans völlig frustriert und handlungsunfähig werden, weil sich beispielsweise die ausgesprochene Kündigung eines Mobbers in einem Kündigungsschutzprozess überraschend als unwirksam erwiesen hat.

3.2 Zehn Eckpunkte für ein Erfolg versprechendes Eingreifen in Mobbing-Konflikte

Für ein Erfolg versprechendes Eingreifen in einen Mobbingkonflikt lassen sich zehn Eckpunkte benennen, auf die wir im Folgenden kurz eingehen.

3.2.1 Beginnen Sie mit einem tragfähigen Arbeitsbündnis

Zwischen dem Berater und dem Mobbingbetroffenen muss zunächst ein Arbeitsbündnis begründet werden. Einigen Sie sich auf das grundlegende Vorgehen und die Ziele. Sprechen Sie die geplanten Maßnahmen miteinander ab. Planen Sie als Berater gefühlsmäßig ein, dass es zeitweilige Misserfolge geben kann. Der Mobbingbetroffene und der Berater sollen sich die entstehenden Aufgaben, soweit es möglich ist, aufteilen. Treffen Sie jedoch Vorsorge, dass der Mobbingbetroffene in diesem Arbeitsbündnis nicht in eine passive Rolle gedrängt wird oder sich in Passivität zurückzieht.

3.2.2 Stellen Sie die Erwartungen auf eine mittelfristige Perspektive ab

Auch wenn sich der Mobbingbetroffene nichts mehr wünscht als ein sofortiges Ende des Mobbing, so müssen Sie als Berater auf eine mittelfristige Perspektive eingestellt sein. Es gibt keine Patentrezepte und keine garantierten Schnell-Lösungen bei Mobbing. Es kann schon einige Wochen dauern, bis sich eine Änderung der Situation andeutet. Es können Monate vergehen, bis eine endgültige Klärung – wie auch immer die aussehen mag – eingetreten ist. Wenn Mobbing mehrere Monate oder sogar viele Jahre angedauert hat, wieso sollte dann die Aufhebung des Problems in einigen wenigen Tagen gelingen?

3.2.3 Legen Sie nur die grobe Zielrichtung fest

Soll ein Schlichtungsverfahren bzw. ein Interessenausgleich angestrebt werden? Ist voraussichtlich ein Machteingriff durch Vorgesetzte oder Geschäfts- bzw. Dienststellenleitung das Mittel der Wahl? Geht es in erster Linie darum, den Mobbingbetroffenen zu entlasten und ihm dafür Freiräume zu schaffen, oder soll ihm der Rücken gestärkt werden, um den Kampf mit dem Mobber selbst aufzunehmen? – Stets sollte nur die grobe Zielrichtung festgelegt werden.

3.2.4 Planen Sie jeweils nur die nächste Etappe

Verschaffen Sie sich einen guten Überblick. Legen Sie zusammen mit dem Mobbingbetroffenen die grobe Richtung fest, in der vorgegangen werden soll (z. B. zunächst Schlichtungsversuch, dann Strafanzeige). Aber bereiten Sie jeweils nur die nächste Maßnahme vor (z. B. ein erstes Gespräch mit dem Wortführer einer Mobbergruppe). Werten Sie erst das Ergebnis einer Maßnahme aus, bevor Sie weitere Schritte unternehmen. Da nie exakt vorherzusagen ist, wie sich die andere Seite verhalten wird, verlaufen alle Interventionsmaßnahmen nach dem Prinzip des naturwissenschaftlichen Experiments »Versuch und Irrtum«. Versuchen Sie, eine Maßnahme, die nicht zum gewünschten Ergebnis führt, nicht als Niederlage zu bewerten, sondern als »Forschungsergebnis«: Überprüfen Sie die Gründe dafür, warum die Maßnahme nicht in der gewünschten Weise gewirkt hat und entwerfen Sie unter Ausnutzung der Erfahrungen eine neue Maßnahme.

3.2.5 Gehen Sie beharrlich, aber nicht ungeduldig vor

Erwarten Sie nicht, dass sich ein Mobber, nachdem er beispielsweise von einem Vorgesetzten warnend angesprochen wurde, sofort und bedingungslos auf die neuen Anforderungen einlässt. Ebensowenig sollten Sie erwarten, dass irgendeine andere Maßnahme sofort etwas ändert. Manche Dinge müssen erst einmal sacken. Der Mobber braucht beispielsweise Zeit, um seinen Rückzug so zu organisieren, dass er sein Gesicht wahren kann. Handelt es sich um mehrere Mobber, ist zu erwarten, dass die neue Lage zunächst untereinander abgeklärt werden muss. In solchen Gruppen werden Risse auch erst im Laufe der Zeit sichtbar. Nach jeder Maßnahme, die Sie (oder der Mobbingbetroffene) durchgeführt haben, warten Sie ein paar Tage ab und versuchen Sie dann herauszufinden, ob sich nicht insgeheim etwas Positives tut. Bleiben Sie beharrlich und veranlassen Sie den nächsten Schritt, sobald abzusehen ist, dass sich keine Besserung einstellen wird. Versuchen Sie, die Wirkung ihrer Maßnahmen nicht ausschließlich an den Reaktionen des Mobbers abzulesen, sondern beachten Sie auch das soziale Umfeld. Sind dort Veränderungen in den Ansichten und im Verhalten (z. B. dem Mobber gegenüber) zu beobachten? Auch eine Eskalation des Konflikts kann ein Indiz für die Wirksamkeit der Gegenmaßnahmen sein. Möglicherweise zeigt sich der Mobber aber lange Zeit äußerlich unbeeindruckt. Lassen Sie sich davon nicht täuschen und entmutigen, wenn Sie eigentlich davon ausgehen müssen, dass Sie wirksame Maßnahmen eingesetzt haben. Gehen Sie durch diese Phase hindurch. Gerade dann, wenn Sie das »sichere« Gefühl gewonnen haben, dass die Auseinandersetzung mit dem Mobber aussichtslos ist, sollten Sie nicht sofort weitere Maßnahmen »draufsetzen« und auf keinen Fall aufgeben. Beobachten Sie noch eine weitere Woche. Nicht selten tut sich erst dann etwas, wenn Sie gar nicht mehr damit rechnen. Beharrlichkeit ist ein entscheidender Faktor gegen Mobbing.

3.2.6 Formulieren Sie klare Erwartungen an alle Beteiligten

Formulieren Sie klare Erwartungen an alle Beteiligten, d. h. Mobber, Vorgesetzte, »neutrale« Mitarbeiter usw. Auch die Androhung und der Einsatz von Druckmitteln und Sanktionen sollten offen und konsequent erfolgen. Nehmen Sie Sanktionen oder deren Ankündigung zurück, wenn der ursprüngliche Anlass nicht mehr gegeben ist. Zum Wesen des Mobbing gehört, dass die Feindseligkeit ausgelebt wird, ohne dem Betroffenen eine Chance auf Einstellung der Feindseligkeit einzuräumen. Der Mobber nennt im Allgemeinen keine Bedingungen, bei deren Erfüllung der Mobbingbetroffene mit einem Ende des Mobbing rechnen könnte. Verfahren Sie alternativ dazu.

3.2.7 Schaffen Sie Verbindlichkeiten

Lassen Sie nicht zu, dass Gespräche ohne verbindliche Absprachen enden. Versuchen Sie zumindest, einen neuen Termin zu vereinbaren. Fertigen Sie ein Protokoll über jedes stattgefundene Gespräch an bzw. lassen Sie solche schreiben. Verlangen Sie stets, dass Ihre Gesprächspartner zu ihrem Wort und ihren Zusagen stehen, auch wenn Sie insgeheim skeptisch bleiben und mit Unzuverlässigkeit und Lügen rechnen müssen. Formulieren Sie klare Erwartungen an Vorgesetzte, die es übernommen haben, mit Mobbern und Mobbingbetroffenem an einem Tisch über die Probleme zu reden. Vertrauen Sie selbst bei erfolgreicher Schlichtung nicht dem (ehrlich gemeinten) Versprechen der Konfliktparteien, sondern schlagen Sie verbindliche spätere Treffen zur Überprüfung des Erfolgs vor, die im Abstand von zwei, vier und sechs Monaten nach erfolgter Einigung stattfinden.

3.2.8 Moralisieren Sie nicht

Erarbeiten Sie sich eine moralische Richtschnur für die Beurteilung von Mobbingkonflikten. Halten Sie einen fairen Interessenausgleich und wohlwollendes mitmenschliches Umgehen als moralischen Standard hoch. Aber hüten Sie sich davor, jeden und alle moralisch anzuprangern. Auch wenn Sie aus ehrlichem Zorn moralisierend über einen

Vorgesetzten herfallen, dem die Notwendigkeit eines Eingreifens nicht einleuchtet, schaffen Sie sich eher einen Gegner als einen Bündnispartner. Verzichten Sie daher auf jede Form der Moralisierung.

3.2.9 Betreiben Sie kein Gegen-Mobbing

Vielleicht liebäugeln Sie oder der Mobbingbetroffene gelegentlich mit dem Gedanken, es dem Mobber mit gleicher Münze zurück zu zahlen. Auch in der Mobbingliteratur wird dies manchmal als legitime Möglichkeit der Gegenwehr dargestellt. Möglicherweise sind Sie sogar erfolgreich: Die Mobber werden eingeschüchtert, der ehemalige Mobbingbetroffene kann aufatmen. Das Fatale am Gegenmobben ist jedoch, dass Sie *nichts gegen Mobbing* unternommen haben. Im Gegenteil, Sie haben eine Bestätigung dafür geliefert, dass der Zweck die Mittel heiligt und dass der Stärkere siegt. Bedenken Sie also die moralischen Nebenwirkungen von Gegenmobbing. Weder der Mobber noch die übrige Belegschaft können z. B. positive Erfahrungen mit konstruktiver Bewältigung von Konflikten machen, wenn der Erfolg auf besserem Mobbing des Mobbingberaters beruht.

Wichtig:
Gehen Sie gegebenenfalls mit List, aber ohne Tücke vor.

Es kann im Einzelfall sinnvoll sein, gegen den Mobber mit List vorzugehen, indem Sie z. B. dafür sorgen, dass die Taten und Aussprüche des Mobbers gegen diesen selbst zurückschlagen. Nur müssen Sie dabei auf jeden Fall die offensive, gnaden- und kompromisslose Feindseligkeit des Mobbing vermeiden.

3.2.10 Seien Sie bereit, den Weg bis zu seinem Ende zu gehen

Bringen Sie den Mobbingkonflikt zu einem Ende, gehen Sie den eingeschlagenen Weg bis zu seinem Ende, geben Sie nicht auf halbem Wege auf. Wenn die Entwicklung es rechtfertigt, lassen Sie den Mobber ungeschoren davonkommen. Lassen Sie sich nicht von denen mürbe machen, die Köpfe rollen lassen wollen. Aber wenn es unumgänglich ist, sorgen Sie auch für die Einleitung rechtlicher Maßnahmen. Schrecken

Sie gegebenenfalls nicht vor der Forderung nach einer Kündigung zurück.

3.3 Persönliche Gegenwehr des Mobbingbetroffenen

Was kann der Mobbingberater dem Betroffenen in puncto »persönliche Gegenwehr« empfehlen? Um diese Frage geht es in den folgenden Ausführungen.

Eine direkte Gegenwehr gegen Mobbingattacken hat eher Aussicht auf Erfolg, wenn es sich um einen einzelnen Mobber handelt. Voraussetzung ist natürlich, dass der Mobbingbetroffene die Kraft und Entschlossenheit aufbringen kann, sich selbst aktiv und in direkter Konfrontation mit dem Mobber auseinanderzusetzen.

Als Mobbingberater sollte man den Betroffenen nicht drängen, eine persönliche Konfrontation zu suchen. Die Möglichkeit der persönlichen Gegenwehr sollte jedoch auf jeden Fall besprochen werden. Oft sind die Mobbingbetroffenen in einer Situation und psychischen Verfassung, in der sie eigentlich nichts mehr zu verlieren haben (beispielsweise weil sie unmittelbar davor stehen, sich versetzen zu lassen oder zu kündigen). Dennoch haben sie eine große Scheu davor, sich gegen den Mobber persönlich zur Wehr zu setzen.

Der Erfolg persönlicher Gegenwehr gegen Mobbingattacken ist nicht unbedingt darin zu suchen, dass die Mobbingangriffe erfolgreich abgestellt werden konnten. Der Erfolg besteht bereits darin, dass die Gegenwehr das Selbstbewusstsein des Mobbingbetroffenen stärkt und ihn aus seiner defensiven und völlig unterlegenen Position herausbringt. Auf der Seite des Mobbers soll der Eindruck entstehen, dass die Phase des »leichten Spiels« sowie die Phase sicherer Überlegenheit zu Ende geht. Der Mobber soll wissen, dass sich seine bisherige Kosten/Nutzen-Bilanz für das Mobbing ins Negative wenden kann.

> **Wichtig:**
> Auch kleine Gesten der Gegenwehr bringen den Mobbingbetroffenen aus der inneren Defensive heraus.

Die Frustration und Mutlosigkeit des Mobbingbetroffenen setzt sich aus dem immer wiederkehrenden Erleben von Angriffen zusammen, denen er nichts entgegenzusetzen wusste. Selbst kleine Gesten der Gegenwehr können diesen negativen inneren Trend stoppen und den Eindruck vermitteln: »Ich bin doch nicht völlig hilflos ausgeliefert.«

Deswegen kann es für den Betroffenen belastend sein, wenn er bei Maßnahmen gegen das Mobbing auch wieder nur passiv zuschauen kann, weil der Mobbingberater – Gleiches gilt im Übrigen auch für den Betriebs- bzw. Personalrat und Arbeitgeber bzw. Dienststellenleiter sowie Dienstherren – stellvertretend handeln. Viele Mobbingbetroffene ziehen es hingegen vor, sich bei betrieblichen Auseinandersetzungen möglichst herauszuhalten.

Die ersten Anzeichen von Gegenwehr des Mobbingbetroffenen sind für den Mobber bedrohlich. Eine Eskalation des Mobbing oder Veränderung der Angriffsformen sind jetzt nicht unwahrscheinlich. Wenn sich der Mobbingbetroffene für eine persönliche Gegenwehr entschieden hat, müssen Berater und Mobingbetroffener die Effekte und die unerwünschten Nebeneffekte der Gegenwehr sorgfältig beobachten und miteinander besprechen. Sehr wichtig ist dabei die Reaktion des sozialen Umfeldes, der Kollegen und Vorgesetzten. Wenn ein Großteil der Beschäftigten die Gegenwehr positiv bewertet, steigen die Chancen für den Mobbingbetroffenen, seine Situation durch eigenes Handeln zu verbessern.

3.3.1 Ermutigung zum Weitermachen

Ein Mobbingbetroffener ist häufig am Ende seiner Belastbarkeit und Widerstandskraft. Wenn er sich entschließt, dem Mobber persönlich gegenüberzutreten, ist nicht ausgeschlossen, dass er dabei Fehler begeht oder einen Rückzieher macht. Es wäre fatal, wenn Sie ihm daraus Vorwürfe machen. Im Gegenteil: In dieser Situation haben Sie die Aufgabe, gegen die Selbstvorwürfe des Betroffenen zu argumentieren. Es ist auch schon vorgekommen, dass der Mobbingbetroffene in einer Sitzung, in der Vorgesetzte, Betriebsrat und Mobber anwesend waren, seinen Mut und seine Wut zusammengenommen hat und völlig außer sich über den Mobber hergefallen ist. Ein solcher Ausfall kann auch für Wohlmeinende bisweilen deplaziert und peinlich wirken. Unter Berücksichtigung der Ausnahmesituation, in der sich der Mobbingbetroffene seit geraumer Zeit befindet, sollten Sie selbst Verständnis dafür haben und bei anderen Anwesenden für

Verständnis sorgen. Bleiben Sie solidarisch und ermutigen Sie zum Weitermachen.

3.3.2 »Vorsichtige« Gegenmaßnahmen

Da Mobbingbetroffene im Verlauf des Mobbing oft geschwächt und mutlos geworden sind, kommen zunächst nur vorsichtige Gegenmaßnahmen in Betracht, welche die Ressourcen des Betroffenen stärken und nicht zusätzlich belasten. Der Mobbingbetroffene kann bereits mit kleinen Gesten der Gegenwehr, indem er beispielsweise anders als bisher auf Mobbingattacken reagiert, ein wachsendes Selbstbewusstsein zum Ausdruck bringen. In dem folgenden Beispiel ist der stufenweise Aufbau einer Gegenstrategie zu erkennen.

Fallbeispiel »Anselm«:
Anselm versuchte stets, sich zu rechtfertigen, wenn der Mobber aus nichtigem Anlass wieder einmal herablassend über ihn hergefallen war. In der gemeinsamen Mobbinganalyse mit dem Mobbingbeauftragten hatte sich aber herausgestellt, dass die von Anselm gewählte Arbeitsmethode durchaus erfolgreich war und von den Vorgesetzten sehr positiv bewertet wurde. Die Kritik des Mobbers war also in keiner Weise gerechtfertigt und das defensive Rechtfertigen durch Anselm wurde als überflüssig eingeschätzt.
Als erste Form des Widerstands beschloss er, sich nicht mehr zu rechtfertigen, sondern die verbalen Attacken ohne Gegenrede hinzunehmen und sich innerlich mit dem Satz zu stärken: »Du dummer Hund, hast selbst keine Ahnung.« Anselm fühlte sich mit dieser Verfahrensweise deutlich besser. Das Mobbing ließ jedoch nicht nach.
In einer späteren Stufe der Gegenwehr, auf die er sich sorgfältig vorbereitet hatte, reagierte Anselm schließlich verbal und handlungsbereit: »Gut. Ich habe Sie verstanden. Alles, was ich hier mache, ist in Ihren Augen völliger Mist. Ich sehe das allerdings nicht so. Ich schlage Ihnen deshalb vor, dass wir jetzt sofort zu unserem Vorgesetzten gehen und ihn beurteilen lassen, ob Ihre oder meine Meinung in dieser Frage richtig ist.«

3.3.3 Unkonventionelle und überraschende Gegenwehr

Die Gegenwehr auf verbale Mobbingattacken kann in unerwartet schlagfertigen Antworten bestehen, auf die sich der Mobbingbetroffene in der Beratung vorbereitet hat. Die Gegenwehr kann darin bestehen, dass auf jeden ungerechtfertigten Vorwurf sofort eine knappe schriftliche Klärung des Sachstands an Mobber und Vorgesetzte erfolgt. Die Gegenwehr kann aber auch in der ironischen Aufdeckung der Manöver des Mobbers bestehen. Sie kann darauf beruhen, dass soziale Unterstützer gefunden und in bestimmten Situationen mobilisiert werden, um den Mobber durch soziale Missbilligung in die Schranken zu weisen. Für eine erfolgreiche Gegenwehr können gerade unkonventionelle Ideen entscheidend sein, durch welche der Mobber seinerseits überrascht wird.

Fallbeispiel »Konrad«:
Der hoch qualifizierte Facharbeiter Konrad war der verbalen Einschüchterung und Kritik eines Kollegen nicht gewachsen, weil er als Stotterer in seiner Ausdrucksweise behindert war. Der mobbende Kollege kam immer wieder überraschend am Arbeitsplatz von Konrad vorbei, kritisierte im Vorübergehen dessen Arbeitsorganisation und fand immer wieder herablassende Bemerkungen über die fertigen Werkteile von Konrad. Die Geschäftsleitung sei auch schon enttäuscht und würde Konrad sicher bald versetzen oder entlassen, so tönte der Kollege. Fachlich war an den Vorwürfen nichts dran, das wusste Konrad. Aber die Vorgänge verunsicherten ihn doch sehr. Die Geschäftsleitung mauerte und kam seiner Beschwerde nicht nach.
Konrad hätte seinem Mobber gerne »das Passende« gesagt, aber sein Stottern ließ dies nicht zu. In der Beratung kam schließlich die Idee auf, die Schwachstelle des Mobbingbetroffenen zu kompensieren. Konrad fertigte ein Plakat, das er über seinem Arbeitsplatz aufhängte. Dort hieß es: »Mein Kollege hat mich heute ... mal kritisiert.« Für jede Mobbingattacke des Kollegen trug Konrad einen Strich in die entsprechende Tagesrubrik ein. Die Geschäftsleitung erklärte das Plakat für »Kindergartenkram«, während es in der Belegschaft positiv aufgenommen wurde. Binnen kurzer Zeit unterblieben die Attacken; der Mobber wurde zudem von der Geschäftsleitung versetzt.

Gegenwehr kann unterschiedliche Formen annehmen und in verschiedene Richtungen abzielen. In der Abb. 28 sind einige Anregungen dargestellt.

Abb. 28: Mögliche Formen der Gegenwehr für Mobbingbetroffene

Beabsichtigte Wirkung auf den Mobber	Beispiele für das Vorgehen
■ **Grenzen setzen**	– auf Anschreien symbolisch reagieren, z.B. Ohren zuhalten
	– zurückschreien, ein Schild hochhalten mit der Aufschrift: »Ich bin nicht taub!« oder »Ruhe bewahren!«
	– nach einer Schrei-Attacke sich das Schreien verbitten und um sachliche Äußerungen bitten
■ **Entmutigen**	– auf verbale Angriffe keine sichtbare Wirkung mehr zeigen
	– verbale Angriffe schlagfertig zurückweisen
	– verbale Angriffe auslachen
	– die Angreifbarkeit bei den eigenen Schwachstellen mindern

▪ **Versachlichen**	– den Willen zum Kompromiss zeigen – auf Chancen eines fairen Interessenausgleichs hinweisen und auf Probleme orientieren, die beide Seiten gemeinsam haben
▪ **Verunsichern**	– Demonstration der wachsenden sozialen Unterstützung – bisher im Untergrund vorgetragene Angriffe (durch Kunstgriffe) öffentlich sichtbar machen
▪ **Isolieren**	– durch Öffentlichkeitsarbeit im Betrieb bzw. in der Dienststelle dafür sorgen, dass die stillschweigende Duldung von Mobbing zurückgeht – dafür sorgen, dass sich der Mobber selbst blamiert
▪ **Einschüchtern**	– rechtliche Schritte konkret benennen und ihre Durchführung glaubhaft ankündigen

3.3.4 Das Erlangen von Respekt

Manche Mobbingbetroffene verstehen unter »Gegenwehr«, dass sie dem Mobber gegenüber die eigene Betroffenheit zum Ausdruck bringen. Sie wollen sozusagen offensiv zur Seele des Mobbers vordringen, um dabei Verständnis und Rücksichtnahme zu erreichen. Dieses Bestreben ist ihnen möglicherweise selbst gar nicht so deutlich, aber als Berater können Sie den Eindruck gewinnen, dass es sich faktisch so verhält. Hier sind Wünsche nach Harmonie und Eintracht im Spiel, die von der Realität nicht bestätigt werden. Den Mobber interessiert die Betroffenheit seines »Opfers« im Detail überhaupt nicht, Hauptsache ist für ihn die Wirkung seines Vorgehens gegen den Betroffenen. Die Offenbarung von Schwäche bestärkt ihn höchstens.

Der Wunsch nach Verständnis und Rücksichtnahme ist verständlich, doch bietet dieser Wunsch keine realistische Perspektive im Umgang mit dem Mobber. Das Ziel kann nur sein, sich beim Mobber einen gewissen Respekt zu verschaffen. Der Mobbingbetroffene muss mit seiner Gegenwehr glaubwürdig signalisieren: Bis hierher und nicht weiter!

3.3.5 Die Elemente der Verhandlung und des Interessenausgleichs

Die Gegenwehr eines Mobbingbetroffenen löst Reaktionen beim Mobber aus – soviel ist sicher. Ob dies in der gewünschten Richtung verläuft, entscheidet sich im Einzelfall. Gegenwehr des Mobbingbetroffenen kann zu wütender oder fatalistischer Steigerung der Feindseligkeit führen, wenn der Mobber in der Denkform »er oder ich« verhaftet ist und seine Felle davonschwimmen sieht. Grundsätzlich zielt ja die Feindseligkeit des Mobbers auf keine Lösung im mehrseitigen Interesse. Mobbing ist – darauf haben wir im ersten Teil dieses Ratgebers in Kapitel A 5. hingewiesen – kompromisslos. Deswegen muss die erstarkende Wehrhaftigkeit des Mobbingbetroffenen immer auch mit Angeboten zu einer fairen Auseinandersetzung und Konfliktausgleich (als Ausweg vor blinder Eskalation des Konflikts) versehen sein. Während der Mobber nur Eskalation kennt, muss die Seite des wehrhaften Mobbingbetroffenen die Elemente der Verhandlung und des Interessenausgleichs in den Konflikt hineintragen.

4. Konfliktgespräche und Schlichtungsversuche

Der Mobbingberater als Schlichter muss eine Doppelaufgabe erfüllen: Einerseits ist er Anwalt des Betroffenen, andererseits muss er die Rolle eines außenstehenden, neutralen Dritten glaubhaft ausfüllen, die das Anliegen beider Seiten angemessen würdigt.

4.1 Schlichtung

Da der Mobber an einer Schlichtung zunächst nicht interessiert sein dürfte, muss die mögliche Schlichtung durch den Mobbingberater erst in Gesprächen angebahnt werden. Für Sie als Schlichter ist es erforderlich, dass Sie sich sachlich (Sicherheit, dass die Angriffe stattfinden) und moralisch (Sicherheit, dass es sich um Mobbing handelt) sattelfest fühlen. Diese Sattelfestigkeit kann nur Ergebnis einer guten Vorbereitung sein. Sie ist nötig, weil von dem Mobber aus Gründen des Selbstschutzes Lügen, Verschleierung, Verharmlosung und Verdrehungen erwartet werden müssen.

In der Anfangsphase sollte eine »Pendeldiplomatie« betrieben werden. Führen Sie ein erstes Gespäch mit dem Mobber, werten Sie das Gespräch gemeinsam mit dem Mobbingbetroffenen aus und bereiten Sie ein weiteres Gespräch vor, wenn dies sinnvoll erscheint. Den möglichen Ablauf eines Schlichtungsverfahrens haben wir in der Abb. 29 (S. 185) dargestellt.

> **Wichtig:**
> Beginnen Sie mit Pendeldiplomatie. Bitten Sie erst bei einer positiven Entwicklung »alle an einen Tisch«.

Abb. 29: Möglicher Ablauf eines Schlichtungsverfahrens

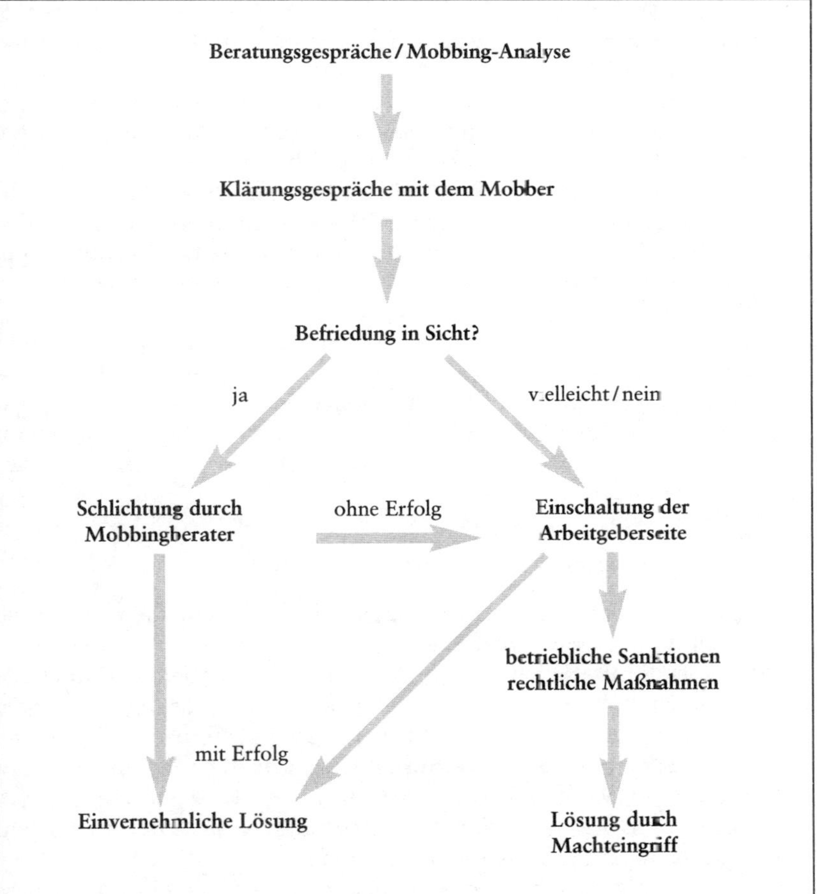

Wenn es sich um eine Gruppe von Mobbern handelt, versuchen Sie zunächst das Gespräch mit Einzelnen aus der Gruppe. Ob es sich dabei um eine Randfigur, den »Sprecher« oder die »graue Eminenz« handeln soll, müssen Sie selbst abwägen.

Es ist nicht empfehlenswert, gleich zu Beginn alle, d. h. den Mobbingbetroffenen und den oder die Mobber, an einen Tisch bringen zu wollen.

In einer solchen Runde würden die Emotionen hochkochen. Vorwürfe, Rechtfertigungen und Angriffe würden das Geschehen prägen und eine konstruktive Weiterentwicklung verbauen. »Alle an einen Tisch« gehört an das Ende einer Schlichtung, wenn vieles im Vorfeld geklärt werden konnte.

Nachdem Sie bisher ausgiebig mit dem Mobbingbetroffenen gesprochen haben und eine Vorgehensweise abgesprochen wurde, steht bei der Schlichtung das Gespräch mit dem Mobber im Vordergrund.

Solche Gespräche sind heikel, weil der Mobber schnell eine Verteidigungshaltung einnehmen bzw. zum Gegenangriff übergehen kann. Solange Sie eine Schlichtung oder eine einvernehmliche Lösung anstreben, kann Ihnen als Schlichter an einem vorzeitigen Abbruch oder einer Eskalation nicht gelegen sein.

Wir geben nun einige Hinweise, wie Sie solche Gespräche auf den Weg bringen und gestalten können sowie dabei ungewollte Eskalationen vermeiden. Wenn nach diesem vorsichtigen Vorgehen keine positive Resonanz erfolgt, dann können Sie mit innerer Sicherheit davon ausgehen, dass der Mobber eine Schlichtung (aus welchen Gründen auch immer) nicht will.

> **Merke:**
> Sehen Sie den Mobber als Konfliktgegner, nicht als Feind.

Wenn Sie beabsichtigen, eine Mobbingsituation zu schlichten, d. h. eine einvernehmliche Lösung anstreben, schließt das aus, dass Sie den Mobber wie einen Straftäter betrachten. Wenn Sie den Mobber tatsächlich für einen solchen halten, dann dürfen Sie keine Schlichtung anstreben. Konsequenterweise müssen Sie dann Beweise sichern und rechtliche Schritte einleiten bzw. die Einleitung solcher Schritte anregen. Daneben sollten Sie dem Mobbingbetroffenen die nötige Unterstützung geben und gegebenenfalls dafür Sorge tragen, dass er bis zur juristischen Klärung aus dem »Schussfeld« genommen wird.

Wenn auch die Handlungen des Mobbers unakzeptabel sind, müssen Sie beim Versuch einer Schlichtung dennoch beiden Seiten den Status einer Konfliktpartei einräumen. Beide Seite haben trotz des Ungleichgewichts bei der Aggression das gleiche Recht auf Gehör und Abwägung der Argumente. Man kann das Mobben kritisieren, darf jedoch den Mobber nicht in jeder Hinsicht vorverurteilen und ihm nur schlechte Absichten unterstellen. Die moralische Abscheu gegenüber den Mobbinghandlungen kann dazu führen, dass man seinerseits den Mobber wie einen Feind behandelt, dem jeglicher Schaden gegönnt wird. Mit dieser Haltung können Sie allerdings kaum schlichten, und Sie werden auch dem Sachverhalt häufig nicht gerecht. Die Kunst der Schlichtung besteht bei Mobbing darin, die unversöhnliche und kompromisslose persönliche Feindseligkeit in einen betrieblich zu lösenden, soweit als möglich versachlichten Konflikt umzuformen.

Wichtig:
Die Kunst der Schlichtung besteht bei Mobbing darin, die persönliche Feindseligkeit in einen lösbaren Konflikt umzuformen.

Die Anerkennung des Mobbers als Konfliktpartei schließt den Einsatz von Druckmitteln gegen ihn *nicht* aus. Man muss demnach in der Schlichtung einerseits eine klare Linie gegen Mobbing in allen seinen Formen verfolgen, andererseits in der Lage sein, beiden Seiten legitime Interessen zuzubilligen. Ausgeschlossen muss jedoch sein, dass man mit dem Mobber faule Kompromisse eingeht, nur »um des lieben Friedens willen«.

Wichtig:
Kündigen Sie Ihren Gesprächswunsch an.

Geben Sie dem Mobber durchaus Gelegenheit, sich innerlich auf ein Gespräch mit Ihnen vorzubereiten. Sie können diese Ankündigung wahlweise schriftlich oder mündlich übermitteln; gehen Sie dabei nicht ins Detail. Suchen Sie den Mobber an seinem Arbeitsplatz auf. Lassen Sie sich eine Ablehnung des Gesprächswunsches begründen.

Wichtig:
Sagen Sie dem Mobber, was Sie zu sagen haben.

Sie sollten im ersten Gespräch zügig zur Sache kommen. Stellen Sie den Sachverhalt deutlich und sachlich dar. Vermeiden Sie aber verfrühte persönliche Vorwürfe. Geben Sie dem Mobbingsachverhalt eine »Überschrift«, auf die man sich im Gespräch immer wieder beziehen kann (z. B. »ungerechte Behandlung«, »verletzende Kritik«). Untermauern Sie ihre Darstellung damit, dass Sie eine ausgewählte Mobbingsituation, an welcher der Mobber beteiligt gewesen ist, als Beispiel anführen. Damit zeigen Sie, dass Sie gut informiert sind.

Wichtig:
Geben Sie den Mobbingvorwürfen eine sachliche Überschrift.

Wir raten Ihnen davon ab, das Verhalten des Mobbers in dieser Phase abzuwerten. Wenn Sie das tun, wird der Mobber wahrscheinlich auf stur schalten. Sie sind zwar moralisch im Recht, doch Sie erreichen nichts. Tragen Sie lieber die klaren positiven Forderungen an den Mobber heran, die im dritten Analyseschritt entwickelt wurden (vgl. Kapitel C 2.2). Sie können auch einzelne Überlegungen über die möglichen Motive und Probleme des Mobbers in das Gespräch einfließen lassen. Mit anderen Worten: Formulieren Sie lieber eine »Einladung« an den Mobber als eine »Vorladung«.

Provozieren Sie beim Mobber nicht nur Rechtfertigung, indem Sie fragen: »Was haben Sie sich dabei gedacht?« oder »Warum machen Sie das?« Versuchen Sie eher, einen Bezug zur Zukunft herzustellen. Was könnte getan werden, damit es in Zukunft besser und friedlicher läuft? Lesen Sie hierzu das folgende Beispiel.

Beispiel:
»Guten Tag, Herr Haudrauf. Sie ahnen wohl schon, weshalb ich zu Ihnen komme. Herr Müller ist zu mir gekommen und hat mir geschildert, was ihm in letzter Zeit in dieser Abteilung zugemutet wurde. Man kann das so zusammenfassen: Herr Müller wird mit Arbeiten überhäuft, die gar nicht in sein Gebiet gehören. Zugleich wird er unentwegt kritisiert und beleidigt, weil er diese ihm zugeschobene Arbeit nicht schafft. Ich halte das für eine ganz bedenkliche Entwicklung, die nicht weiter hingenommen werden kann. Das schadet auch unserem Betriebsklima. Herr Müller möchte, dass in Zukunft Beleidigungen und unsachliche Kritik ganz aufhören und dass einmal gemeinsam überlegt wird, wie der Arbeitsanfall in der Abteilung ohne Stress aufgeteilt werden kann. Mich interessiert hierzu Ihre Meinung.
Sollte Herr Haudrauf in dieser Situation spontan etwa mit der Äußerung: »Ich sage ja schon immer, der Müller hat sie nicht alle!« reagieren, hätte er unfreiwillig die Vorwürfe bestätigt.

Wenn Sie durch Gegenargumente usw. unterbrochen werden, dann geben Sie Ihre Erklärung etappenweise ab. Stellen Sie sicher, dass der Mobber die wichtigsten Punkte Ihrer Botschaft auch tatsächlich zur Kenntnis genommen hat. Soweit es nötig und sinnvoll ist, können Sie es ihm auch zusätzlich schriftlich geben.

Trotz guter Einleitung kann das Gespräch einen negativen Verlauf nehmen. Seien Sie auch darauf vorbereitet. Im Prinzip gibt es drei typische Abwehrreaktionen, auf die Sie jeweils unterschiedlich reagieren können: »Mauern«, »Gegenangriff« und »Jammern«.

4.1.1 Wenn der Mobber mauert

Verschiedene Formen sind denkbar, wie der Mobber versuchen könnte, sich aus dieser für ihn unangenehmen Situation zu befreien:

- der Mobber schweigt sich aus und verweigert ein Gespräch;
- der Mobber streitet rigoros alles (z. B. als Hirngespinst) ab;
- der Mobber zieht sich auf Belanglosigkeiten zurück;
- der Mobber greift den Mobbingberater als Handlanger des Mobbingbetroffenen an.

Versuchen Sie hier nicht, eine positivere Reaktion zu erzwingen. Verschärfen Sie die Situation auch nicht, indem Sie ihn zu sehr in die Enge treiben. Betrachten Sie dieses erste Gespräch als eine Art »Probebohrung«. Räumen Sie dem Mobber ein, eine Nacht darüber zu schlafen. Betonen Sie – wenn der Mobber nicht auf das Mobbingthema eingeht – ein weiteres Mal die Forderung des Mobbingbetroffenen, und machen Sie deutlich, dass Sie ein Auge auf den Fortgang der Dinge haben. Warnen Sie ihn, dass eine Fortsetzung des Mobbing negative Konsequenzen haben wird. Kündigen Sie an, dass Sie demnächst wieder vorbeischauen werden.

Beispiel:
»Gut, Herr Haudrauf. Sie wollen jetzt dazu nichts sagen. Vielleicht wollen Sie das Gesagte auch erst einmal überschlafen. Ich möchte Ihnen zum Abschluss noch einmal sagen, dass ich die Situation sehr ernst nehme. Die Angriffe gegen Herrn Müller sind ganz und gar nicht so, wie Arbeitskollegen in unserem Betrieb miteinander umgehen sollten. Wer seine Mitarbeiter mit Beleidigungen und wüsten Beschimpfungen führen will, hat in Zukunft mit Konsequenzen zu rechnen. Aber ich bin weiterhin offen, auch Ihre Sicht der Dinge kennen zu lernen. Das gilt insbesondere für die Arbeitsbelastung in dieser Abteilung, die offenbar für viele ein Problem ist. Ich werde Sie auf jeden Fall Anfang des nächsten Monats noch einmal aufsuchen.«

4.1.2 Wenn der Mobber inhaltlich zum Gegenangriff übergeht

Häufig wird sich der Mobber nicht schweigend zurückziehen, sondern seine Sache offensiv verteidigen, wie es seinem sonstigen Vorgehen entspricht. Als Gegenangriffe kommen unter anderem in Betracht:

- er trägt Sünden, Verfehlungen etc. des Mobbingbetroffenen vor;
- er erklärt den Mobbingbetroffenen für überempfindlich;
- er erklärt seine Angriffe für berechtigt, notwendig etc.

Viele Mobbingberater scheinen die Situation zu fürchten, dass sie in die Rolle des Schiedsrichters geraten könnten und Schuldzuweisungen vornehmen müssten. Derartige Zuweisungen sind aber gar nicht die Aufgabe eines Schlichters. Wenn die Mobbinganalyse gründlich war, dann haben Sie genug beweisbare Anhaltspunkte dafür, dass Mobbing vorliegt. Bei der Bekämpfung von Mobbing geht es ja gerade darum, diese zerstörerische *Form* von Konfliktführung auszuschalten. Es geht nicht darum, Konflikte überhaupt zu vermeiden. Wenn ein Mobber inhaltlich zum Gegenangriff übergeht, sich verteidigt oder rechtfertigt, dann haben Sie ihn eigentlich dort, wo Sie ihn haben wollten: im Gespräch! Nutzen Sie die Gelegenheit, sich umfassend über die Sichtweise des Mobbers zu informieren. Vielleicht gibt es Anknüpfungspunkte für eine Schlichtung. Vielleicht stellt sich heraus, dass der Einsatz von Druckmitteln unumgänglich sein wird. Möglicherweise kommen betriebliche Missstände ins Bild, die hinter der ganzen Misere stecken.

4.1.3 Wenn der Mobber über sein schweres Los klagt

Wenn der Mobber klagt, können Sie sich recht gute Chancen für die Schlichtung ausrechnen. Offenbar gibt es auch auf Seiten des Mobbers einen hohen Leidensdruck. Das Mobbing diente wahrscheinlich lediglich als Ventil. Ein gangbarer alternativer Weg für die eigenen Interessen und Probleme dürfte daher auf Interesse stoßen.

Wichtig:
Wenn der Mobber klagt und schimpft, haben Sie ihn dort, wo Sie in brauchen – im Gespräch.

Merke:
Unterstellen Sie dem Mobber bessere Motive, als er hat.

Dies ist einer der wenigen Türöffner, mit dem Sie einen Mobber aus der Reserve locken können. Die begangenen Grausamkeiten, die Wahrung der eigenen Interessen und des Gesichts sprechen gegen ein Einlenken. Wenn Sie dem Mobber eine goldene Brücke bauen, geht er vielleicht über diese.

Beispiel für eine goldene Brücke des Beraters:
»Ich kann mir nicht vorstellen, dass Sie unter normalen Umständen so aggressiv (herablassend, unsolidarisch etc.) handeln würden. Es muss etwas Wichtiges für Sie dahinterstecken. Wissen Sie, man kann über alles reden. Allerdings ist Mobbing nicht der richtige Weg.«

> **Wichtig:**
> Lassen Sie Gegensätze manchmal nebeneinander stehen

Versuchen Sie nicht, den Mobber von seiner eigenen Schlechtigkeit zu überzeugen. Gehen Sie auf seine inhaltlichen Argumente ein und stellen Sie sachlich Ihre eigene Sichtweise dagegen. Lassen Sie die unterschiedlichen Interpretationen von einzelnen Mobbingsituationen erst einmal nebeneinander stehen. Die Frage: »Wer hat angefangen?« ist ohnehin meist nicht zu klären und auch unerheblich. Betonen Sie stattdessen, dass das Mobbingverhalten wegen seiner gesundheitsgefährdenden Wirkung nicht gerechtfertigt und nicht akzeptabel ist.

> **Wichtig:**
> Konfrontieren Sie den Mobber mit den negativen Konsequenzen für ihn.

Unser Schlichtungsmodell bietet dem Mobber viele Möglichkeiten zum Einlenken. Außerdem werden viele Anstrengungen unternommen, auch ihm gerecht zu werden. Damit diese Herangehensweise, deren Gebot die Fairness ist, nicht als Schwäche interpretiert wird, müssen auch die Druckmittel und Sanktionen »auf den Tisch«. Mit ihnen muss gegen den Mobber vorgegangen werden, wenn er die Feindseligkeit ungebrochen weiterführt. Voraussetzung ist hierbei allerdings, dass sich der Mobbingberater in der Mobbinganalyse mit den Schwachpunkten des Mobbers befasst hat und auch sicher einschätzen kann, wozu die Arbeitgeberseite bereit ist. Besser ist es natürlich, wenn bereits Absprachen mit der Arbeitgeberseite über mögliche Sanktionen bestehen. Die Palette der möglichen zivil- und strafrechtlichen sowie der betrieblichen Sanktionsmöglichkeiten wird in Teil D dieses Ratgebers behandelt.

Die Teilnehmer eines unserer Mobbingseminare haben ein Stufenmodell der Gespräche mit Mobbern (einschließlich des Einsatzes von Sanktionen) erarbeitet (s. Abb. 30, S. 192).

> **Wichtig:**
> Kündigen Sie verbindliche Nachfolgetreffen und Erfolgskontrolle an.

Gönnen Sie keinem der Beteiligten Ruhe, bis wirklich Ruhe eingekehrt ist. Kündigen Sie *immer* Folgetermine an, in denen Sie über die weitere Entwicklung informiert werden wollen und Hilfestellung zur Klärung weiterer Probleme anbieten können. Aber kündigen Sie keine Termine

Abb. 30: Stufenfolge beim Einsatz von Sanktionen

Klärungsgespräch zwischen Berater und Mobber
(Mobbingbetroffener ist freiwillig anwesend)

Bekanntmachen möglicher Sanktionen

↓ erfolgt keine positive Reaktion des Mobbers

Konfliktgespräch zwischen Berater, Mobber, Betriebs- bzw. Personalrat sowie Vorgesetztem
(Mobbingbetroffener ist freiwillig anwesend)

Konkrete Androhung einer Sanktion (z. B. Abmahnung)

↓ erfolgt keine positive Reaktion des Mobbers

Vorladung des Mobbers beim Vorgesetzten
(Betriebs- bzw. Personalrat wohnt diesem Gespräch bei)

Durchführung der angedrohten Sanktion

(Beachte: Zu ihrer Wirksamkeit bedarf die Umsetzung von Sanktionen regelmäßig der Beteiligung des Betriebs- bzw. Personalrats.)

an, die Sie aufgrund Ihres begrenzten Zeitbudgets wahrscheinlich nicht wahrnehmen können.

Wichtig:
Gönnen Sie dem Mobbing eventuell einen stillschweigenden Abschied.

Sollte der Mobber seine Feindseligkeit im Zuge der Gespräche stillschweigend einstellen, dann müssen Sie nicht unbedingt auf einem offiziellen und demonstrativen Ende bestehen.

Merke:
»Alle an einen Tisch« – aber erst am Schluss.

Eine Schlichtung, an der alle an einem Tisch sitzen, sollte stets durchgeführt werden, wenn in den Einzelgesprächen genügend Bereitschaft und sachlicher Konfliktstoff erarbeitet worden ist – wenn also tatsächlich Aussicht auf eine Einigung oder einen Kompromiss besteht. In der Schlichtungssitzung sollte die Vergangenheitsbewältigung (Klage und

Rechtfertigung bzw. Schuldeingeständnis) geringen Raum einnehmen. Ein zukunftsorientiertes Vorgehen ist leichter. Beide Konfliktparteien sollen ihre Erwartungen an die jeweils andere Seite formulieren. Jede Seite soll konkret benennen, welche positiven Schritte sie in Zukunft unternehmen will. Nehmen Sie den Konfliktparteien nicht die Aufgabe ab, ihre Erwartungen und ihre Bereitschaft zum Entgegenkommen selbst in Worte zu fassen. Lassen Sie das erzielte Ergebnis durch Handschlag oder Unterschrift besiegeln.

4.2 Konfliktbereinigung und Machteingriff durch Vorgesetzte

In sehr vielen Mobbingfällen wird es sinnvoll sein bzw. ist es nicht zu umgehen, einen Vorgesetzten einzuschalten. Sie können sich beglückwünschen, wenn die Arbeitgeberseite selbst ein Interesse an einem guten Betriebsklima hat und für das Thema sensibilisiert ist. In den Betrieben und Dienststellen, in denen eine Betriebs- bzw. Dienstvereinbarung »Mobbing« existiert, ist die Rolle der Vorgesetzten und deren Pflicht zur Abhilfe solcher Vorkommnisse meistens genau geregelt. Im Folgenden gehen wir von dem Umstand aus, dass es eine solche Regelung nicht gibt und der Mobbingberater Eigeninitiative und Geschick einsetzen muss.

Der Weg über den unmittelbaren Vorgesetzten des Mobbingbetroffenen kann zusätzliche Probleme bereiten. Nicht wenige Vorgesetzte sind mit der Bereinigung von Konflikten der Mitarbeiter schlichtweg überfordert. Dies gilt insbesondere dann, wenn der Vorgesetzte

- neu im Betrieb ist und sich noch orientieren muss;
- mit anderen Problemen überlastet ist;
- mit dem Mobber persönlich verbunden ist;
- den Mobber für betrieblich unersetzbar hält;
- sich in der Hierarchie nicht exponieren will;
- es allen Recht machen möchte und Konflikte scheut;
- kein Geschick im Umgang mit Menschen hat;
- fürchtet, dass ihm alles aus dem Ruder läuft;
- nur die »Holzhammer«-Methoden der Konfliktbearbeitung kennt.

Allen Bedenken und Schwachpunkten zum Trotz haben Vorgesetzte einen entscheidenden Pluspunkt: Sie besitzen Macht, insbesondere in der Form des Weisungsrechts. Sie können Mobber, die nicht mit sich reden lassen wollen, machtvoll in die Schranken weisen.

Wichtig:
Die Macht des Vorgesetzten in Form des Weisungsrechts ist ein Schwert gegen Mobbing, aber ein zweischneidiges.

Unbedacht und willkürlich eingesetzt, kann die Macht eines Vorgesetzten auch das Gegenteil von dem bewirken, was gewünscht ist. Vergessen wir nicht, dass nach den Feststellungen von *Leymann* in der späten Mobbingphase oft falsche Entscheidungen der Hierarchie vorgekommen sind. Es kann also auch während der Mobbingbearbeitung zu völlig unangemessenen Anordnungen und Sanktionen kommen – sowohl gegen den Betroffenen als auch gegen den Mobber.

Wichtig:
Suchen Sie den »richtigen« Vorgesetzten aus.

Adressat von Beschwerden ist grundsätzlich der unmittelbare Vorgesetzte. Dies hilft allerdings dann nicht weiter, wenn dieser selbst am Mobbing beteiligt ist. Es muss außerdem berücksichtigt werden, dass ohnehin nicht jeder unmittelbare Vorgesetzte zur Lösung von Mobbingkonflikten willens und geeignet ist. Am Besten wäre es, wenn für solche Konflikte besonders qualifizierte Ansprechpartner in der betrieblichen Hierarchie existieren würden.

Sind keine speziellen Mobbingansprechpartner auf der Arbeitgeberseite vorhanden, können der Mobbingbetroffene sowie der Mobbingberater versuchen, einen ihnen kompetent erscheinenden Vorgesetzen direkt auf das Mobbingproblem anzusprechen und um Hilfe zu bitten. Dabei kann das Problem entstehen, dass sich der direkte Vorgesetzte übergangen fühlt. Wenn Sie mit der Arbeitgeberseite im Vorfeld über Mobbing sprechen, können Sie sich grundsätzlich auf einen festen Ansprechpartner (z. B. aus der Personalabteilung) einigen und solche Unstimmigkeiten vermeiden.

Wichtig:
Definieren Sie, was Sie vom Vorgesetzten wollen.

Es hängt von der Einstellung des Vorgesetzten ab, wie er mit einem Mobbingkonflikt umgeht. Es macht für die Konfliktbereinigung einen großen Unterschied, ob Sie ihn »einfach machen lassen« oder ob Sie zugleich klare Erwartungen an den Verlauf und das Ergebnis formulieren. Der Vorgesetzte kann dann zwar von Ihren Vorschlägen abweichen, aber er wird das Ihnen gegenüber begründen müssen. Indem sich der Vorgesetzte mit den Vorgaben des Mobbingberaters auseinandersetzen muss, wird er sich selbst intensiver mit dem Fall beschäftigen – und das kann nur ein Gewinn für die Qualität des Eingreifens sein.

Es ist oftmals zu beobachten, dass Mobbingbetroffene und Mobbingberater über die einbezogenen Vorgesetzten enttäuscht sind, weil diese nicht in der erwarteten Weise gehandelt haben. Es wird z.B. beklagt, dass der Vorgesetzte »nicht auf die einfachsten Dinge gekommen« sei. Auf die Idee, dem Vorgesetzten die eigenen Erwartungen deutlich mitzuteilen, war man nicht gekommen, weil Mobbingbetroffene wie selbstverständlich davon ausgegangen waren, dass der Vorgesetzte das Problem ähnlich sehen müsste. Wenn die Behandlung des Mobbingkonflikts dann nicht erwartungsgemäß verlaufen ist, wird es kaum möglich sein, noch etwas nachzubessern.

Wichtig:
Arbeiten Sie dem Vorgesetzten zu.

Es macht wenig Sinn, das Rad zweimal zu erfinden. So ähnlich wäre es, wenn Sie eine tiefgehende Mobbinganalyse gemacht, eigene Ideen zur Überwindungen des Konflikts erarbeitet und rechtliche Informationen eingeholt haben und nun darauf warten, dass sich der Vorgesetzte noch einmal dieselbe Mühe macht. Unterbreiten Sie ihm Vorschläge, wie das Verfahren ablaufen könnte. Formulieren Sie die minimalen Forderungen an das zukünftige Verhalten des Mobbers. Legen Sie Teile des Mobbingtagebuchs sowie ihre Überlegungen aus dem sechsten Analyseschritt vor. Geben Sie Argumentationshilfen. Ein Vorgesetzter möchte wahrscheinlich seine Unabhängigkeit bewahren und nicht als »Anhängsel« des gut präparierten Mobbingberaters erscheinen. Machen Sie ihm die Position nicht streitig, arbeiten Sie ihm zu und gewinnen Sie Einfluss durch Sachkompetenz. Deswegen sollte der Mobbingberater dem mit dem Mobbingfall befassten Vorgesetzten eine schriftliche Vorlage mit einer kurzen Falldarstellung, den daraus abgeleiteten Forderungen an den Mobber und den Wünschen zum Verfahren übergeben.

Hinweis:
Schriftliche Vorlage für den Vorgesetzten

- Kurze Beschreibung der Mobbingvorfälle
- Zeugen und andere Beweismittel benennen
- Forderungen an den Mobber formulieren
- Skizze eines möglichen gangbaren Weges für den Mobber entwerfen
- Erwartungen zum Verfahren ausarbeiten
- Vorschläge für möglicherweise erforderliche Sanktionen unterbreiten

Wichtig:
Greifen Sie unkonventionell ein.

Wenn sich verschiedene Vorgesetzte gegenseitig in notwendigen Entscheidungen blockieren, weil sie untereinander Konflikte vermeiden wollen, können Sie die Vorgesetzten darin unterstützen, indem Sie eine Entscheidung von außen herbeiführen. Damit aber bei Ihnen nicht der »schwarze Peter« hängenbleibt, sollten Sie allen Beteiligten offiziell mitteilen, dass Sie einen Vermittler einschalten wollen, damit den Leitungskräften eine eigene Entscheidung erspart bleibt, die sie nur in Konflikte untereinander bringen könnte. Möglicherweise kommt dann doch noch eine interne Entscheidung zustande.

Wichtig:
Sorgen Sie für Konsequenz und Verbindlichkeit.

Nehmen Sie sich vor, an allen Sitzungen und Treffen teilzunehmen, zu denen der Mobbingbetroffene eingeladen ist. Mahnen Sie beim Arbeitgeber bzw. Dienststellenleiter die Androhung und bei Bedarf auch die Anwendung von Druckmitteln an, wenn sich der Mobber unnachgiebig zeigt. Erzeugen Sie selber Druck, soweit das nötig ist. Verlangen Sie vom Vorgesetzten eine (schriftliche) inhaltliche Begründung, wenn er völlig andere Wege geht, als Sie vorgeschlagen haben. Tolerieren Sie kein unverbindliches und floskelhaftes Ende der Schlichtungssitzungen (Beispiel: »Ich gehe mal davon aus, meine Herrschaften, dass das nun nicht wieder vorkommt. Das sind ja alles Kindereien. Damit ist die Sitzung beendet.«). Die beteiligten Konfliktparteien sollen sich selbst äußern und bekennen, wie sie in Zukunft zu handeln gedenken.

Spätestens nach der ersten intensiven Aussprache mit einem Vorgesetzten kann sich der Mobber nicht mehr auf seine »naive Unschuld« berufen. Jede Fortsetzung des Mobbing darf deswegen dann als vorsätzlicher Angriff gewertet werden.

Wichtig:
Organisieren Sie eine Mobbing-Nachsorge.

Sorgen Sie auch nach einer Schlichtung oder anderen Klärung des Problems dafür, dass der Bereich, in dem das Mobbing aufgetreten ist, unter Beobachtung bleibt. Sind Mobber und Mobbingbetroffener weiterhin im gleichen Arbeitsbereich tätig, vereinbaren Sie mindestens ein verbindliches Nachfolgetreffen innerhalb von drei Monaten. Steht das Schlichtungsergebnis auf wackeligen Füßen, sollten von der Arbeitgeberseite regelmäßig stattfindende Nachfolgetreffen verbindlich angeordnet werden. Diese Treffen dienen der Erfolgskontrolle, aber auch als Warnung. Ein lascher Umgang mit solchen Gesprächen würde sich im Betrieb bzw. in der Dienststelle herumsprechen und die Wirksamkeit dieser Methode in anderen Fällen untergraben. Sorgen Sie deshalb dafür, dass man sich trifft, auch wenn scheinbar nichts mehr vorliegt.

Verabreden Sie sich und/oder telefonieren Sie – wenn möglich regelmäßig – mit dem ehemaligen Mobbingbetroffenen. Sorgen Sie außerdem dafür, dass sich die Arbeitgeberseite mit der jetzigen Lösung des Mobbingfalls nicht aus ihrer Fürsorgepflicht entlassen fühlt.

4.3 Wann genau ist Mobbing erfolgreich überwunden?

Die Frage, wann genau Mobbing erfolgreich überwunden ist, lässt sich leider nicht so einfach beantworten, wie es auf den ersten Blick erscheint. Der Außenstehende möchte glauben, dass ein Mobbingkonflikt beendet ist, sobald sich sicherstellen lässt, dass der Mobber keine wirksamen Angriffe gegen den Mobbingbetroffenen mehr ausführen kann. Dieser Zustand kann z. B. durch Einsicht auf Seiten des Mobbers, durch einvernehmliche Schlichtung, durch Druck und Sanktionen gegen den Mobber, durch organisatorische Trennung der Konfliktparteien (z. B. Versetzung) sowie durch wirksame Gegenwehr des Mobbingbetroffenen erreicht werden.

Für viele Mobbingbetroffene bleibt zunächst einmal die Unsicherheit, ob die Mobbingangriffe wiederaufleben könnten, sobald der Druck auf den Mobber nachlässt. Aber selbst dann, wenn dies völlig ausgeschlossen wäre, lasten die erlittene persönliche Demütigung, die gesundheitliche und psychische Belastung während des Mobbing und die mögliche Zerstörung des guten Rufs bei Arbeitskollegen und Vorgesetzten auch nach einer Beendigung der Angriffe auf dem ehemals Mobbingbetroffenen. Schmach und Demütigung sind für ihn nicht dadurch beendet, dass die Angriffe abgestellt werden konnten.

Neben der faktischen Beendigung des Mobbing strebt der Betroffene häufig auch eine symbolische Beendigung (z. B. Wiedergutmachung, Wiederherstellung der Ehre, Entschuldigung, Strafe) an. Nur wenn es lediglich einen allein verantwortlichen Mobber gegeben hat, ließe sich das Mobbing faktisch und zugleich symbolisch durch die Entfernung des Mobbers erreichen. In den meisten Fällen sind Mobbingkonflikte komplizierter.

Tatsache ist, dass häufig die erreichte oder vorgeschlagene Lösung des Problems für den Betroffenen unbefriedigend ist. Dies kann daran liegen, dass tatsächlich nur ein »fauler« Kompromiss zustande gebracht wurde oder dass der Betroffene nur eine bestimmte Form der Lösung für akzeptabel hält. Ein gefühlsmäßig wirklich befreiendes Ende des Mobbing würden viele Betroffene erst dann empfinden, wenn es zur Kündigung und zum Hinauswurf des jeweiligen Mobbers mit Schimpf und Schande kommen würde. Das Leid durch Mobbing ruft nach Vergeltung. Manche gehen in ihren Phantasien noch entschieden weiter als hier geschildert. Mobbingbetroffene, denen die gegebenen Lösungen nicht ausreichen, äußern häufig den Satz: »Ich will doch nur Gerechtigkeit.« Hinter dieser Forderung verbergen sich allerdings einige große Probleme.

Wir haben herausgefunden, dass es zwei sehr unterschiedliche Möglichkeiten gibt, um nach der Beendigung des akuten Mobbing mit den zugefügten Schäden fertig zu werden. Die eine Möglichkeit ist mit dem Wort »Gerechtigkeit«, die andere mit dem Wort »Genugtuung« verbunden.

Mit dem Streben nach Gerechtigkeit wird versucht, das Gleichgewicht der Kräfte auf der sozialen Bühne wiederherzustellen. Mit dem Hoffen auf Genugtuung kann man versuchen, den inneren Frieden wiederzugewinnen.

Wichtig:
Gerechtigkeit finden bedeutet, symbolisch das soziale Gleichgewicht wieder herzustellen. Genugtuung erleben bedeutet, das innere Gleichgewicht wiederzufinden.

4.3.1 Die äußere, soziale Balance wieder herstellen – Gerechtigkeit finden

Nichts scheint verständlicher, als dass ein durch Mobbing geschädigter Mensch alles versucht, damit ihm Gerechtigkeit widerfährt. Natürlich halten wir es ebenfalls für gerechtfertigt und richtig, wenn der ungezügelten Aggression von Mobbern entsprechende Grenzen und Sanktionen entgegengesetzt werden. Wir erachten es ebenfalls für notwendig, dass tatenlos zuschauende Vorgesetzte und Arbeitgeber die Konsequenzen spüren müssen. Gerade aus diesem Grund haben die rechtlichen Erwägungen in diesem Ratgeber einen so großen Stellenwert. Allerdings haben wir auch die Erfahrung gemacht, dass das Ziel »Gerechtigkeit«, wenn es unerbittlich angestrebt wird, nicht selten in eine Sackgasse führt. Deswegen werden wir in diesem Abschnitt näher auf die Probleme eingehen, die im Zusammenhang mit unreflektierten Forderungen nach Gerechtigkeit stehen.

Ein Problem mit dem Streben nach »Gerechtigkeit« bei der Aufarbeitung von Mobbing entsteht, wenn Gleiches mit Gleichem vergolten werden soll. Der Betroffene wünscht sich beispielsweise, dass im Nachhinein der Ruf und das Ansehen des Mobbers ruiniert werden, dass er gedemütigt wird, schlaflose Nächte verbringt oder Angst um seinen Arbeitsplatz haben muss. Es besteht die Vorstellung, dass der eigene Schaden, den der Mobbingbetroffene erlitten hat, dadurch wieder gutgemacht werden kann, indem der Verursacher selbst Schaden, Strafe und/oder soziale Ausgrenzung in zumindest ebenso großem Maße erleidet. So verständlich der Wunsch aufgrund der eigenen Verletzungen und Verbitterung im Einzelfall ist, bei der praktischen Umsetzung dieses Wunsches würden moralische und rechtliche Grenzen des Erlaubten bzw. Zulässigen überschritten. Außerdem fragt sich, ob durch den »Gegenschaden« das eigene Leid tatsächlich wiedergutgemacht werden kann. Teilweise schafft die Umsetzung der Vergeltungswünsche mehr Probleme, als sie zu lösen vermag.

Häufig ist eine Gerechtigkeit aus praktischen Gründen nicht erreichbar. Die Realisierung des Wunsches nach Sühne kann an mangelnder Beweisbarkeit oder schlicht an Machtkonstellationen scheitern. Manche Zeugen sind – aus welchen Gründen auch immer – nicht bereit, ihre Beobachtungen auch Dritten (z. B. einem Gericht) gegenüber kundzutun. So schwer das fällt, dem Betroffenen tut nur eine kühle Abwägung zwischen dem moralischen Anspruch und dem Vergeltungswunsch einerseits und dem real Umsetzbaren andererseits gut. Ansonsten besteht die Gefahr, dass der ehemalige Mobbingbetroffene zum »Don Quichote« wird, der gegen »Windmühlenflügel« kämpft.

Das Risiko strafrechtlichen Vorgehens besteht unter anderem darin, dass eine Vielzahl von Personen davon überzeugt werden muss, dass ein Verhalten des Mobbers vorliegt, das zu ahnden ist. Der Mobbingbetroffene wird für die Erreichung seines Ziels nach Gerechtigkeit von einer zunehmenden Anzahl von Personen abhängig. Das sind vor allem die eigenen Zeugen, der eigene Rechtsanwalt, der Rechtsanwalt der Gegenseite, der Mobber und dessen möglichen Zeugen, die Schiedsstelle, Richter, Bedienstete der Staatsanwaltschaft. Neben diesen menschlichen Faktoren kommen noch weitere Umstände zum Tragen, wie etwa die Stichhaltigkeit von Beweisen, die Glaubwürdigkeit von Zeugenaussagen, die Einhaltung von Fristen sowie die Regeln der Prozess- bzw. Verfahrensordnung.

Ähnliche Probleme können sich ergeben, wenn der Mobbingbetroffene etwa versucht, bestimmte arbeitsrechtliche Konsequenzen für den Mobber, die moralische Verurteilung des Mobbers auf einer Betriebsversammlung oder eine formale Entschuldigung zu erzwingen, weil ihm nur diese Form als gerechter Ausgleich erscheint. Die Festlegung auf eine bestimmte Form des gerechten Ausgleichs birgt die Gefahr, dass die Nichterreichung dieser gewünschten Maßnahme als weitere, unerträgliche Niederlage erlebt wird, während zugleich gute alternative Lösungen außer Betracht bleiben.

Das aus unserer Sicht zentrale Problem ist jedoch, dass ein Betroffener durch das unreflektierte Beharren auf der Umsetzung von Gerechtigkeit ungewollt sein eigenes Leid verlängern kann.

4.3.2 Mobbingbetroffene, die keine Ruhe finden können

Wir wollen das schwierige Thema nicht ausklammern, dass das Streben nach einem gerechten Ausgleich zu einer Isolierung des Mobbingbetroffenen von den Menschen, die ihm helfen wollen, führen kann. Auch wir haben miterleben müssen, wie sich Mobbingbetroffene selbst der Möglichkeit beraubten, einen zufriedenstellenden Neuanfang zu starten, weil sie zu stark an die Idee einer irgendwie gearteten Bestrafung des Mobbers und an die strikte Herstellung von »Gerechtigkeit« gebunden waren. Es gibt die paradoxe Situation, dass Mobbingbetroffene eine gute Chance zur Beendigung ihrer bedrückenden Situation ausschlagen (z.B. die Versetzung des Mobbers oder die eigene Beförderung). Sie wollten sich nicht um die ungewisse Chance bringen, es dem Mobber irgendwann einmal heimzahlen zu können.

Natürlich haben Außenstehende leicht reden, wenn sie eine bestimmte Lösung für tragbar halten, während der Betroffene hierin eine weitere unerträgliche Demütigung sieht. Das Problem liegt unter anderem darin, dass der psychische Schaden in einem Mobbingkonflikt in objektiver Hinsicht kaum zu messen ist. Es lässt sich eventuell feststellen, wie oft jemand beleidigt wurde, aber nicht, wie »tief« die einzelne Beleidigung gegangen ist. Aber das Problem beruht nicht allein auf Missverständnissen. Es gibt Mobbingbetroffene, die einfach keine Ruhe finden können und hartnäckig in jeder erdenklichen Weise versuchen, die Situation noch einmal grundlegend zu ihren eigenen Gunsten zu ändern.

Leymann (1995, S. 114) hat für die hier angesprochenen Verhaltensweisen den psychiatrischen Begriff der **Obsession** eingeführt, was soviel bedeutet wie zwanghafte Besessenheit. *Leymann* betonte ausdrücklich, dass diese Obsessionen durch die besonders ausweglosen und gemeinen Mobbingsituationen zustande kommen, also äußere Ursachen haben. Dennoch hätte seine Einschätzung weitreichende Konsequenzen, wenn sie zutrifft. Denn regelrechte Obsessionen gelten in Fachkreisen als sehr schwer therapierbare psychische Störungen. Dementsprechend wären Mobbingberater also an dieser Stelle mit ihren Möglichkeiten definitiv am Ende. Wir glauben jedoch, dass ein gemeinsames Nachdenken über das Thema Gerechtigkeit und Genugtuung in vielen Fällen doch noch zu Lösungen führen kann.

Wir haben erwähnt, dass das Streben nach Gerechtigkeit der Versuch ist, das äußere, soziale Gleichgewicht wiederherzustellen. Während sich in der Mobbingphase die Macht, die Initiative des Handelns und der Erfolg auf der Seite des Mobbers befinden, soll dies im Nachhinein wieder ausgeglichen werden. In Abschnitt C. 3.1 hatten wir drei Wünsche genannt, die Mobbingbetroffene besonders bewegen: Erstens sollte das Mobbing schnellstens aufhören, zweitens sollten alle Umstehenden sehen, was für ein schlechter Mensch der Mobber ist, und drittens sollte der Mobber in irgendeiner Form bestraft werden. In der Phase nach dem akuten Mobbing kommt noch ein vierter wichtiger Wunsch nach Wiederherstellung des Ansehens in den eigenen und in den Augen des sozialen Umfelds hinzu. Auch wenn der Mobber unmoralisch und fies gehandelt hat, so ist doch der Umstand der eigenen Unterlegenheit, der Schwäche, der vorübergehenden Handlungsunfähigkeit und Niederlage des Mobbingbetroffenen nicht völlig auszublenden. Diese vermeintliche Erniedrigung schmerzt. Durch eine Bestrafung würde der Mobber nun seinerseits in die unterlegene Position gedrückt, in der er etwas Unangenehmes erdulden muss. Währenddessen wird der Mobbingbetroffene sozial erhöht. Das soziale Gleichgewicht neigt sich wieder zu seinen Gunsten. Darin liegt unserer Meinung nach das bestimmende Motiv von Mobbingbetroffenen für ein solches unerbittliches Streben nach Gerechtigkeit.

Wir glauben auch beobachten zu können, dass die Verbitterung und der hier diskutierte besondere Wunsch nach Gerechtigkeit bei solchen Mobbingbetroffenen besonders groß und dauerhaft sind, die immer versucht haben, besonders vorbildhaft durch das (Arbeits-)Leben zu gehen. Vielleicht ist es für diese Menschen eine sehr schmerzhafte Erfahrung, wenn sie durch Mobbing erleben müssen, dass dieses »Gut-Sein« keine wirksame Garantie für die eigene soziale Sicherheit ist. Außerdem vermuten wir, dass der Ruf nach Gerechtigkeit manchmal vorgetragen wird, weil der Mobbingbetroffene selbst in die Konflikte, die dem Mobbing zugrunde lagen, verstrickt war und sich nicht sicher ist, inwieweit eigene Fehler und Versäumnisse zur Eskalation der Vorgänge beigetragen haben. Die eindeutige Verurteilung des Mobbers würde dann eine psychologische »Bereinigung« dieser inneren Unsicherheit ermöglichen.

Es wird von einer weiteren Form von Obsession berichtet, nämlich Menschen, die mit jedem und zu jeder Zeit ein Gespräch über das ihnen zugefügte Leid führen wollen. In Kapitel C 1.3 (»Anforderungen an den Berater«) haben wir auf die immense Bedeutung hingewiesen, die ein ruhiger, geduldiger Zuhörer für einen Mobbingbetroffenen haben kann. Als Zuhörer können Sie aber im Einzelfall den Eindruck gewinnen, dass es dem Betroffenen überhaupt nicht mehr um die tatsächliche Verbesserung seiner Lage geht, sondern allein um das Erzählen und Klagen. Die Zuhörer scheinen bisweilen auch beliebig austauschbar zu sein. Hoffentlich gelingt es Ihnen, Ihren aufkeimenden Ärger nicht unkontrolliert auf den Mobbingbetroffenen abzuwälzen. Der Hintergrund für dieses Verhalten liegt oft darin, dass sich diese Menschen tatsächlich vollständig handlungsunfähig fühlen und von tiefer Hoffnungslosigkeit gebeugt sind. Das andauernde Klagen kann auch der unbeholfene Versuch sein, jemand anderen dazu zu bewegen, stellvertretend für ihn eine

Lösung herbeizuführen. In einer solchen Situation sollten Sie, wenn Sie sich als Vertrauensperson des Betroffenen fühlen, eine offene Aussprache führen.

Mit den hier angestellten Überlegungen geht es nicht darum, das Streben nach Gerechtigkeit und die Forderung nach Bestrafung von Mobbern grundsätzlich schlechtzumachen. Es geht vielmehr um die problematischen, möglicherweise selbstschädigenden Handlungsweisen von Mobbingbetroffenen. Insbesondere kann die Hoffnung trügerisch sein, dass der innere Friede durch eine bestimmte äußere, symbolische Handlung erreicht wird.

4.3.3 Die innere Balance wieder herstellen – Genugtuung finden

Wir haben einige Menschen kennen gelernt, die Mobbing hauptsächlich aus eigener Kraft erfolgreich überwinden konnten. Es handelte sich dabei keineswegs um Bagatellfälle. Es waren Mobbingsituationen, die teilweise Jahre andauerten und die beruflich sowie menschlich existenzbedrohlich waren. Die Betroffenen berichten alle von dem enorm wichtigen Faktor, dass es zumindest einen Menschen gegeben hat, der an sie glaubte und der sie persönlich unterstützt hat. Es gab jedoch auch einen inneren Faktor, welcher für die schließlich erfolgreiche Überwindung des Mobbing verantwortlich gewesen ist. Dieser Faktor war der – zunächst durchaus schwache – Wille zur Selbstbehauptung und die Überzeugung, dass sie selbst etwas tun müssten, wenn sich ihre Lage zum Besseren ändern sollte. Rückblickend beurteilen diese Menschen ihre Erlebnisse ziemlich übereinstimmend mit etwa denselben Worten: »Es war eine sehr, sehr harte Erfahrung. Ich wünsche sie keinem. Ich möchte auch nicht unbedingt wieder so etwas auf diese brutale Weise lernen müssen. Aber, aus heutiger Sicht, muss ich sagen, diese Erfahrung hat mich auch stark gemacht.«

Das Überraschende war für uns, dass in keinem dieser erfolgreichen Fälle ein juristischer Schlussstrich unter der Angelegenheit zu verzeichnen war. Es war häufig nicht einmal zu einer Versetzung oder anderen arbeits- bzw. dienstrechtlichen Konsequenz für den Mobber gekommen. Wie konnte es dann trotzdem zu einem befriedigenden Ende von Mobbing kommen?

Abb. 31: Was einem Mobbingbetroffenen Genugtuung verschaffen kann

Gestärktes Selbstwertgefühl
- Glauben an sich selbst bewahrt zu haben
- Das Erlebnis, zur eigenen Stärke zurückgefunden zu haben
- Das Gefühl, über sich selbst hinausgewachsen zu sein
- Selbst gerecht und fair geblieben zu sein

Soziale Anerkennung und Unterstützung
- Solidarität durch die Arbeitskollegen erfahren zu haben
- Solidarität durch Familie und Freunde erfahren zu haben
- Neue Freunde gefunden zu haben
- Meinungsumschwung im Betrieb bewirkt zu haben

Den moralischen Sieg davongetragen zu haben
- Ansehensverlust des Mobbers erlebt zu haben
- Sympathie von Arbeitskollegen und / oder der Vorgesetzen gewonnen zu haben
- Sicheres Gefühl gewonnen zu haben, dass man moralisch im Recht ist
- Indirektes Schuldeingeständnis oder Kleinbeigeben des Mobbers zu erleben
- Entschuldigung des Mobbers erlebt zu haben

Persönliche Erfolge trotz Mobbing
- Berufliches Fortkommen trotz Mobbing erfahren zu haben
- Berufliche Anerkennung erfahren zu haben
- Situation erhobenen Hauptes überstanden zu haben

Hinter die Kulissen des Mobbers geschaut zu haben
- Die schwachen, erbärmlichen Motive des Mobbers erkannt zu haben
- Die innere Schwäche des Mobbers erkannt zu haben
- Erlebt zu haben, dass der Mobber auch nur »mit Wasser kocht«
- Entdeckt zu haben, dass der Mobber selbst Furcht hatte

Andere Erlebnisse, die das Gleichgewicht wiederherstellen können
- Der ehemalige Mobber sucht selbst Hilfe und Rat
- Der ehemalige Mobber wird selbst gemobbt
- In einer Selbsthilfegruppe erleben, dass auch andere »starke« Persönlichkeiten unter Mobbing gelitten haben

Die Erklärung liegt darin, dass es den Betroffenen gelungen war, die belastenden Erfahrungen des Mobbing psychisch zu verarbeiten, so dass sie das Gefühl bekamen, erstarkt und gewachsen zu sein. Sie hatten das innere Gleichgewicht, den inneren Frieden wiederherstellen können. Nach den Gesprächen mit Betroffenen und aus eigenen Erfahrungen glauben wir, dass sich dieses Gefühl von Gleichgewicht eher plötzlich (z. B. beim Erleben einer bestimmten Situation oder während eines Gesprächs) einstellt. Dieses Gefühl lässt sich am besten mit dem Wort »Genugtuung« beschreiben.

Beispiele für Genugtuung:
Simone B. hatte als nicht von ihrer beruflichen Tätigkeit freigestelltes Betriebsratsmitglied unter dauerhaften Mobbingangriffen ihres Vorgesetzten zu leiden, der sie mit unsachlicher Kritik wegen angeblicher Schlechtleistung und zu häufiger Abwesenheit traktierte. Mit Unterstützung des Betriebsrats gelang es ihr immerhin, den Mobber zum Schweigen zu bringen. Dennoch wurmte sie die erlittene Demütigung weiterhin. Beinahe zwei Jahre später kam eben dieser Abteilungsleiter ins Betriebsratsbüro, um sich in einer persönlich wichtigen arbeitsrechtlichen Frage beraten zu lassen. Augenblicklich hatte Simone B. das Gefühl tiefer Genugtuung.
In einem anderen Fall hatte die gemobbte Kollegin Vera H. bereits ihren Arbeitsplatz aufgrund von Mobbing gekündigt. Der Geschäftsführer, dem die Vorfälle erst im Nachhinein bekannt wurden, entschuldigte sich nachträglich persönlich bei der Betroffenen und bot ihr eine Wiedereinstellung an. Sie empfand diese Geste des Geschäftsführers als persönlich außerordentlich befriedigend, auch wenn sie das Angebot nicht annahm. Für sie war das Kapitel Mobbing damit abgeschlossen.

Es kann keine allgemein verbindlichen Aussagen darüber geben, wie und wodurch jedem Mobbingbetroffenen das Gefühl der Genugtuung verschafft werden kann. Genugtuung ist ein sehr individuelles Erleben. Viele Betroffene sind dem Gedanken an Gerechtigkeit so stark verhaftet, dass sie sich womöglich kaum Gedanken darüber gemacht haben, auf welche Weise sie ihren inneren Frieden finden können. Deswegen finden wir es sinnvoll, eine Zusammenstellung von Beispielen zu veröffentlichen, aus welchen Anlässen Genugtuung erwachsen kann (vgl. Abb. 31, S. 204). Fast überflüssig ist zu erwähnen, dass diese Liste nicht abschließend ist.

4.3.4 Mobbing verarbeiten

Mobbing stellt eine schwere psychische, soziale und körperliche Beeinträchtigung dar. Es sollte darum klar sein, dass sich im Anschluss an akutes Mobbing eine längere Erholungs- und Verarbeitungsphase anschließen muss. Auch wenn das Mobbing letztlich erfolgreich überwunden werden konnte, sind häufig höchste Anforderungen an die persönliche Kraft gestellt worden. Die existentielle Bedrohung durch Mobbing macht es wahrscheinlich, dass die Vorfälle immer wieder durchlebt, überdacht und nachgefühlt werden müssen. Betroffene fragen sich im Nachhinein, was sie und/oder andere Beteiligte hätten anders oder besser machen können. Es werden Pläne entwickelt, um zukünftigen Gefahren besser gegenübertreten zu können. Schuldzuweisungen werden erstellt und wieder verworfen. Wut, aber auch Verzweiflung und Trauer treten immer wieder auf. Überhaupt ist die Verarbeitung einer Mobbingerfahrung gut mit dem Prozess des Trauerns zu vergleichen. Zwar ist kein nahestehender Mensch gestorben, doch es wurde ein Teil der sozialen Sicherheit und des Vertrauens in ein neutrales bis wohlwollendes Verhalten der Mitmenschen grundlegend infrage gestellt. Außerdem musste der Betroffene miterleben, dass seine eigenen Fähigkeiten nur knapp ausreichten, um seine soziale Position zu verteidigen. Es ist also nur zu wahrscheinlich, dass sich ein Mobbingbetroffener noch lange Zeit an seinem Mobbingschicksal abarbeitet. Auch im Gespräch mit anderen wird dieses Thema immer wieder angesprochen werden. Schließlich sollte es aber gelingen, die gemachten Erfahrungen als Teil der eigenen Geschichte zu akzeptieren sowie Lehren und Einschätzung daraus für die Zukunft zu ziehen. Betroffene und Helfer sollten hier die notwendige Geduld aufbringen.

Die innere Verarbeitung des Erlebten kann eigentlich erst einsetzen, wenn die Mobbingangriffe – aus welchen Gründen auch immer – zu einem Ende gekommen sind. Bei Mobbingbetroffenen, denen nichts übrig geblieben ist, als sich etwa durch eine befürwortete Versetzung oder Eigenkündigung aus der Schusslinie zu ziehen, dürfte dieser Prozess schmerzhafter sein und länger dauern als bei denen, die aktiv und erfolgreich gegen das Mobbing vorgehen konnten. Eine innere Verarbeitung ist dennoch möglich. Schlimmer ist es für diejenigen, bei denen das Mobbing im Wesentlichen nicht überwunden werden konnte und die mit völlig unzureichenden Lösungen »leben« müssen. Ihnen möchten wir dringend raten, externe Hilfe zu suchen.

D. Rechtliche Bewertung von Mobbing

Regelmäßig stellt sich die Frage, wie Mobbing rechtlich zu bewerten ist und welche rechtlichen Handlungs- oder Sanktionsmöglichkeiten sich daraus ableiten lassen.

Die Schwierigkeit der rechtlichen Bewertung von Mobbing ist darin begründet, dass es eine nicht zu überblickende Vielzahl von Verhaltensweisen gibt, die unter Mobbing fallen. Zudem bezieht sich die rechtliche Würdigung grundsätzlich nicht auf eine Gesamtschau eines einheitlichen Mobbingprozesses, der sich unter Umständen auf einen Zeitraum von mehreren Jahren erstreckt, sondern beschränkt sich auf eine Vielzahl einzelner in sich abgeschlossener Handlungen. Erst bei der Bestimmung des Sanktionsmittels (z. B. Geld- oder Freiheitsstrafe) sowie der Sanktionshöhe (z. B. 15 oder 20 Tagessätze Geldstrafe, drei oder fünf Monate Gefängnis) kommt dem Gesamtgeschehen regelmäßig eine – dann allerdings nicht zu unterschätzende – Bedeutung zu.

Zu beachten ist stets, dass sich Generalisierungen bei der rechtlichen Bewertung von Mobbing verbieten. Auch wenn zwei Handlungen auf den ersten Blick identisch erscheinen, so können die Ergebnisse höchst unterschiedlich ausfallen – der Teufel steckt halt im Detail. Maßgebend ist für die Bewertung stets der konkrete Einzelfall mit seinen ganz individuellen Besonderheiten.

Wer sich mit Mobbing auseinandersetzen möchte, muss die Grundzüge einer rechtlichen Bewertung von Mobbing kennen. Dies ist sowohl für die Beratung von Mobbingbetroffenen erforderlich als auch für die erste Bewertung dessen, ob und gegebenenfalls welche rechtlichen Schritte eingeleitet werden können. Wer – in welcher Eigenschaft auch immer – in rechtlicher Hinsicht Erfolg versprechend gegen Mobbing am Arbeitsplatz vorgehen möchte, sollte in jedem Fall auf fachkundige Juristen zurückgreifen.

> **Wichtig:**
> Für die rechtliche Bewertung von Mobbing kommt es auf den konkreten Einzelfall mit seinen individuellen Besonderheiten an. Generalisierungen sind fehl am Platz.

Leider können im Folgenden nicht alle Aspekte angesprochen werden, die sich bei einer rechtlichen Bewertung von Mobbing am Arbeitsplatz ergeben können. Dies würde den Rahmen dieses Ratgebers sprengen. Interessierte Leser seien insoweit auf das Buch »Mobbing im Betrieb. Rechtsansprüche und ihre Durchsetzbarkeit« verwiesen, das im Jahre 2004 in zweiter Auflage bei der Nomos Verlagsgesellschaft in Baden-Baden (ISBN 3-8329-0643-6) erschienen und im Buchhandel erhältlich ist.

1. Rechtliche Bewertung des Verhaltens des Mobbers

In rechtlicher Hinsicht dürften sich in sehr vielen Fällen Sanktionen gegen den Mobber erübrigen. In den frühen Phasen von Mobbing wird sich der Mobber regelmäßig im Rahmen des rechtlich Erlaubten bewegen. Schließlich muss der bloße Ausdruck von Missachtung, Nichtachtung, Missbilligung, Abneigung sowie die Austragung zwischenmenschlicher Konflikte als Bestandteil des sozialen Lebens von jedem Mitglied der Gesellschaft hingenommen werden. Weiter wird der Mobber zunächst kaum vorsätzlich handeln. Nur selten wird er bereits zu Beginn mit seinen Handlungen beabsichtigen, dem Mobbingbetroffenen Schaden zuzufügen. Zunächst wird es der Mobber als »normal« ansehen, Konflikte am Arbeitsplatz auszutragen, indem er seinen Kontrahenten mit Missachtung, Missbilligung oder sozialer Ausgrenzung »bestraft«. Das Verhalten wird als rechtens, als sozialadäquat, betrachtet (s.a. *Däubler*, S. 79). Im Verlaufe des Mobbingprozesses werden rechtliche Konsequenzen immer wahrscheinlicher. Ab einem bestimmten Zeitpunkt schlägt das sozialadäquat Erlaubte oftmals in rechtlich zu sanktionierende Handlungen um. Nun geht es dem Mobber häufig nur noch um die Verwirklichung seines Zieles – die »Beseitigung« seines Kontrahenten. Angriffe werden gezielt geplant und erreichen somit die Stufe des vorsätzlichen Handelns.

1.1 Strafrechtliche Aspekte

Um in strafrechtlicher Hinsicht zur Verantwortung gezogen werden zu können, muss der Mobber einen Straftatbestand in rechtswidriger Weise verwirklicht haben. Ferner wird verlangt, dass der Mobber vorsätzlich (d.h. nach einer im Strafrecht gebräuchlichen Kurzformel: mit Wissen und Wollen) gehandelt hat. Fahrlässiges Handeln (d.h. der Mobber verwirklicht einen Straftatbestand rechtswidrig und vorwerfbar, ohne die Verwirklichung zu erkennen oder zu wollen) ist hingegen nur strafbar, wenn das Gesetz ein solches ausdrücklich mit Strafe bedroht hat (vgl. § 15 StGB).

Als rechtswidrig wird die Verwirklichung eines Straftatbestandes bezeichnet, wenn sie der Rechtsordnung widerspricht – mithin in Widerspruch mit der Gesamtheit der Rechtsvorschriften steht, die die Rechtsgemeinschaft zur Regelung der Beziehungen untereinander getroffen hat.

In der frühen Phase von Mobbing wird es – wie bereits dargestellt – regelmäßig an der Rechtswidrigkeit ermangeln. Als gesellschaftlich zulässig und somit als sozialadäquat wird es betrachtet, wenn jemand von den Arbeitskollegen »geschnitten« wird. Weder die Bereitschaft zur Kommunikation noch die Verpflichtung zu korrektem sozialen Verhalten kann erzwungen werden (s. a. *Däubler*, S. 79). Sobald die Grenze dessen, was noch als sozialadäquat betrachtet und somit als rechtlich zulässig erachtet werden kann, allerdings überschritten wird, ist eine rechtswidrige Tatbestandsverwirklichung die Regel.

Mobbing ist – abstrakt betrachtet – geeignet, eine Reihe von Straftatbeständen zu verwirklichen. In Betracht kommen vor allem:

- Sachbeschädigung (§ 303 StGB);
- Vorsätzliche Körperverletzung (§ 223 StGB);
- Fahrlässige Körperverletzung (§ 229 StGB);
- Nötigung (§ 240 StGB);
- Beleidigung (§ 185 StGB);
- Üble Nachrede (§ 186 StGB);
- Verleumdung (§ 187 StGB);
- Beleidigung trotz Wahrheitsbeweises (§ 192 StGB);
- Straftaten gegen Betriebsverfassungsorgane und ihre Mitglieder (§ 119 BetrVG).

Nach § 303 Abs. 1 StGB wird bestraft, wer rechtswidrig eine fremde Sache beschädigt oder zerstört. Aber auch die versuchte Beschädigung bzw. Zerstörung einer fremden Sache ist gemäß § 303 Abs. 2 StGB mit Strafe bedroht. Relativ häufig dürfte eine Strafbarkeit des Mobbers nach dieser Vorschrift in Betracht kommen. Schließlich kann eine solche Tat am Arbeitsplatz recht leicht ausgeführt werden. Kaum ein Beschäftigter rechnet damit, dass eine ihm gehörende Sache am Arbeitsplatz beschädigt oder im schlimmsten Fall sogar vollständig zerstört wird. Wer auf eine günstige Gelegenheit wartet sowie die Arglosigkeit des Mobbingbetroffenen ausnutzt, kann eine solche Tat ohne große Anstrengungen begehen.

Beispiele für Sachbeschädigungen:

1. Meier ist über das Verhalten des Schmidt empört. Nach Beendigung der Spätschicht kommt er auf dem Firmenparkplatz zufällig an dem PKW des Schmidt vorbei. Meier nutzt die Dunkelheit aus und zieht seinen Akku-Schrauber, den er in der Hand hält, über den Lack des PKW. Tiefe Kratzer sind die Folge, die nur mittels Reparatur beseitigt werden können.
2. Müller hat Geburtstag. Aus diesem Grunde erhält er von seinen Arbeitskollegen eine Topfpflanze geschenkt. Während sich in der Mittagspause alle in der Kantine aufhalten, schleicht sich Schmidt in das Büro des Müller. Mit einem Taschenmesser schneidet er die Pflanze bis auf die Wurzeln ab. Da sich diese nicht mehr erholen wird, sieht sich der Meier gezwungen, sein Geburtstagsgeschenk in den Mülleimer zu werfen.

Setzt der Mobber sein Handeln bewusst ein, um den Mobbingbetroffenen in dessen Gesundheit zu schädigen, so ist Raum für eine Strafbarkeit wegen vorsätzlicher Körperverletzung gemäß § 223 Abs. 1 StBG, soweit durch die Handlung des Mobbers ein – wenn auch nur vorübergehender – pathologischer Zustand hervorgerufen oder gesteigert wird. Hierzu genügt eine psychische Einwirkung, wenn sie zu einer pathologischen Störung führt. Eine psychische Einwirkung, die hingegen nur das seelische Wohlbefinden berührt, ist nicht ausreichend (vgl. *Tröndle/Fischer*, § 223 Rn. 6; Schönke/Schröder-*Eser*, § 223 Rn. 6). Die versuchte Körperverletzung ist gemäß § 223 Abs. 1 StGB ebenfalls strafbar.

Beispiel für eine nicht ausreichende Einwirkung:
Meier und Müller befinden sich auf Montage. Beide übernachten in einem Wohnwagen. Meier hindert den Müller eines Nachts am Schlafen, indem er sein Radio die ganze Nacht hindurch eingeschaltet lässt. Müller ist am nächsten Morgen unausgeschlafen und gereizt.

Beispiel für eine ausreichende Einwirkung:
Meier und Müller befinden sich auf Montage. Beide übernachten in einem Wohnwagen. Meier hindert den Müller viele Nächte am Schlafen, indem er ihn immer dann anschreit, sobald Müller eingeschlafen ist. Müller erleidet schließlich einen Nervenzusammenbruch.

Eine Strafbarkeit wegen fahrlässiger Körperverletzung (§ 230 StGB) kommt in Betracht, wenn der Mobber zwar nicht bewusst und gewollt den Körper oder die Gesundheit des Mobbingbetroffenen verletzt hat, er jedoch – in ihm vorwerfbarer Weise – damit rechnen konnte, dass der Mobbingbetroffene einen derartigen Schaden erleiden würde.

Beispiel für eine vorsätzliche Körperverletzung:
Meier und Müller geraten in Streit. Müller gerät hierbei derart in Wut, dass er zu einem Messer greift und damit auf Meier losgeht. Meier erleidet mehrere Stichwunden, die ärztlich behandelt werden müssen.

Beispiel für eine fahrlässige Körperverletzung:
Meier und Müller sind damit beschäftigt, ein Gerüst aufzubauen. Meier legt Laufbretter auf das Gerüst, ohne diese jedoch zu sichern. Dem Müller sagt er hiervon nichts. Müller, der davon ausgeht, dass die Laufbretter gesichert sind, besteigt das Gerüst und stürzt unweigerlich in die Tiefe. Ein gebrochenes Bein ist die Folge.

Wird Mobbing eingesetzt, um den Mobbingbetroffenen zu einer bestimmten Handlung (z. B. Niederlegung des Betriebsratsamtes, Kündigung des eigenen Arbeitsverhältnisses), Duldung oder zu einem Unterlassen (z. B. Nichtantritt einer Dienstreise, Verzicht auf die Stellung eines Strafantrages) zu bewegen, kann eine Bestrafung wegen Nötigung (§ 240 StGB) in Frage kommen. Erforderlich ist der Einsatz des Nötigungsmittels »Gewalt« oder »Drohung mit einem empfindlichen Übel«. Gewalt in diesem Sinne ist der physisch (körperlich) vermittelte Zwang zur Überwindung eines geleisteten oder erwarteten Widerstandes. Drohung ist hingegen das Inaussichtstellen eines künftigen Übels, auf dessen Eintritt der Drohende Einfluss hat oder zu haben vorgibt. Ist dieses Übel von einer solchen Erheblichkeit, dass seine Ankündigung bereits geeignet erscheint, den Bedrohten im Sinne des Verlangens des Drohenden zu motivieren, ist die Drohung mit einem empfindlichen Übel versehen (vgl. *Tröndle/Fischer*, § 240 Rn. 30 ff.).

Beispiele für Nötigungen durch den Einsatz von Gewalt:
1. Meier hält Müller fest, so dass dieser die Stempeluhr nicht mehr rechtzeitig bedienen kann.
2. Meier hindert Müller am Betreten des gemeinschaftlichen Büros, indem er diesen durch das Abmontieren des Türgriffs aussperrt.

Beispiele für Nötigungen durch das Drohen mit einem empfindlichen Übel:
1. Meier teilt Müller mit, dass er diesen »fertig machen« werde, falls Müller sich für die Betriebsratswahl aufstellen lasse.
2. Meier teilt Müller mit, dass er einige »interessante« Geschichten aus dessen Leben im Betrieb erzählen werde, falls er an seiner Bewerbung für die Stelle des Leiters der Abteilung Einkauf festhalte.

Eine Strafbarkeit wegen Beleidigung (§ 185 StGB) kommt in Betracht, wenn mit der Handlung des Mobbers eine Missachtung oder Nichtachtung des Mobbingbetroffenen einhergeht, die seinen ethischen oder sozialen Wert betrifft. Für die Beantwortung der Frage, ob eine derartige Ehrverletzung vorliegt, ist maßgeblich, wie ein außenstehender Dritter die Handlung verstehen würde. Unerheblich ist hingegen, auf welche Weise die Miss- bzw. Nichtachtung zum Ausdruck gebracht wurde und wie der Mobbingbetroffene diese verstanden hat (vgl. *Tröndle/Fischer*, § 185 Rn. 8; s. a. *Däubler*, S. 80).

Beispiele für Beleidigungen:

1. Meier geht in die Kantine. Dort wird er, ohne hierzu einen Anlass gegeben zu haben, von Müller angerempelt und wüst beschimpft. Der Angriff von Müller endet mit den Worten: »Du perverser Hurenbock.«
   Unzweifelhaft hat Müller den Meier mit seiner Äußerung beleidigt.
2. Meier isst mittags stets in der Kantine. Seine Arbeitskollegen setzen sich nicht zu ihm, sondern suchen sich andere Plätze. Setzt sich Meier zu seinen Arbeitskollegen an den Tisch, stehen diese demonstrativ auf und suchen sich einen anderen Platz.

Niemand kann verlangen, dass Arbeitskollegen sich zu einem an den Tisch setzen. Auch kann man nicht verlangen, dass diese sitzen bleiben, sofern man sich zu ihnen an den Tisch setzt. Derartige Verhaltensweisen sind als sozialadäquates Verhalten hinzunehmen, auch wenn man es selbst vielleicht als einen persönlichen Angriff betrachtet. Von einem beleidigenden Verhalten kann jedoch nicht gesprochen werden.

Anders ist allerdings die Situation zu beurteilen, wenn jemand durch derartige Verhaltensweisen gezielt in der Ehre verletzt wird. Dies ist in dem zuletzt gebildeten Beispiel der Fall. Die Arbeitskollegen geben dem Meier durch ihr demonstratives Verhalten unmissverständlich zu verstehen, dass er ein Mensch ist, mit dem man sich nicht an einen Tisch setzen kann; er ist es nicht wert, dass man sich zu ihm an den Tisch setzt (s. a. *Däubler*, S. 80).

Abzugrenzen ist die Beleidigung von dem »Kollegenscherz«, der als solches der strafrechtlichen Sanktion entzogen ist. Er ist nur dann als Beleidigung strafbar, wenn der Scherz eingesetzt wird, um die Minderwertigkeit des Gefoppten zum Ausdruck zu bringen.

Beispiele:
Der »Kollegenscherz« und seine Abgrenzung zur Beleidigung:

1. Meier begrüßt Müller am Arbeitsplatz stets mit: »Da kommt ja unsere alte Schwuchtel.« Müller antwortet sodann mit: »Tag, Kanake.«
   Auch wenn es nicht die allerfeinsten Umgangsformen sind, so handelt es sich bei den Äußerungen von Meier und Müller um in strafrechtlicher Hinsicht bedeutungslose »Kollegenscherze«.
2. Meier begrüßt den Müller – obwohl ihn der Betriebsrat bereits mehrfach gebeten hat, diese Form der Begrüßung zu unterlassen – am Arbeitsplatz stets mit derselben Äußerung: »Da kommt ja unsere Schwuchtel.«
   Meier weiß, dass sein »Scherz« sowohl von Müller als auch vom Betriebsrat nicht als ein solcher gewertet wird. Seine Äußerungen sind unzweideutig als Beleidigungen aufzufassen, da er mit diesen gezielt eine Minderwertigkeit des Müller zum Ausdruck bringt. Von einem »Kollegenscherz« des Meier kann keine Rede sein.

Während sich die Beleidigung auf einer Ebene zwischen zwei Personen abspielt – die eine Person beleidigt, die andere Person wird beleidigt –, tritt bei der üblen Nachrede und bei der Verleumdung eine dritte Person hinzu. Der, um den es letztendlich geht, ist allerdings nicht »Ohrenzeuge« der Tat.

Verbreitet oder behauptet der Mobber gegenüber einem oder mehreren Dritten nachweislich unwahre Tatsachen über den Mobbingbetroffenen, die geeignet sind, diesen verächtlich zu machen, so ist an eine Strafbarkeit wegen übler Nachrede (§ 186 StGB) zu denken.

Da es bei der Strafbarkeit wegen übler Nachrede nur darauf ankommt, ob die verbreitete bzw. behauptete Tatsache nachweislich unwahr ist (d. h. frei erfunden ist und somit nicht als wahr bewiesen werden kann), wird der Mobber gemäß § 186 StGB auch dann bestraft, wenn er die Unerweislichkeit der Tatsache nicht kennt – er also nicht weiß, dass die Tatsache frei erfunden und somit nicht als wahr bewiesen werden kann. Wird die Tatsache als wahr bewiesen, entfällt eine Strafbarkeit wegen übler Nachrede, da der Mobber ja dann etwas erzählt hat, was der Wahrheit entspricht. In einem solchen Fall kann nur noch eine Strafbarkeit wegen Beleidigung trotz Wahrheitsbeweises (§ 192 StGB) in Frage kommen. Voraussetzung ist, dass das Vorhandensein einer Beleidigung aus der Form der Behauptung oder Verbreitung oder aus den Umständen, unter welchen sie geschah, hervorgeht. Strafrechtlich verboten ist insoweit die Behauptung bzw. Verbreitung einer wahren Tatsache in einer herabsetzenden verunglimpfenden Weise (vgl. *Tröndle/Fischer*, § 192 Rn. 1; Schönke/Schröder-*Lenckner*, § 192 Rn. 1).

Kennt der Mobber die Unwahrheit der von ihm behaupteten oder verbreiteten Tatsache, ist eine Strafbarkeit wegen Verleumdung (§ 187 StGB) zu prüfen.

Beispiel für eine üble Nachrede:
Meier erzählt in der Kantine, dass die Müller – was nachweislich nicht der Fall ist – außerhalb ihrer Arbeitszeit in der Nachbarstadt als Prostituierte tätig sei. Meier will diese »Info« von Schmid erfahren haben; ob sie der Wahrheit entspricht, sei ihm nicht bekannt.

Beispiel für eine Verleumdung:
Meier erzählt in der Kantine aus verschmähter Liebe, dass die Müller außerhalb ihrer Arbeitszeit in der Nachbarstadt der Prostitution nachgehe. Er weiß, dass dies nicht stimmt und er der Müller mit seinem Gerede Schaden zufügt.

Beispiel für eine Beleidigung trotz Wahrheitsbeweises:
Müller ist vor einiger Zeit wegen falscher uneidlicher Aussage (vgl. § 153 StGB) verurteilt worden. Meier erzählt dies in der Kantine. Seinen Bericht beendet er mit folgenden Worten: »Wer einmal lügt, der lügt immer; und wer lügt, ist auch noch zu ganz anderen Sachen fähig. Denkt doch einmal an die von seinem Lkw abhanden gekommenen Videorecorder. Ausgerechnet den wollt ihr in den Betriebsrat wählen?«

Richtet sich das Mobbing gegen ein Mitglied bzw. Ersatzmitglied

- des Betriebsrats,
- des Gesamtbetriebsrats,
- des Konzernbetriebsrats,
- der Jugend- und Auszubildendenvertretung,
- der Gesamt-Jugend- und Auszubildendenvertretung,
- der Konzern-Jugend- und Auszubildendenvertretung,
- der Bordvertretung,
- des Seebetriebsrats,
- der in § 3 Abs. 1 BetrVG bezeichneten Vertretungen der Arbeitnehmer,
- der Einigungsstelle,
- der in § 76 Abs. 8 BetrVG bezeichneten Schlichtungsstelle,
- der in § 86 BetrVG bezeichneten betrieblichen Beschwerdestelle oder
- des Wirtschaftsausschusses

um seiner Tätigkeit willen oder eine Auskunftsperson nach § 80 Abs. 2 Satz 3 BetrVG um ihrer Tätigkeit willen, so ist eine Strafbarkeit gemäß § 119 Abs. 1 Nr. 3 BetrVG möglich.

Vergleichbares gilt, wenn das Gremium, dem das oben bezeichnete Mitglied bzw. Ersatzmitglied angehört, durch Mobbing in seiner Tätigkeit behindert oder gestört wird (vgl. § 119 Abs. 1 Nr. 2 BetrVG).

Führt Mobbing zu einer Behinderung oder Beeinflussung der Wahl

- des Betriebsrats,
- der Jugend- und Auszubildendenvertretung,
- der Bordvertretung,
- des Seebetriebsrats oder
- der in § 3 Abs. 1 Nr. 1 bis 3 oder 5 BetrVG bezeichneten Vertretungen von Arbeitnehmern,

kommt eine Strafbarkeit wegen § 119 Abs. 1 Nr. 1 BetrVG in Betracht.

Beispiele für Straftaten gegen Betriebsverfassungsorgane und ihre Mitglieder:

1. Auf Betriebsversammlungen wird jeder Redebeitrag des Betriebsratsvorsitzenden Meier von einem Teil der Belegschaft niedergebrüllt, so dass der Meier z. B. mündliche Tätigkeitsberichte des Betriebsrats nicht abgeben kann.
2. Müller behindert die Durchführung der Betriebsratswahl, indem er die Wahlunterlagen manipuliert.
3. Arbeitgeber Müller schikaniert den Betriebsratsvorsitzenden Meier, um diesen zur Niederlegung seines Amtes zu bewegen.

Liegt die Verwirklichung eines Straftatbestandes durch den Mobber nahe, so stellt sich die Frage nach den drei »W«: »Wer« muss »was«

»wie« tun, damit gegen den Mobber strafrechtlichte Sanktionen verhängt werden können?

Um tätig werden zu können, müssen die Strafverfolgungsbehörden Kenntnis von dem strafrechtlich relevanten Verhalten erhalten. Dies kann auf zweierlei Weise geschehen – mittels Strafanzeige oder Strafantrag.

Bei der Strafanzeige handelt es sich um die Mitteilung des Verdachts einer Straftat versehen mit der Anregung, die Strafverfolgbarkeit zu prüfen. Strafanzeige kann jedermann bei der Staatsanwaltschaft, der Polizei sowie dem Amtsgericht erstatten, ohne allerdings hierzu rechtlich verpflichtet zu sein.

Der Strafantrag ist hingegen die Erklärung des Verletzten oder sonst gesetzlich dazu Berechtigten, dass er die Strafverfolgung wegen einer Straftat wünsche, deren Verfolgung das Gesetz von einem solchen Antrag abhängig macht.

Der Strafantrag ist insoweit Prozessvoraussetzung (vgl. §§ 194, 230, 303 c StGB, § 119 Abs. 2 BetrVG; sog. Antragsdelikte) für die

- (versuchte) Sachbeschädigung (§ 303 StGB),
- (versuchte) Körperverletzung (§ 223 StGB),
- fahrlässige Körperverletzung (§ 229 StGB),
- Beleidigung (§ 185 StGB),
- üble Nachrede (§ 186 StGB),
- Verleumdung (§ 187 StGB),
- Beleidigung trotz Wahrheitsbeweises (§ 192 StGB),
- Straftaten gegen Betriebsverfassungsorgane und ihre Mitglieder (§ 119 Abs. 1 BetrVG).

Nur die bereits erwähnte Nötigung (§ 240 StGB; sog. Offizialdelikt) kann auch ohne Strafantrag verfolgt und bestraft werden.

Demgemäß bedarf es zur strafrechtlichen Sanktionierung von Mobbern regelmäßig eines Strafantrages, den grundsätzlich nur der Mobbingbetroffene selbst innerhalb von drei Monaten ab Kenntniserlangung von der Tat stellen kann (§ 77b StGB; zu den Ausnahmen der Antragsberechtigung vgl. §§ 77 Abs. 2, Abs. 3, 77a StGB und § 119 Abs. 2 BetrVG). Wird bedacht, dass der Mobbingbetroffene – solange er sich noch in dem Geschehensprozess befindet – häufig psychisch schwer angeschlagen ist, so wird er eher selten von der Möglichkeit Gebrauch machen und einen Strafantrag gegen den Mobber stellen. Schließlich wirft die Möglichkeit der Stellung eines Strafantrages für den Mobbingbetroffenen zahlreiche Fragen auf.

Mögliche Fragen, die sich einem Mobbingbetroffenen stellen:
- Was geschieht, wenn der Mobber von dem Strafantrag erfährt; wird er mich in Ruhe lassen, oder wird alles nur noch schlimmer?
- Was geschieht, wenn der Mobber nicht sanktioniert wird; hat er dann einen Freibrief für sein Tun?
- Wird das Gericht mir oder dem Mobber glauben?
- Kann ich das Tun des Mobbers beweisen?

Regelmäßig wird dem Mobbingbetroffenen – solange er sich noch in dem Geschehensprozess befindet – die erforderliche Kraft fehlen, aus eigenem Antrieb heraus tätig zu werden. Die psychische Belastung ist für ihn einfach zu groß. An einer juristischen Aufarbeitung wird er von sich aus häufig erst zu einem späteren Zeitpunkt Interesse haben, wenn er einen gewissen Abstand zu dem Geschehen (z. B. nach erfolgter Kündigung und Ausscheiden aus dem Betrieb bzw. aus der Dienststelle oder nach einem längeren Klinikaufenthalt) hat und ein weiteres Mal in eine Auseinandersetzung mit dem Mobber – sei es auch nur aus Rachegefühlen heraus – eintreten kann. Nur wird es dann für die Stellung eines Strafantrags vielfach zu spät sein.

> **Wichtig:**
> Um dem Mobber einer strafrechtlichen Sanktion zuführen zu können, bedarf es regelmäßig eines Strafantrages des Mobbingbetroffenen, der innerhalb einer Frist von drei Monaten ab Kenntniserlangung von der Straftat zu stellen ist.

Die Problematik, ob und inwieweit mit einer strafrechtlichen Sanktion des Mobbers tatsächlich zu rechnen ist, wird nachfolgend (s. S. 236 ff.) behandelt.

1.2 Zivilrechtliche Aspekte

Zivilrechtlich betrachtet kommen schwerpunktmäßig als mögliche Sanktionen gegen den Mobber
- Schadensersatz wegen unerlaubter Handlung (§ 823 BGB),
- Widerruf und Unterlassung ehrverletzender Äußerungen (analog §§ 1004, 823 BGB),
- Unterlassung von Mobbinghandlungen (analog §§ 1004, 823 BGB)
- Schmerzensgeld (§ 253 Abs. 2 BGB),

- Geldentschädigung wegen der Verletzung des allgemeinen Persönlichkeitsrechts (Art. 1 Abs. 1, Art. 2 Abs. 1 GG) in Betracht.

Nach § 823 Abs. 1 BGB ist unter anderem zum Schadensersatz verpflichtet, wer das Leben (sprich: Tötung; auch das Treiben in den Suizid gehört hierzu; s. a.: MüKo-*Mertens*, § 823 Rn. 66), den Körper, die Gesundheit oder die Freiheit (gemeint ist die Entziehung der körperlichen Bewegungsfreiheit oder die Nötigung zu einer Handlung durch Drohung, Zwang oder Täuschung) eines anderen verletzt.

Erforderlich für die Schadensersatzpflicht des Mobbers ist eine vorsätzliche oder fahrlässige Schadenszufügung. In dem frühen Stadium von Mobbing wird es regelmäßig am Vorsatz mangeln. Ob der Mobber später mit Vorsatz gehandelt hat, ist eine Frage der Beweisbarkeit, zu der wir später zurückkommen werden.

Wahrscheinlicher ist eine fahrlässige Deliktsverwirklichung. Gemäß der Legaldefinition in § 276 Abs. 2 BGB handelt in zivilrechtlicher Hinsicht fahrlässig, »wer die im Verkehr erforderliche Sorgfalt außer acht lässt«. Fahrlässig handelt in diesem Sinne sowohl derjenige, der den Schaden zwar voraussieht aber hofft, er werde nicht eintreten (sog. bewusste Fahrlässigkeit), als auch derjenige, der den Erfolg nicht voraussieht, ihn aber bei gehöriger Sorgfalt hätte voraussehen und verhindern können (sog. unbewusste Fahrlässigkeit). Anders als im Strafrecht stellt der zivilrechtliche Fahrlässigkeitsbegriff nicht auf die dem Täter zumutbare Einsichts- und Handlungsfähigkeit ab. Vielmehr wird ein objektiver Sorgfaltsmaßstab angelegt. Dieser beurteilt sich nach den Anforderungen (sprich typischen Kenntnissen und Fähigkeiten) der im engeren Verkehrskreis Beteiligten.

Beispiele für fahrlässiges Verhalten in zivilrechtlicher Hinsicht:

1. Meier baut an seinem Arbeitsplatz eine Sicherungsvorrichtung ab, die es ihm ermöglicht, eine höhere Stückzahl herzustellen. Als er Schichtende hat, übergibt er die Maschine dem Müller, dem die Manipulation verborgen bleibt. Meier weiß, dass der Müller einem erhöhten Verletzungsrisiko ausgesetzt ist, hofft aber, dass diesem nichts geschehen werde. Müller erleidet in der Schicht einen Arbeitsunfall mit erheblichen Verletzungen. Meier hat bewusst fahrlässig gehandelt.
2. Meier hat während der Reparatur der Maschine des Müller eine Sicherungsvorrichtung ausgebaut. Diese will er am nächsten Tag als erstes wieder einbauen. Der Schichtbeginn von Müller liegt allerdings eine Stunde vor dem von Meier. Müller fährt am nächsten Tag zu Arbeitsbeginn seine Maschine an. Hierbei erleidet er wegen der fehlenden Sicherungsvorrichtung einen Arbeitsunfall mit erheblichen Verletzungen. Meier hätte den Arbeitsunfall mittels eines Hinweises an der Maschine verhindern können.
   Meier hat unbewusst fahrlässig gehandelt.

Aufgrund der intensiven Diskussion über Mobbing, die ihren Niederschlag in zahlreichen Publikationen, Fernseh- und Radiosendungen, Seminaren usw. gefunden hat, ist davon auszugehen, dass die möglichen Folgen von Mobbing wie Suizid, Suizidversuche, Verletzungen, Depressionen sowie stationäre Aufenthalte zur Wiedererlangung von Selbstachtung und Selbstvertrauen allgemein bekannt sind. Auch wenn sich Mobber häufig nicht als solche betrachten und sie ihr Wirken mit Floskeln wie »so schlimm ist es doch gar nicht, was ich mit dem Meier anstelle« rechtfertigen, dürfte ihnen in zivilrechtlicher Hinsicht in den wohl überwiegenden Fällen fahrlässiges Handeln – wenn auch in der Form der unbewussten Fahrlässigkeit – vorgeworfen werden können.

Ob der Mobbingbetroffene tatsächlich Schadensersatz erhalten wird, hängt maßgeblich davon ab, ob er die verletzende Handlung, das Verschulden des Mobbers, den Schadenseintritt sowie die jeweilige Zurechenbarkeit nicht nur darlegen, sondern auch beweisen kann. Gelingt ihm das vor Gericht nicht, verliert der Mobbingbetroffene den Prozess und damit vielleicht auch den Rest seines Selbstwertgefühls. Selbst wenn der Mobbingbetroffene den Prozess gewinnt, so ist damit nicht automatisch der Erhalt von Schadensersatz gewährleistet. Schlimmstenfalls hält der obsiegende Mobbingbetroffene mit dem Urteil einen Titel in der Hand, aus dem er erfolglos die Zwangsvollstreckung gegen den unterlegenen Mobber zu betreiben versucht, weil der Mobber vermögenslos ist.

Neben der Erhebung einer Schadensersatzklage besteht für den Mobbingbetroffenen die Möglichkeit, den Mobber auf Widerruf und Unterlassung ehrverletzender Äußerungen bzw. Unterlassung von Mobbinghandlungen in Anspruch zu nehmen (analog §§ 1004, 823 BGB). Es darf nicht darüber hinweggesehen werden, dass den Mobbingbetroffenen auch in diesen Prozessen die Beweislast trifft. Doch kann er gegen den unterlegenen Mobber, der einer gerichtlich auferlegten Unterlassungspflicht zuwider handelt, durch das Gericht für jeden Fall der Zuwiderhandlung ein Ordnungsgeld (höchstens 250 000 € je Zuwiderhandlung), und für den Fall, dass das Ordnungsgeld nicht beigetrieben werden kann, Ordnungshaft oder (direkt) Ordnungshaft von bis zu sechs Monaten (insgesamt aber nicht länger als zwei Jahre; vgl. § 890 ZPO) verhängen lassen.

Gemäß § 253 BGB kann der Mobber insbesondere im Falle der Verletzung des Körpers oder der Gesundheit des Mobbingbetroffenen verpflichtet sein, wegen eines Schadens – der kein Vermögensschaden sein darf – Schmerzensgeld zu zahlen. Mit der Zahlung des Schmerzensgeldes soll dem Mobbingbetroffenen Genugtuung verschafft und ihm zudem ein Ausgleich dafür gewährt werden, dass seine Lebensqualität deutlich gemindert ist (vgl. *Däubler*, BGB, S. 1144). Als Nichtvermögensschaden im Sinne dieser Vorschrift kommen vor allem nachteilige Folgen für die körperliche und seelische Verfassung des Mobbingbetroffenen (z. B. Schmerzen, Kummer, Sorgen, Wesensänderung, Schmälerung der Lebensfreude) in Betracht (s. a. *Palandt*, § 253 Rn. 15).

Bei Eingriffen in das allgemeine Persönlichkeitsrecht kann der Mobbingbetroffene einen Schadensersatzanspruch aus § 823 BGB i. V. m. Art. 1 Abs. 1, 2 Abs. 1 GG haben (vgl. *Palandt*, § 253 Rn. 10). Ein solcher wurde beispielsweise einer Anzeigenvertreterin zuerkannt, deren Arbeitgeber eine krankheitsbedingte Arbeitsunfähigkeit zum Anlass genommen hatte, in seiner Stadtteilzeitung zu berichten, dass die Anzeigenvertreterin an »astraler Hypertrophie« (mithin unter einer eingebildeten Krankheit) leide und für lange Zeit nicht mehr tätig werden könne (Urteil des *LAG Berlin* vom 5. 3. 1997 – 13 Sa 137/96).

1.3 Arbeitsrechtliche Aspekte

Mobber beeinflussen durch ihr Verhalten das Betriebsklima in nicht zu unterschätzender Weise. Mobbing hat unter anderem Einfluss auf die Qualität der zu verrichtenden Arbeit sowie deren Ergebnisse und auf den Krankenstand – Aspekte, die von Betriebs- bzw. Personalräten und Arbeitgebern oftmals im gleichen Maße unterschätzt werden.

Mobber verstoßen mit ihrem Verhalten gegen ihre arbeitsvertraglichen Nebenpflichten – sich für die Interessen des Arbeitgebers sowie des Betriebes bzw. der Dienststelle einzusetzen und alles zu unterlassen, was diese Interessen beeinträchtigen könnte –, indem sie ihrem Arbeitgeber einen finanziellen Schaden in unterschiedlichster Höhe zufügen – ein Schaden, der beispielsweise in krankheitsbedingten Lohnfortzahlungskosten oder (Gewährleistungs-)Ansprüchen Dritter besteht. Diese Nebenpflichtverletzung darf nicht zu gering bewertet werden. Allein die den Arbeitgebern entstehenden Ausfallkosten wegen mobbingbedingter Fehlzeiten werden in Deutschland auf über 15 Milliarden € geschätzt (*Lindemeier*, S. 4).

Die durch Mobbing verursachten Nebenpflichtverletzungen können mit einer Ermahnung, einer Abmahnung, einer Versetzung und als letztes Mittel mit einer verhaltsbedingten ordentlichen oder außerordentlichen (Änderungs-)Kündigung sanktioniert werden, wobei sich ihre Rechtmäßigkeit nach allgemeinen arbeitsrechtlichen Grundsätzen richtet.

Wichtig:
In arbeitsrechtlicher Hinsicht kommen für den Mobber als Sanktionsmöglichkeiten die Ermahnung, die Abmahnung, die Versetzung sowie die Kündigung in Betracht.

Mittels einer Ermahnung, die sowohl mündlich als auch schriftlich ausgesprochen werden kann, kann die Verletzung arbeitsvertraglicher Pflichten (z. B. unentschuldigtes Fehlen, verspätetes Erscheinen am Arbeitsplatz) gerügt und der Ermahnte zur Einhaltung seiner arbeitsvertraglichen Pflichten angehalten werden. Die Ermahnung setzt sich somit aus zwei Bestandteilen zusammen:

1. die Beschreibung einer Verletzung arbeitsvertraglicher Pflichten und
2. die Aufforderung zur Verhaltensänderung.

Wird diesem Sanktionsmittel ein dritter Bestandteil, die Androhung von Rechtsfolgen für den Fall der Wiederholung, hinzugefügt, so handelt es sich um eine Abmahnung (s. a. *Eichhorn/Steinmann*, S. 44 ff.). Die in Aussicht gestellte Rechtsfolge besteht in der Regel in der Androhung einer Kündigung des Arbeitsvertrages.

Beispiel für eine Ermahnung:
Vorarbeiter Meier demütigt seinen Untergebenen Müller, indem er ihn vor allen Arbeitskollegen anweist, sich zu bücken und seine Schuhe zu küssen. Andernfalls werde Müller schon sehen, wer der Herr im Hause sei. Müller beugt sich dieser Anweisung. Arbeitgeber Schmitz sieht dies durch Zufall, spricht Meier auf diesen Vorfall an und erklärt ihm, dass er sein menschenverachtendes Verhalten nicht duldet. Anschließend fordert Schmitz den Meier auf, sein Verhalten gegenüber Untergebenen ab sofort und für die Zukunft zu ändern.

Beispiel für eine Abmahnung:
Meier äußert in der Kantine lauthals ausländerfeindliche Parolen gegenüber Yilmaz. Arbeitgeber Schmitz erfährt hiervon auf Grund einer Beschwerde des ausländischen Arbeitnehmers Yilmaz. Schmitz ruft Meier in sein Büro und weist ihn darauf hin, dass er es zu unterlassen habe, ausländerfeindliche Handlungen auf dem Betriebsgelände vorzunehmen. Sofern Meier sein Verhalten nicht ändere, habe er mit der Kündigung seines Arbeitsvertrages zu rechnen.

Da es im ersten Beispielsfall an der Androhung von rechtlichen Konsequenzen (Rechtsfolgen) für den Fall einer Wiederholung fehlt, handelt es sich um eine Ermahnung. Demgegenüber werden im zweiten Beispielsfall Rechtsfolgen angedroht, so dass Schmitz hier eine Abmahnung ausgesprochen hat.

Dem Arbeitgeber steht es zur freien Disposition, ob er wegen einer Verletzung der arbeitsvertraglichen Pflichten von der Möglichkeit Gebrauch macht, eine Ermahnung oder eine Abmahnung auszusprechen. Möchte er über das Fehlverhalten hinwegsehen, wird er auf den Ausspruch einer Abmahnung bzw. Ermahnung verzichten. Möchte er hingegen »erzieherische« Ziele verfolgen, dürfte er am ehesten eine Abmahnung aussprechen. Schließlich stellt diese ein starkes Druckmittel dar, um den Betreffenden zu einer Änderung seines Verhaltens am Arbeitsplatz zu bewegen.

Bei der Kündigung handelt es sich um das schärfste Sanktionsmittel arbeitsvertraglicher Pflichtverletzungen, da sie auf die Beendigung des Arbeitsverhältnisses gerichtet ist. Bei Mobbing wird sie vom Arbeitgeber regelmäßig als verhaltensbedingte Kündigung – nach einer erneuten Pflichtverletzung trotz vorhergehender Abmahnung – unter Einhaltung der einzelvertraglich oder tarifvertraglich vereinbarten Kündigungsfrist als so genannte ordentliche (fristgemäße) Kündigung ausgesprochen (vgl. § 622 BGB).

Nur wenn dem Arbeitgeber unter Berücksichtigung aller Umstände des Einzelfalles und unter Abwägung der Interessen sowohl des Arbeitgebers als auch des Arbeitnehmers die Fortsetzung des Arbeitsverhältnisses bis zum Ablauf der Kündigungsfrist nicht zuzumuten ist, kann vom Arbeitgeber eine außerordentliche (fristlose) Kündigung ausgesprochen werden (vgl. § 626 BGB). Beide Kündigungsarten sind so genannte Beendigungskündigungen, da sie auf die Beendigung des Arbeitsverhältnisses gerichtet sind.

Die Änderungskündigung unterscheidet sich von der Beendigungskündigung dadurch, dass sie auf eine vertragliche Umgestaltung des Arbeitsverhältnisses gerichtet ist. Der Arbeitgeber spricht zwar die Kündigung des alten Arbeitsvertrages aus, bietet dem Arbeitnehmer jedoch den Abschluss eines neuen Arbeitsvertrages zu geänderten – in der Regel schlechteren – Bedingungen an.

Beispiele für Kündigungen:

1. Nachdem Meier seine ausländerfeindliche Hetze gegen Yilmaz im Betrieb trotz erfolgter Abmahnung fortgesetzt hat, wird ihm – nach erfolgter Anhörung des Betriebsrats gemäß § 102 BetrVG – unter Einhaltung der sich aus dem einschlägigen Tarifvertrag ergebenden Kündigungsfrist gekündigt. Ausgesprochen ist eine ordentliche Kündigung.

2. Das ausländerfeindliche Verhalten von Meier eskaliert eines Tages, indem er seinen ausländischen Arbeitskollegen ohne ersichtlichen Grund tätlich angreift und mit einem Messer verletzt. Um das Leben und die Gesundheit der übrigen ausländischen Beschäftigten besorgt, sieht Arbeitgeber Schmitz keine andere Wahl, als dem Meier mit sofortiger Wirkung zu kündigen. Ausgesprochen ist eine fristlose Kündigung.
3. Meier setzt seine ausländerfeindliche Hetze gegen Yilmaz fort. Da Schmitz einerseits nicht auf die Arbeitskraft des Meier verzichten möchte, andererseits Yilmaz vor den Angriffen von Meier schützen muss, spricht er dem Meier gegenüber die Kündigung des Arbeitsvertrages unter Beachtung der tarifvertraglich einzuhaltenden Kündigungsfrist aus, wobei er ihm gleichzeitig das Angebot unterbreitet, weiterhin für ihn in der 5 km entfernten Betriebsstätte zu gleichen arbeitsvertraglichen Bedingungen zu arbeiten. Ausgesprochen ist eine Änderungskündigung.

Eine Änderungskündigung wird vor allem dann ausgesprochen, wenn eine Versetzung des Mobbers auf einen anderen Arbeitsplatz mittels Ausübung des Direktionsrechts (auch Weisungsrecht genannt) durch den Arbeitgeber nicht möglich ist. Dies ist etwa dann der Fall, wenn die zu verrichtende Tätigkeit des Mobbers im Arbeitsvertrag ganz genau beschrieben ist. Ist die vom Mobber zu verrichtende Tätigkeit hingegen nur grob umrissen, so kann eine Versetzung im Wege der Zuweisung eines anderen Arbeitsplatzes möglich sein.

Beispiel für eine Versetzung durch Weisung:
Meier ist bei Müller als »Sekretärin« eingestellt. In ihrem Arbeitsvertrag hat sie sich bereit erklärt, jede ihrer Ausbildung entsprechende Tätigkeit zu verrichten. Müller möchte die Meier von der Abteilung A in die Abteilung B versetzen, wo sie eine vergleichbare Tätigkeit verrichten soll. Um die Versetzung zu erreichen, genügt eine entsprechende Weisung durch Müller.

Beispiel für eine Versetzung durch Änderungskündigung:
Meier ist als »Sekretärin des Geschäftsführers Müller« eingestellt. Dies steht auch so in ihrem Arbeitsvertrag. Möchte Müller der Meier einen anderen Arbeitsplatz in einer anderen Abteilung mit anderen Tätigkeiten zuweisen, muss er eine Änderungskündigung aussprechen.

Mit seinem Urteil vom 24.4.1996 hat das *BAG* (5 AZR 1031/94) unmissverständlich klar gestellt, dass ein Arbeitnehmer seine Versetzung nicht dadurch verhindern kann, indem er von seinem Arbeitgeber den Ausspruch einer Abmahnung an Stelle der beabsichtigten Versetzung mit der Begründung verlangt, die Abmahnung stelle das mildere Mittel gegenüber der Versetzung dar. Schließlich – so das *BAG* – ist es Sache des Arbeitgebers zu entscheiden, wie er auf betriebliche Konfliktlagen (z. B. Spannungen zwischen Arbeitnehmern) reagieren will.

1.4 Dienstrechtliche Aspekte

Verletzt ein Beamter schuldhaft die ihm obliegenden Pflichten, so begeht er gemäß § 77 Abs. 1 Satz 1 BBG ein Dienstvergehen, das mit Disziplinarmaßnahmen (z. B. Verweis, Geldbuße; vgl. § 5 BDG) sanktioniert werden kann. Im Zusammenhang mit der Mobbingproblematik stehen folgende Pflichten im Vordergrund, deren Missachtung eine Diziplinierung zur Folge haben können (vgl. *Wolmerath*, S. 281 m. w. N.):

1. Die Pflicht zur Wahrung des Betriebsfriedens verpflichtet den Beamten, falsche Beschuldigungen, Verdächtigungen, Beleidigungen, Bedrohungen und Tätlichkeiten gegenüber seinen Arbeitskollegen zu unterlassen.
2. Die Pflicht zu achtungswürdigem und vertrauensvollem Verhalten verpflichtet den Beamten, Beleidigungen und Verunglimpfungen seines Vorgesetzten sowie achtungswidrige Äußerungen über die Dienststelle und/oder über seine Vorgesetzten gegenüber Dritten zu unterlassen. Gleiches gilt für Drohungen und Tätlichkeiten.
3. Die Pflicht, Gesetz und Recht zu wahren, mithin »Straftaten im Amt« (z. B. den Kollegendiebstahl) zu unterlassen.
4. Die Pflicht zu Gehorsam, d. h. Anordnungen des Vorgesetzen zu befolgen (vgl. § 55 Satz 2 BBG).
5. Die Pflicht zur Vermeidung jeglicher Verquickung von dienstlichen Handlungen bzw. Unterlassungen mit privaten Interessen.

Soweit es sich bei dem Beamten um einen Vorgesetzten handelt, treffen diesen unter anderem folgende Pflichten:

1. Vorgesetzte haben Beleidigungen von Untergebenen zu unterlassen.
2. Vorgesetzten obliegt die Fürsorge für die ihnen unterstellten Beamten.
3. Vorgesetzte haben den Dienst im erforderlichen Maße zu beaufsichtigen. Pflichtwidrig handelt insoweit auch, wer Pflichtwidrigkeiten seiner Untergebenen duldet, fördert oder sogar veranlasst.
4. Vorgesetzte sind gegenüber ihren Untergebenen verpflichtet, jeden Missbrauch ihrer Dienststellung zu unterlassen.

2. Rechtliche Bewertung des Verhaltens des Arbeitgebers bzw. Dienstherrn

Mobbing kann auch für den Arbeitgeber bzw. Dienstherrn mit Konsequenzen behaftet sein. So kann er selbst als Mobber auftreten. In diesem Fall unterfällt er den im vorstehenden Abschnitt aufgezeigten Sanktionsmöglichkeiten. Aber auch dann, wenn er nicht selbst aktiv als Mobber tätig wird, können sich für ihn strafrechtliche, zivilrechtliche sowie arbeits- bzw. dienstrechtliche Konsequenzen ergeben.

2.1 Strafrechtliche Aspekte

Hat der Arbeitgeber bzw. Dienstherr einen anderen (z. B. Vorgesetzten oder Arbeitskollegen des Mobbingbetroffenen) zu einer vorsätzlich begangenen Tat bestimmt – in ihm den Entschluss zur Tatbegehung hervorgerufen –, so wird der Arbeitgeber bzw. Dienstherr gemäß § 26 StGB als Anstifter genau wie der Täter betraft.

Beispiel für eine Anstiftung:
Arbeitgeber Meier möchte das Betriebsratsmitglied Müller »loswerden«. Meier überzeugt Müllers Vorgesetzten, diesen so lange psychisch unter Druck zu setzen, bis Müller selber kündigt. Daraufhin beginnt der Vorgesetzte, Müller psychisch unter Druck zu setzen.

Besteht das Tun des Arbeitgebers lediglich in einer vorsätzlichen Hilfeleistung (z. B. verbaler Beistand; Aushändigung eines Zimmerschlüssels, der es dem Mobber ermöglicht, seinen Arbeitskollegen am Arbeitsplatz ein- oder auszusperren) des Mobbers zu einer vorsätzlich begangen Tat, so ist dieser in strafrechtlicher Hinsicht Helfer und als solcher wegen Beihilfe (vgl. § 27 StGB) zu bestrafen.

Beispiel für Beihilfe:
Arbeitgeber Meier weiß, dass Müller den Schmidt mobbt. Meier bittet Müller zu einem Gespräch. Im Verlaufe dieser Unterredung gibt Meier dem Müller unmissverständlich zu verstehen, dass Schmidt eine derartige Behandlung verdiene. Müller solle nur so weitermachen.

Eine Straftat kann nicht nur durch aktives Tun begangen werden. Auch ein Nichttätigwerden (sog. Unterlassen) kann strafbar sein (vgl. § 13 StGB). Voraussetzung ist allerdings, dass der Arbeitgeber bzw. Dienstherr rechtlich dafür einzustehen hat, dass die Schadensverursachung beim Mobbingbetroffenen nicht eintritt und die Unterlassung der Verwirklichung des gesetzlichen Tatbestandes durch ein Tun entspricht. Die Rechtspflicht des Arbeitgebers bzw. Dienstherrn, dafür Sorge zu tragen, dass die Beschäftigten im Betrieb bzw. in der Dienststelle nicht durch Handlungen Dritter Schaden an Leben, Gesundheit oder Eigentum erleiden, lässt sich aus der Fürsorgepflicht des Arbeitgebers bzw. Dienstherrn herleiten. So ist beispielsweise der Arbeitgeber gehalten, seine Beschäftigten vor tätlichen Angriffen seitens der Arbeitskollegen zu schützen sowie die freie Entfaltung der Persönlichkeit aller im Betrieb Beschäftigten sicherzustellen (s. a. § 75 Abs. 2 Satz 1 BetrVG).

Voraussetzung der Strafbarkeit wegen Unterlassens ist allerdings, dass der Arbeitgeber bzw. Dienstherr von solchen Mobbinghandlungen positive Kenntnis erlangt, aufgrund derer er eine strafrechtlich relevante Schadensverursachung vorhersieht und dennoch untätig bleibt, obwohl es ihm wegen seiner besonderen Stellung gegenüber seinen Beschäftigten ein Leichtes ist, dem Mobbing ein Ende zu bereiten.

Beispiel eines strafrechtlich relevanten Unterlassens:
Geschäftsführer Meier erfährt, dass der Müller von Schmidt gemobbt wird. Ihm ist bekannt, dass Müller bereits mehrfach in Tränen ausgebrochen ist und sich wegen der Mobbingangriffe bereits seit längerer Zeit in ärztlicher Behandlung befindet. Meier befürchtet eine Eskalation. Dennoch unternimmt er nichts. Kurze Zeit später erleidet Müller im Verlaufe einer Mobbingattacke einen Nervenzusammenbruch.

Eine Strafbarkeit des Arbeitgebers bzw. Dienstherrn wegen unterlassener Hilfeleistung (vgl. § 323 c StGB) ist möglich, wenn dieser Zeuge eines Mobbingangriffes ist und nicht zur Abwendung eines Schadens beim Mobbingbetroffenen tätig wird, obwohl es ihm in zumutbarer Weise möglich ist.

Beispiel für eine unterlassene Hilfeleistung:
Meier sieht, wie Müller den Schmidt wütend beschimpft, ihn regelrecht »fertig macht«. Schmidt steht unmittelbar vor einem Nervenzusammenbruch. Meier greift weder ein noch unternimmt er etwas, sondern wendet sich ab und verlässt den Ort des Geschehens.

2.2 Arbeitsrechtliche Aspekte

Soweit der Arbeitgeber nicht selbst als Mobber handelt, ist an eine Schadensersatzpflicht des Arbeitgebers wegen der Verletzung seiner arbeitsvertraglich geschuldeten Fürsorgepflicht zu denken. Die Fürsorgepflicht verpflichtet den Arbeitgeber, für Leben und Gesundheit seiner Beschäftigten zu sorgen. Insoweit hat er seine Beschäftigten vor Beeinträchtigungen seelischer und körperlicher Art zu schützen. Wird durch Mobbing z. B. die Gesundheit des Mobbingbetroffenen in Mitleidenschaft gezogen, obwohl dem Arbeitgeber die Mobbingsituation bekannt ist und er diese in zumutbarer Weise – etwa aufgrund des ihm arbeitsvertraglich zustehenden Weisungsrechts – beseitigen kann, so hat er dem Mobbingbetroffenen den durch Mobbing verursachten Schaden (z. B. Heilungskosten, Differenz zwischen Entgelt und Krankengeld nach Ablauf der Entgeltfortzahlungspflicht) zu ersetzen.

Zu beachten ist hierbei, dass sich der Arbeitgeber auch das Verhalten solcher Personen zurechnen lassen muss, die als Personalleiter oder in einer Vorgesetztenfunktion an seiner Stelle handeln (vgl. § 278 BGB; s. a. *Däubler*, S. 83 f.).

Das *Landesarbeitsgericht Thüringen* hat die Arbeitgeberpflichten in seinem Urteil vom 10. 4. 2001 (– 5 Sa 403/00 – PersR 2001, S. 352 = AuR 2001, S. 274) wie folgt beschrieben:

»Der Arbeitgeber ist verpflichtet, das allgemeine Persönlichkeitsrecht der bei ihm beschäftigten Arbeitnehmer nicht selbst durch Eingriffe in deren Persönlichkeits- oder Freiheitssphäre zu verletzen, diese vor Belästigungen durch Mitarbeiter oder Dritte, auf die er einen Einfluss hat, zu schützen, einen menschengerechten Arbeitsplatz zur Verfügung zu stellen und die Arbeitnehmerpersönlichkeit zu fördern. Zur Einhaltung dieser Pflichten kann der Arbeitgeber als Störer nicht nur dann in Anspruch genommen werden, wenn er selbst den Eingriff begeht oder steuert, sondern auch dann, wenn er es unterlässt, Maßnahmen zu ergreifen oder seinen Betrieb so zu organisieren, dass eine Verletzung des Persönlichkeitsrechts ausgeschlossen wird.«

Damit hat das *Landesarbeitsgericht Thüringen* dem Arbeitgeber eine Organisationspflicht dergestalt auferlegt, seinen Betrieb so zu organisieren, dass keiner seiner Beschäftigten durch Mobbing Schaden erleidet. Die Konsequenz ist mithin, dass der Arbeitgeber nach den Grundsätzen der Haftung für Organisationsverschulden in Regress genommen werden kann, der dieser Pflicht nicht nachkommt.

In seinem Urteil vom 19. 2. 2004 (– 2 Ta 12/04 – EzA-Schnelldienst 12/2004, S. 15 = AuR 2004, 275) gelangt das *LAG Rheinland-Pfalz* zu folgender Feststellung: Die zahlreich in Betracht kommenden Mobbinghandlungen können darin bestehen, dass der Betroffene tätlich angegriffen oder auch nur geringschätzig behandelt, von der Kommunikation ausgeschlossen, beleidigt oder diskriminiert wird. Für den Arbeitgeber besteht die Nebenpflicht aus dem Arbeitsverhältnis, das Opfer vor derartigen Belästigungen und Attacken zu schützen und allgemein für ein ausgeglichenes Betriebsklima zu sorgen. Bei einer Verletzung dieser Pflicht können Schmerzensgeldansprüche des Opfers in Betracht kommen.

Merke:
Der Arbeitgeber ist verpflichtet, seinen Betrieb so zu organisieren, dass keiner seiner Beschäftigten durch Mobbing einen Schaden erleidet.

Sofern der Arbeitgeber seine Fürsorgepflicht verletzt, kann er – was dem juristischen Laien auf den ersten Blick als unmöglich erscheint – deswegen vom Mobbingbetroffenen »ermahnt« und »abgemahnt« werden. Allerdings kann sich dies – insoweit sei ein Vorgriff auf den Abschnitt 4.4 (s. S. 241 ff.) gestattet – ein Arbeitnehmer in aller Regel nur dann erlauben, wenn er für seinen Arbeitgeber derart wichtig ist, dass dieser auf den sich wehrenden Arbeitnehmer nicht verzichten kann. Dies ist beispielsweise bei ausgewiesenen Experten der Fall. Je leichter es hingegen ist, Arbeitnehmer auszutauschen, desto unbeeindruckter wird ein Arbeitgeber letztendlich von einer ausgesprochenen »Ermahnung« bzw. »Abmahnung« durch den Mobbingbetroffenen sein. Der Arbeitgeber wird in diesem Fall den sich wehrenden Arbeitnehmer auf die Tatsache hinweisen, dass er »gehen« könne, wenn es ihm bei seinem Arbeitgeber nicht mehr gefalle. Gerade in Zeiten hoher Arbeitslosigkeit werden daher Arbeitnehmer von »Ermahnungen« und »Abmahnungen« – Ausnahmen bestätigen die Regel – kaum Gebrauch machen. Einen Sinn haben sie in den meisten Fällen letzten Endes nur, wenn sie zur Vorbereitung eines Schadensersatzprozesses gegen den Arbeitgeber ausgesprochen werden, um diese sodann in dem Prozess als Beweismittel verwenden zu können. Aus Gründen ihrer Beweisbarkeit sollten »Ermahnungen« und »Abmahnungen« schriftlich ausgesprochen werden. Wegen ihrer rechtlichen Bedeutung (etwa bei Schadensersatzklagen, Kündigungen und Arbeitslosmeldungen) sollte zuvor stets ein fachkundiger Jurist konsultiert werden. Eine Verwendung von Vordrucken und Formularen sollte tunlichst vermieden werden.

Soweit dem Mobbingbetroffenen ein Festhalten an seinem Arbeitsverhältnis nicht mehr abverlangt werden kann, ist an eine ordentliche (fristgemäße) Kündigung unter Einhaltung der sich aus dem Arbeitsvertrag oder dem Tarifvertrag ergebenden Kündigungsfrist zu denken. Soweit dem Arbeitnehmer ein Abwarten bis zum Ablauf der Kündigungsfrist nicht zugemutet werden kann, ist der Ausspruch einer außerordentlichen (fristlosen) Kündigung des Arbeitsvertrages gemäß § 626 BGB möglich (zu den Möglichkeiten und Konsequenzen für Mobbingbetroffene vgl. 4.). Hierbei ist stets zu bedenken, dass die Kündigung gemäß § 623 BGB schriftlich erfolgen muss.

Wichtig:
Verletzt der Arbeitgeber seine Fürsorgepflicht gegenüber dem Mobbingbetroffenen, so kann der Arbeitgeber von dem Mobbingbetroffenen »ermahnt« und »abgemahnt« werden. Gegebenenfalls kann der Arbeitsvertrag (fristlos) gekündigt werden. Hiervon wird regelmäßig jedoch nur derjenige Gebrauch machen können, der in sozialer Hinsicht abgesichert ist oder auf den der Arbeitgeber – aus welchen Gründen auch immer – nicht verzichten kann.

Gemäß einem Urteil des *BAG* vom 21.3.2001 (5 AZR 352/99) können die Voraussetzungen für ein Beschäftigungsverbot nach § 3 Abs. 1 MuSchG auch dann vorliegen, wenn psychisch bedingter Stress Leben oder Gesundheit von Mutter und Kind gefährdet. Voraussetzung ist, dass der gefährdende Stress gerade durch die Fortdauer der Beschäftigung verursacht oder verstärkt wird.

2.3 Dienstrechtliche Aspekte

Da es in diziplinarrechtlicher Hinsicht ohne Belang ist, in welcher Form eine Dienstpflichtverletzung begangen wird (d.h. Versuch oder Vollendung, Anstiftung bzw. Beihilfe oder Täterschaft), kann auch der Dienstherr bzw. Dienststellenleiter mit einer Disziplinarmaßnahme sanktioniert werden, der – ohne Mobber zu sein – tatenlos bleibt, obwohl er beispielsweise infolge einer Beschwerde des Mobbingbetroffenen oder eines Hinweises des Personalrats oder aus der Belegschaft von einer konkreten Mobbingsituation in Kenntnis gesetzt wurde.

Nach einer Entscheidung des *Bundesgerichtshofs* vom 1.8.2002 (DÖD

2002, 283) haftet der Dienstherr des Schädigers nach Amtshaftungsgrundsätzen für Schäden, die dadurch entstehen, dass ein Polizeibeamter im Rahmen der gemeinsamen Dienstausübung durch seinen Vorgesetzten systematisch und fortgesetzt schikaniert wird. In vergleichbarer Weise hat das *OLG Stuttgart* am 28.7.2003 (– 4 U 51/03 – NVwZ-RR 2003, 715) entschieden, dass Mobbing zu einem Amtshaftungsanspruch führen kann, wenn Vorgesetzte eines Beamten im Rahmen der gemeinsamen Dienstausübung durch pflichtwidrige Handlungen das Persönlichkeitsrecht des Beamten oder dessen Gesundheit geschädigt haben.

3. Rechtliche Bewertung des Verhaltens des Betriebs- bzw. Personalrats

Sofern sich einzelne oder mehrere Betriebs- bzw. Personalratsmitglieder an Mobbing beteiligen, gelten für sie – rechtlich betrachtet – keine Besonderheiten. Je nach der Lage des konkreten Einzelfalls kann Mobbing den Ausschluss eines Mitglieds aus dem Betriebsrat oder – wenn alle Betriebsratsmitglieder mobben, was hoffentlich in der betrieblichen Praxis nicht vorkommt – die Auflösung des Betriebsrats nach § 23 Abs. 1 BetrVG rechtfertigen. Entsprechendes gilt für den Personalrat und seine Mitglieder gemäß § 28 Abs. 1 BPersVG. Voraussetzung ist hierfür eine grobe Verletzung der gesetzlichen Pflichten: Nach § 75 BetrVG ist unter anderem der Betriebsrat verpflichtet, darüber zu wachen, dass alle im Betrieb tätigen Personen nach den Grundsätzen von Recht und Billigkeit behandelt werden, insbesondere, dass jede unterschiedliche Behandlung wegen ihrer Abstammung, Religion, Nationalität, Herkunft, politischen oder gewerkschaftlichen Betätigung oder Einstellung oder wegen ihres Geschlechts oder ihrer sexuellen Identität unterbleibt (§ 75 Abs. 1 Satz 1 BetrVG). Der Betriebsrat hat darauf zu achten, dass Arbeitnehmer nicht wegen Überschreitung bestimmter Altersstufen benachteiligt werden (§ 75 Abs. 1 Satz 2 BetrVG). Ferner hat er die freie Entfaltung der Persönlichkeit der im Betrieb beschäftigten Arbeitnehmer zu schützen und zu fördern (§ 75 Abs. 2 Satz 1 BetrVG). An ihn gerichtete Beschwerden (vgl. § 85 Abs. 1 BetrVG) hat der Betriebsrat nachzugehen; bei berechtigten Beschwerden hat er beim Arbeitgeber auf Abhilfe hinzuwirken. Kommt der Betriebsrat bzw. eines seiner Mitglieder den auferlegten Amtspflichten nicht nach oder verstößt er selbst gegen die in § 75 Abs. 1 BetrVG enthaltenen Grundsätze (z. B. durch absichtliches Untätigbleiben), so kann hierin die gemäß § 23 Abs. 1 BetrVG erforderliche Pflichtverletzung liegen.

Entsprechendes gilt für den Personalrat und seine Mitglieder. Gemäß § 67 Abs. 1 Satz 1 BPersVG hat die Personalvertretung darüber zu wachen, das alle Angehörigen der Dienststelle nach Recht und Billigkeit behandelt werden, insbesondere, dass jede unterschiedliche Behandlung von Personen wegen ihrer Abstammung, Religion, Nationalität, Herkunft, politischen oder gewerkschaftlichen Betätigung oder Einstellung oder wegen ihres Geschlechts unterbleibt. Anregungen und Beschwerden von Beschäftigten hat die Personalvertretung entgegen zu nehmen und, falls sie berechtigt erscheinen, durch Verhandlung mit dem Leiter der Dienststelle auf ihre Erledigung hinzuwirken (§ 68 Abs. 1 Nr. 3 BPersVG). Letztendlich hat die Personalvertretung gemäß § 66 Abs. 1 Satz 1 BPersVG alles zu unterlassen, was geeignet ist, die Arbeit und den Frieden der Dienststelle zu beeinträchtigen.

Beispiele für eine grobe Pflichtverletzung:

1. Personalratsmitglied Meier hegt einen Hass gegen Ausländer. Seinen türkischen Arbeitskollegen konfrontiert er ständig mit diskriminierenden Äußerungen, Unterstellungen und »Kollegenscherzen«.
2. Müller fühlt sich von seinem Vorgesetzten ständig schikaniert und bloßgestellt. Er richtet daher mehrere Beschwerden an den Betriebsrat verbunden mit der Bitte, für Abhilfe zu sorgen. Der Betriebsrat, der sich mit solchem »Kleinkram« nicht belasten will, geht den Beschwerden nicht nach. Sie landen sofort nach Erhalt im Papierkorb.

4. Rechtliche Handlungsmöglichkeiten des Mobbingbetroffenen

Für den Mobbingbetroffenen stellt sich im Anschluss an die rechtliche Bewertung von Mobbing die Frage, was er konkret unternehmen kann, um sich mit rechtlichen Mitteln gegen Mobbing zur Wehr zu setzen, um etwa Ersatz für erlittenen Schaden oder Genugtuung für erlittenes Unrecht zu erlangen.

In rechtlicher Hinsicht stehen dem Mobbingbetroffenen – wie in den vorherigen Kapiteln bereits zum Teil angesprochen – je nach der Lage des konkreten Einzelfalls insbesondere folgende Handlungsmöglichkeiten zu Verfügung:

- Beschwerde an den Betriebs- bzw. Personalrat,
- Beschwerde an den Vorgesetzten oder Arbeitgeber bzw. Dienstherrn,
- »Ermahnung« des Arbeitgebers bzw. Dienstherrn,
- »Abmahnung« des Arbeitgebers bzw. Dienstherrn,
- Kündigung des Arbeitsverhältnisses,
- Schadensersatzklage gegen den Arbeitgeber bzw. Dienstherrn,
- Schadensersatzklage gegen den Mobber,
- Stellung eines Strafantrages,
- Sühneversuch vor der zuständigen Vergleichsbehörde (s. a. S. 236 f.),
- Privatklage gegen den Mobber.

Eine Warnung vorab: Der Ausgang eines strafrechtlichen, disziplinarrechtlichen, zivilrechtlichen oder arbeitsrechtlichen Verfahrens lässt sich nur äußerst schwer vorhersagen. Dafür gibt es zu viele Unwägbarkeiten, die bei der Verfahrenseinleitung nicht bedacht werden oder zu diesem Zeitpunkt nicht erkennbar waren. Da jeder Fall – mögen auch Gemeinsamkeiten oder Ähnlichkeiten vorliegen – aufgrund seiner Besonderheiten anders zu bewerten ist, verbieten sich Verallgemeinerungen. Insbesondere Zeitungsberichte und Erzählungen Dritter bieten keine Gewähr für Verallgemeinerungen sowie für eine vollständige und richtige Berichterstattung. Lassen Sie sich nicht durch gut gemeinte Ratschläge Dritter (z.B. Selbsthilfegruppe, Therapeut, Gutachter, Berater) in einen Prozess treiben, auch wenn Ihre Gerichts- und Anwaltskosten vielleicht von einer Rechtsschutzversicherung getragen werden. Seien Sie kritisch. Schließlich sind »Recht haben« und »Recht bekommen« zwei unterschiedliche Paar Schuhe. Stets müssen dem Mobber seine rechtlich relevanten Handlungen bewiesen werden. Hierin liegt häufig das Problem. Prozesse gehen häufig nur deswegen verloren, weil keine Beweise existieren bzw. aus Unachtsamkeit nicht in die gerichtliche Auseinandersetzung eingeführt worden sind. Um rechtlich bedeutsames Tun beweisen zu können – eine Pflicht, die regelmäßig den Mobbingbetroffenen trifft – bedarf es daher einer äußerst sorgfältigen Vorgehensweise. Eine sorgfältige und gut durchdachte Vorbereitung der gerichtlichen Auseinandersetzung ist häufig wichtiger als die eigentliche Prozessführung. Mögliche Zeugen sollten im Vorfeld befragt werden, ob sie vor Gericht aussagen würden. Um sich auch noch nach längerer Zeit an einzelne Geschehnisse erinnern zu können, sollten aussagewillige Zeugen gebeten werden, den Geschehensverlauf schriftlich festzuhalten. Beweise (z.B. ärztliche Befunde, beleidigende Briefe) sollten sorgfältig aufbewahrt werden, um sie gegebenenfalls in das gerichtliche Verfahren einführen zu können. Insbesondere aus Gründen der Beweissicherung ist es für den Mobbingbetroffenen ratsam, ein Mobbing-Tagebuch (s. Teil C Kapitel 2.1) zu führen. Anhand schriftlicher Aufzeichnungen lassen sich später einzelne Geschehensverläufe besser nachvollziehen und Lücken im Erinnerungsvermögen schließen – auch wenn dem Mobbing-Tagebuch als solchem kein eigenständiger Beweiswert zukommt. Schließlich können Tagebuchaufzeichnungen frei erfunden und Bestandteil einer Mobbingstrategie sein, um jemanden des Mobbing bezichtigen zu können.

Wichtig:
Wer das Verhalten des Mobbers sanktioniert haben möchte, sollte zunächst umfassend Beweise sichern.

Wer rechtliche Schritte erwägt, sollte stets bedenken, welche Folgen sich für ihn aus einem negativen Verfahrensausgang ergeben können. Was ist, wenn der Mobber vor Gericht »gewinnt«; hat er dann nicht »Oberwasser« mit der Folge, dass der Mobbingbetroffene noch intensiveren Mobbingangriffen ausgesetzt wird? Der vor Gericht obsiegende Mobber wird sich in seinem Handeln vielfach bestätigt fühlen und zu der Überzeugung gelangen, im Rahmen des gesetzlich Erlaubten zu handeln. Es besteht insoweit die Gefahr, dass er den Mobbingbetroffenen als persönliches »Freiwild« begreift.

Der vor Gericht obsiegende Mobbingbetroffene kann mit einem Sieg zwar die »Schlacht« gewinnen, aber dennoch den »Krieg« verlieren. Schließlich geschieht es nicht selten, dass ein Täter zum Opfer stilisiert und dem eigentlichen Opfer die Schuld für bestimmte Ereignisse aufgebürdet wird.

Wichtig:
Wer die Einleitung rechtlicher Schritte erwägt, sollte auch die Risiken bedenken.

4.1 Unterstützung der Unterstützer

Wir haben die Erfahrung gemacht, dass sich Mobbingbetroffene zwar an Mobbingbeauftragte, Rechtsanwälte, Ärzte, Psychologen etc. wenden, um von diesen Unterstützung zu erfahren, diese jedoch im Gegenzug häufig bei ihrer Aufgabe nicht ausreichend unterstützen. Offensichtlich glaubt der eine oder andere Mobbingbetroffene, dass beispielsweise der von ihm beauftragte Rechtsanwalt schon alles richten wird, sobald man diesem das Mandat übertragen und ihm das Anliegen vorgetragen hat. Dies genügt jedoch leider nicht. Jeder Unterstützer braucht neben dem Vertrauen des Mobbingbetroffenen vor allem die für seine Arbeit erforderlichen Informationen, um überhaupt im Interesse des Mobbingbetroffenen tätig werden zu können. Wer dem Unterstützer dieses Wissen nicht vermittelt, kann nicht mit optimaler Hilfe rechnen.

Dass diese Wissensvermittlung für den Mobbingbetroffenen nicht immer leicht ist, mussten wir in der Vergangenheit des Öfteren erfahren. Von Ängsten, Selbstzweifeln und Hilflosigkeit gelähmt, müssen Mobbingbetroffene oftmals ihre eigene Passivität überwinden, in die sie aufgrund der Mobbingangriffe geraten sind. Wer meint, vergleichbar einem Schiffbrüchigen ohne eigenes Zutun aus »seiner Seenot« gerettet werden zu müssen, wird keine Erfolg versprechende Unterstützung erfahren können. Es muss jedem Mobbingbetroffenen bewusst sein, dass er die ihm »zugeworfene Rettungsweste« auch ordentlich »überzieht«.

Hilfreich ist es, insbesondere einem Rechtsanwalt vor dem ersten Gespräch eine schriftlich abgefasste ausführliche Schilderung des Mobbingprozesses zur Verfügung zu stellen, die auch die Nennung möglicher Zeugen und anderer Beweismittel beinhalten sollte. Diese ermöglicht dem Unterstützer eine ausführliche Vorbereitung auf das erste Gespräch. Diese Vorgehensweise hat zwei weitere Vorteile. Zum einen kann man das gesamte Mobbinggeschehen für sich selbst noch einmal in Ruhe aufarbeiten. Von Mobbingbetroffenen haben wir diesbezüglich erfahren, dass ihnen während des Aufschreibens vieles klar geworden und die schriftliche Aufarbeitung ihrer Erlebnisse der erste Schritt zur Bewältigung ihres Mobbingproblems gewesen sei. Wer Geschehensabläufe in Ruhe in seine Erinnerung ruft und aufschreibt, wird zum anderen seltener wichtige Ereignisse, Beweismittel etc. übersehen. In Gesprächen wird manches vergessen und anderes mehrfach berichtet – zumal, wenn man die Erlebnisse vielleicht zunächst einem Arzt, anschließend einem Rechtsanwalt und dann noch einem Psychologen erzählen muss. Einmal schriftlich niedergelegt, kann die Sachverhaltsschilderung nach Bedarf vervielfältigt und den unterschiedlichsten Unterstützern zur Verfügung gestellt werden.

4.2 Sühne und Privatklage

Mit Ausnahme der Nötigung (§ 240 StGB) sowie der Straftaten gegen Betriebverfassungsorgane und ihre Mitglieder (§ 119 BetrVG) sind die (versuchte) Sachbeschädigung, die (versuchte) vorsätzliche und fahrlässige Körperverletzung, die Beleidigung, die üble Nachrede, die Verleumdung sowie die Beleidigung trotz Wahrheitsbeweises so genannte Privatklagedelikte. Der Verletzte kann unter Umgehung der Staatsanwaltschaft Klage erheben (vgl. § 374 StPO). Voraussetzung ist jedoch, dass zuvor erfolglos die Sühne zwischen dem Täter und dem Opfer versucht worden ist. Zuständig für den Sühneversuch sind die von der jeweiligen Landesjustizverwaltung bezeichneten Vergleichsbehörden (vgl. § 380 StPO; *Meyer-Goßner,* § 380 Rn. 3).

Beachte:
Zuständige Stelle für den Sühneversuch in den einzelnen Bundesländern
- Baden-Württemberg: die Gemeinde
- Bayern: die Gemeinde
- Berlin: das Schiedsamt
- Brandenburg: die Schiedsstelle

- Bremen: das Amtsgericht
- Hamburg: die öffentliche Rechtsauskunfts- und Vergleichsstelle
- Hessen: das Schiedsamt
- Mecklenburg-Vorpommern: die Schiedsstelle
- Niedersachsen: das Schiedsamt
- Nordrhein-Westfalen: das Schiedsamt
- Rheinland-Pfalz: die Schiedsperson
- Saarland: die Schiedsleute
- Sachsen: die Schiedsstelle
- Sachsen-Anhalt: die Schiedsstelle
- Schleswig-Holstein: das Schiedsamt
- Thüringen: die Schiedsstelle

Die Staatsanwaltschaft selbst darf bei Privatklagedelikten öffentliche Klage nur erheben, wenn dies im öffentlichen Interesse liegt (vgl. § 376 StPO). Dies ist dann der Fall, wenn der Rechtsfrieden über den Lebenskreis des Verletzten hinaus gestört und die Strafverfolgung ein gegenwärtiges Anliegen der Allgemeinheit ist (vgl. *Meyer-Goßner*, § 376 Rn. 1).

Bei Mobbing dürfte die Staatsanwaltschaft ein öffentliches Interesse an der Strafverfolgung nur in den seltensten Fällen bejahen, so dass der Mobbingbetroffene in der Regel auf die Erhebung der Privatklage (beachte: Voraussetzung ist der erfolglose Sühneversuch) angewiesen ist. Ob die Erhebung einer Privatklage letztendlich zu einer für den Mobbingbetroffenen befriedigenden Problemlösung führen kann, ist fraglich. Lediglich 6 % aller Privatklagen führen zu einer Verurteilung. So ist es nicht verwunderlich, dass nur ca. 10 % der auf die Möglichkeit der Erhebung einer Privatklage verwiesenen Opfer überhaupt eine Privatklage erheben (vgl. *Roxin*, S. 493).

Weiter ist zu bedenken, dass das Verfahren durch das Gericht wegen geringer Schuld des Täters eingestellt werden kann (vgl § 383 Abs. 2 StPO).

Ferner ist nicht auszuschließen, dass der Mobber in die »Offensive« geht und Widerklage (vgl. § 388 StPO) erhebt – was unweigerlich die seelisch angespannte Situation des Mobbingbetroffenen verschärft, da er jetzt gleichzeitig Kläger und Beklagter ist.

Beendet werden kann das Privatklageverfahren neben der Verurteilung oder der Einstellung durch Klagerücknahme oder durch gerichtlichen Vergleich. In dem Vergleich wird im Gegenzug zu der Zurücknahme der Privatklage meist von dem Angeklagten eine Ehrenerklärung abgegeben (s. a. *Roxin*, S. 497).

Beispiel für eine Ehrenerklärung:
»Der Angeklagte nimmt seine beleidigenden Äußerungen mit Bedauern zurück.«

Dem Mobbingbetroffenen ist mit der Abgabe einer solchen Erklärung regelmäßig nicht gedient, da sie vor zukünftigen Mobbingangriffen kaum schützen kann. Soll eine Ehrenerklärung wirklich vor Mobbing schützen können, muss sie weit gefasst und mit der Möglichkeit der Sanktionierung von Fehlverhalten versehen sein. Ob sie im Vergleichswege durchgesetzt werden kann, hängt von den Umständen des konkreten Einzelfalls ab.

Beispiel einer weit gefassten Ehrenerklärung:
»Der Angeklagte nimmt seine beleidigenden Äußerungen mit Bedauern zurück. Er sichert zu, Äußerungen aller Art, die den Kläger beleidigen oder in sonstiger Weise in seiner Ehre beeinträchtigen können, zu unterlassen. Für jeden Fall der Zuwiderhandlung wird der Angeklagte an das Deutsche Rote Kreuz eine Spende in Höhe von 1 000 € tätigen. Die Feststellung der Zuwiderhandlung obliegt dem für den Wohnsitz des Angeklagten zuständigen Schiedsmann Müller.

Wichtig:
Nur eine gut durchdachte Ehrenerklärung kann den Mobbingbetroffenen vor weiteren Mobbingangriffen schützen.

4.3 Beschwerde

Sofern mit der Einlegung rechtlicher Schritte nicht eine »Vergangenheitsbewältigung« erreicht werden soll, müssen Mittel und Wege beschritten werden, die äußerst schnell zum erhofften Erfolg führen können, damit das »Werk« des Mobbers nicht vollendet werden kann.

Ein derartiges Mittel kann die Beschwerde sein, die zu jeder Zeit von jedem Beschäftigten erhoben werden kann. Das Beschwerderecht fußt auf dem Beschäftigungsverhältnis. Daneben findet es sich in einzelnen gesetzlichen Bestimmungen verankert (vgl. §§ 84 ff. BetrVG, § 68 Abs. 1 Nr. 3 BPersVG, § 171 BBG, § 3 BeschSchG, § 17 Abs. 2 ArbSchG).

Beispiel für eine Beschwerde:
»Sehr geehrter Herr Müller, seit einigen Monaten werde ich von meinem Vorgesetzten, Herrn Bäcker, ständig schikaniert. Diesen Umstand nehme ich zum Anlass, mich direkt an Sie zu wenden. ...«

Zur Unterstützung oder Vermittlung kann der sich beschwerende Mobbingbetroffene – sofern vorhanden – ein Mitglied des Betriebs- bzw.

Personalrats hinzuziehen, was stets anzuraten ist. Beispielsweise kann das Betriebsratsmitglied bei einem Gespräch mit dem Arbeitgeber die Moderatorenrolle übernehmen und dafür Sorge tragen, dass der Arbeitgeber nicht seinerseits durch Redewendungen wie: »Na, sind Sie nicht an der Situation selber schuld?« oder »Da dürfen Sie nicht so kleinlich sein!« in die Kerbe haut. Bei der Auswahl des hinzuziehenden Betriebs- bzw. Personalratsmitglieds ist der Mobbingbetroffene frei. Der Betriebs- bzw. Personalrat selbst kann ihm weder ein Betriebs- bzw. Personalratsmitglied benennen noch ein bestimmtes Betriebs- bzw. Personalratsmitglied »vorschreiben«.

Adressat der Beschwerde ist regelmäßig zunächst der unmittelbare Vorgesetzte. Beamte haben hierbei gemäß § 171 Abs. 1 BBG den Dienstweg einzuhalten. Wird der Vorgesetzte nicht tätig oder versagt dieser der Beschwerde den Erfolg, so kann der Mobbingbetroffene den betrieblichen Instanzenzug bis zum Arbeitgeber bzw. Dienstherrn selbst beschreiten (s. a. *Haller/Koch*, S. 357 m. w. N).

Daneben kann sich der Mobbingbetroffene direkt an den Betriebsrat wenden, indem er seine Beschwerde an diesen richtet (§ 85 Abs.1 BetrVG). Er ist in seiner Entscheidung frei, ob er seine Beschwerde an den Arbeitgeber oder an den Betriebsrat richtet. Beide Beschwerdewege stehen gleichrangig nebeneinander.

Hält der Betriebsrat die an ihn gerichtete Beschwerde für berechtigt, so hat er beim Arbeitgeber auf Abhilfe hinzuwirken, was gegebenenfalls unter Einschaltung der Einigungsstelle erfolgen kann (§ 85 Abs. 1, 2 BetrVG; zu den Einzelheiten des Einigungsstellenverfahrens s. DKK-*Buschmann*, § 85 Rn. 7 ff.). Die Entscheidung, die Einigungsstelle anzurufen, beschließt der Betriebsrat nach pflichtgemäßem Ermessen. Es bedarf hierzu nicht der Zustimmung des sich Beschwerenden. Somit kann die Einigungsstelle auch gegen den ausdrücklich erklärten Willen des Mobbingbetroffenen angerufen werden.

Allerdings kann der Mobbingbetroffene dem Einigungsstellenverfahren die Grundlage entziehen, indem er die Beschwerde zurücknimmt. Hingegen kann der Mobbingbetroffene selbst nicht die Einigungsstelle anrufen (vgl. DKK-*Buschmann*, § 85 Rn. 7).

Wichtig ist, dass dem Beschwerdeführer wegen der Erhebung der Beschwerde keine Nachteile entstehen dürfen (vgl. § 84 Abs. 3 BetrVG). Vergleichbares gilt für die Beschwerde, die an den Personalrat gerichtet wird, auch wenn die Beschwerde in § 68 Abs. 1 BPersVG nur äußerst knapp bemessen angesprochen wird und es eine genauere gesetzliche

Regelung des Beschwerdewesens nicht gibt (vgl. *Altvater u.a.*, § 68 Rn. 4 ff.).

Die Erhebung der Beschwerde kann in allen Fällen form- und fristlos erfolgen. Lediglich tarifvertragliche Ausschlussfristen sind gegebenenfalls zu beachten (vgl. DKK-*Buschmann*, § 84 Rn. 2 u. § 85 Rn. 5). Mit der Erhebung der Beschwerde sollte nicht zu lange gewartet werden. Je später die Beschwerde erhoben wird, desto schwieriger wird es, den Sachverhalt aufzuklären sowie den Konflikt (möglichst in einem frühen Stadium) zu lösen.

Aus Gründen der Beweissicherung – damit später niemand sagen kann, es hätte keine Beschwerde gegeben – sollte die Beschwerde nicht mündlich, sondern stets schriftlich erhoben werden, wobei der Mobbingbetroffene eine Kopie des Schreibens für sich behalten sollte.
Der Ausgang des Beschwerdeverfahrens ist dem Mobbingbetroffenen mitzuteilen.

Wird der Beschwerde stattgegeben, so ist in der den Missstand anerkennenden Erklärung eine vertragliche Selbstbindung des Arbeitgebers zur Abhilfe zu erblicken (vgl. DKK-*Buschmann*, § 84 Rn. 17). Hilft der Arbeitgeber der Beschwerde nicht ab – was stets der Fall sein dürfte, wenn er selbst der Mobber bzw. Anstifter oder Helfer ist –, so kann der Mobbingbetroffene vor dem Arbeitsgericht im Urteilsverfahren auf Abhilfe klagen und im Falle des Obsiegens – soweit erforderlich – die Zwangsvollstreckung betreiben (s.a. DKK-*Buschmann*, § 84 Rn. 24). Vergleichbares gilt für die Beschwerde eines Beamten (vgl. *Wolmerath*, S. 279).

Der Ausgang des Beschwerdeverfahrens ist von verschiedenen Faktoren abhängig. Handeln Vorgesetzte, Arbeitgeber bzw. Dienstherr und Betriebs- bzw. Personalrat ohne jedes Fingerspitzengefühl, so wird der Beschwerde jeder Erfolg versagt bleiben. Wohl durchdachtes Vorgehen und soziale Handlungskompetenz der beteiligten Personen sind gefordert (s. a. Abb. 32, S. 242 f.).

Negatives Beispiel für den Umgang mit einer Beschwerde:
Nach Kenntniserlangung ruft der Vorgesetzte Meier den Müller in sein Büro, konfrontiert ihn mit dem Mobbingvorwurf und stellt diesem die Frage, ob er gemobbt habe. Müller wird allein schon aus Gründen des Selbstschutzes behaupten, dass von einem mobbenden Verhalten gar keine Rede sein könne; nicht er mobbe, vielmehr sei er der eigentliche Mobbingbetroffene, weil ...

Positives Beispiel für den Umgang mit einer Beschwerde:
Nach Kenntniserlangung ruft der Geschäftsführer Meier den Müller in sein Büro, entwickelt ein scheinbar belangloses Gespräch und stellt nebenbei (eher zufällig) die Frage, ob in der

Abteilung alles laufe. Müller beginnt zu erzählen und nach einer Weile berichtet er, dass Schmidt, Bauer und Kaiser nur arbeiten würden, wenn er sie beaufsichtige. Sie würden seine Anweisungen nicht befolgen, unentschuldigt der Arbeit fern bleiben, ... Die betriebliche Problematik erscheint nun in einem anderen Bild; sie kann nun besser angegangen und bewältigt werden.

Auf das Verhalten von Vorgesetzten, des Arbeitgebers bzw. Dienstherrn sowie des Betriebs- bzw. Personalrats hat der Mobbingbetroffene nur einen äußerst geringen Einfluss. Allerdings kann er versuchen, bei diesen eine Sensibilisierung für das Problem (z. B. durch die Zurverfügungstellung von Literatur, die Nennung der Telefonnummer einer Selbsthilfegruppe) zu erreichen.

Damit der Beschwerde nicht von vornherein der Erfolg versagt bleibt, sollte sich der Mobbingbetroffene zunächst umfassend informieren und nach einer fundierten Beratung entscheiden, »wie« er »was« »wann« anpackt.

> **Wichtig:**
> Die Beschwerde ist – wenn sie gut vorbereitet wird – ein Erfolg versprechendes Mittel, gegen Mobbing anzugehen.

Sofern einer an die Arbeitgeberseite gerichtete Beschwerde der Erfolg versagt bleibt oder die von diesem getroffenen Maßnahmen nicht ausreichen, um Sicherheit und Schutz der Gesundheit des Mobbingbetroffenen zu gewährleisten, kann der Mobbingbetroffene von seinem **außerbetrieblichen Beschwerderecht** gemäß § 17 Abs. 2 ArbSchG Gebrauch machen und sich an die für den Arbeitsschutz zuständige Aufsichtsbehörde wenden, ohne dass ihm aus der Wahrnehmung dieses Beschwerderechts Nachteile entstehen dürfen (vgl. *Kittner/Pieper*, § 17 Rn. 4 ff.).

4.4 »Ermahnung«, »Abmahnung« und Kündigung

Mobbt der Arbeitgeber selbst oder kommt er seiner Fürsorgepflicht nicht nach, so kann der Mobbingbetroffene den Arbeitgeber wegen dieses Verhaltens »ermahnen« sowie »abmahnen« (vgl. *Eichhorn/Steinmann*, S. 37 ff.). Auch kann der Mobbingbetroffene im Einzelfall berechtigt sein, seine Arbeitsleistung zurückzubehalten (vgl. § 273 Abs. 1

Abb. 32: Verfahrensablauf einer Beschwerde gemäß §§ 84, 85 BetrVG:

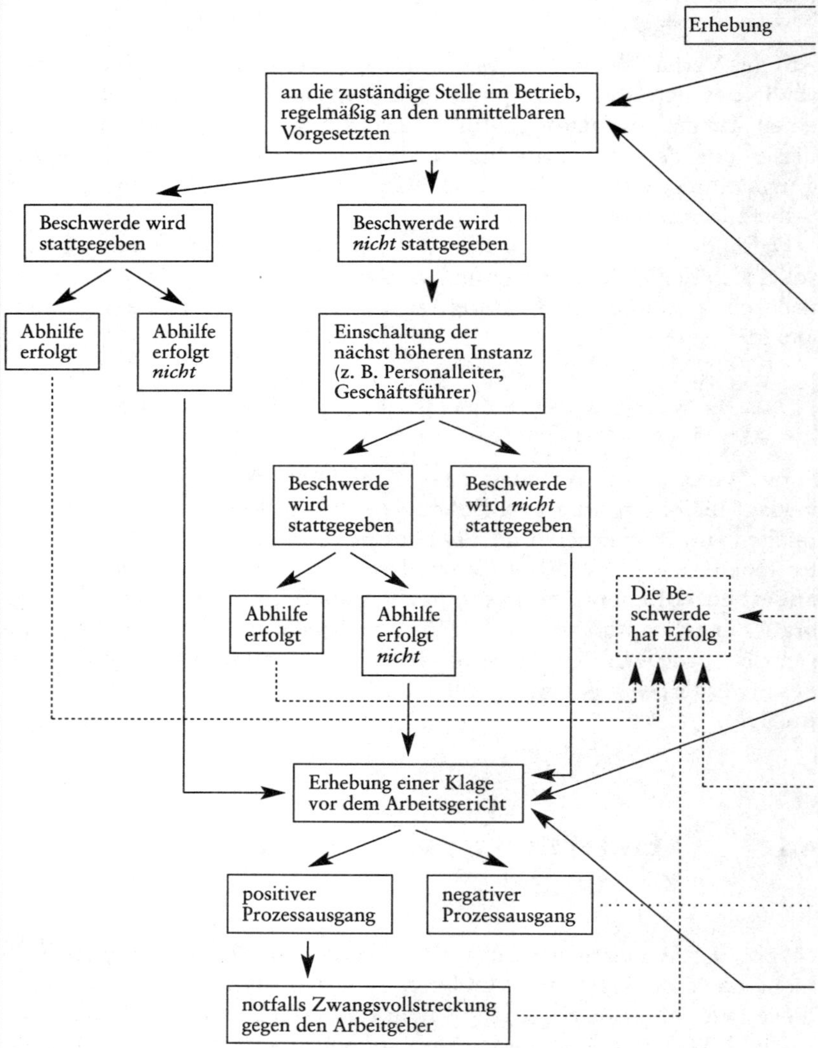

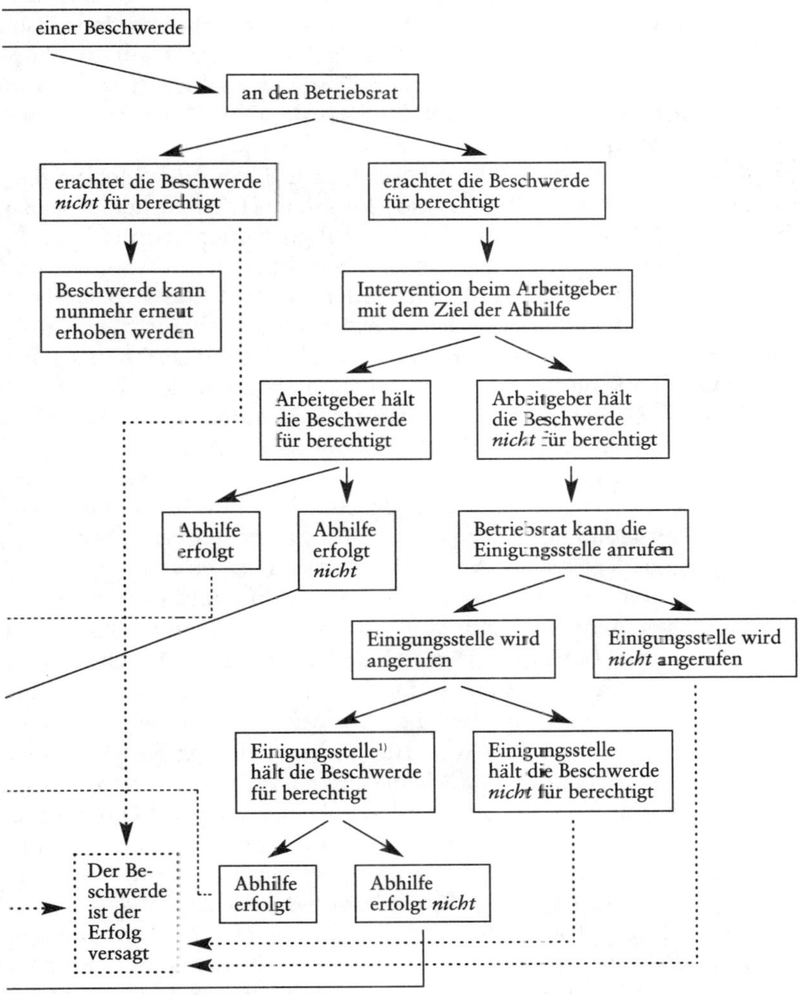

1) Nach h. M. entscheidet die Einigungsstelle dann nicht verbindlich über die Berechtigung einer Beschwerde, wenn sie einen Rechtsanspruch zum Gegenstand hat (vgl. DKK-*Buschmann,* § 85 Rn. 9 ff.).

BGB), mithin der Arbeit fernbleiben, ohne auf die ihm zustehende Vergütung verzichten zu müssen (s.a. *Kollmer*, S. 38). Soweit eine Verletzung der Fürsorgepflicht seitens des Arbeitgebers vorliegt, darf der Mobbingbetroffene von dem Zurückbehaltungsrecht erst dann Gebrauch machen, nachdem er den Arbeitgeber erfolglos auf die Fürsorgepflichtverletzung hingewiesen und ihm die Gelegenheit auch in zeitlicher Hinsicht eingeräumt hat, den beanstandeten Missstand abzustellen (*Hessisches LAG*, Urteil vom 26.8.1997 – 5 Sa 535/97).

Bei einer unzumutbaren Weiterbeschäftigung kann der Mobbingbetroffene das Arbeitsverhältnis fristlos kündigen. Dies ist gemäß § 626 Abs. 1 BGB dann der Fall, wenn dem Mobbingbetroffenen unter Berücksichtigung aller Umstände des Einzelfalles und unter Abwägung der Interessen sowohl des Mobbingbetroffenen als auch des Arbeitgebers die Fortsetzung des Arbeitsverhältnisses bis zum Ablauf der Kündigungsfrist oder – bei einem befristeten Beschäftigungsverhältnis – bis zur vereinbarten Beendigung des Arbeitsverhältnisses nicht zugemutet werden kann. Zu bedenken ist in diesem Zusammenhang, dass eine vom Arbeitgeber veranlasste fristlose Kündigung den sich aus § 628 Abs. 2 BGB ergebenden Schadensersatzanspruch auslösen kann. Sofern dies der Fall ist, hat der Arbeitgeber dem Mobbingbetroffenen den »durch die Aufhebung des Dienstverhältnisses entstehenden Schaden« (z.B. entgangene Vergütung, Bewerbungskosten) zu ersetzen.

Der Ausspruch einer »Ermahnung«, einer »Abmahnung« oder einer Kündigung des Arbeitsverhältnisses sowie die Geltendmachung des Rechts der Zurückbehaltung der Arbeitsleistung tragen sicher dazu bei, Mobbing im Betrieb publik zu machen. Daher können diese rechtlichen Handlungsmöglichkeiten bei Bedarf zu betriebspolitischen Zwecken eingesetzt werden, was allerdings nicht der Regelfall sein dürfte. Stets muss bedacht werden, dass der Wert einer »Ermahnung« bzw. »Abmahnung« um so geringer ist, je leichter der Mobbingbetroffene durch einen anderen Arbeitnehmer ausgetauscht werden kann. Insbesondere in Zeiten hoher Arbeitslosigkeit ist der Effekt einer »Ermahnung« bzw. »Abmahnung« für den überwiegenden Teil der Arbeitnehmer eher gering. Das Mittel der »Ermahnung« bzw. »Abmahnung« kann mitunter derjenige ausgewiesene Fachmann wirksam einsetzen, der von seinem Arbeitgeber benötigt und nur schwer ersetzt werden kann. Ebenfalls ist zu bedenken, dass der Wert einer »Ermahnung« bzw. »Abmahnung« von der Rolle des Arbeitgebers abhängt, die er bei dem Gesamtgeschehen inne hat. Eine »Ermahnung« kann den Arbeitgeber

»wachrütteln«, der bislang passiv war und sich mit dem betrieblichen Problem vielleicht nicht auseinandersetzen wollte. Toleriert oder unterstützt der Arbeitgeber hingegen das Mobbing, so wird einer »Ermahnung« jeder Erfolg verwehrt sein; eher ist mit weiteren Schikanen, gewissermaßen als Bumerang, zu rechnen. Ob eine »Ermahnung« bzw. »Abmahnung« des Arbeitgebers ausgesprochen werden soll, ist daher reiflich zu überlegen; die Chancen sind mit den möglichen Gefahren abzuwägen. Vergleichbares gilt für die Geltendmachung des Rechts bezüglich der Zurückbehaltung der Arbeitsleistung gemäß § 273 Abs. 1 BGB. Hier besteht die Gefahr, dass der Arbeitgeber das Fernbleiben von der Arbeit zum Anlass nimmt, dem Mobbingbetroffenen wegen eigenmächtigen Fernbleibens von der Arbeit gemäß § 626 BGB fristlos zu kündigen.

Der Ausspruch einer Kündigung durch den Arbeitnehmer ist zwangsläufig mit dem Verlust des Arbeitsplatzes verbunden. Zudem hat sie regelmäßig die Verhängung einer Sperrzeit durch die Bundesagentur für Arbeit (sprich: Agentur für Arbeit) zur Folge mit der Konsequenz, dass der Mobbingbetroffene für die Zeit der Sperrzeit keine Leistungen der Bundesagentur für Arbeit erhält (vgl. § 144 Abs. 1 Nr. 1 SGB III).

Die Verhängung einer Sperrzeit durch die Agentur für Arbeit kann verhindert werden. Hierzu ist es erforderlich, sich **vor** dem Ausspruch der beabsichtigten Kündigung bei dieser beraten zu lassen und die weiteren Schritte mit dem zuständigen Sachbearbeiter abzustimmen. Kann der Mobbingbetroffene etwa ärztliche Atteste, beleidigende Schreiben von Arbeitskollegen, schriftliche Ermahnungen sowie Abmahnungen des Arbeitgebers, schriftliche Aufzeichnungen von Arbeitskollegen oder des Betriebsrats vorlegen, die es dem Sachbearbeiter ermöglichen, das erlebte Trauma des Mobbingbetroffenen nachvollziehen und die Notwendigkeit einer Kündigung des Arbeitsvertrages verstehen zu können, so ist die Verhängung einer Sperrzeit eher unwahrscheinlich. Zumindest darf von einer Verkürzung der Sperrzeit ausgegangen werden, wenn der Entschluss des Mitarbeiters, das Arbeitsverhältnis von sich aus zu kündigen, verständlich und entschuldbar ist (vgl. *LSG Rheinland-Pfalz,* Urteil vom 28.2.2003 – 1 AL 57/01 – EzA-Schnelldienst 5/2003, S. 20). Auf jeden Fall ist es ratsam, Rechtsauskünfte bei einer fachkundigen Person einzuholen. Auch wird es für sie aufgrund ihrer Rechtskunde leichter sein, die notwendigen Schritte mit der Agentur für Arbeit abzustimmen.

Vergleichbares gilt für den Abschluss eines Vertrages, mit dem der Mobbingbetroffene und sein Arbeitgeber den Arbeitsvertrag aufheben (sog. Aufhebungsvertrag). Ein solcher Schritt ist möglich, sollte allerdings niemals ohne Beiziehung eines Rechtsanwaltes oder Gewerkschaftssekretärs erfolgen. Schließlich enthalten Aufhebungsverträge häufig an versteckter Stelle Klauseln, die zum Inhalt haben, dass der Mobbingbetroffene keinerlei Ansprüche (z. B. auf Restlohn, Urlaubsabgeltung, Zeugnis) mehr gegen den Arbeitgeber hat.

Wichtig:
Wer seinen Arbeitsvertrag wegen Mobbing kündigen möchte, sollte diesen Schritt sorgfältig vorbereiten, um die Verhängung einer Sperrzeit durch die Agentur für Arbeit zu vermeiden. Hierzu gehört es, mögliche – vor allem schriftliche – Beweismittel zu sammeln, die der Agentur für Arbeit bei Bedarf vorgelegt werden können und es erlauben, den Schritt des Mobbingbetroffenen nachvollziehen zu können.

5. Rechtliche Handlungsmöglichkeiten des Betriebs- bzw. Personalrats

Neben dem Mobbingbetroffenen hat auch der Betriebs- bzw. Personalrat die Möglichkeit, in rechtlicher Hinsicht gegen Mobbing am Arbeitsplatz vorzugehen. Unterteilen lassen sich diese in zweifacher Hinsicht – Handlungsmöglichkeiten gegenüber dem Mobber sowie gegenüber dem Arbeitgeber bzw. Dienststellenleiter einerseits und kurzfristige sowie mittel- bis längerfristige Handlungsmöglichkeiten andererseits. Der Unterschied zwischen kurzfristigen und mittel- bis längerfristigen Handlungsmöglichkeiten des Betriebs- bzw. Personalrats besteht darin, dass kurzfristige Handlungen häufig reine Reaktionen zum Gegenstand haben, während mittel- bis längerfristiges Handeln ein Agieren, ein Gestalten durch den Betriebs- bzw. Personalrat beinhaltet. Ziel einer jeden Interessenvertretung muss es sein, die Belange der Beschäftigten – und somit auch die des Mobbingbetroffenen – wahrzunehmen.

Um die rechtlichen sowie außerrechtlichen (betriebspolitischen) Handlungsmöglichkeiten zu erfahren, die der Betriebs- bzw. Personalrat bei Mobbing hat, muss er sich qualifizieren.

Das *BAG* hat in seinem Beschluss vom 15.1.1997 (7 ABR 14/96 – AiB 1997, 410 mit einer Anmerkung von *Wolmerath*) festgestellt, dass die sachgerechte Behandlung von Beschwerden Kenntnisse über Ursachen und Verläufe von Mobbinggeschehen und das Wissen um konkrete Abhilfemöglichkeiten verlangt. Dieses kann sich der Betriebs- bzw. Personalrat insbesondere durch das Lesen von Literatur und den Besuch von speziellen Schulungsveranstaltungen aneignen. Die Kosten für die erforderliche Literatur hat der Arbeitgeber gemäß § 40 Abs. 2 BetrVG bzw. der Dienststellenleiter gemäß § 44 Abs. 2 BPersVG zu tragen.

Die durch die Teilnahme von Betriebsratsmitgliedern an einer Schulungsveranstaltung entstehenden Kosten hat der Arbeitgeber gemäß § 37 Abs. 6 i.V.m. § 40 BetrVG zu tragen, sofern der Betriebsrat eine betriebliche Konfliktlage darlegt, aus der sich ein Schulungsbedarf für ihn ergibt und zu dessen Erledigung das auf dem Seminar vermittelte Wissen notwendig ist (*BAG*, Beschluss vom 15.1.1997, a.a.O.). Hierfür ist ausreichend, wenn der Betriebsrat vorträgt, dass er aufgrund der ihm bekanntgewordenen Konflikte initiativ werden wolle, um etwa durch Verhandlungen mit dem Arbeitgeber über den Abschluss einer Betriebsvereinbarung weiteren Mobbingfällen im Betrieb entgegenzuwirken. Ebenfalls müsste es nach dieser Entscheidung des *BAG* genügen, wenn der Betriebsrat im Bedarfsfall gegenüber dem Arbeitgeber darlegt, dass sich Beschäftigte bei ihm beschwert bzw. einen Sachverhalt geschildert haben, wonach Mobbing im Betrieb existiert bzw. existieren kann (s.a. *ArbG Kiel*, Beschluss vom 27.2.1997 – H 5d BV 41/96 – AiB 1997, 410). Diesbezüglich ist zu bedenken, dass der Betriebsrat nicht verpflichtet ist, Namen zu nennen – was er im Übrigen auch im Interesse der Betroffenen auf keinen Fall tun sollte. Nach einer Entscheidung des *ArbG Bremen* aus dem Jahre 2003 soll es für die Erforderlichkeit einer Seminarteilnahme bereits genügen, wenn der Betriebsrat den Beschluss fasst, sich inhaltlich mit der Mobbingproblematik auseinandersetzen zu wollen (vgl. *ArbG Bremen*, Beschluss vom 17.12.2003 – 9 BV 81/03 – NZA 2004, 538).

In diesem Zusammenhang ist ebenfalls zu beachten, dass der Arbeitgeber die Teilnahme an einer Schulungsveranstaltung nicht mittels eines Verweises auf das Studium von Mobbingliteratur verhindern kann (vgl. *ArbG Frankfurt/Main*, Beschluss vom 31.1.1996 – 7 BV 298/95 – AiB 1996, 557).

Diese dargelegten Grundsätze gelten auch für die Teilnahme von Personalratsmitgliedern an Schulungs- und Bildungsveranstaltungen zu Mobbing, wobei sich die entsprechende Kostentragungspflicht des Dienststellenleiters aus § 46 Abs. 6 i.V.m. § 44 BPersVG ergibt.

> **Wichtig:**
> Nur der Betriebs- bzw. Personalrat, der handelt, kann gestaltenden Einfluss auf Konfliktsituationen im Betrieb bzw. in der Dienststelle nehmen.

5.1 Rechtliches Vorgehen gegen den Mobber

Rechtliche Handlungsmöglichkeiten gegen den Mobber bestehen insoweit, als der Betriebs- bzw. Personalrat wegen eines Sachverhaltes, der seiner Meinung nach Anlass zur Strafverfolgung gibt, Strafanzeige

(s. Kapitel D 1.1) erstatten kann. Daneben kann der Betriebsrat – eine vergleichbare Regelung existiert für die Personalvertretung nicht – gemäß § 119 Abs. 2 BetrVG Strafantrag (s. Kapitel D 1.1) stellen, soweit er einen Straftatbestand des § 119 Abs. 1 BetrVG für begangen erachtet.

Sofern die Begehung einer Straftat durch den Mobber unmittelbar bevorsteht oder der Mobber mit der Ausführung einer solchen bereits begonnen hat, kann der Betriebs- bzw. Personalrat bei Bedarf die **Polizei** einschalten und diese um Hilfe bitten.

Beispiele für einen Grund zur Einschaltung der Polizei:

1. Meier möchte als Betriebsratsmitglied an einer Betriebsratssitzung teilnehmen, die in 10 Minuten beginnt. Müller möchte dies verhindern und versperrt ihm den Zugang zum Betriebsratsbüro.
2. Meier hört, wie Müller zu einem Arbeitskollegen sagt, dass er den Schmidt, der aufgrund mehrmonatiger Mobbingangriffe des Müller dem endgültigen körperlichen Zusammenbruch nahe ist, jetzt gleich ganz und gar fertig machen wolle. Da Meier das Schlimmste befürchtet, ruft er die nächste Polizeidienststelle an und bittet um ein Einschreiten.

Wird durch Mobbing nachhaltig der Betriebsfrieden gestört (was häufig der Fall sein dürfte), so kann der Mobber im Rahmen des § 104 BetrVG – eine vergleichbare Regelung existiert für den Bereich der Personalvertretung nicht – auf Verlangen des Betriebsrats versetzt und im schlimmsten Fall sogar entlassen werden. Voraussetzung ist, dass der Mobber durch sein gesetzwidriges Verhalten oder durch grobe Verletzung der in § 75 Abs. 1 BetrVG enthaltenen Grundsätze (s. hierzu Kapitel D 3.) wiederholt in ihm vorwerfbarer Weise grob und ernstlich den Betriebsfrieden gestört hat (zu den Einzelheiten vgl. DKK-*Kittner*, § 104 Rn. 1 ff.).

Nicht zu verwechseln ist die in § 104 BetrVG geregelte »Entfernung betriebsstörender Arbeitnehmer« mit der so genannten Druckkündigung. Als Druckkündigung wird eine Kündigung bezeichnet, bei der sich der Arbeitgeber dem »Druck« eines Dritten (dies können beispielsweise einzelne Arbeitnehmer, die gesamte Belegschaft und einzelne oder mehrere Vorgesetzte, aber auch Kunden und andere betriebsfremde Personen sein) beugt und die Kündigung, diesem Diktat folgend, ausspricht (zu den Einzelheiten der Druckkündigung sowie ihrer Rechtmäßigkeit vgl. *Kittner/Däubler/Zwanziger*, § 626 BGB Rn. 168 ff.).

Beispiel für eine Druckkündigung:

Meier, Müller und Schmidt fordern von ihrem Arbeitgeber die Kündigung ihres Arbeitskollegen Schulze, da dieser HIV-infiziert ist und sie Angst haben, sich mit dem Virus am Arbeitsplatz zu infizieren. Der Arbeitgeber könne wählen: Entweder er entlasse den Schulze, oder er müsse sich für die von Meier, Müller und Schmidt besetzten Positionen neue Mitarbeiter suchen. Der Arbeitgeber folgt dem Druck von Meier, Müller und Schmidt, da er sie in seinem Betrieb zwingend benötigt und weil ihr Weggehen mit größeren Folgen behaftet wäre als das Ausscheiden des Schulze.

Ob die Ausübung von Druck auf den Arbeitgeber geeignet ist, Mobbing am Arbeitsplatz zu begegnen, lässt sich nicht pauschal beantworten. Sie ist ein typisches Beispiel für ein bloßes »Reagieren«. Es wird versucht, ein betriebliches Problem durch »Druck« zu lösen, ohne die Ursachen für das Problem an den Wurzeln zu packen. In der betrieblichen Praxis dürfte die Gefahr bestehen, dass nicht der Mobber, sondern vielmehr der Mobbingbetroffene unter dem Druck anderer aus seinem bisherigen Wirkbereich herausgedrängt wird.

5.2 Rechtliches Vorgehen gegen den Arbeitgeber bzw. Dienststellenleiter

Soweit rechtliche Handlungsmöglichkeiten in Bezug auf den Arbeitgeber bzw. Dienststellenleiter in Betracht kommen, sind diese in kurzfristige und mittel- bis längerfristige zu unterscheiden.

Kurzfristige Handlungsmöglichkeiten sind auf die Erstattung einer Strafanzeige, der Stellung eines Strafantrages, der »Ermahnung« bzw. »Abmahnung« des Arbeitgebers bzw. Dienststellenleiters (z. B. wegen Verstoßes gegen die in § 75 BetrVG bzw. § 67 Abs. 1 BPersVG aufgestellten Grundsätze für die Behandlung von Betriebsangehörigen) oder – diese Möglichkeit hat allerdings nur der Betriebsrat – der Einleitung eines Verfahrens gemäß § 23 Abs. 3 BetrVG (zu den Einzelheiten vgl. DKK-*Trittin,* § 23 Rn. 67 ff.) beschränkt, soweit der Arbeitgeber bzw. Dienststellenleiter selber mobbt.

Aber auch gegen den nicht mobbenden, aber untätig bleibenden Arbeitgeber bzw. Dienststellenleiter sind rechtliche Schritte möglich. So kann er »abgemahnt« werden, wenn er den in § 75 BetrVG bzw. § 67 Abs. 1 BPersVG niedergelegten Grundsätzen für die Behandlung der Betriebsangehörigen verletzt. Tritt diese Verletzung wiederholt auf, so ist – soweit es den Bereich der Betriebsverfassung betrifft – an eine Einleitung des Verfahrens wegen der Verletzung gesetzlicher Pflichten gemäß § 23 Abs. 3 BetrVG zu denken.

Beispiel für ein kurzfristiges Handeln:
Der Betriebsrat hat den Arbeitgeber wiederholt auf den Umstand hingewiesen, dass Meier wegen seiner Zugehörigkeit zu einer Sekte gemobbt wird, und ihn um Intervention gebeten. Als der Arbeitgeber auf das dritte Abhilfeersuchen nicht reagiert, erhält er von dem Betriebsrat eine »Abmahnung«. Der Arbeitgeber reagiert nicht, auch als es zu weiteren Angriffen gegenüber Meier kommt. Daraufhin leitet der Betriebsrat gegen den Arbeitgeber ein Verfahren gemäß § 23 Abs. 3 BetrVG ein, um ein Tätigwerden des Arbeitgebers zu erreichen.

Mittel- bis längerfristige Handlungsmöglichkeiten sind nicht so sehr gegen den Arbeitgeber bzw. Dienststellenleiter gerichtet, sondern sollten ihn in den Prozess der Bewältigung sowie der Prävention von Mobbing einbeziehen. Zu diesen Aktionsmitteln gehören vor allem:

- der Abschluss einer Betriebs- bzw. Dienstvereinbarung zur Mobbingproblematik (vgl. Kapitel B 3.),
- die Ernennung eines betrieblichen Mobbingbeauftragten bzw. die Einrichtung einer betrieblichen Anlaufstelle für Mobbingbetroffene (vgl. Kapitel B 2.).

Wichtig:
Der Abschluss einer Betriebs- bzw. Dienstvereinbarung zur Mobbingproblematik sowie die Installation eines betrieblichen Mobbingbeauftragten bzw. einer betrieblichen Anlaufstelle für Mobbingbetroffene sind geeignete Mittel, um über die reine Konfliktbewältigung im konkreten Einzelfall hinaus generalpräventiv gegen Mobbing vorzugehen.

Anhang

1. Zwei Fragebögen zur Selbstklärung bei Mobbing

Im Folgenden finden sich zwei Fragebögen. Der erste Fragebogen richtet sich an die Interessenvertretung sowie an interessierte Personen (z.B. Arbeitskollegen). Der zweite Fragebogen ist für Mobbingbetroffene bestimmt.

Die Fragen geben Anregungen zum Nachdenken über das eigene Engagement sowie die eigene Betroffenheit. Sie dienen ausschließlich der Selbstklärung.

1.1 Fragebogen für die Interessenvertretung und andere helfende Personen

Häufig wird sich nicht die Zeit genommen, die notwendig ist, grundlegende Fragen sowie Probleme im erforderlichen Maße durchdenken zu können. Dieser Fragebogen soll Sie darin unterstützen, den eigenen Standpunkt zu Mobbing, Ihre konkrete betriebliche Situation und Ihre eigenen Möglichkeiten genauer unter die Lupe zu nehmen und weiter zu entwickeln. Nehmen Sie sich daher für die Beantwortung der Fragen ausreichend Zeit.

1. Wie definiere ich nach meinen persönlichen Eindrücken und nach meiner Überzeugung Mobbing? Wer, was und welche Situationen gehören dazu? (Eventuell später ergänzen, wenn Sie sich durch den ganzen Fragebogen durchgearbeitet haben).
2. Was unterscheidet Mobbing von anderen Formen unfreundlichen sozialen Umgangs?
3. Welche einzelnen Mobbinghandlungen habe ich persönlich beobachten können bzw. am eigenen Leib erfahren?

4. Welche Gründe und Motive haben Mobber für ihr Tun? Wenn ich mir nicht sicher bin, welche Motive vermute ich?
5. Welche »Schwachstellen« haben die mir bekannten Mobbingbetroffenen? Welche vermute ich?
6. Welche betrieblichen Situationen oder personellen Konstellationen begünstigen Mobbing?
7. Welches ist die *entscheidende* Schaltstelle im Betrieb bzw. in der Dienststelle, um Mobbing einzudämmen bzw. vorzubeugen?
   - ○ Geschäftsführung bzw. Dienststellenleitung
   - ○ Mobbingbetroffener selbst
   - ○ je nachdem
   - ○ Betriebs- bzw. Personalrat
   - ○ Belegschaft
   - ○ alle zusammen
   - ○ ...
8. Welches sind nach meiner Meinung die wichtigsten Gründe, dass es Mobbing in meinem Betrieb bzw. in meiner Dienststelle gibt oder dass Mobbing in meinem Betrieb bzw. in meiner Dienststelle zutage treten könnte?
   - ○ schlechtes Betriebsklima
   - ○ Konkurrenzdenken
   - ○ Aufstiegsprobleme
   - ○ Personalabbau
   - ○ Niedertracht
   - ○ Machtgelüste
   - ○ Engherzigkeit
   - ○ Arbeitshetze
   - ○ Neid, Missgunst
   - ○ Niedergang des Betriebs
   - ○ schlechtes Management
   - ○ Engstirnigkeit
   - ○ Jagdfieber
   - ○ schlechte Arbeitsorganisation
   - ○ Überempfindlichkeit
   - ○ Unter- bzw. Überforderung
   - ○ kein Mitgefühl
   - ○ unzureichende soziale Kompetenz
   - ○ Privatisierung der Dienststelle
   - ○ Führungsfehlverhalten
   - ○ ...
9. Ich fühle mich selbst aktuell Mobbingangriffen ausgesetzt.
   - ○ Ja, stark
   - ○ Nein
   - ○ Ja, manchmal bzw. zeitweilig
   - ○ Weiß nicht, ob man das Mobbing nennen soll
10. Ich bin in der Vergangenheit gemobbt worden.
    - ○ Ja, stark
    - ○ Nein
    - ○ Ja, manchmal bzw. zeitweilig
    - ○ Weiß nicht, ob man das Mobbing nennen soll
11. Für alle diejenigen, die selbst noch nicht gemobbt wurden: Kann ich mir vorstellen, dass ich unter bestimmten Umständen auch einmal die Zielscheibe von Mobbing werden könnte?
    - ○ Ja, das könnte passieren, wenn ...
    - ○ Nein, das könnte eigentlich nicht passieren, weil ...
    - ○ Vielleicht, aber ich kann es mir nicht so recht vorstellen, weil ...
12. Wenn ich ehrlich bin, war ich selbst schon mal an Vorgängen beteiligt, die den Betroffenen als Mobbing vorgekommen sein mögen.
    - ○ Ja
    - ○ Vielleicht
    - ○ Nein

Wenn ja oder vielleicht, was ist geschehen?

13. Welche Eigenschaften und Fähigkeiten braucht ein Betriebs- bzw. Personalratsmitglied, um mit Mobbingbetroffenen gute Beratungsgespräche führen und sie unterstützen zu können?
14. Welche Eigenschaften und Fähigkeiten braucht ein Betriebs- bzw. Personalratsmitglied, um mit Mobbern Gespräche führen oder um an einem Arbeitsplatz, an dem gemobbt wird, mit allen Beteiligten die soziale Situation verbessern zu können?
15. Von welcher Seite im Betrieb bzw. in der Dienststelle kann ich kurzfristig/unmittelbar Unterstützung beim Vorgehen gegen Mobbing erwarten?
    Personen:
    Gremien/Funktionsträger:
16. Bei welche Personen(kreisen) und Gremien kann ich mir begründete Hoffnung machen, dass sie langfristig zu Bündnispartnern gegen Mobbing werden könnten? Oder sehe ich das eher sehr pessimistisch?
17. Von welcher Seite kommt (vermutlich) Widerstand/Gegnerschaft?
    Personen:
    Gremien/Funktionsträger:
18. Wer verhält sich (vermutlich) neutral/abwartend/ambivalent?
    Personen:
    Gremien/Funktionsträger:
19. Welche Personen/Gremien/Funktionsträger kann ich nicht richtig einschätzen?

zu 15 – 19:
Wenn ich mir vorstelle, dass das Kästchen meine Belegschaft symbolisiert (100 %), wie groß sind die Anteile der Unterstützer, Mobber, Neutralen usw.?

Beispiel: Situation im eigenen Betrieb bzw. in der eigenen Dienststelle

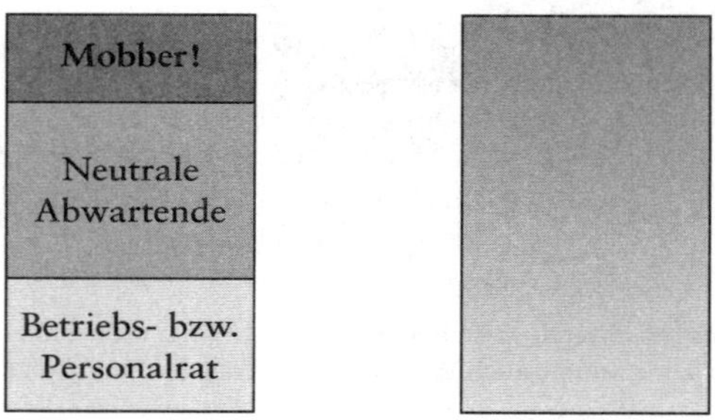

20. Angenommen, ein Betriebsrat möchte den Arbeitgeber bzw. ein Personalrat möchte den Dienststellenleiter für Mobbing sensibilisieren, erwartet jedoch Unverständnis oder Unwillen von dieser Seite. Wie sollte der Betriebs- bzw. Personalrat die Maßnahme beginnen? Welche Verhandlungsstrategie gegenüber dem Arbeitgeber bzw. Dienststellenleiter (z.B. um Verständnis werben, Druck machen, Arbeitskollegen mobilisieren) sollte der Betriebs- bzw. Personalrat wählen, und auf welche Ziele sollte hingesteuert werden?

a) Womit beginnen?
b) Welche Verhandlungsstrategie?
c) Welche Ziele?

21. Welche Handlungsstrategie des Betriebs- bzw. Personalrats halte ich in meinem Betrieb bzw. in meiner Dienststelle für Erfolg versprechend?
    - Beratung und Unterstützung für Mobbingbetroffene;
    - persönliche Mobbing-Anlaufstelle/telefonische Mobbing-Hotline;
    - Referat mit Experten auf einer Betriebs- bzw. Personalversammlung;
    - Verhandlungen mit Geschäfts- bzw. Dienststellenleitung mit dem Ziel: ... (z.B. besseres Management);
    - Sanktionen, juristische Schritte gegen Mobber;
    - Druckmittel, juristische Schritte gegen Arbeitgeber bzw. Dienstherr;
    - Konfliktmanagement durch Arbeitgeber bzw. Dienstherr/Dienststellenleiter in den betreffenden Abteilungen;
    - Konfliktmanagement durch Betriebs- bzw. Personalrat in den betreffenden Abteilungen;
    - Konfliktmanagement durch externe Fachleute;
    - Konfliktgespräche des Betriebs- bzw. Personalrats mit allen Beteiligten;
    - Konfliktgespräche mit Betriebs- bzw. Personalrat und Arbeitgeber bzw. Dienststellenleiter mit allen Beteiligten;
    - ...

    Weitere Pläne und Vorhaben:

22. Wo beginne ich? Welche Schritte leite ich innerhalb der nächsten Zeit ein, um meine Vorhaben gegen Mobbing umzusetzen?

1.2 Fragebogen für den Mobbingbetroffenen

Falls Sie selbst akut von Mobbing betroffen sind, ist es häufig schwer, sich allein von den quälenden, immer wiederkehrenden Gedanken zu befreien, die einem immer und immer wieder durch den Kopf gehen. Wenn Sie momentan keinen Gesprächspartner haben oder einmal ganz in Ruhe Ihre derzeitige Situation überdenken möchten, können Sie diesen Fragebogen zur Selbstklärung durcharbeiten. Vielleicht ergeben sich für Sie hieraus neue Anregungen zur Konfliktbewältigung.

1. Was ist genau geschehen bzw. geschieht zur Zeit?
2. Seit wann ist (mir) klar, dass es keine vorübergehende oder zufällige Sache ist?
3. Welche psychischen und physischen Verletzungen habe ich bisher hinnehmen müssen?
4. Was wird geschehen, wenn der Prozess so weiterläuft?

5. Welche Gefühle habe ich gegenüber dem Mobber?
   - O Hass
   - O Verachtung
   - O Schadenfreude
   - O Ohnmacht
   - O Gleichgültigkeit
   - O Wut
   - O Enttäuschung
   - O Resignation
   - O Angst, Furcht
   - O Rachedurst
   - O Neid
   - O Ekel
   - O Ärger
   - O ...

6. Welche Gefühle hat der Mobber vermutlich mir gegenüber?
   - O Hass
   - O Verachtung
   - O Schadenfreude
   - O Ohnmacht
   - O Gleichgültigkeit
   - O Wut
   - O Enttäuschung
   - O Resignation
   - O Angst, Furcht
   - O Rachedurst
   - O Neid
   - O Ekel
   - O Ärger
   - O ...

7. Welche Motive vermute ich hinter dem Tun des Mobbers?

8. Wie und wann ist die Mobbingsituation entstanden (vorher/nachher)? Kann ich einen konkreten Auslöser oder Anlass erkennen?

9. Wer ist (war) der Hauptverantwortliche für die Mobbingangriffe?

10. Wer ist (war) bzw. sind (waren) Mitläufer und Mittäter?

11. Bin ich persönlich gemeint oder geht es eher um eine »Sündenbockrolle«? Bin ich nur zufällig in die Schusslinie geraten?

12. Welche Maßnahmen habe ich gegen das Mobbing ergriffen? Welche Maßnahmen sind wirkungslos geblieben, welche haben Teilerfolge gebracht? Welche Maßnahmen haben gegebenenfalls das Gegenteil bewirkt? Welche Maßnahmen waren wirkungsvoll?

13. Welche Menschen würden mich unterstützen?
    a) im privaten Bereich:
    b) am Arbeitsplatz:
    c) professionelle Helfer:

14. Ist die Familie und der Freundeskreis überfordert? Haben wichtige private Bezugspersonen kein Verständnis?

15. Welche Personen habe ich bislang nicht angesprochen, aus Furcht, sie würden verständnislos oder ebenfalls feindselig reagieren?

16. Von welchen Personen gab es kein Verständnis und/oder keine Unterstützung, obwohl sie darum gebeten wurden?

17. Manche Menschen, die gemobbt werden, räumen das Feld, um auf diese Weise die Angriffe zu beenden. Möchte ich aufgeben? Aus welchen Gründen möchte ich nicht aufgeben?

18. Lassen Sie Ihre Phantasie fliegen! Stellen Sie sich vor, in drei Monaten (oder sechs Monaten, wenn das für Sie realistischer klingt) wäre der ganze Spuk vorbei. Lassen Sie mal beiseite, wie das im Einzelnen vor sich gegangen ist. Stellen Sie sich nur Ihre betriebliche Situation und Ihr dazu passendes Gefühlsleben, Ihre sozialen Beziehungen und Ihre Arbeit vor – zu dem Zeitpunkt, wenn es endlich vorbei ist. Machen Sie es so konkret wie möglich. Sie stehen morgens auf, Sie gehen zur Arbeit, treffen Arbeitskollegen ... Wie wäre es, wenn es optimal für Sie wäre?
19. Welche Form der Unterstützung möchte ich mir in der nächsten Zeit organisieren? Was fehlt mir, damit ich besser mit der Situation zurecht komme bzw. damit ich die Situation überwinden kann?
20. Was kann ich als nächstes tun?

2. Anschriften zu Mobbing

Infolge der sich bereits seit vielen Jahren stellenden Mobbingproblematik in den bundesdeutschen Betrieben und Dienststellen gibt es hierzulande eine breite Palette von Institutionen und Personen, an die sich Mobbingbetroffene sowie andere interessierte Personen (z.B. Betriebs- und Personalräte) wenden können. Anschriften und Telefonnummern finden sich häufig in den regionalen Tageszeitungen. Auch ein Anruf bei der Telefonauskunft sowie eine Recherche im Internet helfen oftmals weiter. Kirchliche Einrichtungen, Krankenkassen, berufsständische Organisationen, der Deutsche Gewerkschaftsbund sowie einzelne Gewerkschaften haben sich in der Vergangenheit als verlässliche Partner bei der Suche nach qualifizierten Ansprechpersonen erwiesen.

Leider mussten wir in der Vergangenheit erfahren, dass es auch »schwarze Schafe« unter denjenigen gibt, die sich mit ihrem Hilfsangebot speziell an Mobbingbetroffene wenden. Offensichtlich gibt es auch hier die Bestrebung, aus der Not Einzelner Kapital zu schlagen, indem Mobbingbetroffenen beispielsweise der Abschluss einer Rechtsschutzversicherung angeboten sowie die Erteilung von Auskünften von der Zahlung eines bestimmten Geldbetrages abhängig gemacht wurde. Ferner wurde bereits versucht, einzelne Mobbingfälle an Journalisten zu verkaufen.

Da wir uns für die Seriosität und Qualität von Selbsthilfegruppen, Institutionen und Ansprechpersonen nicht verbürgen können, beschränken wir uns getreu dem Motto »Weniger ist mehr« auf die nachfolgend aufgeführte Anschrift; wobei wir auch hier keine Gewähr für die Qualität der einzelnen Auskünfte übernehmen können:

Mobbing-Telefon
Tel.: 040/20230209
Bei dem Mobbing-Telefon handelt es sich um eine bereits seit mehreren Jahren bestehende gemeinsame Einrichtung des Kirchlichen Dienstes in der Arbeitswelt (kda) und der AOK Hamburg. Die Sprechstunden werden per Band mitgeteilt.

Leser in Österreich bitten wir, sich bei der für sie zuständigen Gewerkschaft, dem Österreichischen Gewerkschaftsbund (ÖGB) und/oder bei der für sie zuständigen Kammer für Arbeiter und Angestellte nach geeigneten Ansprechpersonen zu erkundigen. Seit dem 1.1.2000 beinhaltet die Mitgliedschaft im ÖGB die Übernahme der Kosten einer anwaltlichen oder psychologischen Beratung bis zu einer Höhe von 200 € pro Jahr, wenn das Mitglied »Opfer von Mobbing, sexueller Belästigung am Arbeitsplatz oder Diskriminierung am Arbeitsplatz wurde«.

3. Betriebs- und Dienstvereinbarungen aus der Praxis

In den letzten Jahren wurden zahlreiche Betriebs- und Dienstvereinbarungen zur Mobbingproblematik geschlossen, die leider nur zu einem geringen Teil veröffentlicht worden sind. Um dem interessierten Leser das Auffinden veröffentlichter Vereinbarungen zu erleichtern, haben wir eine Liste der betreffenden Betriebs- und Dienstvereinbarungen nebst Fundstellenhinweis erstellt:

- Rahmenkonzernbetriebsvereinbarung der Deutsche Bahn AG »über Partnerschaftliches Verhalten am Arbeitsplatz« vom 27.4.1999 (*Wolmerath*, S. 318 m.w.N.);
- Konzernbetriebsvereinbarung der Arbeiterwohlfahrt Bezirk Westliches Westfalen e.V. vom 18.2.1999 (*Wolmerath*, S. 318 m.w.N.);
- Betriebsvereinbarung »Partnerschaftliches Verhalten am Arbeitsplatz« der Volkswagen AG vom 27.6.1996 (AuR 1996, 443 sowie *Schauer*, S. 114);

- Betriebsvereinbarung »Partnerschaftliches Verhalten am Arbeitsplatz« der Deutsche Telekom Niederlassung Kaiserslautern vom 2.6.1999 (*Wolmerath*, S. 318 m.w.N.);
- Betriebsvereinbarung vom 4.3.1998 für die Städtischen Seniorenheime Dortmund gGmbH (*Wolmerath*, S. 318 m.w.N.);
- Betriebsvereinbarung »über das Verhalten der Arbeitnehmer/innen der Krankenhaus GmbH« der Städtischen Krankenhaus Hildesheim GmbH vom 9.1.1998 (*Wolmerath*, S. 318 m.w.N.);
- Betriebsvereinbarung »Partnerschaftliches Verhalten am Arbeitsplatz« für den DRK Kreisverband Forst (Lausitz) e.V. vom 21.8.1999 (*Wolmerath*, S. 318 m.w.N.);
- »Betriebsvereinbarung zur Verhinderung von Mobbing« für die Bildungsvereinigung Arbeit und Leben Niedersachsen e.V. vom 15.6.1999 (*Wolmerath*, S. 318 m.w.N.);
- Dienstvereinbarung »über den Beschäftigtenschutz (sexuelle Belästigung, Mobbing und Diskriminierung)« der Bundesversicherungsanstalt für Angestellte (BfA) vom 24.4.1998 (*Wolmerath*, S. 319 m.w.N.);
- Dienstvereinbarung der Landeshauptstadt München »für den Umgang mit Mobbing am Arbeitsplatz« vom 14.10.1997 (PersR 1998, 357);
- Dienstvereinbarung der Landeshauptstadt München »bei Mobbing und Schikane« vom 23.11.2000 (PersR 2001, 114),?**Hinweis:** Diese Dienstvereinbarung ersetzt die Vereinbarung vom 14.10.1997;
- Dienstvereinbarung des Bezirksamtes Berlin Weißensee zur »Mobbingabwehr« (AuA 1996, 349);
- Dienstvereinbarung der Stadt Friedrichshafen »zum Schutz der Mitarbeiterinnen und Mitarbeiter gegen Mobbing am Arbeitsplatz« vom 20.5.1996 (PersR 1996, 393);
- Dienstvereinbarung gegen Mobbing für das Städtische Krankenhaus Friedrichshafen vom 23.4.1998 (*Wolmerath*, S. 319 m.w.N.);
- Dienstvereinbarung »Anlaufstelle zur Lösung von Konflikten am Arbeitsplatz« des Universitäts-Krankenhauses Eppendorf in Hamburg vom 24.7.1997 (s. Internet sowie AuA 1999, 165);
- Dienstvereinbarung »zum Schutze der Mitarbeiterinnen und Mitarbeiter gegen Mobbing am Arbeitsplatz« der Landesversicherungsanstalt Mecklenburg-Vorpommern vom 4.11.1997 (*Wolmerath*, S. 319 m.w.N.);
- »Dienstvereinbarung zum Schutz vor Mobbing« für das Arbeitsamt Köln vom 4.6.1997 (*Wolmerath*, S. 319 m.w.N.);

- »Dienstvereinbarung für ein partnerschaftliches Verhalten am Arbeitsplatz bei der AOK – Die Gesundheitskasse in Thüringen« vom 14.3.2001 (PersR 2002, 19);
- »Rahmendienstvereinbarung über den Umgang mit Mobbing am Arbeitsplatz in den Polizeibehörden und -einrichtungen des Landes Brandenburg« vom 11.7.2001 (Deutsche Polizei 2003, 14 [Angabe der Bezugsquelle]).

4. Musterbetriebs- bzw. -dienstvereinbarung »Mobbing«

Die folgende Musterbetriebs- bzw. -dienstvereinbarung ist lediglich als eine Anregung für den Abschluss einer Betriebs- bzw. Dienstvereinbarung »Mobbing« gedacht. Mit ihrer Hilfe soll verdeutlicht werden, dass es durchaus möglich ist, die Mobbing-Problematik mit einem ausgefeilten Regelungswerk anzugehen. Die Mustervereinbarung erhebt nicht den Anspruch auf Vollständigkeit. Die einzelnen Regelungen bedürfen der konkreten Ausformulierung und Anpassung an die jeweiligen betrieblichen Gegebenheiten. Zudem sind die zur Anwendung gelangenden betriebsverfassungsrechtlichen bzw. personalvertretungsrechtlichen Vorschriften zu beachten.

Gliederung:

11. Sanktionen (bei Bedarf)
12. Konfliktbeauftragter
12.1 Stellung
12.2 Funktion
12.3 Aufgaben
12.4 Rechte
12.5 Materielle Ausstattung
12.6 Qualifizierung
12.7 Kostentragung
13. Information der Belegschaft
14. Sensibilisierung und Qualifizierung der Beschäftigten
15. Rechte der Beschäftigten
16. In-Kraft-Treten, Kündigung, Nachwirkung
17. Umsetzung und Fortschreibung der Vereinbarung
18. Meinungsverschiedenheiten
19. Salvatorische Klausel
20. Datum, Unterschriften

Wortlaut	*Erläuterung*
1. Überschrift	
Betriebsvereinbarung zu Mobbing am Arbeitsplatz **oder** Dienstvereinbarung für ein partnerschaftliches Verhalten am Arbeitsplatz	Viele Aspekte, die in einer Betriebs- bzw. Dienstvereinbarung »Mobbing« geregelt werden können, sind auch als Bestandteile einer Betriebs- bzw. Dienstvereinbarung »Diskriminierung« sowie »Sexuelle Belästigung« vorstellbar. Schließlich geht es in allen drei Fällen um die Verbesserung des sozialen Umgangs sowie Verhaltens im Betrieb bzw. in der Dienststelle und um den Abbau von psychosozialen Belastungen am Arbeitsplatz. Aus diesem Grunde bietet es sich an, eine relativ weit gefasste – möglichst positiv formulierte und nicht vorverurteilende – Überschrift zu wählen, um mit dieser Vereinbarung neben Mobbing vielleicht auch andere mit Mobbing vergleichbare Problemsituationen erfassen zu können.
2. Vertragsparteien	
zwischen ... *(genaue Bezeichnung der Betriebs- bzw. der Dienststelle, Anschrift)* und dem Betriebs- bzw. Personalrat ... *(genaue Bezeichnung der Betriebs- bzw. der Dienststelle, Anschrift)*	Am Anfang der Vereinbarung werden die vertragschließenden Parteien mit vollständiger Bezeichnung sowie vollständiger Anschrift aufgeführt. Dies dient der Bestimmbarkeit der Vertragsparteien. Zugleich ist für jedermann unmissverständlich feststellbar,

Wortlaut	*Erläuterung*
	ob er unter den Geltungsbereich dieser Vereinbarung fällt (s. Ziffer 4.).
3. Präambel	
Die Vertragsparteien sind sich bewusst, dass fehlerhafter sozialer Umgang, unsoziale Verhaltensweisen und nicht gelöste Konflikte das Betriebsklima nachteilig beeinflussen, den Arbeitsablauf stören sowie die und mannigfaltige negative Auswirkungen für den Betrieb bzw. für die Dienststelle sowie für die Belegschaft mit sich bringen. Qualität der Arbeitsergebnisse vermindern Psychosomatische Beschwerden und Erkrankungen, Depressionen, Erschöpfungszustände, Folgeerkrankungen infolge mangelnder Abwehrkräfte, Verzweiflung, Angstzustände und vieles mehr können Folge von Mobbing sein. Anliegen dieser Vereinbarung ist es insbesondere, das Betriebsklima und den sozialen Umgang aller im Betrieb tätigen Personen zu verbessern.	In der Präambel können die Vertragsparteien ihre Motive, Absichten sowie Ziele zum Ausdruck bringen, die Beweggrund für den Abschluss der Vereinbarung waren. Die Funktion der Präambel ist nicht zu unterschätzen. Eine gut ausformulierte Präambel vermag Vorgesetzte und Beschäftigte in gleicher Weise für das Problem »Mobbing am Arbeitsplatz« zu sensibilisieren. Weiter kann die Präambel bei nie auszuschließenden Meinungsstreitigkeiten wichtige Hinweise für die Auslegung einzelner Regelungen liefern.
4. Geltungsbereich	In dem Punkt Geltungsbereich wird festgelegt, für welchen Personenkreis die Dienstvereinbarung gelten soll.
4.1 Räumlicher Geltungsbereich	
Die Vereinbarung gilt für ... **oder** für die Betriebsteile ... **oder** für den Betrieb bzw. die Dienststelle ... mit Ausnahme der Abteilungen ... **oder** ...	Grundsätzlich gilt die Vereinbarung für den Betrieb bzw. für die Dienststelle, dem die Betriebsparteien angehören. Einzelne Abteilungen können allerdings ebenso aus dem Geltungsbereich herausgenommen werden, wie der Geltungsbereich auf einige Abteilungen beschränkt werden kann. Im Bereich der Personalvertretung ist die Vorschrift des § 73 Abs. 2 BPersVG zu beachten, wonach Dienstvereinbarungen, die für einen größeren Bereich gelten, Dienstvereinbarungen eines kleineren Bereichs vorgehen.

Wortlaut	*Erläuterung*
4.2 Persönlicher Geltungsbereich	
Die Vereinbarung gilt für alle Beschäftigten der ...	Der persönliche Geltungsbereich erstreckt sich auf alle Arbeitnehmer des Betriebes einschließlich der in Heimarbeit Beschäftigten, die in der Hauptsache für den Betrieb arbeiten. Er kann auf bestimmte Arbeitnehmergruppen beschränkt werden. Vergleichbares gilt für den Bereich der Personalvertretung.
Der Arbeitgeber verpflichtet sich, auf die in § 5 Abs. 2 und 3 BetrVG genannten Personen in geeigneter Weise einzuwirken, dass sich diese gemäß dieser Betriebsvereinbarung verhalten.	*Wenig Bedeutung haben in der Praxis bislang die folgenden zwei Aspekte erlangt. Es handelt sich hierbei um Punkte, auf die sich die Arbeitgeberseite kaum einlassen wird. Aus diesem Grunde sind der Wortlaut und die dazugehörende Erläuterung nur der Vollständigkeit halber erwähnt, mithin deshalb kursiv gesetzt. Es erfolgt zudem nur eine Darstellung für den Bereich der Betriebsverfassung:* *Betriebsvereinbarungen gelten nicht für den in § 5 Abs. 2 und 3 BetrVG genannten Personenkreis. Da eine Betriebsvereinbarung »Mobbing« ohne die Einbeziehung dieses Personenkreises (z. B. Leitende Angestellte) ihre Wirkungen zum Wohle aller nicht vollends entfalten kann, dieser von der Vereinbarung allerdings ebenso profitiert wie Arbeitnehmer es tun, müssen diese mit in die Betriebsvereinbarung »Mobbing« einbezogen werden. Dies kann allerdings nur über einen Umweg erreicht werden, indem sich der Arbeitgeber zu einer bestimmten Einwirkung auf den in § 5 Abs. 2 und 3 BetrVG genannten Personenkreis verpflichtet.*
Sie findet ferner auf alle betriebsfremden Personen Anwendung, die – aus welchem Rechtsgrund auch immer – im Betrieb tätig werden. Insoweit hat die ... bei Vertragsschluss Sorge zu tragen, dass sich der jeweilige Vertragspartner verpflichtet, sich im Betrieb gemäß dieser Betriebsvereinbarung zu verhalten bzw. auf bei ihm Beschäftigte oder von ihm beauftragte Personen einzuwirken, dass sich diese im Betrieb gemäß dieser Betriebsvereinbarung verhalten. Verstöße gegen die in dieser Betriebsvereinbarung aufgestellten Verhaltensregeln sind insoweit zu sanktionieren, als der Vertragspartner auf den	*Da dem Betriebsrat die Legitimation fehlt, die Interessen betriebsfremder Personen wahrzunehmen, kann der persönliche Geltungsbereich nicht unmittelbar auf solche Personen erstreckt werden. Allerdings kann sich der Arbeitgeber verpflichten, Aufträge nur an solche Firmen oder Personen zu vergeben, die sich der Betriebsvereinbarung unterwerfen.*

Wortlaut	*Erläuterung*
Verstoß hinzuweisen und im Wiederholungsfall bei der Auftragsvergabe nicht mehr zu berücksichtigen ist.	
4.3 Zeitlicher Geltungsbereich	
Diese Vereinbarung tritt am ... in Kraft und gilt bis einschließlich ...	In einer Betriebs- bzw. Dienstvereinbarung kann der Geltungsbereich auch in zeitlicher Hinsicht bestimmt werden. Dies ist dann sinnvoll, wenn die Geltungsdauer der Vereinbarung (z. B. aus Gründen der Erprobung) in zeitlicher Hinsicht beschränkt sein soll. Regelmäßig wird sie jedoch auf unbestimmte Zeit geschlossen, so dass nur der Zeitpunkt des Inkrafttretens zu vereinbaren ist. Gibt es keine Klausel, so tritt die Vereinbarung mit ihrer Unterzeichnung in Kraft (s. a. die Ziffer 16.).
5. Begriffsbestimmung	
Mit dem Wort »Mobbing« wird ein Geschehensprozess in der Arbeitswelt bezeichnet, in dem destruktive Handlungen unterschiedlicher Art wiederholt und über einen längeren Zeitraum gegen Einzelne vorgenommen werden, welche von den Betroffenen als eine Beeinträchtigung und Verletzung ihrer Person empfunden werden und dessen ungebremster Verlauf für die Betroffenen grundsätzlich dazu führt, dass ihre psychische Befindlichkeit und Gesundheit zunehmend beeinträchtigt werden, ihre Isolation und Ausgrenzung am Arbeitsplatz zunehmen, dagegen die Chancen auf eine zufriedenstellende Lösung schwinden und der regelmäßig im Verlust ihres bisherigen beruflichen Wirkbereichs endet.?Mobbing setzt sich aus zahlreichen einzelnen Mobbinghandlung zusammen, die nicht abschließend aufgezählt werden können. Aus diesem Grunde handelt es sich bei der nachfolgenden Aufzählung möglicher Mobbinghandlungen nur um Beispiele: ▪ ständige ungerechtfertigte Kritik; ▪ Manipulation von Arbeitsergebnissen;	Obwohl das Wort »Mobbing« in aller Munde ist, wird dieser Begriff in unterschiedlichster Weise definiert. Aus diesem Grunde ist es zwingend erforderlich eine Begriffsbestimmung vorzunehmen. Zugleich können hierdurch spätere Meinungsverschiedenheiten zwischen einzelnen Beschäftigten, Vorgesetzten, Betriebsrat bzw. Personalrat und Arbeitgeber bzw. Dienststellenleiter, die auf einem unterschiedlichen Verständnis von »Mobbing« beruhen, vermieden werden. Verhaltensweisen und Umgangsformen, die nicht unter »Mobbing« zu subsumieren sind, können als unerwünschte »mobbinggleiche« Handlungen mit in die Vereinbarung einbezogen werden. Wichtig ist zu bedenken, dass die Betriebsparteien in der Definition dessen, was unter dem Begriff »Mobbing« im Sinne der Vereinbarung zu verstehen ist, frei sind. Sie können sich mithin eine eigene Begriffsbestimmung geben.

Wortlaut | *Erläuterung*

- Ignorieren der Anwesenheit von Personen;
- Verweigerung des Grußes;
- sexuelle Belästigungen;
- ständiges Abwerten religiöser, politischer und/oder weltanschaulicher Überzeugungen;
- andauerndes Diskriminieren von Personen (z.B. wegen ihres Aussehens, ihrer Herkunft).

Auch wenn es sich bei den folgenden Verhaltensweisen im Einzelfall nicht um Mobbing handelt, werden diese wegen ihrer negativen Auswirkungen mit Mobbing gleichgesetzt und als solche behandelt:

- einzelne rassistische sowie ausländerfeindliche Bemerkungen;
- einzelne sexuelle Belästigungen;
- einzelne Diskriminierungen.

6. Verhaltenskodex

Soziale Umgangsformen beinhalten, dass jedermann Mitmenschen in der gleichen Weise behandelt, wie er es von diesen erwartet. Hierzu gehört unter anderem, dass Probleme am Arbeitsplatz (z. B. Ärger mit Arbeitskollegen, nicht gerechtfertigte Rügen durch Vorgesetzte) angesprochen sowie mögliche Wege zur Lösung des jeweiligen Problems gemeinsam gesucht und beschritten werden. Verhaltensweisen, die geeignet sind, andere zu verletzen bzw. in ihrem Ansehen herabzusetzen und somit in Mobbing enden können, sind zu unterlassen.

Unter der Überschrift »Verhaltenskodex« sind die Verhaltensanforderungen niederzulegen, denen sich jedermann (s. Ziffer 4.2) zu unterwerfen hat. Bei der Ausgestaltung dieser Bestimmung ist die Phantasie der Betriebsparteien gefragt: Wie soll das gewünschte Verhalten am Arbeitsplatz aussehen, wie sollen Menschen am Arbeitsplatz miteinander umgehen?

Es ist zu beachten, dass alle im Betrieb bzw. in der Dienststelle tätigen Personen nach den Grundsätzen von Recht und Billigkeit behandelt werden, insbesondere dass jede unterschiedliche Behandlung von Personen wegen ihrer Abstammung, Religion, Nationalität, Herkunft, politischen oder gewerkschaftlichen Betätigung oder Einstellung,

Diese Bestimmung entspricht dem Wortlaut des § 75 BetrVG, der nur den Betriebsrat und den Arbeitgeber verpflichtet. Entsprechendes gilt gemäß § 67 Abs. 1 BPersVG für den Bereich des Personalvertretungsrechts. Durch eine entsprechende Aufnahme in die Vereinbarung wird eine Bindung des von ihr erfassten Personenkreises erreicht.

Wortlaut	*Erläuterung*
oder wegen ihres Geschlechts oder ihrer sexuellen Identität, eine Benachteiligung wegen Überschreitung bestimmter Altersstufen unterbleibt. Die freie Entfaltung der Persönlichkeit ist zu schützen und zu fördern.	
7. Verbesserung des Betriebsklimas (bei Bedarf)	
Die Betriebsparteien stellen übereinstimmend fest, dass das allgemeine Betriebsklima/das Betriebsklima in der Abteilung ... verbesserungswürdig ist. Um dies zu erreichen, werden folgende Maßnahmen durchgeführt: ... (Beispiele: In der Abteilung ... wird eine Vertretungsregelung getroffen; Personalausfälle werden durch die Beschäftigung von Aushilfen aufgefangen)	Mobbing und Betriebsklima stehen zueinander in einem gewissen Spannungsverhältnis. Mobbing kann zum einen das Betriebsklima verschlechtern, zum anderen kann ein schlechtes Betriebsklima Mobbing begünstigen. Ist das Betriebsklima verbesserungswürdig, sollten geeignete Maßnahmen zur Verbesserung desselben vereinbart werden, um im konkreten Einzelfall vielleicht die entscheidende Ursache für Mobbing am Arbeitsplatz auszuschalten.
8. Maßnahmen gegen Mobbing	
Zu den erforderlichen Maßnahmen zur Bekämpfung bzw. Vermeidung von Mobbing gehört sowohl die Aufklärung der unter den Geltungsbereich dieser Vereinbarung fallenden Personen (s. Ziffern 4., 13.) als auch die Beseitigung betrieblicher Mängel und Engpässe im Arbeitsablauf sowie der Arbeitsorganisation, die erfahrungsgemäß leicht zu persönlichen Auseinandersetzungen führen können. Zur Lösung von akuten Mobbingkonflikten werden die Maßnahmen gemäß der Ziffern 9.3 und 9.4 dieser Vereinbarung zur Anwendung gebracht. Hier gilt das Prinzip, dass zunächst immer nach einvernehmlichen Lösungen gesucht werden muss. Der personenbezogene Konflikt ist in einen sachlich zu lösenden Konflikt zu überführen. Ist die Mobbing betreibende Person auch nach intensiven Bemühungen, eine einvernehmliche Lösung herbeizuführen, nicht willens, von Mobbing abzulassen, sind die Verhängung betrieblicher Sanktionen gemäß der Ziffer 11. dieser Vereinbarung sowie die Einleitung rechtlicher Schritte durch die Arbeitgeberseite in Erwägung zu ziehen.	Die Maßnahmen, die zur Bekämpfung bzw. Vermeidung von Mobbing in Betracht kommen können, werden hier in allgemeiner Form beschrieben, an anderer Stelle ausführlich (vgl. Ziffern 9.–14.) niedergelegt.

Wortlaut

Erläuterung

9. Konfliktlösungsverfahren

9.1 Unterrichtung des Konfliktbeauftragten

Der Konfliktbeauftragte (s. Ziffer 12.) ist über Konflikte und Problemsituationen, die Mobbing sind oder sein können, unverzüglich zu informieren.

Das Verfahren der Konfliktlösung kann unterschiedlich ausgestaltet werden: wann wird der Arbeitgeber bzw. Dienststellenleiter, wann wird der Betriebs- bzw. Personalrat aktiv; wann finden Gespräche mit dem Betroffenen, wann mit dem Beschuldigten statt; wann gibt es ein Gespräch mit allen Beteiligten? Soweit es einen Konfliktbeauftragten (s. Ziffer 12.) gibt, ist zu regeln, zu welchem Zeitpunkt und in welcher Weise er in das Konfliktlösungsverfahren einbezogen werden soll. Vergleichbares gilt für die Einschaltung externer Personen (z.B. Ärzte, Psychologen, Selbsthilfegruppen).

9.2 Ermittlung des Sachverhalts

Nachdem der Konfliktbeauftragte von einer Konfliktsituation Kenntnis erlangt hat, führt er eine Klärung des Sachverhaltes und eine erste Analyse durch, die Klärungs- und Sondierungsgespräche beinhalten.

9.3 Versuch der Schlichtung

Sofern die Bereitschaft zu einer einvernehmlichen Konfliktlösung zu erkennen ist, leitet und moderiert der Konfliktbeauftragte Gespräche zwischen den betroffenen Personen. Auf Verlangen einer oder beider Seiten finden diese Gespräche im Beisein des Betriebs- bzw. Personalrats und/oder Arbeitgebers/ Dienststellenleiters bzw. von Vorgesetzten statt.
Sofern eine einvernehmliche Konfliktlösung erzielt wird, ist diese dem Betriebs- bzw. Personalrat und dem Arbeitgeber bzw. Dienststellenleiter mitzuteilen, damit diese bei Bedarf in der erforderlichen Weise tätig werden können.
Sofern eine einvernehmliche Konfliktlösung nicht möglich oder nicht zu erwarten ist, ist in das Konfliktlösungsverfahren gemäß der Ziffer 9.4 einzusteigen.

9.4 Einberufung der Konfliktlösungskommission

Wenn eine einvernehmliche Lösung des Konflikts nicht möglich oder eine solche nicht zu erwarten ist, ist die Konfliktlösungskommission von dem Konfliktbeauf-

Die Konfliktlösungskommission bietet die Möglichkeit, betriebsintern zu einer einvernehmlichen Lösung des Konflikts unter Ausschaltung etwaiger Sanktionen zu gelangen.

Wortlaut

tragten (s. Ziffer 12.) einzuberufen. Der Konfliktbeauftragte sitzt dieser Kommission vor, die aus den betreffenden Personen sowie je einem Vertreter des Arbeitgebers sowie des Betriebsrats bzw. der Dienststellenleitung sowie des Personalrats besteht.

- Die Konfliktlösungskommission findet sich zu maximal drei Gesprächsrunden ein, die in einem zeitlichen Abstand von maximal vier Wochen durchgeführt werden. Ziel der Kommission ist die Lösung des Konflikts. Dieses Ziel muss spätestens am Ende der dritten Gesprächsrunde erreicht sein.
- In der ersten Gesprächsrunde können die betreffenden Personen ihre Auffassungen zu dem Konflikt äußern. Beide haben das Recht, ihre eigene Sichtweise im erforderlichen Maße zu schildern. Der Konfliktbeauftragte referiert gegebenenfalls die Ergebnisse eigener Recherchen und unterbreitet einen Vorschlag zur Konfliktlösung. Ferner zeigt er mögliche Konsequenzen und Sanktionen auf.
- In der zweiten Gesprächsrunde wird, aufbauend auf der ersten Gesprächsrunde, versucht, eine einvernehmliche Lösung des Konflikts zu erzielen. Sofern eine solche nicht gefunden werden kann, sind konkrete Konsequenzen und Sanktionen für den Fall anzudrohen, dass weiterhin Mobbing betrieben wird.
- Können auch in der dritten Gesprächsrunde einvernehmliche Lösungen nicht erzielt werden, beschließt die Kommission geeignete Maßnahmen mit der Mehrheit der anwesenden Kommissionsmitglieder. Diese sind, soweit erforderlich, von dem Arbeitgeber bzw. Dienststellenleiter unter Beachtung der Mitbestimmungsrechte des Betriebs- bzw. Personalrats umzusetzen.

Erläuterung

Damit am Ende der Arbeit dieser Kommission ein Ergebnis erzielt werden kann, darf diese nicht unendlich lange tagen. Bereits bei der Arbeitsaufnahme muss für jeden Beteiligten klar erkennbar sein, dass die Kommission nur begrenzt tagt und dass sie selbst über geeignete Maßnahmen zur Beendigung des Konflikts befinden kann.

10. Hilfe für Mobbingbetroffene

Jeder, der sich Mobbingangriffen ausgesetzt fühlt, kann sich während der Arbeitszeit

Mobbingbetroffene befinden sich in einer Konfliktsituation, in der sie der Hilfe be-

Wortlaut	*Erläuterung*
unter Fortzahlung seines Entgeltes an den Konfliktbeauftragten wenden und diesen um Hilfe ersuchen. Hierzu stehen dem Mobbingbetroffenen die Sprechstunden des Konfliktbeauftragten zur Verfügung. Der Konfliktbeauftragte hält Anschriften von Selbsthilfegruppen, Einrichtungen, außerbetrieblichen Beratungsstellen, Ärzten, Rechtsanwälten ... bereit. Bei Bedarf begleitet er den Mobbingbetroffenen zu den zuvor genannten Anlaufstellen.	dürfen. Daher ist es wichtig, diesen Punkt speziell in der Vereinbarung anzusprechen.
11. Sanktionen (bei Bedarf)	
Konflikte sind zu lösen, ohne dass es der Sanktion des Verhaltens Einzelner oder Mehrerer bedarf. Soweit sich jemand bewusst über die in dieser Vereinbarung niedergelegten Verhaltensanforderungen hinwegsetzt, ist er vom Arbeitgeber bzw. Dienststellenleiter im Beisein des Betriebs- bzw. Personalrats unverzüglich auf sein Verhalten anzusprechen und von diesem aufzufordern, das beanstandete Verhalten einzustellen. Bei diesem Gespräch ist er auf mögliche Sanktionen hinzuweisen. Setzt der Betreffende sein Verhalten weiter fort, so ist er nach Aufklärung des konkreten Sachverhalts und nach erfolgter Anhörung des Betriebs- bzw. Personalrats schriftlich abzumahnen. Dem Betriebs- bzw. Personalrat ist eine Kopie der Abmahnung auszuhändigen. Ändert der Betreffende sein Verhalten auch nach erfolgter Abmahnung nicht, so kann er wiederholt abgemahnt und bei Bedarf versetzt werden. Notfalls ist eine verhaltensbedingte fristgemäße oder fristlose Kündigung auszusprechen. Die Notwendigkeit der Verhängung einer Sanktion schließt die Beachtung der (betriebsverfassungs- bzw. personalvertretungsrechtlichen) Beteiligungsrechte des Betriebs- bzw. Personalrats nicht aus.	Ob die Vereinbarung auch Bestimmungen über Sanktionsmittel und die Sanktion von Mobbinghandlungen beinhalten soll, müssen die Betriebsparteien für sich entscheiden. Häufig dürfte die Verhängung von Sanktionsmitteln das letzte Mittel sein, um Schlimmeres zu verhindern. Wichtig ist zu bedenken, dass viele betriebliche Sanktionsmittel auch ohne Aufnahme in der Vereinbarung verhängt werden können. Andere, wie etwa die Betriebsbuße, müssen hingegen speziell geregelt werden. Mit Hilfe der Betriebsvereinbarung besteht die Möglichkeit, dem Betriebsrat über das Betriebsverfassungsgesetz hinausgehende Mitwirkungsrechte einzuräumen (z. B. Anhörung vor Ausspruch einer Abmahnung, Aushändigung einer Kopie der Abmahnung). Eine solche Möglichkeit besteht im Bereich des Personalvertretungsrechts wegen der Regelung des § 73 Abs. 1 BPersVG nicht. Die betrieblichen Sanktionsmittel stehen – somit zugelassen – neben den staatlichen Sanktionsmöglichkeiten und sind von diesen unabhängig. Die Verhängung einer betrieblichen Sanktion hat z. B. keinen Einfluss auf ein Strafverfahren.
12. Konfliktbeauftragter	
	Um Mobbingbetroffenen den Weg zum »Mobbingbeauftragten« zu erleichtern sowie

Wortlaut

Erläuterung

möglichen Ängsten, Vorurteilen und Hemmschwellen entgegenzuwirken, schlagen wir vor, einen eher neutralen Begriff wie den des »Konfliktbeauftragten« zu wählen.

12.1 Stellung

Der ... wird mit Wirkung vom ... zum betrieblichen Konfliktbeauftragten bestellt. Seine Arbeitszeit beträgt ... Stunden/Woche. Soweit erforderlich, kann sie auf bis zu ... Stunden/Woche aufgestockt werden.

oder

Es wird bis spätestens zum ... die Stelle eines betrieblichen Konfliktbeauftragten eingerichtet. Hierzu hat der Arbeitgeber bzw. Dienststellenleiter Folgendes zu veranlassen: ...

Sämtliche Bewerbungsunterlagen sind dem Betriebs- bzw. Personalrat vorzulegen. Bei den Auswahlgesprächen ist der Betriebs- bzw. Personalrat hinzuzuziehen. Die Einstellung bedarf der Zustimmung des Betriebs- bzw. Personalrats. Hiervon unberührt sind die Rechte des Betriebsrats nach dem Betriebsverfassungsgesetz bzw. des Personalrats nach dem Bundespersonalvertretungsgesetz.

oder

Der Betriebs- bzw. Personalrat benennt aus seiner Mitte eine Person / den ... zum betrieblichen Konfliktbeauftragten. Die Arbeit des Konfliktbeauftragten zählt zur Arbeitszeit mit allen sich daraus ergebenden Rechten und Pflichten. Zur Ausübung dieser Tätigkeit wird die Person / der ... Stunden / Woche unter Fortzahlung des Arbeitsentgelts von der Arbeit freigestellt.

oder

Dem Betriebs- bzw. Personalrat werden die Dienste des ... ab dem ... als Konfliktbeauf-

Es gibt verschiedene Möglichkeiten, einen betrieblichen Konfliktbeauftragten zu installieren. Es kann sich bei ihm um einen Externen, um einen Internen oder um ein Mitglied des Betriebs- bzw. Personalrats handeln. Der Externe kann auf der Arbeitgeberseite oder als Beauftragter des Betriebs- bzw. Personalrats tätig sein. Der Konfliktbeauftragte kann mit weitreichenden Kompetenzen, aber auch nur mit äußerst beschränkten Handlungsmöglichkeiten ausgestattet sein. Demgemäß kommt diesem Regelungspunkt eine nicht zu unterschätzende Rolle zu.

Wortlaut

Erläuterung

tragter zur Verfügung gestellt. Der ... unterliegt in seiner Funktion ausschließlich dem Weisungsrecht des Betriebs- bzw. Personalrats.

12.2 Funktion

Der Konfliktbeauftragte hat die Funktion, Mobbingkonflikte auf einvernehmliche Weise zu lösen und Mobbingprävention zu betreiben.

Da dem Konfliktbeauftragten höchst unterschiedliche Funktionen zugedacht werden können, ist es notwendig, diese schriftlich niederzulegen.

12.3 Aufgaben

Ausgehend von seinen Funktionen hat der Konfliktbeauftragte insbesondere folgende Aufgaben:

1. Durchführung von vorbeugenden Maßnahmen gegen Mobbing;
2. Durchführung von regelmäßig stattfindenden Sprechstunden (mindestens eine Sprechstunde pro Woche);
3. Betreuung eines »Kummerkastens«;
4. Beratung und Unterstützung von Mobbingbetroffenen bei der Lösung ihrer Probleme;
5. Durchführung und Leitung von Gesprächen zur Konfliktlösung;
6. Einberufung und Leitung der Konfliktlösungskommission;
7. Fachlicher Austausch mit externen Mobbingeinrichtungen;
8. ...

Die Aufgaben des Konfliktbeauftragten ergeben sich teilweise aus den ihm zugedachten Funktionen. Erst wenn geklärt ist, welche Funktionen er im Betrieb bzw. in der Dienststelle haben soll, können seine Aufgaben definiert werden.

12.4 Rechte

Der Konfliktbeauftragte hat einen Anspruch auf umfassende Unterrichtung über alle Konfliktsituationen im Betrieb bzw. in der Dienststelle sowohl durch den Arbeitgeber bzw. Dienststellenleiter als auch durch den Betriebs- bzw. Personalrat.

Wortlaut	*Erläuterung*
Der Konfliktbeauftragte hat ein Zutrittsrecht zu allen Arbeitsplätzen und kann mit jedermann während der Arbeitszeit Gespräche führen. Der Konfliktbeauftragte kann sowohl dem Arbeitgeber bzw. Dienststellenleiter als auch dem Betriebs- bzw. Personalrat Maßnahmen zur Konfliktlösung unterbreiten.	
12.5 Materielle Ausstattung	
Der Konfliktbeauftragte erhält folgende materielle Ausstattung: – Schreibkraft, Sekretariatskraft; – verschließbares Büro; – verschließbare Büromöbel; – PC oder Laptop; – Kommunikationsmittel (z. B. Telefon, Anrufbeantworter, Fax, Intranet- und/oder Internetzugang, Handy); – Literatur; – Dienstwagen (sofern erforderlich); – ...	Um überhaupt tätig werden zu können, benötigt der Konfliktbeauftragte ein Mindestmaß an materieller Ausstattung. Hierzu gehört insbesondere ein eigenes Büro, um ungestört Sprechstunden und Gespräche führen zu können. Die räumliche Trennung vom Betriebs- bzw. Personalratsbüro ist sinnvoll, um nicht mit dem Betriebs- bzw. Personalrat gleichgesetzt oder sogar verwechselt zu werden. Welche materielle Ausstattung der Konfliktbeauftragte benötigt, ist von den örtlichen Gegebenheiten, den finanziellen Möglichkeiten sowie der konkreten betrieblichen Situation abhängig.
12.6 Qualifizierung	
Um eine sachgerechte Ausübung seiner Tätigkeit auf Dauer gewährleisten zu können, hat sich der Konfliktbeauftragte einer Supervision zu unterziehen und in geeigneter Weise fortzubilden. Die Kosten hierfür sind vom Arbeitgeber bzw. von der Dienststelle zu tragen. Dem Arbeitgeber/Betriebsrat bzw. Dienststellenleiter/Personalrat ist die Teilnahme an Supervisions-, Schulungs- und Bildungsmaßnahmen anzuzeigen. Für die Teilnahme an Schulungs- und Bildungsmaßnahmen wird dem Konfliktbeauftragten ein Betrag in Höhe von ... €/Jahr zur Verfügung gestellt, über den er frei verfügen kann. Nicht in Anspruch genommene Gelder sind auf das folgende Kalenderjahr zu übertragen. **oder**	Die Teilnahme an Schulungs- und Bildungsveranstaltungen ist ebenso wie das Lesen der einschlägigen Lektüre notwendige Voraussetzung für die Tätigkeit des Konfliktbeauftragten. Soweit er nicht dem Betriebs- bzw. Personalrat angehört, ist sicherzustellen, dass ihm die Möglichkeit eingeräumt wird, auf Kosten des Arbeitgebers bzw. der Dienststelle derartige Veranstaltungen zu besuchen. Mehrere Möglichkeiten der Ausgestaltung sind denkbar. Insbesondere die Kostentragung des Arbeitgebers bzw. der Dienststelle muss geregelt werden, da insbesondere die Begleichung von Seminargebühren regelmäßig Gegenstand von Streitigkeiten ist.

Wortlaut	*Erläuterung*
Hinsichtlich der Teilnahme an Schulungs- und Bildungsmaßnahmen finden § 37 Abs. 6, Abs. 7 BetrVG bzw. § 46 Abs. 6, Abs. 7 BPersVG entsprechende Anwendung.	
12.7 Kostentragung	
Sämtliche durch die Tätigkeit des Konfliktbeauftragten entstehenden Kosten trägt der Arbeitgeber bzw. die Dienststelle.	Diese Bestimmung dient der Klarheit und kann Rechtsstreitigkeiten vermeiden helfen.
13. Information der Belegschaft	
Über Abschluss, Anlass, Zweck und Inhalt dieser Vereinbarung ist die Belegschaft auf einer Betriebs- bzw. Personalversammlung zu informieren. Zu dieser Versammlung wird der Betriebs- bzw. Personalrat einen Referenten/den ... hinzuziehen, der über das Thema »Mobbing« sprechen und Fragen der Teilnehmer beantworten wird.	Da die Vereinbarung Wirkungen für die Beschäftigten entfaltet, ist es ratsam, diese möglichst umfassend über die Motive für den Abschluss, die beabsichtigten Ziele sowie den Inhalt der Vereinbarung zu informieren. Nirgendwo kann dies besser erfolgen als auf einer Betriebs- bzw. Personalversammlung. Insbesondere die Einladung eines Referenten, der über Mobbing informiert, kann zur Sensibilisierung der Beschäftigten beitragen.
Der Arbeitgeber verpflichtet sich, die in § 5 Abs. 2 und 3 BetrVG genannten Personen in geeigneter Weise über Abschluss, Anlass, Zweck und Inhalt dieser Vereinbarung zu informieren.	*Entsprechendes gilt für den Bereich der Privatwirtschaft für die in § 5 Abs. 2 und 3 BetrVG genannten Personen.*
Die Vereinbarung wird im Betrieb bzw. in der Dienststelle an folgenden Orten ausgehängt: ...	Diese Bestimmung gewährleistet, dass jedermann von der Betriebs- bzw. Dienstvereinbarung Kenntnis nehmen kann.
Jeder Beschäftigte erhält eine Kopie der Vereinbarung. Neue Beschäftigte erhalten diese bei der Aufnahme ihrer Tätigkeit.	Die Aushändigung einer Kopie der Vereinbarung trägt dazu bei, dass sie bei den Beschäftigten nicht in Vergessenheit geraten und von diesen bei Bedarf zu jeder Zeit gelesen werden kann.
14. Sensibilisierung und Qualifizierung der Beschäftigten	
Alle im Betrieb bzw. in der Dienststelle tätigen Personen sind durch geeignete Maßnahmen, die von dem Konfliktbeauftragten (s. Ziffer 12.) vorbereitet und unter seiner Leitung durchgeführt werden, für die Mobbing-Problematik zu sensibilisieren. Ferner sind sie in geeigneter Weise zu qualifizieren	Arbeitgeberseite, Vorgesetzte und Beschäftigte müssen in gleicher Weise für Mobbing sensibilisiert werden. Sie müssen erfahren, was Mobbing ist, welche Folgen Mobbing haben kann und wie Konflikte unter Ausschaltung von Mobbing gelöst werden können. Ansonsten besteht die Gefahr, dass die

Wortlaut	*Erläuterung*
und damit in die Lage zu versetzen, Konflikte im Betrieb bzw. in der Dienststelle offen, fair und konstruktiv unter Vermeidung von Mobbing zu lösen.	Bemühungen der Betriebsparteien ins Leere laufen, da die im Betrieb bzw. in der Dienststelle tätigen Personen die Vereinbarung nicht mittragen. Die Information der Beschäftigten (s. Ziffer 13.) ist der erste Schritt zur Sensibilisierung.
15. Rechte der Beschäftigten	
Jede im Betrieb bzw. in der Dienststelle tätige Person hat das Recht, sich während der Arbeitszeit unter Fortzahlung der Vergütung bei dem Konfliktbeauftragten über diese Vereinbarung zu informieren, hierzu Fragen zu stellen und sich über Benachteiligungen, Schikanen, Belästigungen, Verunglimpfungen etc. zu beschweren. Hierzu soll er die Sprechstunden des Konfliktbeauftragten aufsuchen.	§ 39 Abs. 3 BetrVG bestimmt, dass die Sprechstunde des Betriebsrats ohne Minderung des Arbeitsentgelts besucht werden kann. Eine solche Regelung gibt es hinsichtlich der Sprechstunde des Konfliktbeauftragten nicht. Aus diesem Grunde ist diese Regelung erforderlich.
Zeiten, die dazu verwendet werden, um Konflikte am Arbeitsplatz zu lösen, werden wie Arbeitszeit behandelt und entsprechend vergütet.	Um Streitigkeiten zwischen Arbeitgeber und Betriebsrat bzw. Dienststellenleiter und Personalrat vorzubeugen, ist es ratsam, die Entgeltfortzahlung zu regeln.
16. In-Kraft-Treten, Kündigung, Nachwirkung	
Diese Vereinbarung tritt am ... in Kraft und kann mit einer Frist von ... Monaten zum Jahresschluss, erstmals zum 31.12. ... gekündigt werden.	Wird ein Zeitpunkt des In-Kraft-Tretens nicht vereinbart, so tritt die Vereinbarung mit ihrer Unterzeichnung in Kraft. Wird die Vereinbarung nicht befristet abgeschlossen (s. a. Ziffer 4.3.), so kann sie gekündigt werden. Die Betriebsparteien können vereinbaren, dass dies erstmals zu einem bestimmten Zeitpunkt möglich sein soll.
Vor einer Kündigung hat die Partei, die die Kündigung auszusprechen beabsichtigt, die Schlichtungsstelle (s. Ziffer 18.) anzurufen, damit diese über den Kündigungsgrund tagen und Lösungen finden kann, die den Ausspruch der Kündigung entbehrlich machen.	Manchmal sind es nur recht unbedeutende Motive, die eine Partei dazu bewegen, eine Vereinbarung zu kündigen. Mit Hilfe eines Vorschaltverfahrens kann der Ausspruch einer Kündigung im Einzelfall verhindert werden.
Die gekündigte Vereinbarung wirkt so lange nach, bis sie durch eine neue Vereinbarung abgelöst wird. Von der Nachwirkung werden auch solche Personen erfasst, die erst nach erfolgter Kündigung dieser Vereinba-	Damit alle Bestimmungen der Vereinbarung so lange weitergelten, bis sie durch andere abgelöst werden, ist eine Nachwirkung der Vereinbarung zu vereinbaren.

Wortlaut	*Erläuterung*
rung in den Betrieb bzw. in die Dienststelle eintreten bzw. tätig werden.	
17. Umsetzung und Fortschreibung der Vereinbarung	
Betriebsrat und Arbeitgeber bzw. Dienststellenleiter und Personalrat verpflichten sich, die in dieser Vereinbarung festgeschriebenen Punkte umzusetzen, aufmerksam zu verfolgen und bei Bedarf fortzuschreiben. Dem Betriebs- bzw. Personalrat wird insoweit ein Initiativrecht eingeräumt, das die Anrufung der Schlichtungsstelle beinhaltet.	Die Betriebsparteien versäumen es häufig, abgeschlossene Vereinbarungen in die Praxis umzusetzen. Sie sind häufig der Ansicht, dass sie bereits mit dem Abschluss der Vereinbarung alles Notwendige getan haben. Die Vereinbarung darf nicht in Vergessenheit geraten und muss, um auch in Zukunft noch von Bedeutung sein zu können, bei Bedarf überarbeitet und aktualisiert werden.
18. Meinungsverschiedenheiten	
Bei Meinungsverschiedenheiten zwischen Betriebsrat und Arbeitgeber bzw. Personalrat und Dienststellenleiter, die sich aus der Anwendung dieser Vereinbarung ergeben, ist eine Schlichtungsstelle zu bilden. Diese besteht aus einem Vorsitzenden/dem ... als Vorsitzenden sowie je zwei Vertretern des Betriebsrats sowie des Arbeitgebers bzw. des Personalrats sowie der Dienststellenleitung.	Es ist nicht auszuschließen, dass es bei der Umsetzung der Vereinbarung zu Meinungsverschiedenheiten zwischen den Betriebsparteien kommt. Diese klären zu helfen, ohne dass sofort die Kündigung der Vereinbarung ausgesprochen wird, ist die Aufgabe der Schlichtungsstelle.
Die Schlichtungsstelle soll unverzüglich, spätestens jedoch zwei Wochen nach ihrer Anrufung, tagen. Das Verfahren vor der Schlichtungsstelle entspricht dem des Einigungsstellenverfahrens gemäß §§ 76, 76a BetrVG bzw. § 71 BPersVG.	Diese ist der Einigungsstelle (vgl. §§ 76, 76a BetrVG; § 71 BPersVG) nachgebildet. Auch hier gilt: Je mehr Mühe sich die Betriebsparteien bei der Ausgestaltung dieser Bestimmung machen, desto effektiver wird die Schlichtungsstelle arbeiten können. Wer sich bereits vor Abschluss der Vereinbarung Gedanken über den Vorsitzenden der Schlichtungsstelle macht, beugt späteren Streitigkeiten über die Besetzung des Vorsitzes der Schlichtungsstelle vor.
Die unterlegene Partei kann gegen die Entscheidung der Schlichtungsstelle das Arbeits- bzw. Verwaltungsgericht anrufen.	Es entspricht rechtsstaatlichen Grundsätzen, Entscheidungen der Schlichtungsstelle gerichtlich überprüfen zu lassen (s. a. § 76 Abs. 5 Satz 4 BetrVG).
Der Arbeitgeber bzw. die Dienststelle trägt die Kosten des Schlichtungsverfahrens.	Die Kostenbestimmung entspricht dem § 76a Abs. 1 BetrVG.

Wortlaut	*Erläuterung*
19. Salvatorische Klausel	
Sind einzelne Bestimmungen dieser Vereinbarung unwirksam, so berührt dies nicht die Wirksamkeit der übrigen Bestimmungen dieser Vereinbarung. Im Falle der Unwirksamkeit einer oder mehrerer Bestimmungen werden die Parteien eine der unwirksamen Regelung möglichst nahekommende rechtswirksame Ersatzregelung treffen.	Gelegentlich kommt es vor, dass einzelne Bestimmungen einer Vereinbarung unwirksam sind. Mit der salvatorischen Klausel wird klargestellt, dass die Vereinbarung mit Ausnahme dieser unwirksamen Regelungen weiter Gültigkeit besitzt. Unwirksame Bestimmungen sind durch wirksame Regelungen zu ersetzen.
20. Datum, Unterschriften	
	Um wirksam werden zu können, bedarf es der Unterzeichnung der Vereinbarung durch die Betriebspartner. Die Datumsangabe ist für das In-Kraft-Treten der Vereinbarung von Bedeutung, sofern nicht hierzu eine Regelung (s. Ziffern 4.3, 16.) getroffen wurde.

5. Auszüge aus einschlägigen Gesetzen

Gliederung:

5.1 Betriebsverfassungsgesetz (BetrVG)
5.2 Bundespersonalvertretungsgesetz (BPersVG)
5.3 Arbeitsschutzgesetz (ArbSchG)
5.4 Bürgerliches Gesetzbuch (BGB)
5.5 Grundgesetz (GG)
5.6 Strafgesetzbuch (StGB)
5.7 Strafprozessordnung (StPO)
5.8 Bundesbeamtengesetz (BBG)
5.9 Bundesdisziplinargesetz (BDG)

5.1 Betriebsverfassungsgesetz

in der Fassung der Bekanntmachung vom 25. September 2001 (BGBl. I S. 2518), zuletzt geändert durch Gesetz vom 18. Mai 2004 (BGBl. I S. 974)

§ 37 Ehrenamtliche Tätigkeit, Arbeitsversäumnis

(1) Die Mitglieder des Betriebsrats führen ihr Amt unentgeltlich als Ehrenamt.

(2) Mitglieder des Betriebsrats sind von ihrer beruflichen Tätigkeit ohne Minderung des Arbeitsentgelts zu befreien, wenn und soweit es nach Umfang und Art des Betriebs zur ordnungsgemäßen Durchführung ihrer Aufgaben erforderlich ist.

(3) Zum Ausgleich für Betriebsratstätigkeit, die aus betriebsbedingten Gründen außerhalb der Arbeitszeit durchzuführen ist, hat das Betriebsratsmitglied Anspruch auf entsprechende Arbeitsbefreiung unter Fortzahlung des Arbeitsentgelts. Betriebsbedingte Gründe liegen auch vor, wenn die Betriebsratstätigkeit wegen der unterschiedlichen Arbeitszeiten der Betriebsratsmitglieder nicht innerhalb der persönlichen Arbeitszeit erfolgen kann. Die Arbeitsbefreiung ist vor Ablauf eines Monats zu gewähren; ist dies aus betriebsbedingten Gründen nicht möglich, so ist die aufgewendete Zeit wie Mehrarbeit zu vergüten.

(4) Das Arbeitsentgelt von Mitgliedern des Betriebsrats darf einschließlich eines Zeitraums von einem Jahr nach Beendigung der Amtszeit nicht geringer bemessen werden als das Arbeitsentgelt vergleichbarer Arbeitnehmer mit betriebsüblicher beruflicher Entwicklung. Dies gilt auch für allgemeine Zuwendungen des Arbeitgebers.

(5) Soweit nicht zwingende betriebliche Notwendigkeiten entgegenstehen, dürfen Mitglieder des Betriebsrats einschließlich eines Zeitraums von einem Jahr nach Beendigung der Amtszeit nur mit Tätigkeiten beschäftigt werden, die den Tätigkeiten der in Absatz 4 genannten Arbeitnehmer gleichwertig sind.

(6) Die Absätze 2 und 3 gelten entsprechend für die Teilnahme an Schulungs- und Bildungsveranstaltungen, soweit diese Kenntnisse vermitteln, die für die Arbeit des Betriebsrats erforderlich sind. Betriebsbedingte Gründe im Sinne des Absatz 3 liegen auch vor, wenn wegen Besonderheiten der betrieblichen Arbeitszeitgestaltung die Schulung des Betriebsratsmitglieds außerhalb seiner Arbeitszeit erfolgt; in diesem Fall ist der Umfang des Ausgleichsanspruchs unter Einbeziehung der Arbeitsbefreiung nach Absatz 2 pro Schulungstag begrenzt auf die Arbeitszeit eines vollzeitbeschäftigten Arbeitnehmers. Der Betriebsrat hat bei der Festlegung der zeitlichen Lage der Teilnahme an Schulungs- und Bildungsveranstaltungen die betrieblichen Notwendigkeiten zu berücksichtigen. Er hat dem Arbeitgeber die Teilnahme und die zeitliche Lage

der Schulungs- und Bildungsveranstaltungen rechtzeitig bekannt zu geben. Hält der Arbeitgeber die betrieblichen Notwendigkeiten für nicht ausreichend berücksichtigt, so kann er die Einigungsstelle anrufen. Der Spruch der Einigungsstelle ersetzt die Einigung zwischen Arbeitgeber und Betriebsrat.

(7) Unbeschadet der Vorschrift des Absatzes 6 hat jedes Mitglied des Betriebsrats während seiner regelmäßigen Amtszeit Anspruch auf bezahlte Freistellung für insgesamt drei Wochen zur Teilnahme an Schulungs- und Bildungsveranstaltungen, die von der zuständigen obersten Arbeitsbehörde des Landes nach Beratung mit den Spitzenorganisationen der Gewerkschaften und der Arbeitgeberverbände als geeignet anerkannt sind. Der Anspruch nach Satz 1 erhöht sich für Arbeitnehmer, die erstmals das Amt eines Betriebsratsmitglieds übernehmen und auch nicht zuvor Jugend- und Auszubildendenvertreter waren, auf vier Wochen. Absatz 6 Satz 2 bis 6 findet Anwendung.

§ 40 Kosten und Sachaufwand des Betriebsrats

(1) Die durch die Tätigkeit des Betriebsrats entstehenden Kosten trägt der Arbeitgeber.

(2) Für die Sitzungen, die Sprechstunden und die laufende Geschäftsführung hat der Arbeitgeber in erforderlichem Umfang Räume, sachliche Mittel, Informations- und Kommunikationstechnik sowie Büropersonal zur Verfügung zu stellen.

§ 75 Grundsätze für die Behandlung der Betriebsangehörigen

(1) Arbeitgeber und Betriebsrat haben darüber zu wachen, dass alle im Betrieb tätigen Personen nach den Grundsätzen von Recht und Billigkeit behandelt werden, insbesondere, dass jede unterschiedliche Behandlung von Personen wegen ihrer Abstammung, Religion, Nationalität, Herkunft, politischen oder gewerkschaftlichen Betätigung oder Einstellung oder wegen ihres Geschlechts oder ihrer sexuellen Identität unterbleibt. Sie haben darauf zu achten, dass Arbeitnehmer nicht wegen Überschreitung bestimmter Altersstufen benachteiligt werden.

(2) Arbeitgeber und Betriebsrat haben die freie Entfaltung der Persönlichkeit der im Betrieb beschäftigten Arbeitnehmer zu schützen und zu fördern. Sie haben die Selbstständigkeit und Eigeninitiative der Arbeitnehmer und Arbeitsgruppe zu fördern.

§ 76 Einigungsstelle

(1) Zur Beilegung von Meinungsverschiedenheiten zwischen Arbeitgeber und Betriebsrat, Gesamtbetriebsrat oder Konzernbetriebsrat ist bei Bedarf eine Einigungsstelle zu bilden. Durch Betriebsvereinbarung kann eine ständige Einigungsstelle errichtet werden.

(2) Die Einigungsstelle besteht aus einer gleichen Anzahl von Beisitzern, die vom Arbeitgeber und Betriebsrat bestellt werden, und einem unparteiischen Vorsitzenden, auf dessen Person sich beide Seiten einigen müssen. Kommt eine Einigung über die Person des Vorsitzenden nicht zustande, so bestellt ihn das Arbeitsgericht. Dieses entscheidet auch, wenn kein Einverständnis über die Zahl der Beisitzer erzielt wird.

(3) Die Einigungsstelle hat unverzüglich tätig zu werden. Sie fasst ihre Beschlüsse nach mündlicher Beratung mit Stimmenmehrheit. Bei der Beschlussfassung hat sich der Vorsitzende zunächst der Stimme zu enthalten; kommt eine Stimmenmehrheit nicht zustande, so nimmt der Vorsitzende nach weiterer Beratung an der erneuten Beschlussfassung teil. Die Beschlüsse der Einigungsstelle sind schriftlich niederzulegen, vom Vorsitzenden zu unterschreiben und Arbeitgeber und Betriebsrat zuzuleiten.

(4) Durch Betriebsvereinbarung können weitere Einzelheiten des Verfahrens vor der Einigungsstelle geregelt werden.

(5) In den Fällen, in denen der Spruch der Einigungsstelle die Einigung zwischen Arbeitgeber und Betriebsrat ersetzt, wird die Einigungsstelle auf Antrag einer Seite tätig. Benennt eine Seite keine Mitglieder oder bleiben die von einer Seite genannten Mitglieder trotz rechtzeitiger Einladung der Sitzung fern, so entscheiden der Vorsitzende und die erschienenen Mitglieder nach Maßgabe des Absatzes 3 allein. Die Einigungsstelle fasst ihre Beschlüsse unter angemessener Berücksichtigung der Belange des Betriebs und der betroffenen Arbeitnehmer nach billigem Ermessen. Die Überschreitung der Grenzen des Ermessens kann durch den Arbeitgeber oder den Betriebsrat nur binnen einer Frist von zwei Wochen, vom Tage der Zuleitung des Beschlusses an gerechnet, beim Arbeitsgericht geltend gemacht werden.

(6) Im Übrigen wird die Einigungsstelle nur tätig, wenn beide Seiten es beantragen oder mit ihrem Tätigwerden einverstanden sind. In diesen Fällen ersetzt ihr Spruch die Einigung zwischen Arbeitgeber und Betriebsrat nur, wenn beide Seiten sich dem Spruch im Voraus unterworfen oder ihn nachträglich angenommen haben.

(7) Soweit nach anderen Vorschriften der Rechtsweg gegeben ist, wird er durch den Spruch der Einigungsstelle nicht ausgeschlossen.

(8) Durch Tarifvertrag kann bestimmt werden, dass an die Stelle der in Absatz 1 bezeichneten Einigungsstelle eine tarifliche Schlichtungsstelle tritt.

§ 76 a Kosten der Einigungsstelle

(1) Die Kosten der Einigungsstelle trägt der Arbeitgeber.

(2) Die Beisitzer der Einigungsstelle, die dem Betrieb angehören, erhalten für ihre Tätigkeit keine Vergütung; § 37 Abs. 2 und 3 gilt entsprechend. Ist die Einigungsstelle zur Beilegung von Meinungsverschiedenheiten zwischen Arbeitgeber und Gesamtbetriebsrat oder Konzernbetriebsrat zu bilden, so gilt Satz 1 für die einem Betrieb des Unternehmens oder eines Konzernunternehmens angehörenden Beisitzer entsprechend.

(3) Der Vorsitzende und die Beisitzer der Einigungsstelle, die nicht zu den in Absatz 2 genannten Personen zählen, haben gegenüber dem Arbeitgeber Anspruch auf Vergütung ihrer Tätigkeit. Die Höhe der Vergütung richtet sich nach den Grundsätzen des Absatzes 4 Satz 3 bis 5.

(4) Das Bundesministerium für Wirtschaft und Arbeit kann durch Rechtsverordnung die Vergütung nach Absatz 3 regeln. In der Vergütungsordnung sind Höchstsätze festzusetzen. Dabei sind insbesondere der erforderliche Zeitaufwand, die Schwierigkeit der Streitigkeit sowie ein Verdienstausfall zu berücksichtigen. Die Vergütung der Beisitzer ist niedriger zu bemessen als die des Vorsitzenden. Bei der Festsetzung der Höchstsätze ist den berechtigten Interessen der Mitglieder der Einigungsstelle und des Arbeitgebers Rechnung zu tragen.

(5) Von Absatz 3 und einer Vergütungsordnung nach Absatz 4 kann durch Tarifvertrag oder in einer Betriebsvereinbarung, wenn ein Tarifvertrag dies zulässt oder eine tarifliche Regelung nicht besteht, abgewichen werden.

§ 77 Durchführung gemeinsamer Beschlüsse, Betriebsvereinbarungen

(1) Vereinbarungen zwischen Betriebsrat und Arbeitgeber, auch soweit sie auf einem Spruch der Einigungsstelle beruhen, führt der Arbeitgeber durch, es sei denn, dass im Einzelfall etwas anderes vereinbart ist. Der

Betriebsrat darf nicht durch einseitige Handlungen in die Leitung des Betriebs eingreifen.

(2) Betriebsvereinbarungen sind von Betriebsrat und Arbeitgeber gemeinsam zu beschließen und schriftlich niederzulegen. Sie sind von beiden Seiten zu unterzeichnen; dies gilt nicht, soweit Betriebsvereinbarungen auf einem Spruch der Einigungsstelle beruhen. Der Arbeitgeber hat die Betriebsvereinbarungen an geeigneter Stelle im Betrieb auszulegen.

(3) Arbeitsentgelte und sonstige Arbeitsbedingungen, die durch Tarifvertrag geregelt sind oder üblicherweise geregelt werden, können nicht Gegenstand einer Betriebsvereinbarung sein. Dies gilt nicht, wenn ein Tarifvertrag den Abschluss ergänzender Betriebsvereinbarungen ausdrücklich zulässt.

(4) Betriebsvereinbarungen gelten unmittelbar und zwingend. Werden Arbeitnehmern durch die Betriebsvereinbarung Rechte eingeräumt, so ist ein Verzicht auf sie nur mit Zustimmung des Betriebsrats zulässig. Die Verwirkung dieser Rechte ist ausgeschlossen. Ausschlußfristen für ihre Geltendmachung sind nur insoweit zulässig, als sie in einem Tarifvertrag oder einer Betriebsvereinbarung vereinbart werden; dasselbe gilt für die Abkürzung der Verjährungsfristen.

(5) Betriebsvereinbarungen können, soweit nichts anderes vereinbart ist, mit einer Frist von drei Monaten gekündigt werden.

(6) Nach Ablauf einer Betriebsvereinbarung gelten ihre Regelungen in Angelegenheiten, in denen ein Spruch der Einigungsstelle die Einigung zwischen Arbeitgeber und Betriebsrat ersetzen kann, weiter, bis sie durch eine andere Abmachung ersetzt werden.

§ 80 Allgemeine Aufgaben

(1) Der Betriebsrat hat folgende allgemeine Aufgaben:

1. darüber zu wachen, dass die zugunsten der Arbeitnehmer geltenden Gesetze, Verordnungen, Unfallverhütungsvorschriften, Tarifverträge und Betriebsvereinbarungen durchgeführt werden;
2. Maßnahmen, die dem Betrieb und der Belegschaft dienen, beim Arbeitgeber zu beantragen;

2a. die Durchsetzung der tatsächlichen Gleichstellung von Frauen und Männern, insbesondere bei der Einstellung, Beschäftigung, Aus-, Fort- und Weiterbildung und dem beruflichen Aufstieg, zu fördern;

2b. die Vereinbarkeit von Familie und Erwerbstätigkeit zu fördern;

3. Anregungen von Arbeitnehmern und der Jugend- und Auszubildendenvertretung entgegenzunehmen und, falls sie berechtigt erscheinen, durch Verhandlungen mit dem Arbeitgeber auf eine Erledigung hinzuwirken; er hat die betreffenden Arbeitnehmer über den Stand und das Ergebnis der Verhandlungen zu unterrichten;
4. die Eingliederung Schwerbehinderter und sonstiger besonders schutzbedürftiger Personen zu fördern;
5. die Wahl einer Jugend- und Auszubildendenvertretung vorzubereiten und durchzuführen und mit dieser zur Förderung der Belange der in § 60 Abs. 1 genannten Arbeitnehmer eng zusammenzuarbeiten; er kann von der Jugend- und Auszubildendenvertretung Vorschläge und Stellungnahmen anfordern;
6. die Beschäftigung älterer Arbeitnehmer im Betrieb zu fördern;
7. die Integration ausländischer Arbeitnehmer im Betrieb und das Verständnis zwischen ihnen und den deutschen Arbeitnehmern zu fördern sowie Maßnahmen zur Bekämpfung von Rassismus und Fremdenfeindlichkeit im Betrieb zu beantragen;
8. die Beschäftigung im Betrieb zu fördern und zu sichern;
9. Maßnahmen des Arbeitsschutzes und des betrieblichen Umweltschutzes zu fördern.

(2) Zur Durchführung seiner Aufgaben nach diesem Gesetz ist der Betriebsrat rechtzeitig und umfassend vom Arbeitgeber zu unterrichten; die Unterrichtung erstreckt sich auch auf die Beschäftigung von Personen, die nicht in einem Arbeitsverhältnis zum Arbeitgeber stehen. Dem Betriebsrat sind auf Verlangen jederzeit die zur Durchführung seiner Aufgaben erforderlichen Unterlagen zur Verfügung zu stellen; in diesem Rahmen ist der Betriebsausschuss oder ein nach § 28 gebildeter Ausschuss berechtigt, in die Listen über die Bruttolöhne und -gehälter Einblick zu nehmen. Soweit es zur ordnungsgemäßen Erfüllung der Aufgaben des Betriebsrats erforderlich ist, hat der Arbeitgeber ihm sachkundige Arbeitnehmer als Auskunftsperson zur Verfügung zu stellen; er hat hierbei die Vorschläge des Betriebsrats zu berücksichtigen, soweit betriebliche Notwendigkeiten nicht entgegenstehen.

(3) Der Betriebsrat kann bei der Durchführung seiner Aufgaben nach näherer Vereinbarung mit dem Arbeitgeber Sachverständige hinzuziehen, soweit dies zur ordnungsgemäßen Erfüllung seiner Aufgaben erforderlich ist.

(4) Für die Geheimhaltungspflicht der Auskunftspersonen und der Sachverständigen gilt § 79 entsprechend.

§ 84 Beschwerderecht

(1) Jeder Arbeitnehmer hat das Recht, sich bei den zuständigen Stellen des Betriebs zu beschweren, wenn er sich vom Arbeitgeber oder von Arbeitnehmern des Betriebs benachteiligt oder ungerecht behandelt oder in sonstiger Weise beeinträchtigt fühlt. Er kann ein Mitglied des Betriebsrats zur Unterstützung oder Vermittlung hinzuziehen.

(2) Der Arbeitgeber hat den Arbeitnehmer über die Behandlung der Beschwerde zu bescheiden und, soweit er die Beschwerde für berechtigt erachtet, ihr abzuhelfen.

(3) Wegen der Erhebung einer Beschwerde dürfen dem Arbeitnehmer keine Nachteile entstehen.

§ 85 Behandlung von Beschwerden durch den Betriebsrat

(1) Der Betriebsrat hat Beschwerden von Arbeitnehmern entgegenzunehmen und, falls er sie für berechtigt erachtet, beim Arbeitgeber auf Abhilfe hinzuwirken.

(2) Bestehen zwischen Betriebsrat und Arbeitgeber Meinungsverschiedenheiten über die Berechtigung der Beschwerde, so kann der Betriebsrat die Einigungsstelle anrufen. Der Spruch der Einigungsstelle ersetzt die Einigung zwischen Arbeitgeber und Betriebsrat. Dies gilt nicht, soweit Gegenstand der Beschwerde ein Rechtsanspruch ist.

(3) Der Arbeitgeber hat den Betriebsrat über die Behandlung der Beschwerde zu unterrichten. § 84 Abs. 2 bleibt unberührt.

§ 86 Ergänzende Vereinbarungen

Durch Tarifvertrag oder Betriebsvereinbarung können die Einzelheiten des Beschwerdeverfahrens geregelt werden. Hierbei kann bestimmt werden, dass in den Fällen des § 85 Abs. 2 an die Stelle der Einigungsstelle eine betriebliche Beschwerdestelle tritt.

§ 87 Mitbestimmungsrechte

(1) Der Betriebsrat hat, soweit eine gesetzliche oder tarifliche Regelung nicht besteht, in folgenden Angelegenheiten mitzubestimmen:

1. Fragen der Ordnung des Betriebs und des Verhaltens der Arbeitnehmer im Betrieb;
2. Beginn und Ende der täglichen Arbeitszeit einschließlich der Pausen sowie Verteilung der Arbeitszeit auf die einzelnen Wochentage;

3. vorübergehende Verkürzung oder Verlängerung der betriebsüblichen Arbeitszeit;
4. Zeit, Ort und Art der Auszahlung der Arbeitsentgelte;
5. Aufstellung allgemeiner Urlaubsgrundsätze und des Urlaubsplans sowie die Festsetzung der zeitlichen Lage des Urlaubs für einzelne Arbeitnehmer, wenn zwischen dem Arbeitgeber und den beteiligten Arbeitnehmern kein Einverständnis erzielt wird;
6. Einführung und Anwendung von technischen Einrichtungen, die dazu bestimmt sind, das Verhalten oder die Leistung der Arbeitnehmer zu überwachen;
7. Regelungen über die Verhütung von Arbeitsunfällen und Berufskrankheiten sowie über den Gesundheitsschutz im Rahmen der gesetzlichen Vorschriften oder der Unfallverhütungsvorschriften;
8. Form, Ausgestaltung und Verwaltung von Sozialeinrichtungen, deren Wirkungsbereich auf den Betrieb, das Unternehmen oder den Konzern beschränkt ist;
9. Zuweisung und Kündigung von Wohnräumen, die den Arbeitnehmern mit Rücksicht auf das Bestehen eines Arbeitsverhältnisses vermietet werden, sowie die allgemeine Festlegung der Nutzungsbedingungen;
10. Fragen der betrieblichen Lohngestaltung, insbesondere die Aufstellung von Entlohnungsgrundsätzen und die Einführung und Anwendung von neuen Entlohnungsmethoden sowie deren Änderung;
11. Festsetzung der Akkord- und Prämiensätze und vergleichbarer leistungsbezogener Entgelte, einschließlich der Geldfaktoren;
12. Grundsätze über das betriebliche Vorschlagswesen;
13. Grundsätze über die Durchführung von Gruppenarbeit; Gruppenarbeit im Sinne dieser Vorschrift liegt vor, wenn im Rahmen des betrieblichen Arbeitsablaufs eine Gruppe von Arbeitnehmern eine ihr übertragene Gesamtaufgabe im Wesentlichen eigenverantwortlich erledigt.

(2) Kommt eine Einigung über eine Angelegenheit nach Absatz 1 nicht zustande, so entscheidet die Einigungsstelle. Der Spruch der Einigungsstelle ersetzt die Einigung zwischen Arbeitgeber und Betriebsrat.

§ 88 Freiwillige Betriebsvereinbarungen

Durch Betriebsvereinbarung können insbesondere geregelt werden

1. zusätzliche Maßnahmen zur Verhütung von Arbeitsunfällen und Gesundheitsschädigungen;

1a. Maßnahmen des betrieblichen Umweltschutzes;

2. die Errichtung von Sozialeinrichtungen, deren Wirkungsbereich auf den Betrieb, das Unternehmen oder den Konzern beschränkt ist;
3. Maßnahmen zur Förderung der Vermögensbildung;
4. Maßnahmen zur Integration ausländischer Arbeitnehmer sowie zur Bekämpfung von Rassismus und Fremdenfeindlichkeit im Betrieb.

§ 104 Entfernung betriebsstörender Arbeitnehmer

Hat ein Arbeitnehmer durch gesetzwidriges Verhalten oder durch grobe Verletzung der in § 75 Abs. 1 enthaltenen Grundsätze, insbesondere durch rassistische oder fremdenfeindliche Betätigung, den Betriebsfrieden wiederholt ernstlich gestört, so kann der Betriebsrat vom Arbeitgeber die Entlassung oder Versetzung verlangen. Gibt das Arbeitsgericht einem Antrag des Betriebsrats statt, dem Arbeitgeber aufzugeben, die Entlassung oder Versetzung durchzuführen, und führt der Arbeitgeber die Entlassung oder Versetzung einer rechtskräftigen gerichtlichen Entscheidung zuwider nicht durch, so ist auf Antrag des Betriebsrats vom Arbeitsgericht zu erkennen, dass er zur Vornahme der Entlassung oder Versetzung durch Zwangsgeld anzuhalten sei. Das Höchstmaß des Zwangsgeldes beträgt für jeden Tag der Zuwiderhandlung 250 Euro.

§ 119 Straftaten gegen Betriebsverfassungsorgane und ihre Mitglieder

(1) Mit Freiheitsstrafe bis zu einem Jahr oder mit Geldstrafe wird bestraft, wer

1. eine Wahl des Betriebsrats, der Jugend- und Auszubildendenvertretung, der Bordvertretung, des Seebetriebsrats oder der in § 3 Abs. 1 Nr. 1 bis Nr. 3 oder 5 bezeichneten Vertretungen der Arbeitnehmer behindert oder durch Zufügung oder Androhung von Nachteilen oder durch Gewährung oder Versprechen von Vorteilen beeinflusst,
2. die Tätigkeit des Betriebsrats, des Gesamtbetriebsrats, des Konzernbetriebsrats, der Jugend- und Auszubildendenvertretung, der Gesamt-Jugend- und Auszubildendenvertretung, der Konzern-Jugend- und Auszubildendenvertretung, der Bordvertretung, des Seebe-

triebsrats, der in § 3 Abs. 1 bezeichneten Vertretungen der Arbeitnehmer, der Einigungsstelle, der in § 76 Abs. 8 bezeichneten tariflichen Schlichtungsstelle, der in § 86 bezeichneten betrieblichen Beschwerdestellen oder des Wirtschaftsausschusses behindert oder stört oder

3. ein Mitglied oder ein Ersatzmitglied des Betriebsrats, des Gesamtbetriebsrats, des Konzernbetriebsrats, der Jugend- und Auszubildendenvertretung, der Gesamt-Jugend- und Auszubildendenvertretung, der Konzern-Jugend- und Auszubildendenvertretung, der Bordvertretung, des Seebetriebsrats, der in § 3 Abs. 1 bezeichneten Vertretungen der Arbeitnehmer, der Einigungsstelle, der in § 76 Abs. 8 bezeichneten Schlichtungsstelle, der in § 86 bezeichneten betrieblichen Beschwerdestelle oder des Wirtschaftsausschusses um seiner Tätigkeit willen oder eine Auskunftsperson nach § 80 Abs. 2 Satz 3 um ihrer Tätigkeit willen benachteiligt oder begünstigt.

(2) Die Tat wird nur auf Antrag des Betriebsrats, des Gesamtbetriebsrats, des Konzernbetriebsrats, der Bordvertretung, des Seebetriebsrats, einer in § 3 Abs. 1 bezeichneten Vertretung der Arbeitnehmer, des Wahlvorstands, des Unternehmers oder einer im Betrieb vertretenen Gewerkschaft verfolgt.

5.2 Bundespersonalvertretungsgesetz

vom 15. März 1974 (BGBl. I S. 693), zuletzt geändert durch Gesetz vom 4. November 2004 (BGBl. I S. 2686).

§ 43 Sprechstunden des Personalrats
Der Personalrat kann Sprechstunden während der Arbeitszeit einrichten. Zeit und Ort bestimmt er im Einvernehmen mit dem Leiter der Dienststelle.

§ 44 Kosten und Sachaufwand des Personalrats
(1) Die durch die Tätigkeit des Personalrats entstehenden Kosten trägt die Dienststelle. Mitglieder des Personalrates erhalten bei Reisen, die zur Erfüllung ihrer Aufgaben notwendig sind, Reisekostenvergütungen nach dem Bundesreisekostengesetz; die Reisekostenvergütungen sind nach den für Beamte der Besoldungsgruppe A 15 geltenden Bestimmungen zu bemessen.

(2) Für die Sitzungen, die Sprechstunden und die laufende Geschäftsführung hat die Dienststelle in erforderlichem Umfang Räume, den Geschäftsbedarf und Büropersonal zur Verfügung zu stellen.

(3) Dem Personalrat werden in allen Dienststellen geeignete Plätze für Bekanntmachungen und Anschläge zur Verfügung gestellt.

§ 46 Ehrenamtliche Tätigkeit, Arbeitsversäumnis, Freistellung

(1) Die Mitglieder des Personalrates führen ihr Amt unentgeltlich als Ehrenamt.

(2) Versäumnis von Arbeitszeit, die zur ordnungsgemäßen Durchführung der Aufgaben des Personalrates erforderlich ist, hat keine Minderung der Dienstbezüge oder des Arbeitentgeltes zur Folge. Werden Personalratsmitglieder durch die Erfüllung ihrer Aufgaben über die regelmäßige Arbeitszeit hinaus beansprucht, so ist ihnen Dienstbefreiung in entsprechendem Umfang zu gewähren.

(3) Mitglieder des Personalrates sind von ihrer dienstlichen Tätigkeit freizustellen, wenn und soweit es nach Umfang und Art der Dienststelle zur ordnungsgemäßen Durchführung ihrer Aufgaben erforderlich ist. Bei der Auswahl der freizustellenden Mitglieder hat der Personalrat zunächst die nach § 32 Abs. 1 gewählten Vorstandsmitglieder, sodann die nach § 33 gewählten Ergänzungsmitglieder und schließlich weitere Mitglieder zu berücksichtigen. Bei weiteren Freistellungen sind die auf die einzelnen Wahlvorschlagslisten entfallenden Stimmen im Wege des Höchstzahlverfahrens zu berücksichtigen, wenn die Wahl des Personalrates nach den Grundsätzen der Verhältniswahl durchgeführt (§ 19 Abs. 3 Satz 1) wurde; dabei sind die nach Satz 2 freigestellten Vorstandsmitglieder von den auf jede Wahlvorschlagsliste entfallenden Freistellungen abzuziehen. Im Falle der Personenwahl (§ 19 Abs. 3 Satz 2) bestimmt sich die Rangfolge der weiteren freizustellenden Mitglieder nach der Zahl der für sie bei der Wahl zum Personalrat abgegebenen Stimmen. Sind die Mitglieder der im Personalrat vertretenen Gruppen teils nach den Grundsätzen der Verhältniswahl, teils im Wege der Personenwahl gewählt worden, sind bei weiteren Freistellungen die Gruppen entsprechend der Zahl ihrer Mitglieder nach dem Höchstzahlverfahren zu berücksichtigen; innerhalb der Gruppen bestimmen sich die weiteren Freistellungen in diesem Fall je nach Wahlverfahren in entsprechender Anwendung des Satzes 3 und nach Satz 4. Die Freistellung darf nicht zur Beeinträchtigung des beruflichen Werdegangs führen.

(4) Von ihrer dienstlichen Tätigkeit sind nach Absatz 3 ganz freizustellen in Dienststellen mit in der Regel

300 bis	600 Beschäftigten	ein Mitglied,
601 bis	1 000 Beschäftigten	zwei Mitglieder,
1 001 bis	2 000 Beschäftigten	drei Mitglieder,
2 001 bis	3 000 Beschäftigten	vier Mitglieder,
3 001 bis	4 000 Beschäftigten	fünf Mitglieder,
4 001 bis	5 000 Beschäftigten	sechs Mitglieder,
5 001 bis	6 000 Beschäftigten	sieben Mitglieder,
6 001 bis	7 000 Beschäftigten	acht Mitglieder,
7 001 bis	8 000 Beschäftigten	neun Mitglieder,
8 001 bis	9 000 Beschäftigten	zehn Mitglieder,
9 001 bis	10 000 Beschäftigten	elf Mitglieder,

In Dienststellen mit mehr als 10 000 Beschäftigten ist für je angefangene weitere 2 000 Beschäftigte ein weiteres Mitglied freizustellen. Von den Sätzen 1 und 2 kann im Einvernehmen zwischen Personalrat und Dienststellenleiter abgewichen werden.

(5) Die von ihrer dienstlichen Tätigkeit ganz freigestellten Personalratsmitglieder erhalten eine monatliche Aufwandsentschädigung. Nur teilweise, aber mindestens für die Hälfte der regelmäßigen Arbeitszeit freigestellte Personalratsmitglieder erhalten die Hälfte der Aufwandsentschädigung nach Satz 1. Die Bundesregierung bestimmt durch Rechtsverordnung, die nicht der Zustimmung des Bundesrates bedarf, die Höhe der Aufwandsentschädigung.

(6) Die Mitglieder des Personalrates sind unter Fortzahlung der Bezüge für die Teilnahme an Schulungs- und Bildungsveranstaltungen vom Dienst freizustellen, soweit diese Kenntnisse vermitteln, die für die Tätigkeit im Personalrat erforderlich sind.

(7) Unbeschadet des Absatzes 6 hat jedes Mitglied des Personalrates während seiner regelmäßigen Amtszeit Anspruch auf Freistellung vom Dienst unter Fortzahlung der Bezüge für insgesamt drei Wochen zur Teilnahme an Schulungs- und Bildungsveranstaltungen, die von der Bundeszentrale für politische Bildung als geeignet anerkannt sind. Beschäftigte, die erstmals das Amt eines Personalratsmitgliedes übernehmen und nicht zuvor Jugend- und Auszubildendenvertreter gewesen sind, haben einen Anspruch nach Satz 1 für insgesamt vier Wochen.

§ 67 Grundsätze für die Behandlung der Beschäftigten

(1) Dienststelle und Personalvertretung haben darüber zu wachen, dass alle Angehörigen der Dienststelle nach Recht und Billigkeit behandelt werden, insbesondere, dass jede unterschiedliche Behandlung von Personen wegen ihrer Abstammung, Religion, Nationalität, Herkunft, politischen oder gewerkschaftlichen Betätigung oder Einstellung oder wegen ihres Geschlechtes unterbleibt. Dabei müssen sie sich so verhalten, dass das Vertrauen der Verwaltungsangehörigen in die Objektivität und Neutralität ihrer Amtsführung nicht beeinträchtigt wird. Der Leiter der Dienststelle und die Personalvertretung haben jede parteipolitische Betätigung in der Dienststelle zu unterlassen; die Behandlung von Tarif-, Besoldungs- und Sozialangelegenheiten wird hierdurch nicht berührt.

(2) Beschäftigte, die Aufgaben nach diesem Gesetz wahrnehmen, werden dadurch in der Betätigung für ihre Gewerkschaft auch in der Dienststelle nicht beschränkt.

(3) Die Personalvertretung hat sich für die Wahrung der Vereinigungsfreiheit der Beschäftigten einzusetzen.

§ 68 Allgemeine Aufgaben

(1) Die Personalvertretung hat folgende allgemeine Aufgaben:

1. Maßnahmen, die der Dienststelle und ihren Angehörigen dienen, zu beantragen.
2. darüber zu wachen, dass die zugunsten der Beschäftigten geltenden Gesetze, Verordnungen, Tarifverträge, Dienstvereinbarungen und Verwaltungsanordnungen durchgeführt werden,
3. Anregungen und Beschwerden von Beschäftigten entgegenzunehmen und, falls sie berechtigt erscheinen, durch Verhandlung mit dem Leiter der Dienststelle auf ihre Erledigung hinzuwirken,
4. die Eingliederung und berufliche Entwicklung Schwerbeschädigter und sonstiger schutzbedürftiger, insbesondere älterer Personen zu fördern,
5. Maßnahmen zur beruflichen Förderung Schwerbeschädigter zu beantragen,

5a. die Durchsetzung der tatsächlichen Gleichberechtigung von Frauen und Männern insbesondere bei der Einstellung, Beschäftigung, Aus-, Fort- und Weiterbildung und dem beruflichen Aufstieg, zu fördern,

6. die Eingliederung ausländischer Beschäftigter in die Dienststelle und das Verständnis zwischen ihnen und den deutschen Beschäftigten zu fördern,
7. mit der Jugend- und Auszubildendenvertretung zur Förderung der Belange der in § 57 genannten Beschäftigten eng zusammenzuarbeiten.

(2) Die Personalvertretung ist zur Durchführung ihrer Aufgaben rechtzeitig und umfassend zu unterrichten. Ihr sind die hierfür erforderlichen Unterlagen vorzulegen. Personalakten dürfen nur mit Zustimmung des Beschäftigten und nur von den von ihm bestimmten Mitgliedern der Personalvertretung eingesehen werden. Dienstliche Beurteilungen sind auf Verlangen des Beschäftigten der Personalvertretung zur Kenntnis zu bringen.

§ 69 Einholung der Zustimmung des Personalrats

(1) Soweit eine Maßnahme der Mitbestimmung des Personalrats unterliegt, kann sie nur mit seiner Zustimmung getroffen werden.

(2) Der Leiter der Dienststelle unterrichtet den Personalrat von der beabsichtigten Maßnahme und beantragt seine Zustimmung. Der Personalrat kann verlangen, dass der Leiter der Dienststelle die beabsichtigte Maßnahme begründet; der Personalrat kann außer in Personalangelegenheiten auch eine schriftliche Begründung verlangen. Der Beschluss des Personalrats über die beantragte Zustimmung ist dem Leiter der Dienststelle innerhalb von zehn Arbeitstagen mitzuteilen. In dringenden Fällen kann der Leiter der Dienststelle diese Frist auf drei Arbeitstage abkürzen. Die Maßnahme gilt als gebilligt, wenn nicht der Personalrat innerhalb der genannten Frist die Zustimmung unter Angabe der Gründe schriftlich verweigert. Soweit dabei Beschwerden oder Behauptungen tatsächlicher Art vorgetragen werden, die für einen Beschäftigten ungünstig sind oder ihm nachteilig werden können, ist dem Beschäftigten Gelegenheit zur Äußerung zu geben; die Äußerung ist aktenkundig zu machen.

(3) Kommt eine Einigung nicht zustande, so kann der Leiter der Dienststelle oder der Personalrat die Angelegenheit binnen sechs Arbeitstagen auf dem Dienstwege den übergeordneten Dienststellen, bei denen Stufenvertretungen bestehen, vorlegen. In Körperschaften, Anstalten oder Stiftungen des öffentlichen Rechts ist als oberste Dienstbehörde das in ihrer Verfassung für die Geschäftsführung vorgesehene oberste Organ anzurufen. In Zweifelsfällen bestimmt die zuständige

oberste Bundesbehörde die anzurufende Stelle. Absatz 2 gilt entsprechend. Legt der Leiter der Dienststelle die Angelegenheit nach Satz 1 der übergeordneten Dienststelle vor, teilt er dies dem Personalrat unter Angabe der Gründe mit.

(4) Ergibt sich zwischen der obersten Dienstbehörde und der bei ihr bestehenden zuständigen Personalvertretung keine Einigung, so entscheidet die Einigungsstelle (§ 71); in den Fällen des § 77 Abs. 2 stellt sie fest, ob ein Grund zur Verweigerung der Zustimmung vorliegt. Die Einigungsstelle soll binnen zwei Monaten nach der Erklärung eines Beteiligten, die Entscheidung der Einigungsstelle herbeiführen zu wollen, entscheiden. In den Fällen der der §§ 76, 85 Abs. 1 Nr. 7 beschließt die Einigungsstelle, wenn sie sich nicht der Auffassung der obersten Dienstbehörde anschließt, eine Empfehlung an diese. Die oberste Dienstbehörde entscheidet sodann endgültig.

(5) Der Leiter der Dienststelle kann bei Maßnahmen, die der Natur der Sache nach keinen Aufschub dulden, bis zur endgültigen Entscheidung vorläufige Regelungen treffen. Er hat dem Personalrat die vorläufige Regelung mitzuteilen und zu begründen und unverzüglich das Verfahren nach den Absätzen 2 bis 4 einzuleiten oder fortzusetzen.

§ 70 Vorschlagsrecht des Personalrats

(1) Beantragt der Personalrat eine Maßnahme, die nach § 75 Abs. 3 Nr. 1 bis 6 und 11 bis 17 seiner Mitbestimmung unterliegt, so hat er sich schriftlich dem Leiter der Dienststelle vorzuschlagen. Entspricht dieser dem Antrag nicht, so bestimmt sich das weitere Verfahren nach § 69 Abs. 3 und 4.

(2) Beantragt der Personalrat eine Maßnahme, die nach anderen als den in Absatz 1 Satz 1 bezeichneten Vorschriften seiner Mitbestimmung unterliegt, so hat er sie schriftlich dem Leiter der Dienststelle vorzuschlagen. Entspricht dieser dem Antrag nicht, so bestimmt sich das weitere Verfahren nach § 69 Abs. 3; die oberste Dienstbehörde entscheidet endgültig.

§ 71 Einigungsstelle

(1) Die Einigungsstelle wird bei der obersten Dienstbehörde gebildet. Sie besteht aus je drei Beisitzern, die von der obersten Dienstbehörde und der bei ihr bestehenden zuständigen Personalvertretung bestellt werden, und einem unparteiischen Vorsitzenden, auf dessen Person sich beide Seiten einigen. Unter den Beisitzern, die von der Personal-

vertretung bestellt werden, muss sich je ein Beamter und ein Angestellter oder Arbeiter befinden, es sei denn, die Angelegenheit betrifft lediglich die Beamten oder die im Arbeitsverhältnis stehenden Beschäftigten. Kommen eine Einigung über die Person des Vorsitzenden nicht zustande, so bestellt ihn der Präsident des Bundesverwaltungsgerichts.

(2) Die Verhandlung ist nicht öffentlich. Der obersten Dienstbehörde und der zuständigen Personalvertretung ist Gelegenheit zur mündlichen Äußerung zu geben. Im Einvernehmen mit den Beteiligten kann die Äußerung schriftlich erfolgen.

(3) Die Einigungsstelle entscheidet durch Beschluss. Sie kann den Anträgen der Beteiligten auch teilweise entsprechen. Der Beschluss wird mit Stimmenmehrheit gefasst. Er muss sich im Rahmen der geltenden Rechtsvorschriften, insbesondere des Haushaltsgesetzes, halten.

(4) Der Beschluss ist den Beteiligten zuzustellen. Er bindet, abgesehen von den Fällen des § 69 Abs. 4 Sätze 3, 5 die Beteiligten, soweit er eine Entscheidung im Sinne des Absatzes 3 enthält.

§ 73 Dienstvereinbarungen

(1) Dienstvereinbarungen sind zulässig, soweit sie dieses Gesetz ausdrücklich vorsieht. Sie werden durch Dienststelle und Personalrat gemeinsam beschlossen, sind schriftlich niederzulegen, von beiden Seiten zu unterzeichnen und in geeigneter Weise bekanntzumachen.

(2) Dienstvereinbarungen, die für einen größeren Bereich gelten, gehen den Dienstvereinbarungen für einen kleineren Bereich vor.

§ 74 Durchführung von Entscheidungen

(1) Entscheidungen, an denen der Personalrat beteiligt war, führt die Dienststelle durch, es sei denn, dass im Einzelfall etwas anderes vereinbart ist.

(2) Der Personalrat darf nicht durch einseitige Handlungen in den Dienstbereich eingreifen.

§ 75 Mitbestimmung in Angelegenheiten der Angestellten und Arbeiter und in sonstigen allgemeinen Angelegenheiten

(1) Der Personalrat hat mitzubestimmen im Personalangelegenheiten der Angestellten und Arbeiter bei

1. Einstellung,
2. Übertragung einer höher oder niedriger zu bewertenden Tätigkeit, Höher- oder Rückgruppierung, Eingruppierung,

3. Versetzung zu einer anderen Dienststelle, Umsetzung innerhalb der Dienststelle, wenn sie mit einem Wechsel des Dienstortes verbunden ist (das Einzugsgebiet im Sinne des Umzugkostenrechts gehört zum Dienstort),
4. Abordnungen für eine Dauer von mehr als drei Monaten,
4a. Zuweisung entsprechend § 123a Beamtenrechtsrahmengesetzes für eine Dauer von mehr als drei Monaten,
5. Weiterbeschäftigung über die Altersgrenze hinaus,
6. Anordnungen, welche die Freiheit in der Wahl der Wohnung beschränken,
7. Versagung oder Widerruf der Genehmigung einer Nebentätigkeit.

(2) Der Personalrat hat mitzubestimmen in sozialen Angelegenheiten bei

1. Gewährung von Unterstützungen, Vorschüssen, Darlehen und entsprechenden sozialen Zuwendungen,
2. Zuweisung und Kündigung von Wohnungen, über die die Dienststelle verfügt, sowie der allgemeinen Festsetzung der Nutzungsbedingungen,
3. Zuweisung von Dienst- und Pachtland und Festsetzung der Nutzungsbedingungen.

Hat ein Beschäftigter eine Leistung nach Nummer 1 beantragt, wird der Personalrat nur auf seinen Antrag beteiligt; auf Verlangen des Antragstellers bestimmt nur der Vorstand des Personalrates mit. Die Dienststelle hat dem Personalrat nach Abschluss jedes Kalendervierteljahres einen Überblick über die Unterstützungen und entsprechenden sozialen Zuwendungen zu geben. Dabei sind die Anträge und die Leistungen gegenüberzustellen. Auskunft über die von den Antragstellern angeführten Gründe wird hierbei nicht erteilt.

(3) Der Personalrat hat, soweit eine gesetzliche oder tarifliche Regelung nicht besteht, gegebenenfalls durch Abschluss von Dienstvereinbarungen mitzubestimmen über

1. Beginn und Ende der täglichen Arbeitszeit und der Pausen sowie die Verteilung der Arbeitszeit auf die einzelnen Wochentage,
2. Zeit, Ort und Art der Auszahlung der Dienstbezüge und Arbeitsentgelte,
3. Aufstellung des Urlaubsplanes, Festsetzung der zeitlichen Lage des Erholungsurlaubs für einzelne Beschäftigte, wenn zwischen dem Dienststellenleiter und den beteiligten Beschäftigten kein Einverständnis erzielt wird,

4. Fragen der Lohngestaltung innerhalb der Dienststelle, insbesondere die Aufstellung von Entlohnungsgrundsätzen, die Einführung und Anwendung von neuen Entlohnungsmethoden und deren Änderung sowie die Festsetzung der Akkord- und Prämiensätze und vergleichbarer leistungsbezogener Entgelte, einschließlich der Geldfaktoren,
5. Errichtung, Verwaltung und Auflösung von Sozialeinrichtungen ohne Rücksicht auf ihre Rechtsform,
6. Durchführung der Berufsausbildung bei Angestellten und Arbeitern,
7. Auswahl der Teilnehmer an Fortbildungsveranstaltungen für Angestellte und Arbeiter,
8. Inhalt von Personalfragebogen für Angestellte und Arbeiter,
9. Beurteilungsrichtlinien für Angestellte und Arbeiter,
10. Bestellung von Vertrauens- oder Betriebsärzten als Angestellte,
11. Maßnahmen zur Verhütung von Dienst- und Arbeitsunfällen und sonstigen Gesundheitsschädigungen,
12. Grundsätze über die Bewertung von anerkannten Vorschlägen im Rahmen des betrieblichen Vorschlagwesens,
13. Aufstellung von Sozialplänen einschließlich Plänen für Umschulungen zum Ausgleich oder zur Milderung von wirtschaftlichen Nachteilen, die den Beschäftigten infolge von Rationalisierungsmaßnahmen entstehen,
14. Absehen von der Ausschreibung von Dienstposten, die besetzt werden sollen,
15. Regelung der Ordnung in der Dienststelle und des Verhaltens der Beschäftigten,
16. Gestaltung der Arbeitsplätze,
17. Einführung und Anwendung technischer Einrichtungen, die dazu bestimmt sind, das Verhalten oder die Leistung der Beschäftigten zu überwachen.

(4) Muss für Gruppen von Beschäftigten die tägliche Arbeitszeit (Absatz 3 Nr. 1) nach Erfordernissen, die die Dienststelle nicht voraussehen kann, unregelmäßig und kurzfristig festgesetzt werden, so beschränkt sich die Mitbestimmung auf die Grundsätze für die Aufstellung der Dienstpläne, insbesondere für die Anordnung von Dienstbereitschaft, Mehrarbeit und Überstunden.

(5) Arbeitsentgelte und sonstige Arbeitsbedingungen, die durch Tarifvertrag geregelt sind oder üblicherweise geregelt werden, können

nicht Gegenstand einer Dienstvereinbarung (Absatz 3) sein. Dies gilt nicht, wenn ein Tarifvertrag den Abschluss ergänzender Dienstvereinbarungen ausdrücklich zulässt.

5.3 Arbeitsschutzgesetz

vom 7. August 1996 (BGBl. I S. 1246), zuletzt geändert durch Gesetz vom 30. Juli 2004 (BGBl. I S. 1950)

§ 1 Zielsetzung und Anwendungsbereich

(1) Dieses Gesetz dient dazu, Sicherheit und Gesundheitsschutz der Beschäftigten bei der Arbeit durch Maßnahmen des Arbeitsschutzes zu sichern und zu verbessern. Es gilt in allen Tätigkeitsbereichen.

(2) Dieses Gesetz gilt nicht für den Arbeitsschutz von Hausangestellten in privaten Haushalten. Es gilt nicht für den Arbeitsschutz von Beschäftigten auf Seeschiffen und in Betrieben, die dem Bundesberggesetz unterliegen, soweit dafür entsprechende Rechtsvorschriften bestehen.

(3) Pflichten, die die Arbeitgeber zur Gewährleistung von Sicherheit und Gesundheitsschutz der Beschäftigten bei der Arbeit nach sonstigen Rechtsvorschriften haben, bleiben unberührt. Satz 1 gilt entsprechend für Pflichten und Rechte der Beschäftigten. Unberührt bleiben Gesetze, die andere Personen als Arbeitgeber zu Maßnahmen des Arbeitsschutzes verpflichten.

(4) Bei öffentlich-rechtlichen Religionsgemeinschaften treten an die Stelle der Betriebs- oder Personalräte die Mitarbeitervertretungen entsprechend dem kirchlichen Recht.

§ 2 Begriffsbestimmungen

(1) Maßnahmen des Arbeitsschutzes im Sinne dieses Gesetzes sind Maßnahmen zur Verhütung von Unfällen bei der Arbeit und arbeitsbedingten Gesundheitsgefahren einschließlich Maßnahmen der menschengerechten Gestaltung der Arbeit.

(2) Beschäftigte im Sinne dieses Gesetzes sind:

1. Arbeitnehmerinnen und Arbeitnehmer,
2. die zu ihrer Berufsbildung Beschäftigten,
3. arbeitnehmerähnliche Personen im Sinne des § 5 Abs. 1 des Arbeitsgerichtsgesetzes, ausgenommen die in Heimarbeit Beschäftigten und die ihnen Gleichgestellten,

4. Beamtinnen und Beamte,
5. Richterinnen und Richter,
6. Soldatinnen und Soldaten,
7. die in Werkstätten für Behinderte Beschäftigten.

(3) Arbeitgeber im Sinne dieses Gesetzes sind natürliche und juristische Personen und rechtsfähige Personengesellschaften, die Personen nach Absatz 2 beschäftigen.

(4) Sonstige Rechtsvorschriften im Sinne dieses Gesetzes sind Regelungen über Maßnahmen des Arbeitsschutzes in anderen Gesetzen, in Rechtsverordnungen und Unfallverhütungsvorschriften.

(5) Als Betriebe im Sinne dieses Gesetzes gelten für den Bereich des öffentlichen Dienstes die Dienststellen. Dienststellen sind die einzelnen Behörden, Verwaltungsstellen und Betriebe der Verwaltungen des Bundes, der Länder, der Gemeinden und der sonstigen Körperschaften, Anstalten und Stiftungen des öffentlichen Rechts, die Gerichte des Bundes und der Länder sowie die entsprechenden Einrichtungen der Streitkräfte.

§ 3 Grundpflichten des Arbeitgebers

(1) Der Arbeitgeber ist verpflichtet, die erforderlichen Maßnahmen des Arbeitsschutzes unter Berücksichtigung der Umstände zu treffen, die Sicherheit und Gesundheit der Beschäftigten bei der Arbeit beeinflussen. Er hat die Maßnahmen auf ihre Wirksamkeit zu überprüfen und erforderlichenfalls sich ändernden Gegebenheiten anzupassen. Dabei hat er eine Verbesserung von Sicherheit und Gesundheitsschutz der Beschäftigten anzustreben.

(2) Zur Planung und Durchführung der Maßnahmen nach Absatz 1 hat der Arbeitgeber unter Berücksichtigung der Art der Tätigkeiten und der Zahl der Beschäftigten

1. für eine geeignete Organisation zu sorgen und die erforderlichen Mittel bereitzustellen sowie
2. Vorkehrungen zu treffen, dass die Maßnahmen erforderlichenfalls bei allen Tätigkeiten und eingebunden in die betrieblichen Führungsstrukturen beachtet werden und die Beschäftigten ihren Mitwirkungspflichten nachkommen können.

(3) Kosten für Maßnahmen nach diesem Gesetz darf der Arbeitgeber nicht den Beschäftigten auferlegen.

§ 4 Allgemeine Grundsätze

Der Arbeitgeber hat bei Maßnahmen des Arbeitsschutzes von folgenden allgemeinen Grundsätzen auszugehen:

1. Die Arbeit ist so zu gestalten, dass eine Gefährdung für Leben und Gesundheit möglichst vermieden und die verbleibende Gefährdung möglichst gering gehalten wird;
2. Gefahren sind an ihrer Quelle zu bekämpfen;
3. bei den Maßnahmen sind der Stand von Technik, Arbeitsmedizin und Hygiene sowie sonstige gesicherte arbeitswissenschaftliche Erkenntnisse zu berücksichtigen;
4. Maßnahmen sind mit dem Ziel zu planen, Technik, Arbeitsorganisation, sonstige Arbeitsbedingungen, soziale Beziehungen und Einfluss der Umwelt auf den Arbeitsplatz sachgerecht zu verknüpfen;
5. individuelle Schutzmaßnahmen sind nachrangig zu anderen Maßnahmen;
6. spezielle Gefahren für besonders schutzbedürftige Beschäftigtengruppen sind zu berücksichtigen;
7. den Beschäftigten sind geeignete Anweisungen zu erteilen;
8. mittelbar oder unmittelbar geschlechtsspezifisch wirkende Regelungen sind nur zulässig, wenn dies aus biologischen Gründen zwingend geboten ist.

§ 5 Beurteilung der Arbeitsbedingungen

(1) Der Arbeitgeber hat durch eine Beurteilung der für die Beschäftigten mit ihrer Arbeit verbundenen Gefährdung zu ermitteln, welche Maßnahmen des Arbeitsschutzes erforderlich sind.

(2) Der Arbeitgeber hat die Beurteilung je nach Art der Tätigkeiten vorzunehmen. Bei gleichartigen Arbeitsbedingungen ist die Beurteilung eines Arbeitsplatzes oder einer Tätigkeit ausreichend.

(3) Eine Gefährdung kann sich insbesondere ergeben durch

1. die Gestaltung und die Einrichtung der Arbeitsstätte und des Arbeitsplatzes,
2. physikalische, chemische und biologische Einwirkungen,
3. die Gestaltung, die Auswahl und den Einsatz von Arbeitsmitteln, insbesondere von Arbeitsstoffen, Maschinen, Geräten und Anlagen sowie den Umgang damit,
4. die Gestaltung von Arbeits- und Fertigungsverfahren, Arbeitsabläufen und Arbeitszeit und deren Zusammenwirken,

5. unzureichende Qualifikation und Unterweisung der Beschäftigten.

§ 6 Dokumentation

(1) Der Arbeitgeber muss über die je nach Art der Tätigkeiten und der Zahl der Beschäftigten erforderlichen Unterlagen verfügen, aus denen das Ergebnis der Gefährdungsbeurteilung, die von ihm festgelegten Maßnahmen des Arbeitsschutzes und das Ergebnis ihrer Überprüfung ersichtlich sind. Bei gleichartiger Gefährdungssituation ist es ausreichend, wenn die Unterlagen zusammengefasste Angaben enthalten. Soweit in sonstigen Rechtsvorschriften nichts anderes bestimmt ist, gilt Satz 1 nicht für Arbeitgeber mit zehn oder weniger Beschäftigten; die zuständige Behörde kann, wenn besondere Gefährdungssituationen gegeben sind, anordnen, dass Unterlagen verfügbar sein müssen. Bei der Feststellung der Zahl der Beschäftigten nach Satz 3 sind Teilzeitbeschäftigte mit einer regelmäßigen wöchentlichen Arbeitszeit von nicht mehr als 20 Stunden mit 0,5 und nicht mehr als 30 Stunden mit 0,75 zu berücksichtigen.

(2) Unfälle in seinem Betrieb, bei denen ein Beschäftigter getötet oder so verletzt wird, dass er stirbt oder für mehr als drei Tage völlig oder teilweise arbeits- oder dienstunfähig wird, hat der Arbeitgeber zu erfassen.

§ 17 Rechte der Beschäftigten

(1) Die Beschäftigten sind berechtigt, dem Arbeitgeber Vorschläge zu allen Fragen der Sicherheit und des Gesundheitsschutzes bei der Arbeit zu machen. Für Beamtinnen und Beamte des Bundes ist § 171 des Bundesbeamtengesetzes anzuwenden. § 60 des Beamtenrechtsrahmengesetzes und entsprechendes Landesrecht bleiben unberührt.

(2) Sind Beschäftigte auf Grund konkreter Anhaltspunkte der Auffassung, dass die vom Arbeitgeber getroffenen Maßnahmen und bereitgestellten Mittel nicht ausreichen, um die Sicherheit und den Gesundheitsschutz bei der Arbeit zu gewährleisten, und hilft der Arbeitgeber darauf gerichteten Beschwerden von Beschäftigten nicht ab, können sich diese an die zuständige Behörde wenden. Hierdurch dürfen den Beschäftigten keine Nachteile entstehen. Die in Absatz 1 Satz 2 und 3 genannten Vorschriften sowie die Vorschriften der Wehrbeschwerdeordnung und des Gesetzes über den Wehrbeauftragten des Deutschen Bundestages bleiben unberührt.

5.4 Bürgerliches Gesetzbuch

in der Fassung der Bekanntmachung vom 2. Januar 2002 (BGBl. I S. 42), zuletzt geändert durch Gesetz vom 15. Dezember 2004 (BGBl. I S. 3396).

§ 253 Immaterieller Schaden
(1) Wegen eines Schadens, der nicht Vermögensschaden ist, kann Entschädigung in Geld nur in den durch das Gesetz bestimmten Fällen gefordert werden.

(2) Ist wegen einer Verletzung des Körpers, der Gesundheit, der Freiheit oder der sexuellen Selbstbestimmung Schadensersatz zu leisten, kann auch wegen des Schadens, der nicht Vermögensschaden ist, eine billige Entschädigung in Geld gefordert werden.

§ 280 Schadensersatz wegen Pflichtverletzung
(1) Verletzt der Schuldner eine Pflicht aus dem Schuldverhältnis, so kann der Gläubiger Ersatz des hierdurch entstehenden Schadens verlangen. Dies gilt nicht, wenn der Schuldner die Pflichtverletzung nicht zu vertreten hat.

(2) Schadensersatz wegen Verzögerung der Leistung kann der Gläubiger nur unter der zusätzlichen Voraussetzung des § 286 verlangen.

(3) Schadensersatz statt der Leistung kann der Gläubiger nur unter den zusätzlichen Voraussetzungen des § 281, des § 282 oder des § 283 verlangen.

§ 622 Ordentliche Kündigung von Arbeitsverhältnissen
(1) Das Arbeitsverhältnis eines Arbeiters oder eines Angestellten (Arbeitnehmers) kann mit einer Frist von vier Wochen zum Fünfzehnten oder zum Ende eines Kalendermonats gekündigt werden.

(2) Für eine Kündigung durch den Arbeitgeber beträgt die Kündigungsfrist, wenn das Arbeitsverhältnis in dem Betrieb oder Unternehmen

1. zwei Jahre bestanden hat, einen Monat zum Ende eines Kalendermonats,
2. fünf Jahre bestanden hat, zwei Monate zum Ende eines Kalendermonats,
3. acht Jahre bestanden hat, drei Monate zum Ende eines Kalendermonats,

4. zehn Jahre bestanden hat, vier Monate zum Ende eines Kalendermonats,
5. zwölf Jahre bestanden hat, fünf Monate zum Ende eines Kalendermonats,
6. fünfzehn Jahre bestanden hat, sechs Monate zum Ende eines Kalendermonats,
7. zwanzig Jahre bestanden hat, sieben Monate zum Ende eines Kalendermonats.

Bei der Berechnung der Beschäftigungsdauer werden Zeiten, die vor Vollendung des fünfundzwanzigsten Lebensjahres des Arbeitnehmers liegen, nicht berücksichtigt.

(3) Während einer vereinbarten Probezeit, längstens für die Dauer von sechs Monaten, kann das Arbeitsverhältnis mit einer Frist von zwei Wochen gekündigt werden.

(4) Von den Absätzen 1 bis 3 abweichende Regelungen können durch Tarifvertrag vereinbart werden. Im Geltungsbereich eines solchen Tarifvertrages gelten die abweichenden tarifvertraglichen Bestimmungen zwischen nichttarifgebundenen Arbeitgebern und Arbeitnehmern, wenn ihre Anwendung zwischen ihnen vereinbart ist.

(5) Einzelvertraglich kann eine kürzere als die in Absatz 1 genannte Kündigungsfrist nur vereinbart werden,

1. wenn ein Arbeitnehmer zur vorübergehenden Aushilfe eingestellt ist; dies gilt nicht, wenn das Arbeitsverhältnis über die Zeit von drei Monaten hinaus fortgesetzt wird;
2. wenn der Arbeitgeber in der Regel nicht mehr als zwanzig Arbeitnehmer ausschließlich der zu ihrer Berufsbildung Beschäftigten beschäftigt und die Kündigungsfrist vier Wochen nicht unterschreitet.

Bei der Feststellung der Zahl der beschäftigten Arbeitnehmer sind teilzeitbeschäftigte Arbeitnehmer mit einer regelmäßigen wöchentlichen Arbeitszeit von nicht mehr als 20 Stunden mit 0,5 und nicht mehr als 30 Stunden mit 0,75 zu berücksichtigen.

Die einzelvertragliche Vereinbarung längerer als der in den Absätzen 1–3 genannten Kündigungsfristen bleibt hiervon unberührt.

(6) Für die Kündigung des Arbeitsverhältnisses durch den Arbeitnehmer darf keine längere Frist vereinbart werden als für die Kündigung durch den Arbeitgeber.

§ 623 Schriftform

Die Beendigung von Arbeitsverhältnissen durch Kündigung oder Auflösungsvertrag sowie die Befristung bedürfen zu ihrer Wirksamkeit der Schriftform; die elektronische Form ist ausgeschlossen.

§ 626 Außerordentliche Kündigung von Arbeitsverhältnissen

(1) Das Dienstverhältnis kann von jedem Vertragsteil aus wichtigem Grund ohne Einhaltung einer Kündigungsfrist gekündigt werden, wenn Tatsachen vorliegen, auf Grund derer dem Kündigenden unter Berücksichtigung aller Umstände des Einzelfalles und unter Abwägung der Interessen beider Vertragsteile die Fortsetzung des Dienstverhältnisses bis zum Ablauf der Kündigungsfrist oder bis zu der vereinbarten Beendigung des Dienstverhältnisses nicht zugemutet werden kann.

(2) Die Kündigung kann nur innerhalb von zwei Wochen erfolgen. Die Frist beginnt mit dem Zeitpunkt, in dem der Kündigungsberechtigte von den für die Kündigung maßgebenden Tatsachen Kenntnis erlangt. Der Kündigende muss dem anderen Teil auf Verlangen den Kündigungsgrund unverzüglich schriftlich mitteilen.

§ 628 Teilvergütung und Schadensersatz bei außerordentlicher Kündigung

(1) Wird nach dem Beginn der Dienstleistung das Dienstverhältnis auf Grund des § 626 oder des § 627 gekündigt, so kann der Verpflichtete einen seinen bisherigen Leistungen entsprechenden Teil der Vergütung verlangen. Kündigt er, ohne durch vertragswidriges Verhalten des anderen Teiles dazu veranlasst zu sein, oder veranlasst er durch sein vertragswidriges Verhalten die Kündigung des anderen Teiles, so steht ihm ein Anspruch auf die Vergütung insoweit nicht zu, als seine bisherigen Leistungen infolge der Kündigung für den anderen Teil kein Interesse haben. Ist die Vergütung für eine spätere Zeit im Voraus entrichtet, so hat der Verpflichtete sich nach Maßgabe des § 346 oder, wenn die Kündigung wegen eines Umstandes erfolgt, den er nicht zu vertreten hat, nach den Vorschriften über die Herausgabe einer ungerechtfertigten Bereicherung zurückzuerstatten.

(2) Wird die Kündigung durch vertragswidriges Verhalten des anderen Teiles veranlasst, so ist dieser zum Ersatze des durch die Aufhebung des Dienstverhältnisses entstehenden Schadens verpflichtet.

§ 823 Schadensersatzpflicht
(1) Wer vorsätzlich oder fahrlässig das Leben, den Körper, die Gesundheit, die Freiheit, das Eigentum oder ein sonstiges Recht eines anderen widerrechtlich verletzt, ist dem anderen zum Ersatze des daraus entstehenden Schadens verpflichtet.

(2) Die gleiche Verpflichtung trifft denjenigen, welcher gegen ein den Schutz eines anderen bezweckendes Gesetz verstößt. Ist nach dem Inhalte des Gesetzes ein Verstoß gegen dieses auch ohne Verschulden möglich, so tritt die Ersatzpflicht nur im Falle des Verschuldens ein.

§ 1004 Beseitigungs- und Unterlassungsanspruch
(1) Wird das Eigentum in anderer Weise als durch Entziehung oder Vorenthaltung des Besitzes beeinträchtigt, so kann der Eigentümer von dem Störer die Beseitigung der Beeinträchtigung verlangen. Sind weitere Beeinträchtigungen zu besorgen, so kann der Eigentümer auf Unterlassung klagen.

(2) Der Anspruch ist ausgeschlossen, wenn der Eigentümer zur Duldung verpflichtet ist.

5.5 Grundgesetz für die Bundesrepublik Deutschland

vom 23. Mai 1949 (BGBl. I S. 1), zuletzt geändert durch Gesetz vom 26. Juli 2002 (BGBl. I S. 2863)

Art. 1 Schutz der Menschenwürde
(1) Die Würde des Menschen ist unantastbar. Sie zu achten und zu schützen ist Verpflichtung aller staatlichen Gewalt.

(2) Das Deutsche Volk bekennt sich darum zu unverletzlichen und unveräußerlichen Menschenrechten als Grundlage jeder menschlichen Gemeinschaft, des Friedens und der Gerechtigkeit in der Welt.

(3) Die nachfolgenden Grundrechte binden Gesetzgebung, vollziehende Gewalt und Rechtsprechung als unmittelbar geltendes Recht.

Art. 2 Persönliche Freiheitrechte
(1) Jeder hat das Recht auf die freie Entfaltung seiner Persönlichkeit, soweit er nicht die Rechte anderer verletzt und nicht gegen die verfassungsmäßige Ordnung oder das Sittengesetz verstößt.

(2) Jeder hat das Recht auf Leben und körperliche Unversehrtheit. Die Freiheit der Person ist unverletzlich. In diese Rechte darf nur auf Grund eines Gesetzes eingegriffen werden.

5.6 Strafgesetzbuch

in der Fassung der Bekanntmachung vom 13. November 1998 (BGBl. I S. 3322), zuletzt geändert durch Gesetz vom 15. Dezember 2004 (BGBl. I S. 3396)

§ 77 Antragsberechtigte

(1) Ist die Tat nur auf Antrag verfolgbar, so kann, soweit das Gesetz nichts anderes bestimmt, der Verletzte den Antrag stellen.

(2) Stirbt der Verletzte, so geht sein Antragsrecht in den Fällen, die das Gesetz bestimmt, auf den Ehegatten, den Lebenspartner und die Kinder über. Hat der Verletzte weder einen Ehegatten, oder einen Lebenspartner noch Kinder hinterlassen oder sind sie vor Ablauf der Antragsfrist gestorben, so geht das Antragsrecht auf die Eltern und, wenn auch sie vor Ablauf der Antragsfrist gestorben sind, auf die Geschwister und die Enkel über. Ist ein Angehöriger an der Tat beteiligt oder ist seine Verwandtschaft erloschen, so scheidet er bei dem Übergang des Antragsrechts aus. Das Antragsrecht geht nicht über, wenn die Verfolgung dem erklärten Willen des Verletzten widerspricht.

(3) Ist der Antragsberechtigte geschäftsunfähig oder beschränkt geschäftsfähig, so können der gesetzliche Vertreter in den persönlichen Angelegenheiten und derjenige, dem die Sorge für die Person des Antragsberechtigten zusteht, den Antrag stellen.

(4) Sind mehrere antragsberechtigt, so kann jeder den Antrag selbständig stellen.

§ 77 a Antrag des Dienstvorgesetzten

(1) Ist die Tat von einem Amtsträger, einem für den öffentlichen Dienst besonders Verpflichteten oder einem Soldaten der Bundeswehr oder gegen ihn begangen und auf Antrag des Dienstvorgesetzten verfolgbar, so ist derjenige Dienstvorgesetzte antragsberechtigt, dem der Betreffende zur Zeit der Tat unterstellt war.

(2) Bei Berufsrichtern ist an Stelle des Dienstvorgesetzten antragsberechtigt, wer die Dienstaufsicht über den Richter führt. Bei Soldaten ist Dienstvorgesetzter der Disziplinarvorgesetzte.

(3) Bei einem Amtsträger oder einem für den öffentlichen Dienst besonders Verpflichteten, der keinen Dienstvorgesetzten hat oder gehabt hat, kann die Dienststelle, für die er tätig war, den Antrag stellen. Leitet der Amtsträger oder der Verpflichtete selbst diese Dienststelle, so ist die staatliche Aufsichtsbehörde antragsberechtigt.

(4) Bei Mitgliedern der Bundesregierung ist die Bundesregierung, bei Mitgliedern einer Landesregierung die Landesregierung antragsberechtigt.

§ 77 b Antragsfrist

(1) Eine Tat, die nur auf Antrag verfolgbar ist, wird nicht verfolgt, wenn der Antragsberechtigte es unterlässt, den Antrag bis zum Ablauf einer Frist von drei Monaten zu stellen. Fällt das Ende der Frist auf einen Sonntag, einen allgemeinen Feiertag oder einen Sonnabend, so endet die Frist mit Ablauf des nächsten Werktags.

(2) Die Frist beginnt mit Ablauf des Tages, an dem der Berechtigte von der Tat und der Person des Täters Kenntnis erlangt. Hängt die Verfolgbarkeit der Tat auch von einer Entscheidung über die Nichtigkeit oder Auflösung einer Ehe ab, so beginnt die Frist nicht vor Ablauf des Tages, an dem der Berechtigte von der Rechtskraft der Entscheidung Kenntnis erlangt. Für den Antrag des gesetzlichen Vertreters und des Sorgeberechtigten kommt es auf dessen Kenntnis an.

(3) Sind mehrere antragsberechtigt oder mehrere an der Tat beteiligt, so läuft die Frist für und gegen jeden gesondert.

(4) Ist durch Tod des Verletzten das Antragsrecht auf Angehörige übergegangen, so endet die Frist frühestens drei Monate und spätestens sechs Monate nach dem Tod des Verletzten.

(5) Der Lauf der Frist ruht, wenn ein Antrag auf Durchführung eines Sühneversuchs gemäß § 380 der Strafprozessordnung bei der Vergleichsbehörde eingeht, bis zur Ausstellung der Bescheinigung nach § 380 Abs. 1 Satz 3 der Strafprozessordnung.

§ 77 d Zurücknahme des Antrags

(1) Der Antrag kann zurückgenommen werden. Die Zurücknahme kann bis zum rechtskräftigen Abschluss des Strafverfahrens erklärt

werden. Ein zurückgenommener Antrag kann nicht nochmals gestellt werden.

(2) Stirbt der Verletzte oder der im Falle seines Todes Berechtigte, nachdem er den Antrag gestellt hat, so können der Ehegatte, der Lebenspartner, die Kinder, die Eltern, die Geschwister und die Enkel des Verletzten in der Rangfolge des § 77 Abs. 2 den Antrag zurücknehmen. Mehrere Angehörige des gleichen Ranges können das Recht nur gemeinsam ausüben. Wer an der Tat beteiligt ist, kann den Antrag nicht zurücknehmen.

§ 185 Beleidigung

Die Beleidigung wird mit Freiheitsstrafe bis zu einem Jahr oder mit Geldstrafe und, wenn die Beleidigung mittels einer Tätlichkeit begangen wird, mit Freiheitsstrafe bis zu zwei Jahren oder mit Geldstrafe bestraft.

§ 186 Üble Nachrede

Wer in Beziehung auf einen anderen eine Tatsache behauptet oder verbreitet, welche denselben verächtlich zu machen oder in der öffentlichen Meinung herabzuwürdigen geeignet ist, wird, wenn nicht diese Tatsache erweislich wahr ist, mit Freiheitsstrafe bis zu einem Jahr oder mit Geldstrafe und, wenn die Tat öffentlich oder durch Verbreiten von Schriften (§ 11 Abs. 3) begangen ist, mit Freiheitsstrafe bis zu zwei Jahren oder mit Geldstrafe bestraft.

§ 187 Verleumdung

Wer wider besseres Wissen in Beziehung auf einen anderen eine unwahre Tatsache behauptet oder verbreitet, welche denselben verächtlich zu machen oder in der öffentlichen Meinung herabzuwürdigen oder dessen Kredit zu gefährden geeignet ist, wird mit Freiheitsstrafe bis zu zwei Jahren oder mit Geldstrafe und, wenn die Tat öffentlich, in einer Versammlung oder durch Verbreiten von Schriften (§ 11 Abs. 3) begangen ist, mit Freiheitsstrafe bis zu fünf Jahren oder mit Geldstrafe bestraft.

§ 190 Wahrheitsbeweis durch Strafurteil

Ist die behauptete oder verbreitete Tatsache eine Straftat, so ist der Beweis der Wahrheit als erbracht anzusehen, wenn der Beleidigte wegen dieser Tat rechtskräftig verurteilt worden ist. Der Beweis der Wahrheit ist dagegen ausgeschlossen, wenn der Beleidigte vor der Behauptung oder Verbreitung rechtskräftig freigesprochen worden ist.

§ 192 Beleidigung trotz Wahrheitsbeweises
Der Beweis der Wahrheit der behaupteten oder verbreiteten Tatsache schließt die Bestrafung nach § 185 nicht aus, wenn das Vorhandensein einer Beleidigung aus der Form der Behauptung oder Verbreitung oder aus den Umständen, unter welchen sie geschah, hervorgeht.

§ 194 Strafantrag
(1) Die Beleidigung wird nur auf Antrag verfolgt. Ist die Tat durch Verbreiten oder öffentliches Zugänglichmachen einer Schrift (§ 11 Abs. 3), in einer Versammlung oder durch eine Darbietung im Rundfunk begangen, so ist ein Antrag nicht erforderlich, wenn der Verletzte als Angehöriger einer Gruppe unter der nationalsozialistischen oder einer anderen Gewalt- und Willkürherrschaft verfolgt wurde, diese Gruppe Teil der Bevölkerung ist und die Beleidigung mit dieser Verfolgung zusammenhängt. Die Tat kann jedoch nicht von Amts wegen verfolgt werden, wenn der Verletzte widerspricht. Der Widerspruch kann nicht zurückgenommen werden. Stirbt der Verletzte, so gehen das Antragsrecht und das Widerspruchsrecht auf die in § 77 Abs. 2 bezeichneten Angehörigen über.

(2) ...

(3) Ist die Beleidigung gegen einen Amtsträger, einen für den öffentlichen Dienst besonders Verpflichteten oder einen Soldaten der Bundeswehr während der Ausübung seines Dienstes oder in Beziehung auf seinen Dienst begangen, so wird sie auch auf Antrag des Dienstvorgesetzten verfolgt. Richtet sich die Tat gegen eine Behörde oder eine sonstige Stelle, die Aufgaben der öffentlichen Verwaltung wahrnimmt, so wird sie auf Antrag des Behördenleiters oder des Leiters der aufsichtführenden Behörde verfolgt. Dasselbe gilt für Träger von Ämtern und für Behörden der Kirchen und anderen Religionsgesellschaften des öffentlichen Rechts.

(4) ...

§ 223 Körperverletzung
(1) Wer eine andere Person körperlich misshandelt oder an der Gesundheit schädigt, wird mit Freiheitsstrafe bis zu fünf Jahren oder mit Geldstrafe bestraft.

(2) Der Versuch ist strafbar.

§ 229 Fahrlässige Körperverletzung
Wer durch Fahrlässigkeit die Körperverletzung einer anderen Person verursacht, wird mit Freiheitsstrafe bis zu drei Jahren oder mit Geldstrafe bestraft.

§ 230 Strafantrag
(1) Die vorsätzliche Körperverletzung nach § 223 und die fahrlässige Körperverletzung nach § 229 werden nur auf Antrag verfolgt, es sei denn, dass die Strafverfolgungsbehörde wegen des besonderen öffentlichen Interesses an der Strafverfolgung ein Einschreiten vom Amts wegen für geboten hält. Stirbt die verletzte Person, so geht bei vorsätzlicher Körperverletzung das Antragsrecht nach § 77 Abs. 2 auf die Angehörigen über.

(2) Ist die Tat gegen einen Amtsträger, einen für den öffentlichen Dienst besonders Verpflichteten oder einen Soldaten der Bundeswehr während der Ausübung seines Dienstes oder in Beziehung auf seinen Dienst begangen, so wird sie auch auf Antrag des Dienstvorgesetzten verfolgt. Dasselbe gilt für Träger von Ämtern der Kirchen und anderen Religionsgesellschaften des öffentlichen Rechts.

§ 240 Nötigung
(1) Wer einen Menschen rechtswidrig mit Gewalt oder durch Drohung mit einem empfindlichen Übel zu einer Handlung, Duldung oder Unterlassung nötigt, wird mit Freiheitsstrafe bis zu drei Jahren oder mit Geldstrafe bestraft.

(2) Rechtswidrig ist die Tat, wenn die Anwendung der Gewalt oder die Androhung des Übels zu dem angestrebten Zweck als verwerflich anzusehen ist.

(3) Der Versuch ist strafbar.

(4) In besonders schweren Fällen ist die Strafe Freiheitsstrafe von sechs Monaten bis zu fünf Jahren. Ein besonders schwerer Fall liegt in der Regel vor, wenn der Täter

1. eine andere Person zu einer sexuellen Handlung nötigt,
2. eine Schwangere zum Schwangerschaftsabbruch nötigt oder
3. seine Befugnisse oder seine Stellung als Amtsträger missbraucht.

§ 303 Sachbeschädigung
(1) Wer rechtswidrig eine fremde Sache beschädigt oder zerstört, wird mit Freiheitsstrafe bis zu zwei Jahren oder mit Geldstrafe bestraft.

(2) Der Versuch ist strafbar.

§ 303c Strafantrag
In den Fällen der §§ 303 bis 303b wird die Tat nur auf Antrag verfolgt, es sei denn, dass die Strafverfolgungsbehörde wegen des besonderen öffentlichen Interesses an der Strafverfolgung ein Einschreiten von Amts wegen für geboten hält.

§ 323c Unterlassene Hilfeleistung
Wer bei Unglücksfällen oder gemeiner Gefahr oder Not nicht Hilfe leistet, obwohl dies erforderlich und ihm den Umständen nach zuzumuten, insbesondere ohne erhebliche eigene Gefahr und ohne Verletzung anderer wichtiger Pflichten möglich ist, wird mit Freiheitsstrafe bis zu einem Jahr oder mit Geldstrafe bestraft.

5.7 Strafprozessordnung

in der Fassung der Bekanntmachung vom 7. April 1987 (BGBl. I S. 1074, ber. 1319), zuletzt geändert durch Gesetz vom 15. Dezember 2004 (BGBl. I S. 3396)

§ 374 Zulässigkeit der Privatklage und Klageberechtigte
(1) Im Wege der Privatklage können vom Verletzten verfolgt werden, ohne dass es einer vorgängigen Anrufung der Staatsanwaltschaft bedarf,
1. ein Hausfriedensbruch (§ 123 des Strafgesetzbuches),
2. eine Beleidigung (§§ 185 bis 189 des Strafgesetzbuches), wenn sie nicht gegen eine der in § 194 Abs. 4 des Strafgesetzbuches genannten politischen Körperschaften gerichtet ist,
3. eine Verletzung des Briefgeheimnisses (§ 202 des Strafgesetzbuches),
4. eine Körperverletzung (§§ 223 und 229 des Strafgesetzbuches),
5. eine Bedrohung (§ 241 des Strafgesetzbuches),
5a. eine Bestechlichkeit oder Bestechung im geschäftlichen Verkehr (§ 299 des Strafgesetzbuches),
6. eine Sachbeschädigung (§ 303 des Strafgesetzbuches),
7. eine Straftat nach den §§ 4, 6c, 15, 17, 18 und 20 des Gesetzes gegen den unlauteren Wertbewerb,
8. eine Straftat nach § 142 Abs. 1 des Patentgesetzes, § 25 Abs. 1 des Gebrauchsmustergesetzes, § 10 Abs. 1 des Halbleiterschutzgesetzes, § 39 Abs. 1 des Sortenschutzgesetzes, § 143 Abs. 1, § 143a Abs. 1 und § 144 Abs. 1 und 2 des Markengesetzes, § 51 Abs. 1 und § 65 Abs. 1

des Geschmacksmustergesetzes, den §§ 106 bis 108 sowie § 108b Abs. 1 und Abs. 2 des Urheberrechtsgesetzes und § 33 des Gesetzes betreffend das Urheberrecht an Werken der bildenden Künste und der Photographie.

(2) Die Privatklage kann auch erheben, wer neben dem Verletzten oder an seiner Stelle berechtigt ist, Strafantrag zu stellen. Die in § 77 Abs. 2 des Strafgesetzbuches genannten Personen können die Privatklage auch dann erheben, wenn der vor ihnen Berechtigte den Strafantrag gestellt hat.

(3) Hat der Verletzte einen gesetzlichen Vertreter, so wird die Befugnis zur Erhebung der Privatklage durch diesen und, wenn Körperschaften, Gesellschaften und andere Personenvereine, die als solche in bürgerlichen Rechtsstreitigkeiten klagen können, die Verletzten sind, durch dieselben Personen wahrgenommen, durch die sie in bürgerlichen Rechtsstreitigkeiten vertreten werden.

§ 380 Sühneversuch

(1) Wegen Hausfriedensbruchs, Beleidigung, Verletzung des Briefgeheimnisses, Körperverletzung (§§ 223 und 229 des Strafgesetzbuches), Bedrohung und Sachbeschädigung ist die Erhebung der Klage erst zulässig, nachdem von einer durch die Landesjustizverwaltung zu bezeichnenden Vergleichsbehörde die Sühne erfolglos versucht worden ist. Der Kläger hat die Bescheinigung hierüber mit der Klage einzureichen.

(2) Die Landesjustizverwaltung kann bestimmen, dass die Vergleichsbehörde ihre Tätigkeit von der Einzahlung eines angemessenen Kostenvorschusses abhängig machen darf.

(3) Die Vorschriften der Absätze 1 und 2 gelten nicht, wenn der amtliche Vorgesetzte nach § 194 Abs. 3 oder § 230 Abs. 2 des Strafgesetzesbuches befugt ist, Strafantrag zu stellen.

(4) Wohnen die Parteien nicht in demselben Gemeindebezirk, so kann nach näherer Anordnung der Landesjustizverwaltung von einem Sühneversuch abgesehen werden.

§ 381 Erhebung der Privatklage

Die Erhebung der Klage geschieht zu Protokoll der Geschäftsstelle oder durch Einreichung einer Anklageschrift. Die Klage muss den in § 200 Abs. 1 bezeichneten Erfordernissen entsprechen. Mit der Anklageschrift sind zwei Abschriften einzureichen.

§ 388 Widerklage

(1) Hat der Verletzte die Privatklage erhoben, so kann der Beschuldigte bis zur Beendigung des letzten Wortes (§ 258 Abs. 2 Halbsatz 2) im ersten Rechtszug mittels einer Widerklage die Bestrafung des Klägers beantragen, wenn er von diesem gleichfalls durch eine Straftat verletzt worden ist, die im Wege der Privatklage verfolgt werden kann und mit der den Gegenstand der Klage bildenden Straftat in Zusammenhang steht.

(2) Ist der Kläger nicht der Verletzte (§ 374 Abs. 2), so kann der Beschuldigte die Widerklage gegen den Verletzten erheben. In diesem Falle bedarf es der Zustellung der Widerklage an den Verletzten und dessen Ladung zur Hauptverhandlung, sofern die Widerklage nicht in der Hauptverhandlung in Anwesenheit des Verletzten erhoben wird.

(3) Über Klage und Widerklage ist gleichzeitig zu erkennen.

(4) Die Zurücknahme der Klage ist auf das Verfahren über die Widerklage ohne Einfluss.

§ 391 Klagerücknahme und Wiedereinsetzung in den vorigen Stand

(1) Die Privatklage kann in jeder Lage des Verfahrens zurückgenommen werden. Nach Beginn der Vernehmung des Angeklagten zur Sache in der Hauptverhandlung des ersten Rechtszuges bedarf die Zurücknahme der Zustimmung des Angeklagten.

(2) Als Zurücknahme gilt es im Verfahren des ersten Rechtszuges und, soweit der Angeklagte die Berufung eingelegt hat, im Verfahren des zweiten Rechtszuges, wenn der Privatkläger in der Hauptverhandlung weder erscheint noch durch einen Rechtsanwalt vertreten wird oder in der Hauptverhandlung oder einem anderen Termin ausbleibt, obwohl das Gericht sein persönliches Erscheinen angeordnet hatte, oder eine Frist nicht einhält, die ihm unter Androhung der Einstellung des Verfahrens gesetzt war.

(3) Soweit der Privatkläger die Berufung eingelegt hat, ist sie im Falle der vorbezeichneten Versäumungen unbeschadet der Vorschrift des § 301 sofort zu verwerfen.

(4) Der Privatkläger kann binnen einer Woche nach der Versäumung die Wiedereinsetzung in den vorigen Stand unter den in den §§ 44 und 45 bezeichneten Voraussetzungen beanspruchen.

§ 392 Wirkung der Klagerücknahme
Die zurückgenommene Privatklage kann nicht von neuem erhoben werden.

§ 393 Tod des Privatklägers
(1) Der Tod des Privatklägers hat die Einstellung des Verfahrens zur Folge.

(2) Die Privatklage kann jedoch nach dem Tode des Klägers von den nach § 374 Abs. 2 zur Erhebung der Privatklage Berechtigten fortgesetzt werden.

(3) Die Fortsetzung ist von dem Berechtigten bei Verlust des Rechts binnen zwei Monaten, vom Tode des Privatklägers an gerechnet, bei Gericht zu erklären.

5.8 Bundesbeamtengesetz

in der Fassung der Bekanntmachung vom 31. März 1991 (BGBl. I S. 675), zuletzt geändert durch Gesetz vom 27. Dezember 2004 (BGBl. I S. 3835)

§ 54 Allgemeine Beamtenpflichten
Der Beamte hat sich mit voller Hingabe seinem Beruf zu widmen. Er hat sein Amt uneigennützig nach bestem Gewissen zu verwalten. Sein Verhalten innerhalb und außerhalb des Dienstes muss der Achtung und dem Vertrauen gerecht werden, die sein Beruf erfordert.

§ 55 Beratungs- und Gehorsamspflicht
Der Beamte hat seine Vorgesetzten zu beraten und zu unterstützen. Er ist verpflichtet, die von ihnen erlassenen Anordnungen auszuführen und ihre allgemeinen Richtlinien zu befolgen, sofern es sich nicht um Fälle handelt, in denen er nach besonderer gesetzlicher Vorschrift an Weisungen nicht gebunden und nur dem Gesetz unterworfen ist.

§ 77 Dienstvergehen von Beamten und Ruhestandsbeamten
(1) Der Beamte begeht ein Dienstvergehen, wenn er schuldhaft die ihm obliegenden Pflichten verletzt. Ein Verhalten des Beamten außerhalb des Dienstes ist ein Dienstvergehen, wenn es nach den Umständen des Einzelfalles in besonderem Maße geeignet ist, Achtung und Vertrauen in einer für sein Amt oder das Ansehen des Beamtentums bedeutsamen Weise zu beeinträchtigen.

(2) Bei einem Ruhestandsbeamten oder früheren Beamten mit Versorgungsbezügen gilt es als Dienstvergehen, wenn er
1. sich gegen die freiheitliche demokratische Grundordnung im Sinne des Grundgesetzes betätigt oder
2. an Bestrebungen teilnimmt, die darauf abzielen, den Bestand oder die Sicherheit der Bundesrepublik zu beeinträchtigen, oder
3. gegen § 61 (Verletzung der Amtsverschwiegenheit), gegen § 69a (Anzeigepflicht und Verbot einer Tätigkeit) oder gegen § 70 (Verbot der Annahme von Belohnungen oder Geschenken) verstößt oder
4. entgegen § 39 oder § 45 Abs. 1 einer erneuten Berufung in das Beamtenverhältnis schuldhaft nicht nachkommt,

(3) Das Nähere regelt das Bundesdisziplinargesetz.

§ 79 Fürsorgepflicht des Dienstherrn
Der Dienstherr hat im Rahmen des Dienst- und Treueverhältnisses für das Wohl des Beamten und seiner Familie, auch für die Zeit nach Beendigung des Beamtenverhältnisses, zu sorgen. Er schützt ihn bei seiner amtlichen Tätigkeit und in seiner Stellung als Beamter.

§ 171 Einhaltung des Dienstweges bei Anträgen und Beschwerden
(1) Der Beamte kann Anträge und Beschwerden vorbringen; hierbei hat er den Dienstweg einzuhalten. Der Beschwerdeweg bis zur obersten Dienstbehörde steht offen.

(2) Richtet sich die Beschwerde gegen den unmittelbaren Vorgesetzten (§ 3 Abs. 2), so kann sie bei dem nächsthöheren Vorgesetzten unmittelbar eingereicht werden.

5.9 Bundesdisziplinargesetz

vom 9. Juli 2001 (BGBl. I S. 1510), zuletzt geändert durch Gesetz vom 15. Dezember 2004 (BGBl. I S. 3396)

§ 1 Persönlicher Geltungsbereich
Dieses Gesetz gilt für Beamte und Ruhestandsbeamte im Sinne des Bundesbeamtengesetzes. Frühere Beamte, die Unterhaltsbeiträge nach den Bestimmungen des Beamtenversorgungsgesetzes oder entspre-

chender früherer Regelungen beziehen, gelten bis zum Ende dieses Bezuges als Ruhestandsbeamte, ihre Bezüge als Ruhegehalt.

§ 2 Sachlicher Geltungsbereich

(1) Dieses Gesetz gilt für die

1. von Beamten während ihres Beamtenverhältnisses begangenen Dienstvergehen (§ 77 Abs. 1 des Bundesbeamtengesetzes) und
2. von Ruhestandsbeamten
   a) während ihres Beamtenverhältnisses begangenen Dienstvergehen (§ 77 Abs. 1 des Bundesbeamtengesetzes) und
   b) nach Eintritt in den Ruhestand begangenen als Dienstvergehen geltenden Handlungen (§ 77 Abs. 2 des Bundesbeamtengesetzes).

(2) Für Beamte und Ruhestandsbeamte, die früher in einem anderen Dienstverhältnis als Beamte, Richter, Berufssoldaten oder Soldaten auf Zeit gestanden haben, gilt dieses Gesetz auch wegen solcher Dienstvergehen, die sie in dem früheren Dienstverhältnis oder als Versorgungsberechtigte aus einem solchen Dienstverhältnis begangen haben; auch bei den aus einem solchen Dienstverhältnis Ausgeschiedenen und Entlassenen gelten Handlungen, die in § 77 Abs. 2 des Bundesbeamtengesetzes bezeichnet sind, als Dienstvergehen. Ein Wechsel des Dienstherrn steht der Anwendung dieses Gesetzes nicht entgegen.

(3) Für Beamte, die Wehrdienst im Rahmen einer Wehrübung (§ 6 des Wehrpflichtgesetzes oder einer besonderen Auslandsverwendung (§ 6a des Wehrpflichtgesetzes) leisten, gilt dieses Gesetz auch wegen solcher Dienstvergehen die während des Wehrdienstes begangen wurden, wenn das Verhalten sowohl soldatenrechtlich als auch beamtenrechtlich ein Dienstvergehen darstellt.

§ 3 Ergänzende Anwendung des Verwaltungsverfahrensgesetzes und der Verwaltungsgerichtsordnung

Zur Ergänzung dieses Gesetzes sind die Bestimmungen des Verwaltungsverfahrensgesetzes und der Verwaltungsgerichtsordnung entsprechend anzuwenden soweit sie nicht zu den Bestimmungen dieses Gesetzes in Widerspruch stehen oder soweit nicht in diesem Gesetz etwas anderes bestimmt ist.

§ 4 Gebot der Beschleunigung

Disziplinarverfahren sind beschleunigt durchzuführen.

§ 5 Arten der Disziplinarmaßnahme

(1) Disziplinarmaßnahmen gegen Beamte sind:

1. Verweis (§ 6)
2. Geldbuße (§ 7)
3. Kürzung der Dienstbezüge (§ 8)
4. Zurückstufung (§ 9) und
5. Entfernung aus dem Beamtenverhältnis (§ 10).

(2) Disziplinarmaßnahmen gegen Ruhestandsbeamte sind:

1. Kürzung des Ruhegehalts (§ 11) und
2. Aberkennung des Ruhegehalts (§ 12).

(3) Beamten auf Probe und Beamten auf Widerruf können nur Verweise erteilt und Geldbußen auferlegt werden. Für die Entlassung von Beamten auf Probe und Beamten auf Widerruf wegen eines Dienstvergehens gelten § 31 Abs. 1 Nr. 1 und Abs. 4 sowie § 32 des Bundesbeamtengesetzes.

Stichwortverzeichnis